INTRODUCTION
A
L'HISTOIRE DES MONGOLS
DE
FADL ALLAH RASHID ED-DIN

by

Edgard Blochet

With a new Preface by

Charles Melville

Gibb Memorial Trust

Published by
The E. J. W. Gibb Memorial Trust

All rights reserved. No part of this publication may be
reproduced or stored in a retrieval system or transmitted in any form or by any
means including photocopying without prior permission
of the publishers in writing.

First printed Leyden and London, 1910
This edition printed 2024

© The E. J. W. Gibb Memorial Trust

ISBN 978-1-90972-484-6

A CIP record of this book is available from the British Library

www.gibbtrust.org

PREFACE

Edgard Blochet (1870–1937), the French orientalist, left his mark in several areas of Middle Eastern and Asian studies.[1] He worked at the manuscript department of the Bibliothèque Nationale de France from 1895 until 1935, during which time he put to very good use his access to the rich collections there, not only in his own researches and publications, but in producing a valuable series of catalogues, most notably his *Catalogue des manuscrits persans de la Bibliothèque Nationale*, which appeared in four volumes (Paris, 1905–34), making the collection accessible to the academic community. He also co-authored the lavish three-volume catalogue of the magnificent Chester Beatty collection.[2] In the field of mediaeval history, he edited the Arabic chronicle of the Mamluk historian, Mufaḍḍal b. Abi'l-Faḍā'il (c. 759/1358),[3] knowledge of which he was able to draw on in his study of the contemporary Persian historian, Rashīd al-Dīn (d. 1318). Blochet edited a portion of the latter's *Jāmi' al-tawārīkh* (Compendium of chronicles), covering from the accession of Ögedei Qa'an to part of the reign of Temür Qa'an (1227–1303), published in the E.J.W. Gibb Memorial Series as volume XVIII/2 (1911). The volume now in hand is his *Introduction* to Rashīd al-Dīn's history, first published as volume XII (1910).

This is a rich and complex work, and one that has been unduly lost sight of in more recent scholarship.[4] This is no doubt partly due to the

---

[1] For a brief account of his life and work, see Francis Richard, "Blochet (Gabriel Joseph) Edgard", in *Encyclopaedia Iranica*, vol. IV, fasc. 3 (1989), pp. 313–14.

[2] A.J. Arberry, M. Minovi, E. Blochet, *et al.*, *The Chester Beatty Library: A catalogue of the Persian manuscripts and miniatures*, 3 vols, Dublin, 1959–62.

[3] "Moufazzal ibn Abil-Fazaïl: Histoire des sultans mamlouks," ed. and trans. in *Patrologia Orientalis* XII/3 (Paris, 1919), XIV/3 (1920) and XX/1 (1928).

[4] It is hard to find his book referred to in any publications on the Mongols since World War II, particularly those in English, whether on Iran or China, which is the main focus here. I am equally guilty of this neglect, not referring to Blochet in

fact that it has in many respects been superseded. Blochet's edition of the text of the *Jāmiʻ al-tawārīkh* is not consulted, unless as part of the 'edition' of Bahman Karimi,[5] in view of the improved text M. Raushan and M. Musavi.[6] A truly horrible reproduction of this volume is made available by the ULAN press (on demand), which obliterates almost entirely Blochet's characteristically extensive footnotes that make his work still valuable; only the Persian text has survived the scanning process more or less legibly.[7] Blochet's discussion of many of the sources he analyses (see below) has also been overtaken by later work, and several of the texts to which he refers, and reproduces *in extenso* in the footnotes, have been edited: notably the *Tārīkh-i Uljāytū* of Abu'l-Qāsim Qāshānī and the chronicles of Muʻīn al-Dīn Naṭanzī, Niẓām al-Dīn Shāmī, ʻAlī Yazdī and parts of the oeuvre of Ḥāfiẓ-i Abrū.[8] Nevertheless, his was a pioneering work in many respects, and as Francis Richard justly observed, "he discovered and published an enormous number of works and drew attention to the myriad problems connected with them ... he seems to have been primarily a catalyst. His works often have the character of essays, most fertile in stimulating debate that leads to further research."[9]

This is nowhere more true than of the volume now made available once more in the Gibb reprint series. The absence of any table of contents, or chapter headings, perhaps makes it useful now to offer a brief summary of the work. The short Introduction (pp. 1–7) gives some basic information about the *Jāmiʻ al-tawārīkh*, especially concerning the

my studies on Persian historiography, despite the pioneering discussions contained in his *Introductio*n, as will be seen. This rather lengthy Preface is aimed partly to redress this oversight.

[5] Karimi reproduced it without the critical apparatus or copious footnotes and running commentary, in his edition of the text, 2 vols, Tehran, 1338/1959, pp. 442–679. This is the section later translated by J.A. Boyle, *The successors of Genghis Khan*, Columbia, 1971, who amplifies Blochet's version with passages found in Y.P. Verkhovsky's Russian translation, based on two earlier mss.

[6] 4 vols. Tehran, 1373/1984, pp. 617–960.

[7] This may encourage the Trustees to issue a reprint of the Persian text also.

[8] The Timurid chronicles are discussed in the fundamental article by John E. Woods, "The rise of Tīmūrid historiography", *Journal of Near Eastern Studies* 42, ii (1987), pp. 81–108; see also below.

[9] Richard, "Blochet", p. 314.

PREFACE v

the portion edited by Blochet himself; mentions its signal importance for Mongol history and as a source for all later authors; the way in which it complements the information found in the *Yuan Shih*, and the scope of the book. This aims, first, to expand on the details of Rashīd al-Dīn's life already exhaustively covered by Etienne Quatremère in his edition of the reign of Hülegü Khan, in the light of new sources and, secondly, to explore some historical questions that help explain the evolution of the Mongol Empire and the rapid decline of the Yuan dynasty. This is accompanied by some trenchant remarks on the nature of these sources, which simply record sequences of unconnected events without any sense of cause or consequence, or the bigger picture.

Chapter 1 (pp. 8–55),[10] focusing on the life of Rashīd al-Dīn, introduces Abu'l-Qāsim Qāshānī's chronicle of the reign of Öljeitü Sultan, on the basis of the BNF ms. suppl. persan 1419.[11] He uses this to tell in considerable detail the tortuous story of the intrigues between the viziers, Rashīd al-Dīn and Sa'd al-Dīn, which also implicated the newly appointed Tāj al-Dīn 'Alīshāh, who himself ultimately became Rashīd al-Dīn's nemesis. Blochet confronts Qāshānī's account with the version found in the Continuation of the *Jāmi' al-tawārīkh* in the Paris ms. suppl. persan 209, which has not been published and which can be identified as an earlier version of the *Dhail-i Jāmi' al-tawārīkh* by Ḥāfiẓ-i Abrū.[12] Rashīd al-Dīn scarcely emerges with credit from these episodes, the motives and ramifications of which Blochet tries heroically to make some sense; they also involve the question of the vizier's Jewish origins, which Blochet leaves open. The chapter concludes with accounts of the rivalry and division of authority between Rashīd al-Dīn and 'Alīshāh, followed by the former's fall and execution early in the reign of Abū

---

[10] I have assigned the chapter numbers myself [CM].

[11] This is a copy made for Charles Schefer of the unique exemplar, Ayasofya ms. 3019, which forms the basis for the modern edition of the text, Qāshānī, *Tārīkh-i Uljāytū*, ed. M. Hambly, Tehran, 1345/1966.

[12] In his Appendix to his GMS edition of the *Jāmi' al-tawārīkh*, pp. 1–3, however, Blochet prefers to credit authorship to 'Alī Yazdī. There are at least four mss. of this text, for which, see Maria Subtelny and Charles Melville, "Hafez-e Abru", in *Encyclopaedia Iranica*, vol. XI, fasc. 5 (2002), pp. 507–8. Ḥāfiẓ-i Abrū's reduced but also extended version of this *Dhail* was published by Khanbaba Bayani, 2nd ed. Tehran, 1350/1972.

Sa'īd, accused of poisoning Öljeitü. Although these events are now well known, Blochet's study remains valuable for the very full treatment he gives of them on a thorough reading of his sources. His final judgement on these intrigues anticipates Jean Aubin's lurid picture of the violence and corruption of the early Ilkhanid court.[13]

Chapter 2 (pp. 56–92), concerns the survival and literary aftermath of the *Jāmiʿ al-tawārīkh*, and particularly its incorporation into the oeuvre of Ḥāfiẓ-i Abrū under the auspices of the Timurid princes Baysunghur (in 826/1423) and then Shahrukh (in 828/1425), both eager for a comparably prestigious monument to their reign. Although Blochet is rather dismissive of these "pointless efforts" merely to reproduce manuscripts by Rashīd al-Dīn that were already available at the Timurid court, they remain valuable exemplars of the Persian text and there is still room for discussion of the creative role of Ḥāfiẓ-i Abrū in these compilations;[14] they also emerge from the same cultural milieu as the Paris ms. suppl. persan 1113, which is the base manuscript for Blochet's edition.[15] He then goes on to discuss, first, the Continuation of the *Jāmiʿ al-tawārīkh* for the reigns of Öljeitü and Abū Saʿīd, which, as already noted, he prefers to attribute to ʿAlī Yazdī and then the "anonymous" *Muntakhab al-tawārīkh*, which he considers to be just "a very dry résumé" of the *Jāmiʿ al-tawārīkh* (p. 73), while its history of the post-Ilkhanid dynasties remains very important.[16] Blochet considers Muʿīn al-Dīn's history of the Chinese dynasty to continue in a very improbable manner, citing other (later) sources by way of comparison. He continues with a brief mention of Niẓām al-Dīn Shāmī's history of Timur (presumably on

---

[13] Jean Aubin, *Emirs mongols et vizirs persans dans les remous de l'acculturation*, Paris, 1995.

[14] For a survey of the question, see Sheila S. Blair, "Writing and illustrating history: Rashīd al-Dīn's *Jāmiʿ al-tawārīkh*", in *Theoretical approaches to the transmission and edition of Oriental manuscripts*, ed. Judith Pfeiffer and Manfred Kropp, Beirut, 2007, pp. 57–65, esp. 61–64. Blochet bases his discussion only on mss. in Paris and St. Petersburg. See more recently, Charles Melville, "Rashīd al-Dīn and the *Shāhnāmeh*", *Journal of the Royal Asiatic Society* ser. 3, 26, i–ii (2016), pp. 201–14.

[15] It is hard to find, in either the *Introduction*, or the edited volume itself, any indication of the mss. used by Blochet.

[16] See Woods, "The rise of Timurid historiography", pp. 89–93 and Denise Aigle, "Les tableaux du *Muntaḫab al-tavārīḫ-i Muʿīnī*: une originalité dans la tradition historiographique persane", *Studia Iranica* 21, i (1992), pp. 67–83.

PREFACE   vii

the grounds that it was one of the works also incorporated by Ḥāfiẓ-i Abrū), before turning at more length to ʻAlī Yazdī's history of the same name, and its prefatory text, the so-called *Tārīkh-i Jahāngīr*, quoting from the Paris ms. suppl. persan 214.[17] He concludes the survey of works derived or continuing from the *Jāmiʻ al-tawārīkh* with a mention of Samarqandī's *Maṭlaʻ-i saʻdain*, continuing the chronicle of Ḥāfiẓ-i Abrū, the *Muʻizz al-ansāb*, the genealogical work that, for the Ilkhanid period, is based on Rashīd al-Dīn's *Shuʻab-i panjgāna*,[18] and the somewhat elusive *Tārīkh-i ulūs-i arbaʻa*, or History of the four *ulus*es, attributed to Ulugh Beg son of Shahrukh (c. 851/1447). Blochet laments the lack of information generally about both the *ulus* of the Jochids (or Golden Horde) and of China, but signals its importance (as transmitted by Khwāndamīr's *Khulāṣat al-akhbār*), for post-Ilkhanid Iran and the Chaghatai Khanate.

Chapter 3 (pp. 93–113), turns to the interesting discussion of the emulation of the *Jāmiʻ al-tawārīkh* in poetic texts, notably the verse chronicle by Shams al-Dīn Kāshānī, allegedly compiled to ensure the survival of Rashīd al-Dīn's dry and inelegant prose work. Blochet's pioneering discussion of this text, based on the Paris ms. suppl. persan 1443 of 826/1423, and his views on Kāshānī's "ridiculous literary pretensions", has since been taken up by Manuchihr Murtazavi, along with a study of the other verse chronicles of the period, also mentioned by Blochet.[19] These include the *Ẓafarnāma* of Ḥamd-Allāh Mustaufī, which Blochet dismisses emphatically as of no literary merit, though it is of considerable historical value, especially for the period after the death of Ghazan Khan.[20] Blochet concludes this chapter with a review

---

[17] See now Ilker Evrim Binbaş, "The histories of Sharaf al-Dīn ʻAlī Yazdī: a formal analysis", *Acta Orientalia Academiae Scientiarum Hung.* 65, 4 (2012), pp. 391–417, esp. 394–97.

[18] For this, see for example Sholeh A. Quinn, "The *Muʻizz al-ansāb* and the 'Shuʻab-i panjgānah' as sources for the Chaghatayid period of history: a comparative analysis", *Central Asiatic Journal* 33 (1989), pp. 229–53.

[19] Manuchihr Murtazavi, *Masāʼil-i ʻaṣr-i īlkhānān*, Tabriz, 1358/1960, pp. 590–625 (Shams al-Dīn Kāshānī) and 547–89 (other verse chronicles).

[20] See further, Charles Melville, "Between Firdausī and Rashīd al-Dīn: Persian verse chronicles of the Mongol period", *Studia Islamica* 104/105 (2007), pp. 45–65.

of Hātifī's *Tīmūr-nāma* and a mention of Ṣabā's *Shāhanshāh-nāma*, dedicated to Fatḥ 'Alī Shāh Qajar.[21]

Chapter 4 (pp. 114–127), is an essay on orthographical problems presented by some of the surviving manuscripts of the *Jāmi' al-tawārīkh*, and particularly on the spelling of proper names, mangled in a way that Blochet finds inexplicable, and yet common in a number of other early manuscripts, including the almost contemporary copy of the *Tārīkh-i jahāngushā* of 'Aṭā-Malik Juvainī (Paris ms. suppl. persan 205), dated 689/1290. The correct spelling as well as pronunciation of Mongol names must have been known to both Juvainī and Rashīd al-Dīn and his scribes – though for some reason, he thinks this would not be case in the Timurid period (p. 122). Blochet compares the spelling of some names with the way they are found in the *Yuan Shih*, to establish the correct forms.[22] The chapter ends by referring to the magnificent Paris ms. arabe 2324, the *Majmū'at al-Rashīdiyya*, containing four series of theological treatises by Rashīd al-Dīn,[23] consistent with the instructions he gave for the production of manuscripts in his atelier in the Rab'-i Rashīdī. Blochet concludes by remarking that the copy of the *Jāmi' al-tawārīkh* made for Shahrukh, now in the British Library (Add.7628),[24] with which he began the chapter, must have been copied by a number of scribes of 'very unequal calibre' from one of the originals issuing from the atelier.

---

[21] See Michele Bernardini, *Mémoire et propagande à l'époque timouride*, Paris, 2008, pp. 127–46; Layla S. Diba, "Introducing Fath 'Ali Shah: production and dispersal of the *Shahanshahnama* manuscripts", in *Shahnama Studies* I, ed. Charles Melville, Cambridge, 2006, pp. 239–57.

[22] J.A. Boyle also pursued the correct spelling of names, see e.g. his "On the titles given in juvainī to certain Mongolian princes", *Harvard Jnl of Asiatic Studies* 19 (1956), pp. 146–54, and others, e.g. Nicholas Poppe, "On some geographic names in the *jāmi' al-tawārīx*", in the same issue, pp. 33–41. Poppe, Paul Pelliot, E. Haenisch and numerous other scholars have advanced the correct identification of names and terms since the work of Blochet.

[23] See for this, Dorothea Krawulsky, *The Mongol Īlkhāns and their vizier Rashīd al-Dīn*, Frankfurt am Main, 2011, pp. 77–86.

[24] For this excellent copy of the *Jāmi' al-tawārīkh*, see E.G. Browne, "Suggestions for a complete edition of the Jami'u'tawarikh of Rashidu'd-Din Fadlu'llah", *Journal of the Royal Asiatic Society* (1908), pp 17–37 (p. 19); the manuscript is available online at http://www.bl.uk/manuscripts/FullDisplay.aspx?ref=Add_MS_7628

Chapter 5 (pp. 128–57), picks up the question of the authorship of the *Jāmi' al-tawārīkh*, in view of Qāshānī's claim in his history of Öljeitü, that Rashīd al-Dīn took the credit and the munificent reward for the work, without acknowledging Qāshānī's role. Blochet is the first to raise this issue, which has been widely discussed since, the general consensus being that Rashīd al-Dīn was probably the 'author' and Qāshānī the equivalent of a research assistant.[25] Blochet clearly tends to believe Qāshānī – and as in chapter 1, he is not simply attempting to defend and enhance Rashīd al-Dīn's reputation. He does so partly on the grounds of the unlikelihood of Qāshānī advancing a patently false claim, and by comparing early sections of the 'world history' part of the *Jāmi' al-tawārīkh* with Qāshānī's own *Zubdat al-tawārīkh*, on the basis of an incomplete Minutoli ms in Berlin. A.H. Morton recently also found evidence to substantiate Qāshānī's claims in another portion of the *Zubdat al-tawārīkh*, on the Isma'ilis.[26] Morton's own detailed textual comparison of Qāshānī's section on the Seljuks with that of Rashīd al-Dīn is a model for the type of painstaking analysis still needed to push Blochet's pioneering observations on these complex manuscript relationships to more definite conclusions.

Chapter 6 (pp. 158–69), provides a brief survey of the character of the Mongol chiefs covered in Blochet's edition of the text, from Ögedei to Timur, and an outline of the transformation of the dynasty in China, after the death of Mongke.

Chapter 7 (pp. 170–88), essentially pursues the same theme, starting with the change of power from the Ögedeids to the Toluids, and how the successors of Qubilai Qa'an became identified as a Chinese dynasty, seduced by the kingdom that had long been the neighbouring and dominant power over the steppes peoples. The earlier desire of the Turks and Mongols to conquer and subdue was replaced by the desire to rule.

Chapter 8 (pp. 189–200), rather ahead of its time, proposes to view the Mongol Empire not simply as a period of devastation and unheard of

---

[25] See for example, David Morgan, "Rašīd al-Dīn and Ġazan Khan", in *L'Iran face à la domination mongole*, ed. Denise Aigle, Paris & Teheran, 1997, pp. 179–88, at 182–83.

[26] A.H. Morton, ed. *The Saljūqnāma of Ẓahīr al-Dīn Nīshāpūrī*, E.J.W. Gibb Memorial Series, 2004, pp. 23–31.

calamities, but as bringing order and an enduring notion of statehood and national unity to the conquered territories. As Blochet justly remarks, not only was Iran subject to "a frightful political anarchy" since the Ghaznavid period, but China was divided between north and south, and the southern Russian steppes a patchwork of myriad mutually hostile principalities. The Mongol conquests of these lands in each case led to permanent transformations and were the catalyst for the emergence of modern Iran, China and Russia.

Chapter 9 (pp. 201–15), first explores some aspects of the centuries-long confrontations between the Turkish and Mongol tribes of the steppes and the "Celestial Empire" of China, and then traces the outlines of the equally enduring struggles between the Turks and the Persian Empire, or the Iran–Turan conflict, of which Blochet regards the Mongol invasions as the final episode. He traces various phases of this confrontation in the *Avesta*, *Bundahishn* and the *Shāhnāma*, ending with the struggle between the Sasanians and the Hephalites.

Chapter 10 (pp. 216–41), deals with aspects of the interactions between the four *uluses* of the Mongol Empire, noting first the transformation of Mongol rule in China from a pillaging operation to an attempt at government, and keeping the whole kingdom under central control rather than parcelling it out in appanages. The Chinese Qa'ans also recognised the impossibility of controlling the more distant ulus of Jochi (the Golden Horde), but the tensions with the Chaghatai khanate, by contrast, posed a serious distraction and, as discussed later in the chapter, interrupted relations between China and Persia.[27] As for Iran, Blochet suggests that the Chinese rulers, and the Ilkhans themselves until the time of Ghazan, surely considered the descendants of Hülegü to be hereditary governors rather than independent rulers. He adduces Chinese sources to flesh out the transactions between the two regimes, though they failed to act in concert against the Chaghatai Khanate. Blochet concludes his argument in this chapter by showing that the division of the empire under Chinggis Khan sowed the seeds of its future disintegration.

[27] For the history of the Chaghatai Khanate at this period, see now Michal Biran, *Qaidu and the rise of the independent Mongol state in Central Asia*, Richmond, 1997. She does not refer to Blochet either.

Chapter 11 (pp. 242–71), the final essay, deals with China's relations with the Chaghatai Khanate under Timur and his successors, drawing both on Chinese sources and the narratives in 'Abd al-Razzāq Samarqandī's *Maṭlaʻ-i saʻdain* (quoted at length in the footnotes from the BNF mss. pers. 106 and suppl. persan 221), for the repeated exchange of embassies from the late 14th century onwards. Blochet remarks that these contacts, reported almost exclusively in the Chinese annals, reveal the continuing sense on the part of the Ming of the vassal status of the former Central Asian territories. Blochet ends with another notice of the difficulty of spelling and vocalising Mongol names, a persistent theme of his annotations both to this *Introduction* and to the edited text of the *Jāmiʻ al-tawārīkh*.

There follows an Appendix (pp. 272–98), containing a translation of the rise of the Mongols from the first chapter of the *Secret History of the Mongols*;[28] and a section of notes and corrections (pp. 298–305), together with yet more interesting annotations as an afterthought (pp. 395–98). Carrying on into the annotations of the edited text itself, it is clear that Blochet continued fiddling with and thinking about the problems presented by the *Jāmiʻ al-tawārīkh* in an almost obsessive manner.

This very brief summary of the main topics of Blochet's work of course does not do justice to his arguments, nor to the erudition and linguistic skills that he brings to his analysis. He is concerned chiefly with the transformation of the Mongol Empire from the death of its founder into a Chinese dynasty with complex relations with its former constituent territories in Transoxania, Russia and Iran in the period covered by the portion of the *Jāmiʻ al-tawārīkh* that he was editing. This introductory volume itself does not have a very strong internal coherence, nor are there any conclusions offered or an overall synthesis of his arguments, but it provides a valuable survey of the place of Rashīd al-Dīn's chronicle in the historical literature of the time and its

---

[28] Compare with the first compete French translation of text by Marie-Dominque Even and Rodica Pop, *Histoire secrète des Mongols*, Paris, 1994, pp. 41–51 and the definitive publication by Igor de Rachewiltz, *The Secret History of the Mongols. A Mongolian epic chronicle of the thirteenth century*, 2 vols. Leiden, 2006, pp. 1–13. Neither the French translators nor de Rachewiltz even mention Blochet's pioneering translation, based on a transcription of Pozdneev's Russian text, itself evidently derived from the work of Paladiĭ, see de Rachewiltz, pp. lxx–lxxii.

impact of later historiography. Despite the very considerable body of work dedicated to Rashīd al-Dīn, his chronicle, the history of Ilkhanid Iran and Yuan China and the edition and linguistic analysis of the primary sources since Blochet's time, this reprint of a work that has long been unavailable,[29] might encourage a re-evaluation of his pioneering contributions to the field.

Cambridge
June 2016

Charles Melville

---

[29] Unfortunately I have been unable to trace when the volume went out of print and any subsequent publication history.

La publication du texte persan de l'histoire des Mongols de Rashid ed-Din, la تاریخ مبارك غازانی, augmentée de l'appendice qui contient l'histoire des deux sultans Oltchaïtou et Abou Saïd Béhadour Khan, doit former trois volumes dont l'annonce a été imprimée à plusieurs reprises par les Trustees du fonds Gibb.

Le premier volume contiendra, avec les deux préfaces, l'histoire des tribus turques, celle des ancêtres de Tchinkkiz depuis Along-Goa jusqu'à Yisoukéï Béhadour et la vie de Tchinkkiz. Les deux préfaces ont déjà été publiées par Quatremère dans son introduction à la vie d'Houlagou; l'histoire des tribus, celle des ancêtres de Tchinkkiz et celle du Conquérant du Monde ont été imprimées en partie, avec de nombreuses coupures qui enlèvent tout intérêt à ce travail, à Saint-Pétersbourg, avec une traduction annotée, par Bérézine, dans les ТРУДЫ ВОСТОЧНАГО ОТДѢЛЕНІЯ ИМПЕРАТОРСКАГО АРХЕОЛОГИЧЕСКАГО ОБЩЕСТВА des années 1861, 1868 et 1888.

Les Trustees du fonds Gibb et l'auteur de la présente publication avaient pensé que cette partie de l'histoire de Rashid ed-Din ayant déjà été imprimée, bien qu'avec des lacunes, par la Société Archéologique de Saint-Pétersbourg, il était préférable de commencer par celle qui, jusqu'à ce jour est restée inédite, à part la vie d'Houlagou, l'histoire du monde mongol en Chine et en Perse depuis la mort de Tchinkkiz jusqu'à la fin du règne de Mahmoud Ghazan, avec l'appendice écrit sous le règne de Shah Rokh Béhadour, dans lequel se trouvent exposés les événements dont l'Iran fut le théatre jusqu'à la mort d'Abou Saïd, et de ne reprendre l'histoire de l'antiquité altaïque et celle de Tchinkkiz qu'en dernier lieu, de facon à donner un texte complet de l'histoire des Mongols.

C'est pour ces raisons qu'on a commencé la publication de son texte par le second volume qui devait contenir l'histoire des Khaghans, souverains de la Mongolie et de la Chine, d'Ougédeï à Témour, et celle des gouverneurs de l'Iran depuis Houlagou jusqu'à l'avènement de Mahmoud Ghazan.

L'étendue qu'a prise la partie déjà imprimée de ce second volume forcera d'en arrêter le texte avec le récit des derniers événements du règne de Témour qui sont racontés par Rashid ed-Din et à reporter l'histoire des premiers gouverneurs de la Perse en tête du troisième volume qui sera ainsi un peu plus considérable qu'il ne l'avait été prévu dans le plan primitif, mais dont la publication est loin d'exiger une annotation aussi considérable que celle des deux premiers.

Le second volume du texte persan de la جامع التواريخ de Rashid ed-Din contient l'histoire du monde mongol, moins la province d'Iran, depuis la mort de Tchinkkiz Khaghan et l'avènement d'Ougédeï (1229) jusqu'à l'année 703 de l'hégire, soit 1303 de notre ère, qui correspond à la septième année ta-té de l'empereur Oltchaïtou Témour Khaghan, le Tchheng-Tsoung des historiens chinois. Il comprend les annales des 5 premiers empereurs de la dynastie à laquelle le bonze Lieou Ping-tchong donna, le 11e mois de la 8e année tchih-youen (1271), le nom fort énigmatique de Taï-Youen 大元 d'après une argumentation à laquelle personne ne comprit rien [1]) Ougédeï, Kouyouk, Monkké, Koubilaï et Témour, ainsi que les biographies des trois fils apanagés de Tchinkkiz, Tchoutchi,

---

[1]) *Youen-ssé*, chap. 7, page 30; *Thoung-kian-kang-mou, Sou-pian*, chap. 21 page 75; *Li-taï-ki-ssé*, chap. 97, page 22; l'édit de Koubilaï relatif à cette dénomination a été traduit par de Mailla, *Histoire générale de la Chine*, tome IX, page 322.

souverain du pays de Toghmakh, Tchaghataï, khaghan de Sartaghol, avec un résumé de l'histoire de leurs descendants jusqu'à l'époque à laquelle Rashid arrêta la rédaction de sa chronique, et de Toulouï, son fils cadet. Suivant l'antique coutume des chefs mongols, qui se retrouvait chez les tribus gauloises, Toulouï, en sa qualité de plus jeune fils de Témoutchin, eut comme héritage le pays, d'ailleurs assez indéterminé dans ses limites, entre les deux fleuves Onon et Kéroulen où la piété de ses descendants conserva jusqu'à la fin de la dynastie les 4 grands *ourdous*, les 四大斡耳朶,¹) مـهـدى سرى بـهـدى, dans lesquels le Conquérant du Monde était venu à de longs intervalles se reposer des fatigues et des soucis de la guerre.

L'histoire officielle de la dynastie mongole en Chine, le *Youen-ssé*, place son origine en la 1260ᵉ année de l'ère chrétienne, au moment où Koubilaï prend le titre impérial et donne aux premières années de son règne le nom de tchoung-thoung; ses trois prédécesseurs, Ougédeï, Kouyouk, Monkké, et lui même jusqu'à cette époque, ne sont pas considérés par l'histoire chinoise comme des Fils du Ciel, mais seulement comme des précurseurs, des ancêtres de la dynastie des Youen, n'ayant aucun droit au titre impérial 皇帝, qui ne leur est donné que parce qu'en la 4ᵉ année tchoung-thoung (1263), le troisième mois, Koubilaï, devenu le Fils du Ciel et le successeur légitime des Soung, dut, pour se conformer à l'antique cérémonial chinois, donner à ses ancêtres des titres impériaux.

Le cérémonial du Céleste Empire veut qu'à une date fixée par les rites l'empereur offre un sacrifice dans le temple de ses ancêtres à ceux qui depuis trois générations l'ont précédé dans la vie terrestre: c'est ainsi que Koubilaï donna à Toulouï

---

¹) Les quatre grands *ourdous* de Tchinkkiz sont quelquefois nommés 成吉思皇帝的大斡耳朶 *Youen-ssé*, chap. 29, page 2.

et à Yisoukéï, qui n'avaient point régné sur les Mongols, les titres de 睿宗 Jouï-Tsoung et de 烈祖 Lié-Tsou, réservant pour Tchinkkiz celui de 太祖 Thaï-Tsou, en même temps qu'il donnait à ses prédécesseurs immédiats les titres de 太宗 Thaï-Tsoung, 定宗 Ting-Tsoung, 憲宗 Hsien-Tsoung, se contentant de faire inscrire dans le Temple des Ancêtres le nom de ses deux oncles Tchoutchi et Tchaghataï sans leur donner de titre impérial puisqu'ils ne devaient pas figurer dans les cérémonies rituelles.[1])

Les 4 premiers souverains de l'empire mongol, Tchinkkiz, Ougédeï, Kouyouk et Monkké, n'ayant pas régné en Chine et n'étant inscrits dans les listes impériales que par une convention rituelle, n'ont que des noms de temple et ne possèdent pas, comme leurs successeurs, les noms d'années qui sont les caractéristiques du règne des empereurs chinois.

Cette partie de la chronique qui fut dédiée à Ghazan par le vizir Rashid ed-Din est la seule et unique source à laquelle vinrent puiser pour les événements qui se succédèrent dans le monde mongol, à l'exception de la Perse, entre les années 1229 et 1303, tous les historiens postérieurs, Hafiz Abrou, dans sa *Zoubdet el-tévarikh*, l'historien de Tamerlan, Shéref ed-Din Ali Yezdi, dans le *Zafer nameh*, Ouloug-Beg, dans

---

[1]) 三月 .... 蒙古始建太廟 ....
至是建太廟于燕京。定烈祖太祖太宗。朮
赤察合帶睿宗定宗憲宗爲八室。又命僧
薦佛事七晝夜。 «Le troisième mois, les Mongols commencèrent à établir un Thaï-Miao.... Il arriva que (l'empereur) fit construire le Thaï-Miao dans Yen-king (la Khanbaligh خانبالیغ des Mongols); il ordonna que l'on fît huit salles pour Lié-Tsou (Yisoukeï-Baghatour), Thaï-Tsou (Tchinkkiz-Khaghan), Thaï-Tsoung (Ougédeï), Tchoutchi, Tchaghataï, Jouï-Tsoung (Toulouï-Khan), Ting-Tsoung (Kouyouk-Khaghan), Hsien-Tsoung (Monkké-Khaghan). Ensuite, il ordonna aux lamas bouddhiques (seng) d'offrir des sacrifices au Bouddha en l'honneur des mânes des défunts durant 7 jours et 7 nuits». *Thoung-kian-kang-mou*, *Sou-pian*, chap. 21, pages 39 et 40; *Li-taï-ki-ssé*, chap. 97, page 8; cf. *Youen-ssé*, chap. 5, page 13.

le *Tarikh-i oulous arbaa-i Tchinkkizi*, Mirkhond, Khondémir, le sultan de Kharizm, Aboul Ghazi Béhadour Khan et tous les chroniqueurs qui traitèrent dans leurs annales de l'histoire des Mongols.

A un point de vue plus général, elle est avec l'histoire officielle chinoise de la dynastie des Youen, depuis la mort de Tchinkkiz[1]) en la troisième année pao-tchhing de Li Tsoung des Soung, soit 1227 de notre ère, jusqu'en la septième année ta-té de Tchheng-Tsoung des Youen, soit 1303, la source unique de l'histoire de la Chine et de l'Asie centrale durant cette période de soixante et dix-sept années.

On verra plus loin que ces deux sources de l'histoire du monde qui dérivent, en grande partie, d'une chronique officielle mongole perdue à jamais, ne font pas double emploi et qu'elles ne présentent pas, sous la forme d'un récit persan et dans un texte chinois, la répétition des mêmes faits, mais qu'au contraire elles se complètent l'une par l'autre, la chronique persane donnant sur les événements qui se sont passés en Mongolie et dans le pays turk des renseignements que l'on chercherait en vain dans le *Youen-ssé*, tandis que l'histoire de la Chine mentionne pour l'Extrême Orient et pour les rapports de la Chine avec les pays du sud-est de l'Asie des faits qui n'ont pas été connus de Rashid ed-Din ou qu'il n'a connus que très imparfaitement.

La vie de Rashid ed-Din et les circonstances qui l'ont amené à rédiger l'immense chronique à laquelle il donna le nom de *Djami el-tévarikh* sont connues dans leurs moindres détails par le savant mémoire qu'Etienne Quatremère fit imprimer comme préface à son édition de la vie d'Houlagou qui forme le premier volume de la Collection Orientale. L'immense lecture de Quatremère, le travail incessant et sans trêve auquel il s'était livré durant de longues années pour rassembler tous les renseignements qu'il pouvait

---

[1]) *Li-taï*, chap. 95, page 10.

trouver sur les nombreux auteurs qu'il comptait publier et sur leurs livres, lui ont permis de retracer dans cette préface la vie agitée du vizir de Ghazan et les précautions minutieuses qu'il prit pour que son œuvre ne pérît point après sa mort, comme celles de tant de ses devanciers. Ce sont là des faits qui appartiennent désormais à l'histoire littéraire et auxquels, probablement, on ne pourra ajouter que fort peu de chose, à la condition de trouver, ce qui parait peu vraisemblable, des documents nouveaux sur la vie de Rashid ed-Din. Aussi je me bornerai à ajouter quelques renseignements sur la carrière du puissant vizir, tirés d'un ouvrage persan que Quatremère n'a pas connu et qui fut écrit sous le règne d'Abou Saïd par un contemporain de Rashid ed-Din; ces détails, qui ne manquent pas d'imprévu, complètent les renseignements que l'on trouvera dans la monumentale préface de l'*Histoire des Mongols de la Perse*; j'étudierai ensuite quelques point historiques qui ne relèvent pas de l'histoire littéraire, mais sans la connaissance desquels il me parait difficile de comprendre l'évolution de l'empire mongol, de saisir la nature des relations des 4 *oulous* et de s'expliquer les causes de la décadence si rapide de la dynastie des Youen.

Cette introduction suppose que le lecteur connait suffisamment tout ce qui se trouve dans l'histoire des Mongols de d'Ohsson et dans la préface de Quatremère; elle n'a pas la prétention d'être un résumé, même très succint, de a politique qui fut suivie par les princes mongols quand ils furent arrivés à la souveraineté de presque toute l'Asie. Cette étude n'est point faite et elle n'est pas près de se faire. Ni Rashid ed-Din, ni le *Youen-ssé*, encore moins le *Youen-ssé*, ne s'occupent de la coordination des événements qu'ils racontent, ni de leurs relations. Ce sont pour les deux chroniques des faits qui se succèdent dans le temps et dans l'espace, sans que les auteurs en aient vu la corrélation, ni leurs relations intimes. La loi de causalité, dont on abuse quelque peu dans la méthode historique actuelle, semble complètement inconnue à ces chroniqueurs qui découpent imperturbablement l'histoire du monde en petites tranches menues, correspondant à chaque mois et même à chaque jour de l'année, juxtaposant, parce que chronologiquement ils se sont passés à deux jours d'intervalle, les faits les plus disparates, la nomination d'un ministre d'état et la mention d'une éclipse de soleil, séparant par le récit incohérent d'une série d'événements qui n'ont d'autre lien que la succession chronologique deux faits dont l'un est la résultante de l'autre, la mention d'une bataille et celle du départ de l'expédition par laquelle elle devait se terminer.

Il faut dégager soi même, et sans aucun secours, de cet amoncellement de faits, les lois historiques qui ont présidé à l'évolution de cette dynastie et les causes qui en ont précipité la ruine.

Au mois de Shavval de l'année 710 de l'hégire, le sultan Oltchaïtou donna à un homme nouveau qui, d'après Abd Allah el-Kashani était une personne d'un rare mérite [1]), Tadj ed-Din Ali-Shah, le rang de vizir et la *naïba* de cette charge qui comprenait à la fois les fonctions de coadjuteur des vizirs en exercice et la survivance de la charge. Cette mesure intempestive mit le comble à la rage des deux vizirs Saad ed-Din et Rashid ed-Din et elle fut l'origine de toute une campagne d'intrigues et de calomnies qui se termina tragiquement par l'assassinat de Saad et de Rashid.

Pour faire pièce à son collègue Saad ed-Din dont il cherchait à se débarrasser, Rashid ed-Din lia partie avec le nouveau favori, Tadj ed-Din Ali-Shah. «La discorde et l'inimitié, dit el-Kashani dans son histoire d'Oltchaïtou [2]), éclatèrent

[1]) Man. suppl. persan 1419, f. 73 r.

[2]) ..... میان خواجکان سعد ٱلدّین و رشید ٱلدّین کفت و کوی و وحشت و نفرت واقع کشت و سعد ٱلدّین با او بحضور پادشاه مناقضت و عداوت ظاهر کرد و خطابهای خشم انکیز از سر لجاج و ستیز از زرق و تمویه و زور و تزویر و تهوّد و سحر و کیمیا چنانک منافسان صداقت بعداوت و مودّت بمناغضت و محبّت بمناقضت انجامید و رشید از سر حلم و احتمال و کمال هوشمندی و عاقبت اندیشی اغماض و اغضاء نمود و کفت ای سعد ٱلدّین تا امروز ترا بنده‌ئی بها بود اکنون لحمد لله و منه اورا ازاد کردی بعد از ان بخدمت سلطان تربیت و تعظیم تاج ٱلدّین علیشاه پیش کرفت

Histoire d'Oltchaïtou, man. suppl. persan 1419, f. 82 v.

entre les deux khadjèhs Saad ed-Din et Rashid et-Din et Saad ed-Din montra, en présence du sultan, l'hostilité qu'il ressentait contre son collègue; il l'apostropha violemment, l'accusant d'être un fourbe, un faussaire, un imposteur, un plagiaire, de pratiquer le judaïsme, de se livrer à la sorcellerie et à la magie; ce fut ainsi que des hommes qui, la veille, étaient unis par les liens d'une amitié sincère en vinrent à se traiter comme des ennemis mortels. Rashid, trop prudent pour s'engager à fond dans une discussion dont l'issue pouvait lui être fatale, car il est probable que son collègue ne parlait pas sans preuves, prévoyant comment cette aventure se terminerait pour Saad ed-Din, écouta doucereusement et dans le plus grand calme ces accusations qu'il affecta de dédaigner et il esquiva toute réponse précise par ces mots vides et prétentieux: «Saad ed-Din, tu as eu jusqu'à aujourd'hui un esclave dont l'amitié etait inestimable, mais grâces en soient rendues à Allah, tu lui as rendu sa liberté!» Après cette algarade, la position de Tadj ed-Din Ali-Shah s'affermit à la cour du sultan.

Ali-Shah ne fut pas plus tôt installé dans la place qu'il ne songea plus qu'à perdre Saad ed-Din et il ne recula pas, avec la complicité de Rashid, devant une dénonciation honteuse; la tâche était d'ailleurs aisée, car si Saad ed-Din, au dire de l'auteur de l'histoire d'Oltchaïtou, parait avoir été un honnête homme, ses subordonnés remplissaient leurs poches aux dépens du trésor sans que le vizir, d'une inconcevable faiblesse, fit rien pour les en empêcher: «Le khadjèh Tadj ed-Din Ali-Shah, dit Aboul-Kasem Abd Allah el-Kashani[1]),

[1]) .... و خواجه تاج ٱلدّين عليشاه عرض داشت که اکر رای جهان آرای فلک پیمای پادشاه خواهد تا بدانند که صاحب سعد ٱلدّين و نوّاب او از مال پادشاه هر روز چه مقداری می ربایند بفرمايد تا سه روزه دخل مال عالم بی مطل و تفویض حاضر کنند و

exposa au sultan que s'il voulait savoir de quelle somme il
était volé chaque jour par Saad ed-Din et les fonctionnaires

بر نظر اشرف گذرانند پادشاه بانفاذ آن اشارت فرمود واو سه روز
قسط مال عالم مبلغ بیست تومان همه دراهم سفید حاضر کرد و بحکم
فرمان بصحرائی وسیع و موضعی فسیح بکستردُ پادشاه از مشاهدهٔ
آن فراوان اعجاب و شکفتی نمود و گفت روشن شد که اصحاب
دیوان بهر سه روز این مقدار مال از من میبردند   بیت
بطمع درم جان دهد هر کسی   که نامش بزرگست و قدرش بسی
سعد الدّین این قضیّه مهمل و معطّل فرو گذاشت و بدین بهانه
تمسّک نمود که جملهٔ ممالک ایران از متصرّفان باز گیرد و بمن سپارد
که بعضی از آن خواتین معظّمه دارند و بعضی امرای بزرگ چنانک
دیار روم امیر ایرنجین و بعضی تفاریق چون وقف و غیره که
رشید الدّولة دارد تا هر سال پانصد تومان توفیر بخزانهٔ عامره می
رسانم سلطان عالم بعد از یک چندگاه آن مبلغ از وی طلب داشت
بپاسخ میگوید که این مبلغ آنگاه اداء کنم که تصرّف ممالک ایران
بأسرها من دانم ازین جواب خاطر مبارک پادشاه برنجید و امیر
توقماق و تاج الدّین علی شاه و هزاره محمّد هر سه کواه دادند
که سعد الدّین ملتزم و متقبل این مبلغ شده است سلطان پانصد
تومان مال ازو طلب داشت واو بدان مقدار نقد قادر نبود متحیّر
و مدهوش ماند یکچند توقّف و تعلّل مینمود..............
و از اتّفاقات بد در اثنای این حال روزی میان نوّاب او مبارکشاه
ساوی و زین الدّین ماستری وحشتی و کفت و گوی افتاد
مبارکشاه با زین الدّین گفته بود که بر تو صد تومان مال پادشاه
که ربودهٔ درست میکنم و او بجواب گفته که من نیز بر تو دویست
تومان درست میکنم که ملتزم زدهٔ چون مطارحهٔ ایشان بکوش

qui étaient sous ses ordres, il n'avait qu'à ordonner qu'on lui apportât, sans aucun délai et sans passer par leur inter-

سعد ٱلدّين رسيد بترسيد و متقصّم خاطر و متنوّع ضمير شد گفت در حين وقتى كه اعدا حاضرند از يمين و يسار ناظرند اين مناظره مخاطره است بيت

اگر بخدمت سلطان تـقـرّبى طـلـبى

كمال جاه تو بى قصد قاصدان نبود

و گر نهاد تو عود فضايلست بدانك

بر آتش حسد حاسدان امان نـبـود

سعد ٱلدّين ركن اعظم خـود سيّد تاج ٱلدّين آوجى را بفرستاد تا ايشان را صلح داد بسوكندى مغلّظ كه من بعد با يكديگر لجاج و جدل نكنند و لفظ مال پادشاه بر زبان نرانند و با هم دوست و يار و رفيق باشند و همچنين جملهٔ نوّاب را سوكند داد كه با دوستان او دوست و با دشمنان او دشمن باشند از اتّفاق بد علاء ٱلدّين پسر عماد ٱلدّين مستوفى بزرك و سيّد حمزه غايب بودند و صاحب سوار شده متوجّه اردو بودند در راه با ايشان باز خورد و گفت هم اكنون بخانهٔ سيّد تاج ٱلدّين رويد و آنچه او با شما تقرير كند آن سخن من باشد تا با ديگران موافقت و مشاركت نموده باشيد ايشان برفتند سيّد تاج ٱلدّين بر ايشان عرض كرد و بخوردند .... هر دو با خانهٔ خود رفتند عماد ٱلدّين از پسر پرسيد تا اين زمان توقّف و درنگ چه بود علاء ٱلدّين صورت ما جرا و كيفيّت سوكند خوارى كما هى با پدر تقرير كرد عماد ٱلدّين گـفـت اى پسر هم اكنون رو و اين قصبّه بخواجه رشيد ٱلدّولة باز نماى هر دو برفتند و صورت ما جرا كما جرا بر منتها با او تقرير كردند و او در حال و ساعت بر رأى پادشاه عرض داشت نظم

médiaire, l'argent qui représentait trois jours des recettes de
l'empire et qu'on le mît sous ses yeux. Le sultan ordonna

ندارد کسی راز مردم نهان   هان به که پاکیزه داری روان
که گر در دل سنك خارا شود   نماند نهان آشکارا شود
ورایات همایون ممبارکی و فیروزی بشهر بغداد رسیدند..... فرمان نافذ شد تا روز سه شنبه صاحب سعد ٱلدّین و نوّاب اورا بکرفتند و روز چهار شنبه امراء مجتمع شدند و ایشان را ببیارغو کشیدند بتهمت سوکند خوردن و احوال ایشان تفحّص و تجسّس نمودند ببیارغو هیچ کناهی و خیانتی ثابت نشد امّا سعد ٱلدّین امارات بی عنایتی و خشم و غضب پادشاه مشاهده میکرد اهتزاز و استبشار باستبحاش و استنشعار مبدّل شد از زبانبهٔ طوارق زمان و شایبهٔ طوارق حدثان مفزع و مهربی میطلبید و راه خلاص و مناص میجست عاقبت جز التجا و استینناس بخواجه رشید ٱلدّوله ملجا و ملاذی ندید یکچند پیش او چون صاحب خقفان آمد شد و انقباض و انبساط مینمود و او از وحشت آزاری که ازو در دل داشت تملّق و جابلوسی بنفاق و ریا میکرد و اورا خواب خرکوش و دم قصاب میداد......... دستور باعلام حال خود ساعی نزد برادر خود سعد ٱلملك دوانید که پیش از وقوع نازلهٔ خوفناك و حادثهٔ هولناك بامیر جوپان پناهد بجانب ازان علماء کفته اند از ملازمت پادشاه یکدم خالی مباش تا اعدا در غیبت تو انتهاز فرصت و شماتنت ننمایند و اورا با تو متغیّر و متکدّر نکنند و بوقت غیبت از امراء و مقرّبان منهیان و حامیان کماشنه باشی تا از کلیّات و جزویّات احوال پادشاه آکاه و بیدار باشی .... فرمان قضا نفان جزم شد تا روز سه شنبهٔ دهم شوال سنه احدی عشر و سبعمایه وقت عصر دستور سعد ٱلدّین

que l'on expédiât cet ordre et, pendant trois jours, Tadj ed-Din Ali-Shah apporta la quotité des revenus de l'empire qui formaient une somme de 20 tomans, le tout en pièces d'argent et, sur les prescriptions de l'ordre impérial, il les fit toutes répandre dans une vaste plaine; Oltchaïtou témoigna la plus grande surprise de voir cette immense quantité de pièces et il dit: « Il est clair que les fonctionnaires du ministère me volent tous les trois jours cette somme d'argent. » Saad ed-Din ne tint aucun compte de cet incident qu'il se refusa à considérer comme un avertissement et il saisit ce prétexte pour demander que le sultan reprit toutes les provinces de l'Iran aux personnes auxquelles elles avaient été données en apanage et qui en touchaient les revenus et qu'on lui en confiât l'administration financière. En effet, les princesses de la famille impériale en possédaient une partie et une autre partie appartenait aux grands généraux, tel le pays de Roum qui était l'apanage de l'émir Irintchen; une

وزیر را بدست دو سه عفریت جلّاد و زبانیهٔ دوزخ دادند ..... و آن دستور بی نظیر را شهید کردند بعد از او پنج نفر نوکر مقرّب خاصّکی اورا چون مبارکشاه ساوی و زین الدّین ماستری و ناصر الدّین یحیی پسر جلال الدّین طبری و داود شاه نیکو اخلاق و کریم الدّین یك یك می آوردند و شهید می کردند. *Histoire d'Oltchaïtou*, man. suppl. persan 1419, fs. 83 v.—86 r.; cf. l'*Appendice* à la *Djami el-tévarikh*, man. suppl. persan 209, fs. 467 v.—468 r., dont l'auteur a résumé le récit d'el-Kashani. Voici comment se trouvent racontés dans l'*Appendice* les derniers efforts que fit Saad ed-Din pour se tirer d'affaire:

وزیر آثار بی عنایتی پادشاه مشاهده می کرد با در خواجه رشید الدّین رفت و پیش او بنفاق آمد شدی می کرد و خواجه نیز با او تملّقی می نمود وزیر پیش برادر خود سعد الملك فرستاد که بتعجیل پیش امیر چوپان رود بارّان و استمالت خاطر او کند شاید که اورا یا فرزندان اورا مفید آید .....

troisième partie était formée de divers bénéfices تغاريق et autres prébendes dont Rashid ed-Daulèh était le titulaire; Saad ed-Din s'engageait, si tous ces apanages et bénéfices étaient supprimés, à faire entrer dans le trésor impérial un excédant de recettes de 500 tomans. Quelque temps après, le sultan demanda à Saad ed-Din de lui verser cette somme, et le vizir répondit: «Je donnerai cet argent quand j'aurai entre les mains l'administration de toutes les provinces de l'Iran, sans en excepter une seule». Le sultan fut extrêmement vexé de cette réponse.

L'émir Toghmakh, Tadj ed-Din Ali-Shah et Hézarèh Mohammed témoignèrent tous les trois que le sultan pouvait parfaitement demander cette somme à Saad ed-Din et que ce dernier était très capable de la verser. En conséquence, le sultan lui demanda de nouveau ces 500 tomans, mais Saad ed-Din était dans l'impossibilité matérielle de fournir une telle somme, il fut atterré par l'insistance du sultan et il perdit la tête; il implora quelque délai et supplia qu'on l'excusât de ne pouvoir s'exécuter sur le champ.

Le malheur des temps voulut que, sur ces entrefaites, deux des fonctionnaires de Saad ed-Din, Moubarek Shah Savi et Zeïn ed-Din Mastéri, se disputèrent et en vinrent à s'accuser mutuellement de concussion: «Je me fais fort, dit Moubarek Shah à Zeïn ed-Din, de prouver que tu as volé cent tomans de l'argent du sultan —; et moi, répliqua Zeïn ed-Din, je montrerai, et preuves en main, que tu en as mangé deux cents». Quand Saad ed-Din apprit cette dispute, il fut saisi de désespérance, il tomba dans les plus noires appréhensions et perdit l'esprit, disant qu'une telle querelle, au moment précis où l'ennemi était aux portes, guettant, à droite et à gauche, l'occasion de se jeter sur eux, était une imprudence suprême qui risquait d'avoir les plus terribles résultats.

„Si tu cherches, dit le poète, à te rapprocher de la majesté royale pour gagner sa faveur, le rang élevé que tu atteindras ne te mettra pas à l'abri des attaques de ceux qui veulent te supplanter; quand tu serais d'une essence aussi pure que celle du bois le plus précieux, saches bien que tu ne pourras jamais résister au feu de la haine des envieux». Saad ed-Din envoya immédiatement le seyyid Tadj ed-Din Avedji, qui était le plus important de ses collaborateurs, pour rétablir la paix entre les deux imprudents et pour leur faire jurer solennellement que désormais ils n'auraient plus aucune contestation ni aucune dispute, qu'ils n'ouvriraient jamais la bouche pour parler de l'argent du sultan, qu'ils seraient des amis sincères et d'intimes collaborateurs. Tadj ed-Din fit également jurer à tous les fonctionnaires qui étaient sous les ordres de Saad ed-Din qu'ils seraient les amis de ses amis et les ennemis de ses ennemis.

Par la pire des coïncidences, Ala ed-Din, fils d'Imad ed-Din, grand mostaufi et Seyyid Hamza n'assistèrent pas à cette scène parce qu'ils étaient partis à cheval pour se rendre au quartier général du sultan. Saad ed-Din parvint à les rattraper alors qu'ils étaient en route et il leur dit de se rendre tous les deux chez Tadj ed-Din et de regarder comme ses propres paroles, à lui Saad ed-Din, tout ce que Tadj ed-Din leur dirait et leur commanderait, de façon à faire cause commune avec leurs collègues et à se trouver en parfaite communion avec eux. Ala ed-Din et Seyyid Hamza allèrent chez Seyyid Tadj ed-Din qui leur exposa la situation et qui leur fit prêter le serment imposé par Saad ed-Din; .... après cela, ils s'en retournèrent chez eux. Imad ed-Din demanda à son fils, Ala ed-Din, pour quelle raison il arrivait avec un tel retard; Ala ed-Din raconta à son père, par le menu, ce qui s'était passé et comment Seyyid Tadj ed-Din leur avait fait prêter serment. Imad lui dit: «Viens immédiatement raconter cette histoire au khadjèh Rashid ed-Daulèh»; ils partirent tous les deux et exposèrent au vizir les événements qui venaient de se dérouler, dans le plus grand détail; sur le champ, et sans perdre une heure, Rashid ed-Daulèh alla faire son rapport au sultan Oltchaïtou :

« Personne ne possède un secret qu'il puisse cacher indéfiniment aux autres hommes; aussi vaut-il mieux avoir une âme pûre de toute tache car, si quelqu'un recélait dans son cœur une pierre dure, elle ne resterait pas toujours cachée et elle deviendrait visible aux yeux de tous les hommes ». L'armée impériale parvint heureusement à Baghdad et le sultan fit envoyer l'ordre que le mardi on arrêtât le vizir Saad ed-Din avec les fonctionnaires qui étaient employés dans ses bureaux; le lendemain, mercredi, les généraux s'assemblèrent en cour de justice et ils firent comparaître les inculpés par devant eux pour instruire leur procès; l'acte d'accusation relevait comme charge le serment que Saad ed-Din avait fait prêter à ses subordonnés; on fit des enquêtes sur les agissements des prévenus, on fouilla dans leur vie privée, et les débats du procès ne purent établir qu'ils eûssent commis ni acte délictueux ni abus de confiance. Mais Saad ed-Din voyait qu'il avait complétement perdu les bonnes grâces du souverain et que la confiance qu'il lui témoignait jadis avait fait place à une violente colère; sa joie et la sécurité dans laquelle il vivait se changèrent en douleur et en crainte; il essaya de trouver un refuge et un asile contre les vicissitudes du siècle et les contradictions de la fortune; à la fin, à bout d'expédients, il ne vit d'autre chance de salut que d'aller implorer le secours de Rashid ed-Daulèh et, pendant quelques jours, comme un homme angoissé et aux abois, il ne fit qu'aller chez le vizir pour lui faire part de ses terreurs et de ses espérances. Rashid, obéissant au violent désir qu'il avait de perdre Saad ed-Din, le flatta d'une façon hypocrite et sourde; il calma ses craintes et endormit ses terreurs; mais Saad ed-Din ne se laissa pas leurrer par les amabilités de son ennemi et il envoya un exprès à son frère Saad el-Moulk pour lui apprendre les calamités qui fondaient sur lui et lui conseilla, avant que des événements irrémédiables ne se produisissent, d'aller se réfugier dans l'Arran auprès de l'émir Tchoupan; Saad ed-Din lui enjoignit de demander immédiatement une audience à l'émir que son mariage avec une des princesses impériales rendait tout puissant à la cour et de le supplier d'implorer le sultan pour lui ou pour ses enfants, mais Oltchaïtou était à Baghdad avec son *ourdou* et les sages ont dit : « Ne cesse pas un seul instant de faire ta cour au souverain et de vivre dans son ombre de peur que tes ennemis ne profitent de ton absence pour chercher une occasion favorable de ruiner ton crédit et de se réjouir ensuite du malheur qui t'accablera, et pour qu'ils ne l'indisposent pas contre toi; quand tu seras forcé de t'éloigner de la cour, charge les émirs et les courtisans qui approchent le sultan de t'avertir des intrigues qui se trameront contre toi, et d'employer leur influence à te défendre, et de te faire connaître tout ce qui touche au souverain, les plus petits détails comme les plus grands faits.... » Un ordre inéluctable émana du sultan et, le mardi dixième jour du mois de Shavval de l'année 711, à l'*asr*, on livra le vizir Saad ed-Din aux mains de deux ou trois bourreaux, démons et satans échappés de l'enfer, qui lui firent subir le dernier supplice; après lui, on amena l'un après l'autre, cinq de ses subordonnés, Moubarek Shah Savi, Zeïn ed-Din Mastéri, Nasir ed-Din Yahya, fils de Djélal ed-Din Tabari, Daoud Shah et Kérim ed-Din, qu'ils mirent à mort.

Ces quelques pages, avec leurs réticences et leurs sousentendus, constituent un terrible réquisitoire contre Rashid et il serait difficile d'insinuer plus clairement que Rashid, après avoir machiné l'accusation que Tadj ed-Din lança contre Saad ed-Din, fit tout pour le rassurer, mais qu'il profita de l'absence du sultan, qui était parti à Baghdad, pour encercler son adversaire d'une trame d'intrigues dont il ne put sortir.

Les circonstances qui entourèrent la mort de Saad ed-Din et les intrigues auxquelles se livra Rashid resteront toujours mystérieuses, car les deux auteurs qui les racontent, el-Kashani qui fut le contemporain de ce drame et le continuateur de la *Djami el-tévarikh*, qui affirme avoir compilé les sources historiques les plus sûres, en donnent deux versions contradictoires et irréductibles.

La cause primordiale des malheurs de Saad ed-Din, dit el-Kashani, fut la déplorable influence que sa femme, une démonéité sous forme humaine, exerçait sur lui; cette femme faisait du vizir tout ce qu'elle voulait et Saad ed-Din, pour rien au monde, n'aurait osé lui résister. De plus, ajoute l'auteur de l'histoire d'Oltchaïtou, la persécution que Saad ed-Din fit subir à la famille de khadjèh Asil ed-Din, fils du célèbre Nasir ed-Din el-Tousi, lui porta malheur; il ruina cette antique maison, il lui extorqua une somme de 50 toumans des revenus de Baghdad et il lui arracha tous ses biens, ceux dont il avait hérité comme ceux qu'il avait acquis par son travail. Les hommes qui s'attaquèrent ainsi à la famille de Nasir ed-Din el-Tousi finirent misérablement, tels Khourshah, le prince ismaïlien d'Alamout, les deux sahibs Shems ed-Din et Ala ed-Din Ata Mélik el-Djouveïni, l'auteur du *Djihan-kushaï*, le tchheng-siang Boukha, qui persécuta les fils de Nasir ed-Din et qui le paya de sa vie. De même, le vizir Saad ed-Din, à l'instigation de son subordonné Moubarek Shah, s'attaqua à Asil ed-Din; l'année n'était pas encore entièrement révolue qu'il périssait d'une mort tragique et infamante.

Au milieu de ces événements, la femme de Saad ed-Din voulut provoquer la ruine d'un groupe de personnes qui étaient au courant des agissements de Rashid et elle complota leur perte avec Nédjib ed-Daulèh.

Ce personnage, qui apparait ainsi dans l'histoire confuse et troublée de cette époque, était un juif converti, et si l'on en croit Kashani, assez mal converti, à l'Islamisme qui jouait un rôle occulte à la cour de Sultaniyyèh et qui était certainement l'un des subordonnés de Rashid. « Au mois de Ramadhan de l'année 705, dit Kashani [1]), un juif nommé Nedjib ed-Daulèh et plusieurs médecins israélites embrassèrent la foi musulmane; pour rendre leur abjuration plus solennelle, on leur fit manger de la soupe faite de viande de chameau bouillie avec du lait caillé ». Suivant ce que raconte le continuateur anonyme de la *Djami el-tévarikh*, cette addition aux rites de leur abjuration fut inventée par Rashid; il exposa à Oltchaïtou que, si l'on voulait avoir la preuve certaine qu'un juif qui se convertissait à l'Islamisme agissait ainsi avec une conviction profonde et non par arrivisme, il suffisait de le prier de manger un tel mets, car dans la loi mosaïque, il est rigoureusement défendu de faire cuire de la viande avec du lait, ce qui est exact, et de plus, la viande de chameau est tenue pour impure par les juifs.

[1]) و در رمضان سنه خمس و سبع مایه اسلام نجیب آلدّولة با جماعتی اطبّای بنی اسرائیل و خوردن ایشان آش دوغبا بکوشت شتر پخته و غرض این حکایت آنست که خواجه رشید آلدّین عرضه داشته بود که اگر پادشاه خواهد یهود را که باسلام در آیند امتحان فرماید که بدل راست است در آمده اند یا نه ایشان را بآش دوغبا که بکوشت اشتر پخته باشد امتحان فرماید زیرا که در مذهب آن طایفه کوشت و ماست با هم پخته حرام است و کوشت شتر پیش ایشان محرم و مکروه بنابرین معنی امتحان کردند

Continuateur de Rashid, man. suppl. persan 209, f. 449 v.; Kashani, *Histoire d'Oltchaïtou*, f. 34 v.; Kashani ne parle pas du conseil que Rashid donna à Oltchaïtou et toute la fin de cette histoire, depuis و غرض این حکایت آنست, a été prise par le continuateur de Rashid dans un autre ouvrage que je ne connais pas, à moins qu'il n'y ait une lacune dans le manuscrit de l'histoire d'Oltchaïtou dont je me suis servi, ce qui est possible.

La veuve de Saad ed-Din était très probablement une juive, car el-Kashani dit dans son histoire que le vizir était prisonnier entre ses mains, comme un malheureux et pitoyable captif livré à la barbarie d'une infidèle:

او گرفتار کفش لب خشك مانده دیده تر

چون اسیری دردمندی در عذاب کافری

Cette femme, dont el-Kashani trace un portrait effroyable [1]),

[1) و بیشتر خلل کار سعد آلدّین از شقاوت زنش (ریش .man) بود که شیطانیست در صورت بشر.... شومی کفتار و کردار او سر سعد آلدّین نیکو سیرت مهذب اخلاق مطلب اعراق بباد داد و تن عزیز بخاك مغاك.... در غلوای این فترت و آشوب این حیرت جماعتی که از احوال رشید آگاه بودند خواست که از پای حیات بر کیرد و دستمال فنا کند با نجیب آلدّوله مشورت کرد و هر گاه که هر دو بقصد کسی با هم مجتمع و همراز شدندی ثالث شیخ نجدی بودی و رابع ابلیس پر تلبیس........... و نجیب جهودکی مجهول حریص طامع را بر انکبخت و بمواعید عرقوبی مستظهر کرد که از برای تو اعمال و اشغال دیوانی از خواجه رشید چنین و چنین ستانم و مرتبهٔ تو میان اکفاء و اقران عالی کنم و میان اصحاب مغبوط و محسود اما اگر ترا بکردن زدن بر سر پای نشانند باید که نترسی و هیچ نیندیشی که خواجه نگذارد که بتو هیچ گونهٔ رنج و آسیب برك کلی رسد و آن بیچاره را بباد غرور و دم عرقوب بفریفت و امید نوید داد و پوستنش کند تا جهودك خطّی مثل خطّ و املای سعد آلدّین مرده بقصد جان پادشاه بجوهری نوشت که اینك حضرت یعنی تا کار او تمام کند و آن کاغذ مزوّر بخواجه لؤلؤ رسانیدند و او اعلام رای پادشاه کرد و بایام سابق و زمان متقادم امیر محمّد دوات دار سعد آلدّین با غلام دواتدار رشید قتلغبوقا (قبلغبوقا .man) سابقهٔ

s'étant mis en tête de perdre les gens qui étaient au courant des affaires et des agissements de Rashid, ourdit un complot avec Nédjib ed-Daulèh; toutes les fois, dit l'auteur persan, que ces deux démons discutaient sur la manière de s'attaquer à quelqu'un, le sheïkh Nedjdi (le diable) faisait le troisième complice et le décevant Iblis était le quatrième. Nédjib ed-Daulèh inventa un certain Djéhoudek, «le petit juif», fonctionnaire subalterne et complètement inconnu, mais convoiteux et arriviste; il fit miroiter à ses yeux de brillantes promesses qu'il savait ne jamais pouvoir tenir, lui disant qu'il obtiendrait telle charge et telle fonction administrative de Rashid ed-Din pour les lui donner et qu'il lui ferait avoir un avancement considérable qui ferait crever de dépit tous ses collègues. Il l'assura que quoiqu'il pût arriver, si même ses ennemis voulaient attenter à sa vie et s'ils demandaient sa tête, il ne devait rien craindre et ne pas avoir la moindre inquiétude, car Rashid ed-Din ne tolérerait pas qu'il souffrît le plus petit ennui, fût-il du poids d'un pétale de rose. Nédjib ed-Daulèh dupa ainsi ce malheureux en flattant sa vanité par des promesses mensongères et en lui faisant entrevoir une fortune brillante, bien au dessus de sa destinée. Il le leurra si bien que, sur l'ordre

دوستی و معرفت یکانکی داشت اورا بخانه آورد و بمواعید دروغ بفریفت تا کواهی دادند که جهودك این كاغذ بامر صاحب نوشته است بقصد جان پادشاه رشید خادم جهودك را حاضر کرد تا او مواجهةً بمشافهه اقرار کرد که این کاغذ مرا سعد آلدّین فرموده است نوشتن بحضور این جماعت و امیر محمّد دوات دار بر آن کواهی داد در حال جهود منحوس را صلب کردند و نجیب آلدّوله جوال دوزی بر زبانش بفرمود کذرانیدن تا دیکر سخن نتوانـد کفتن و کیفیت مخاریف و تخلیط و تمویه ایشان عرض کردن, man. suppl. persan 1419, f. 87 r.—88 v.

de son séducteur, Djéhoudek écrivit une lettre, de l'écriture et du style du défunt Saad ed-Din, adressée à Djauhéri, qui était le familier du sultan, dans laquelle il parlait d'attenter à la vie d'Oltchaïtou, en conseillant à Djauhéri de se charger de cette affaire. Nédjib et ses complices firent tomber cette fausse lettre entre les mains du khadjèh Loulou qui la porta immédiatement à la connaissance du sultan.

Émir Mohammed, qui avait été le secrétaire du vizir Saad ed-Din, était depuis longtemps uni par les liens d'une amitié sincère avec Koutlough Boukha, secrétaire de Rashid. Koutlough Boukha invita Émir Mohammed à venir chez lui et il le circonvint par des promesses fallacieuses, si bien qu'il se laissa arracher le témoignage que Djéhoudek avait écrit cette lettre sur l'ordre de Saad ed-Din qui voulait attenter aux jours du sultan. Quand ce double résultat fut obtenu, Rashid fit comparaître Djéhoudek qui, confronté avec Nédjib ed-Daulèh et Émir Mohammed, avoua, d'après la leçon qui lui avait été faite par Nédjib, que c'était bien Saad ed-Din qui lui avait ordonné d'écrire la lettre en présence de ces gens (Nédjib ed-Daulèh et Émir Mohammed). Émir Mohammed se porta garant de la véracité de cette assertion et, sur le champ, on envoya le malheureux juif à la potence; Nédjib ed-Daulèh ordonna qu'on lui traversât la langue avec une grosse aiguille à coudre les sacs pour qu'il ne pût proférer une autre parole et qu'il lui fût impossible de dévoiler leurs intrigues et leurs faux.

On peut se demander si l'auteur de l'histoire d'Oltchaïtou a bien vu clair quand il a dit que ce fut pour perdre les gens qui étaient au courant des agissements de Rashid que la veuve de Saad ed-Din ourdit cette abominable machination. En somme, tout son poids retomba sur un pauvre hère qui cherchait à gagner sa vie et que Nédjib ed-Daulèh, sur l'ordre évident de Rashid, dupa par d'alléchantes promesses. Si cette lettre avait été réellement écrite sous la dictée de

Saad ed-Din en présence de Nédjib ed-Daulèh et du secrétaire Émir Mohammed, ces deux individus eussent été cent fois plus coupables que le Djéhoudek qui devait occuper un emploi des plus infîmes et des plus misérables dans l'administration de la Perse, et Rashid aurait du les faire envoyer tous les deux à la potence comme le «petit juif» auquel on avait promis un avancement merveilleux et qui s'était peut-être vu, lui aussi, sur le chemin du vizirat dans les rêves insensés que lui suggérèrent les fallacieuses promesses de Nédjib ed-Daulèh, or Émir Mohammed ne fut nullement inquiété et Nédjib mourut tranquillement, comme on le sait par el-Kashani, le mercredi 17 de Safar de l'année 715, dans la ville de Noubendégan dont il s'était fait nommer gouverneur[1]); le cercueil de ce personnage dans lequel el-Kashani s'obstine à voir un juif mal converti, fut ramené du Fars à Tauris et l'on fit la prière sur son corps suivant les rites usités pour les vrais Musulmans, puis on l'inhuma dans le cimetière de Kahil (?), le premier jour de Zilkaada avec la pompe habituelle. Avant de mourir, Nédjib ed-Daulèh avait pu apprendre dans sa bonne ville de Noubendégan l'éclatante disgrâce dans laquelle était tombé son ancien complice. Le récit de ces événements bizarres, tel qu'il est fait par el-Kashani ne peut guère se comprendre que d'une seule façon: Rashid ed-Din

[1]) و همچنین [روز چهارشنبه هفدهم صفر سنه خمس عشر] نجیب الدّوله که حاکم نوبندکان بود هم آنجا وفات یافت و از تراکم براة داران و تقاضای متقاضیان بر آسون تابوت او به تبریز آوردند و برسم مسلمانان برو نماز کردند و بکورستان کهبل دفن کردند و رسوم ماتم و عزا بتقدیم رسانیدند در غرّۀ ذی ألقعدۀ ألسّنۀ ألمذکورۀ
Histoire d'Oltchaïtou, man. suppl. persan 1419, f. 129 v.; Noubendégan que Yakout cite sous la forme Noubendédjan نُوبَنْدَجَان est une ville du Fars qui est distante de Shiraz d'environ 26 farsakhs (*Modjem el-bouldan*, tome IV, page ٨٤٧).

et Tadj ed-Din, qui étaient en somme les auteurs de la disgrâce de Saad ed-Din, craignaient que le sultan Oltchaïtou ne vint à s'apercevoir de la fausseté de leur accusation et qu'il ne punît de mort leurs criminelles intrigues. Ce fut pour parer à ce revirement de la fortune que Rashid ed-Din, voulant perdre définitivement le vizir défunt dans l'esprit du sultan, résolut de faire fabriquer une fausse pièce qui établirait d'une façon certaine que Saad ed-Din s'était rendu coupable d'un crime inexpiable, celui d'avoir cherché à attenter à la vie d'Oltchaïtou. Dans cette intention, la veuve de Saad ed-Din, Nédjib ed-Daulèh, Rashid ed-Din et son secrétaire Koutlough Boukha, tramèrent l'infernal complot qui est raconté d'une façon si énigmatique par el-Kashani, car il est plus que vraisemblable qu'en donnant comme complices à la femme de Saad ed-Din et à Nédjib ed-Daulèh le sheïkh Nedjdi et Iblis, el-Kashani vise Rashid ed-Din et Koutlough Boukha. Ils allèrent chercher dans les rangs subalternes de l'administration un individu sans importance, auquel on fit écrire la lettre dans laquelle Saad ed-Din était censé demander à Djauhéri d'empoisonner le sultan. Nédjib ed-Daulèh promit monts et merveilles à Djéhoudek, non seulement pour écrire cet abominable faux, mais pour affirmer, le cas échéant, au sultan qu'il avait écrit cette lettre sous la dictée de Saad ed-Din, l'assurant d'une façon solennelle que le puissant Rashid ed-Din, sans l'ordre duquel rien ne se faisait dans l'empire, ne tolérerait pas que l'on touchât à un cheveu de sa tête. Pour corroborer les affirmations du «petit juif», auxquelles Oltchaïtou aurait pu, en somme, n'attribuer qu'une médiocre créance, Rashid chargea son secrétaire, Koutlough Boukha, de suborner l'homme de confiance du vizir défunt et de l'amener, par les promesses ou par les menaces, à témoigner que la fausse lettre de Saad ed-Din, que Rashid et ses complices avaient fait tomber entre les mains du khadjèh Loulou, émanait bien du vizir; en refusant de se prêter à cette infamie, ce qui aurait ruiné les plans de Rashid, Émir Mohammed jouait sa tête, et il le savait si bien qu'il promit, moyennant une honnête compensation, de faire ce qu'on attendait de lui, très heureux encore que Nédjib ed-Daulèh ne l'accusât pas d'avoir écrit cette lettre. C'est ainsi que cette odieuse machination réussit au gré des criminels qui l'avaient ourdie et que le sultan Oltchaïtou fut convaincu de la félonie du malheureux vizir qu'il avait condamné au dernier supplice; quant au seul individu qui fût, on ne peut dire de bonne foi, mais le moins scélérat de cette bande de misérables et qui, d'ailleurs, savait qu'en refusant de se prêter aux désirs de Nédjib, il courait à une mort certaine, son affaire était arrangée d'avance, car il était le seul qui avait un intérêt à dénoncer au sultan les agissements criminels des hommes qui gouvernaient en son nom les peuples de l'Iran. Aussi, dès qu'il eût affirmé que Saad ed-Din lui avait bien dicté cette lettre, Nédjib ed-Daulèh le fit pendre après lui avoir fait percer la langue pour qu'il ne pût crier à ses bourreaux l'infamie du vizir et de ses complices.

Le rôle de la veuve de Saad ed-Din est à peu près incompréhensible dans cette histoire, car il ne peut guères être question d'une intrigue entre elle et Rashid qui était alors fort âgé et il faut se résoudre à ignorer les raisons qui poussèrent cette démonesse à profaner par delà la tombe le nom de son mari, puisqu'el-Kashani parle de ces événements mystérieux en termes volontairement cabalistiques. L'histoire d'Oltchaïtou est un journal plutôt qu'une chronique, el-Kashani était déjà en délicatesse avec Rashid qu'il accusait de lui avoir volé l'histoire des Mongols et il était tenu à la plus grande réserve en parlant des affaires très louches au milieu desquelles évoluait le puissant vizir; il ne tenait point évidemment à formuler dans son journal une accusation nette et précise qui l'eût conduit à la potence, comme le «petit juif» s'il était tombé entre les mains de Rashid ou de sa camarilla:

«Tous les gens, a dit Abou Aswad ed-Dauli, sont, ou des imposteurs qui parlent d'après leurs passions, ou des hommes sincères qui parlent suivant ce qu'ils savent et d'après leurs doutes; si on leur dit: «Prouvez donc ce que vous avancez! ils ne peuvent le faire»:

فان جميع الناس امّا مكذّب يقول ما يهوى و امّا مصدّق
يقولون اقوالًا بظنّ و شبهة وان قيل هاتوا حقّقوا لم يحقّقوا

L'auteur de la continuation de la *Djami el-tévarikh* donne de cette aventure une version toute différente d'après laquelle Rashid ed-Din aurait été la victime de Nédjib ed-Daulèh: «Sur ces entrefaites, dit-il [1]), le juif Nédjib ed-Daulèh, qui

[1) در اثنای این حالت نجیب الدّوله یهودی که مردی بغایت بد نفس بود خواست که قصد جماعت باز ماندکان کند شاخصی یهودی را بادید کرد و اورا بانواع مواعید مستظهر کردانید تا او مکتوبی از زبان خواجه رشید الدّین بخطّ عبری بنوشت پیش جوهری که نایب تغماق بود و او پسر صرّافی بود تبریزی یهودی پیش توقماق معتبر شده و ابناق سلطان کشته و بغایت نزدیک شده و در انجا نبشته که می باید که جوهری بدارو قصد پادشاه کند و این کاغذ بدست خواجه لوءلوء انداختند لوءلوء آن کاغذ را پیش پادشاه برد پادشاه چون بر آن واقف شد خواجه رشید الدّین را طلب کرد و از وی بکیفیت احوال استفسار نمود و عظیم در غضب شد و خواجه رشید سه روز مهلت خواست در افشا و تحقیق آن جوائی بود امیر محمّد نام دواتدار خواجه سعد الدّین وزیر بوده قتلوق بغا امیر محمّد را بخانه برده از وی تفحّص کرد مکتوب آن امیر محمّد تقریر کرد که این مکتوب فلان یهودی نبشته است بامر خواجه سعد الدّین بقصد خواجه رشید الدّین بعد از روز سوم خواجه رشید

était une affreuse canaille, conçut le projet de s'attaquer à plusieurs des fonctionnaires qui étaient sortis indemnes de cette affaire; pour cela, il inventa un autre juif qu'il alléchea par toutes sortes de belles promesses, de telle sorte que ce juif écrivit, comme si elle était de la main de Rashid, une lettre en caractères hébraïques adressée à Djauhéri qui était l'un des officiers de Toghmakh et le fils d'un changeur juif de Tébriz. Ce Djauhéri, qui était très considéré par l'émir Toghmakh, avait si bien fait qu'il était devenu l'un des intimes du sultan et l'une des personnes qui l'approchaient de plus près; il était écrit dans cette missive qu'il fallait que Djauhéri attentât par le poison aux jours du sultan; on la fit tomber entre les mains du khadjèh Loulou qui la porta immédiatement au sultan. Quand Oltchaïtou eut pris connaissance de ce qui y était contenu, il manda auprès de lui Khadjèh Rashid ed-Din et il lui demanda, en proie à une terrible colère, de lui expliquer ce que cette lettre signifiait. Rashid ed-Din implora un délai de trois jours pour faire la lumière sur cette aventure et la tirer au clair. Il y avait alors un jeune homme, nommé Émir Mohammed, qui avait été secrétaire du vizir Khadjèh Saad ed-Din. Koutlough Boukha emmena Émir Mohammed chez lui et l'interrogea sur la provenance de cette lettre; Émir Mohammed affirma qu'elle avait été écrite par un certain juif dont il donna le nom sur l'ordre de Khadjèh Saad ed-Din pour perdre Khadjèh Rashid ed-Din. Au bout des trois jours, Rashid ed-Din se

ألدّين بحضرت پادشاه رفت و صورت حال عرضه داشت و امیر
محمّد را به بندكی حضرت برد تا كواﮔی داد چون جهودك را حاضر
كردند او نيز در بندكی پادشاه معترف شد كه اين مكتوب باشارت
خواجه سعد ألدّين نبشته بقصد خواجه رشيد ألدّين در حال
بكشتن جهودك حكم فرمود جهودك را بدوزخ فرستادند, man. suppl.
persan 209, f. 468 v.

rendit chez le sultan et il lui exposa ce qui en était; il avait amené avec lui Émir Mohammed pour que ce dernier pût témoigner de la véracité de ses assertions.

On fit comparaître par devant le sultan, Djéhoudek, le «petit juif», qu'Émir Mohammed accusait d'avoir commis ce faux et il avoua qu'il avait écrit la lettre à l'instigation de Khadjèh Saad ed-Din pour perdre Khadjèh Rashid ed-Din; l'ordre fut immédiatement donné de mettre à mort le «petit juif» que le bourreau expédia dans l'enfer.

Ce récit incohérent est probablement né d'une interprétation de celui d'el-Kashani, ou plutôt il est le résultat d'une tentative de syncrétisme de ce récit et d'une version d'après laquelle Saad ed-Din avait essayé de perdre son collègue en supposant une lettre de Rashid dans laquelle ce dernier aurait parlé d'empoisonner le sultan. Si les événements se sont passés comme le prétend le continuateur de la *Djami el-tévarikh*, si Nédjib ed-Daulèh a réellement été l'instigateur de Djéhoudek, il faut admettre que Rashid, sous le coup de cette terrible accusation de lèse-majesté, conçut immédiatement, et sans une seconde d'hésitation, un plan d'une hardiesse inouïe, qui consistait à faire retomber sur le vizir défunt la paternité de ce faux, et qu'il chargea son secrétaire, Koutlough Boukha, de circonvenir l'ancien secrétaire de Saad ed-Din, Émir Mohammed; mais il faut également admettre qu'Émir Mohammed était au courant du complot tramé par Nédjib ed-Daulèh, avec l'aide de Djéhoudek, contre Rashid, autrement dit qu'il était le complice moral du juif mal converti qui avait reçu le nom de Nédjib ed-Daulèh, et que pour ne pas perdre ce dernier, il préféra accuser son maître d'un crime infamant. Personnellement, dans le cas où la version du continuateur de la *Djami el-tévarikh* serait exacte, Rashid n'avait pas d'intérêt spécial à prouver que cette lettre était un faux émanant de Saad ed-Din, il lui suffisait de prouver à Oltchaïtou qu'il était la victime d'un faussaire et qu'il n'avait jamais écrit cette abominable lettre. Mais il n'est pas impossible qu'Émir Mohammed ait eu des raisons de ménager Nédjib ed-Daulèh et que dans ces conditions, il n'ait pas hésité à charger la mémoire de son ancien maître d'une accusation infamante; il faut s'attendre à tout de la part des hommes quand leur intérêt est en jeu, ou quand il y a des cadavres entre eux.

Que l'on admette la version d'el-Kashani ou celle du continuateur de la *Djami el-tévarikh*, que Rashid ait été l'instigateur de Nédjib ou qu'il ait été attaqué par lui, on peut se demander si le vizir de Ghazan et d'Oltchaïtou n'était pas d'origine juive [1]). On a vu un peu plus haut que, d'après le continuateur de la *Djami el-tévarikh*, Rashid connaissait parfaitement le passage de l'*Exode* לֹא־תְבַשֵּׁל גְּדִי בַּחֲלֵב אִמּוֹ[2]) qui défendait aux juifs de faire cuire le chevreau dans le lait de sa mère ou, plus simplement, suivant le Targoum d'Onkélos, qui traduit לָא־יֵיכְלוּן בְּשַׂר בַּחֲלָב, de manger de la viande cuite avec du lait. Cette connaissance d'une minutie de la loi mosaïque est bien improbable chez un Musulman de pure race, fût-il aussi curieux de l'histoire des siècles passés et des religions du monde que l'était le vizir d'Oltchaïtou. Le soin que Rashid mettait à chercher ses complices parmi les juifs qui pullulaient à cette époque dans l'administration des sultans mongols, à s'entourer de gens comme Nédjib, le Djéhoudek, le Djauhéri dont le père était un changeur juif de Tauris, semblerait prouver que le vizir appar-

1) On ne peut tirer aucun argument en ce sens de ce que Kashani, dans son histoire d'Oltchaïtou, le continuateur de Sakaï, l'auteur du *Mésalik el-absar* (man. arabe 2325, f. 93 v.), Makrizi dans le *Soulouk* (man. arabe 1726, f. 369 v.) le nomment toujours Rashid ed-Daulèh et non Rashid ed-Din, car on trouve à l'époque de la révolte de l'émir Tchoupan un sheïkh soufi qui se nommait Ala ed-Daulèh شیخ علا الدولة در آن روزگار شیخ المشایخ و پیشوای آن دیار بود, *Continuation de la Djami el-tévarikh*, man. suppl. persan 209, f. 512 v.

2) Chapitre XXXIV, § 26.

tenait, au moins par ses origines, à la religion israëlite. C'est encore par des juifs soudoyés par Rashid qu'el-Kashani se plaint, comme on le verra bientôt, d'avoir été dépouillé de son œuvre, la *Djami el-tévarikh*, au profit du vizir et personne n'admettra qu'au commencement du XIVe siècle, on ait pu attribuer une lettre écrite en hébreu, ou au moins en caractères hébraïques, à une personne qui ne fût point juive ou tout au moins d'origine israélite. Le continuateur d'el-Sakaï affirme catégoriquement que Rashid était juif [1]) et cette opinion est générale en Perse, si bien que le prince Miranshah, fils de Témour, fit exhumer, au témoignage de Dauletshah, les ossements de Rashid, qui était enterré dans le quartier qu'il avait crée à Tébriz, le Raba-i Réshidi, pour les faire transporter dans le cimetière des juifs, ne voulant pas qu'il dormît son dernier sommeil à côté des vrais Musulmans [2]).

C'est là une question à peu près insoluble et pour laquelle il est facile de trouver des arguments sérieux dans les deux sens: Quatremère, dans son excellente préface à l'histoire d'Houlagou, a rejeté, et de très haut, la théorie suivant laquelle Rashid ed-Din aurait été juif ou d'origine juive et il se peut que cette imputation, infamante en pays musulman, ait été inventée par ses ennemis, notamment par Saad ed-Din et Abd Allah el-Kashani; ce qui est certain, c'est que Rashid, dans sa vie officielle, agit toujours comme un parfait

---

1) Cet auteur lui fait dire و انا كنت رجلا يهودا عطارا طبيبا ضعيفا بين ألناس «J'étais un juif, pharmacien et médecin, un pauvre homme entre tous»; il dit également qu'on planta sa tête au bout d'une lance et qu'on la promena dans les rues de Tauris en criant: «Voici la tête d'un juif», man. arabe 2061, f. 83 v.

2) جسد خواجه رشيد را از مقبرهٔ او كه در رشيديّهٔ تبريز است بيرون كرد و فرمود تا بگورستان جهودان استخوان اورا دفن سازند
ed. Browne, page 330.

musulman et que des docteurs, sur la bonne foi et la capacité desquels on ne saurait émettre de doutes, se sont portés garants de l'orthodoxie absolue de ses écrits et de sa vie. Tadj ed-Din Ali-Shah fut nommé vizir à la place de Saad ed-Din et il devint ainsi le collègue de Rashid qui ne vécut pas longtemps en bonne intelligence avec son jeune rival; on voit, par plusieurs passages, tant de l'histoire d'Oltchaïtou par el-Kashani que du continuateur anonyme de la *Djami el-tévarikh*, que la brouille ne tarda pas à se mettre entre les deux ministres qui firent mutuellement tout ce qui était possible pour se débarrasser l'un de l'autre. En 715 de l'hégire, Tadj ed-Din Ali-Shah fut brusquement destitué de sa charge, probablement grâce aux intrigues de Rashid, mais il parvint, au bout de peu de temps, à se faire réintégrer dans ses fonctions, avec une notable augmentation de ses dignités [1]) ce qui ne l'empêcha pas de se voir causer toutes sortes d'ennuis, plus fâcheux les uns que les autres, par l'émir Toghmakh, qui appartenait à la coterie de Rashid et qui paraît-il n'était autre que le Djauhéri, fils du changeur juif de Tauris dont il a été question plus haut dans l'histoire de la fausse lettre, car le continuateur de la *Djami el-tévarikh* dit formellement que le vrai nom de l'émir Toghmakh était Djauhéri [2]).

À la fin du règne d'Oltchaïtou, dit l'auteur du *Hébib el-siyer*, Khadjèh Ali-Shah fut l'objet de très grandes faveurs que lui conféra le sultan; il le chargea notamment du soin de régler des affaires très importantes sans en référer préalablement à Khadjèh Rashid ed-Din et sans prendre son avis; cela mit Rashid dans une colère qu'on ne saurait décrire et il représenta à Oltchaïtou qu'il ne pouvait accepter une telle situation: s'il était, dans le vizirat, le supérieur d'Ali-Shah, celui-ci devait lui obéir et le traiter avec déférence;

---

[1]) Man. supp. persan 209, f. 471 v.

[2]) (جوهری که نام تغماق بود), s'il n'y a pas là une erreur, car il est dit plus haut, page 27, que Djauhéri était un des officiers de Toghmakh.

si Ali-Shah avait reçu l'autonomie dans son département, lui, Rashid, n'avait plus qu'à se démettre de ses fonctions et à s'en aller; il offrit à Khadjèh Ali-Shah de choisir entre ces trois nouveaux statuts: 1⁰ Ali-Shah aurait la charge de toutes les affaires et lui, Rashid, en revanche, s'occuperait de rédiger un mémoire sur les comptes des années précédentes, évidemment pour attaquer la gestion financière d'Ali-Shah qui était des plus irrégulières; 2⁰ toutes les affaires qui relevaient du vizirat seraient communiquées à Rashid qui les traiterait avec l'agrément du sultan; 3⁰ les contrées dont la réunion formait l'empire mongol de l'Iran seraient réparties en nombre égal entre Rashid ed-Din et Tadj ed-Din qui resteraient désormais complétement indépendants, chacun dans sa sphère[1]). Oltchaïtou répondit que Rashid ed-Din et Tadj ed-Din étaient deux fidèles serviteurs de la monarchie, que Rashid était un homme âgé, savant et expérimenté, tandis qu'Ali-Shah était un homme jeune, actif et d'une très grande capacité; le bon fonctionnement des services de l'état voulait qu'ils collaborassent étroitement et qu'ils expédiassent de concert les affaires en cours; Rashid devait se montrer indulgent envers Ali-Shah et Ali-Shah était tenu à témoigner les plus grands égards à Rashid. En fait, Oltchaïtou mettait Tadj ed-Din et Rashid ed-Din sur le même pied, ce qui fut la cause de disputes constantes et acharnées entre les deux

[1) و حالا خواجه علیشاه هر یک ازین سه صورت اختیار نماید بنده بقدم اتّفاق پیش آید اوّل آنکه متعهد سر انجام جمیع امور دیوانی شود تا من بجواب محاسبات سنوات سابقه قیام نمایم دوم آنکه تمامی مهامی که متعلّق بوزرا میباشد به بنده باز گذارد تا من بعنایت سلطانی مستظهر بوده از عهده آن بیرون آیم سیوم آنکه بلاد و ممالک محروسه را منقسم بدو قسم ساخته هر یک در سر کار خود دخل کنیم, man. suppl. persan 178, f. 106 v.

ministres, comme le dit Mirkhond dans le *Rauzet el-séfa*[1]), ils vécurent jusqu'à la fin du règne d'Oltchaïtou comme deux loups affamés qui auraient conclu une paix boiteuse et ils s'attaquèrent avec rage dès que le sultan fut mort.

Cette histoire n'est racontée, ni par Kashani dans son histoire d'Oltchaïtou, ni par le continuateur de la *Djami el-tévarikh*, elle est vraisemblablement une déformation littéraire, quoique assez fidèle, du récit des événements de l'année 715 tels qu'ils sont rapportés par ces deux historiens. Cette année, des ambassadeurs envoyés du Khorasan[2]), dont il

---

[1]) Man. supp. persan 158, f. 180 r.

[2]) در اثنای این حال از جانب خراسان از خدمت شهزادهٔ جهان ابو سعید متواتر ایلچیان بطلب وجوه لشکر میرسیدند پادشاه از وزراء باز خواست مال کرد خواجه رشید الدوله میگوید اگر چنانک در همهٔ ممالک پادشاه یک برات بعلامت من یا کسان من باشد جواب هم مال عالم بر من باشد و خواجه تاج الدین میگفت میکفت منم و وزارت و جامهٔ کرباسین و مرکوبی عاریتی و بر دانک وجوه قادر نه مگر وظیفه و راتبهٔ انعام پادشاه مع هذا چون ما هر دو بمشارکت یکدیگر تمشیت امور میکنیم و موارد و منافع و فواید و مداخل مرتّب بسویت است پس چکونه بکاه ملتمسات خرج و باز خواست شریک و انباز نباشی رشید میگوید از برای آنک بالتمغا و بروات و علامات تو استیفا و تحصیل مال عالم میکنی چون ما جرای وزراء بسمع اشرف پادشاه رسید رشید را فرمود که تو نیز علامتی دیوانی میکن رشید بپاسخ میگوید من چکونه شریک کسی شوم که اگر مالی بر ولایتی بشکنند یا عاملی تلف کند جواب او کوتاه دستی و کم طمعی و جامهٔ کرباسین باشد مع هذا که نوّاب و متعلّقان تو بایّام سابق بر دانک وجوه قادر نبوده اند و امروز هر یک قارونیست خواجه علیشاه میگوید چون ارزاق سپاه زیادت از محصول اموالست و دخل از خرج قاصر و

était gouverneur, par le prince Abou Saïd, vinrent à plusieurs reprises à la cour du sultan pour demander l'argent

واصل از حاصل خاسر جرم من پس چه باشد پادشاه بفرمود تا ممالک را
بر وزراء بدو قسم کردند از آب میانه و کنار پول زره (پول زره‌ man.)
عراق عجم و فارس و کرمان و شبانکاره و لور بزرك و کوچك تا
سرحدّ خراسان برشید الدّوله سپرد و تبریز و دیار بکر و دیار ربیعه
و موغان و آران و بغداد و بصره و واسط و حلّه و کوفه بخواجه
تاج الدّین علی شاه وزیر تفویض فرمود بعد از ان هر دو قسم یکی
شدند و هر یك نشانی میکرد و باستنابت رشید علاء الدّین محمّد
پسر عماد الدّین مستوفی خراسان نامزد شد. و بنیابت خواجه تاج
الدّین عزّ الدّین قوهدی مفوّض کشت و خواجه رشید الدّین
بقشلامیشی آرانیه مدّت چهار ماه بعارضۀ درد پای و بیماری مبتلا
بود و تردّد بحضرت پادشاه نا ممکن و ایلچیان متواتر از حضرت
شاهزاده باستدعای اموال چریك منصور میرسیدند پادشاه بشکار بر
نشست و حوالت وجوه و حساب مال سه سال بامیر چوپان نویان
حوالت فرمود و او نوّاب را در حساب کشید و سیصد تومان مال
بر ایشان دعوی کرد که اختزال نموده اند نوّاب از ان حال ترسان و
هراسان بودند و با خواجه علیشاه کینكاج کردند که اگر تدارك این
خلل و زلل کرده نشود کار از دست و تیر از شست رای و تدبیر
بگذرد خواجه علیشاه شب بخلوت بخدمت پادشاه رفت و بگریست
و عوض داشت که از نوّاب می طلبند آن وجوه بنده
برسیده است پادشاه اورا نیکو بنواخت و فرمود که چون مالی بوی
رسیده است حساب نوّاب اورا نکنند بامداد امیر ایزنچین خواست
که از نوّاب مطالبۀ مال کند پادشاه فرمود که بیچاره علی شاه
حساب و کتاب نمیداند این مالها به رسانیده است و فراموش کرده
و اکنون با یاد خاطر آورد امیر ایزنچین صورت این ما جری بسمع

qui lui était nécessaire pour l'entretien de son armée. Oltchaïtou pria les vizirs de lui verser les sommes que son fils

امیر چوپان رسانید کفت ای دریغا بیچارۀ هولاکو خان و اباقا خان اکر کسی خواستی که سخنی بپادشاه عرض دارد تا نخست با جملۀ امراء کینکاج نکردی نتوانستی و اکنون کار بجائی رسیده که تازیکی بی استشارت امیر در نیم شبان با پادشاه خلوت و کینکاج میکنند و رای امرآء ضایع و عاطل .... امیر بامداد بگاه بعلاء الدین محمد مستوفی میکوید که اکر حساب نواب سه سالۀ تاج الدین علیشاه بدین منوالست پس حساب بیست و پنج سالۀ شما چکونه خواهد بودن .... بعد از ان خواجه علیشاه کفت که رشید در خانه تمارض نموده است و میخواهد که برای و حیل مرا با نوکران بازی دهد و دست خوش حیلت و پایمال مکیدت خود کند چنانک با سعد الدین وزیر کرد اکر حکم یرلیغ نافذ شود تا من نیز حساب چندین سالۀ او و پسران بکنم حکم بامضا و اجرای آن نفاذ یافت خواجه تاج الدین نخست جلال الدین پسر مهتر رشید را میکوید که از شهر تستر که مال مواجب اولجای سلطان دختر غازان خانست مبلغ سیصد تومان بر تو نوشته اند و متوجّه تست جلال الدین موجلکا داد که اکر ازین دانکی بر من درست شود در کناه باشم خواجه همچنان حساب او فرو کذاشت از فرط مکارم اخلاق و حسن اعراق و چون از دیه محمود آباد کاوباری کوچ کردند خواجه علیشاه با نوکران مغلوب بود و اعدا غالب و منصور و چون از انجا یک فرسنک کوچ کردند مسئله منعکس شد و احوال عالم بوقلمون منقلب و تابع متبوع و مقتدی مقتدا شد چه پادشاه را معلوم و مقرّر شد که از مال مستدرکات عالم ربعی رشید می برد بچند وجه بچند وجه از حقّ تقریر که وجوه نقد رایج آنست و

réclamait et cela provoqua une violente altercation entre les deux ministres également concussionnaires. Rashid allé-

از مال اوقاف غازانی و از مال شهر یزد چندین و از مال خواتین (خاتون .man) چندین و از انعام پادشاه جایزهٔ جامع التواریخ هشت تومان هر سال و از بغداد و تبریز که قسم منست ثلثی از مستدرکات و محصولات آنجا برشید عاید میشود بغیر رشوت و خدمتی که روز بروز از عمّال و رعایا میکنید بی حصر و عدّ چنانک از نوّاب او مجهولی بی مایه و هنر از حرارت بوزارت افتاده که پدر و جدّ او هرکز قدرت و مکنت بهای غلامی سپاه نداشتندی اکنون دویست غلام ترک و مغول دارد هر یک با یک تومان مال و بیشتر که بمکسب میدهند و املاک و اسباب مثل آن بیکتمور غلام (غلامر .man) و صد نفر غلام ترک دارد این هم مال پادشاه است که او می رباید فرمان نفاذ یافتن که خواجه تاج الدّین رشید بحکم بیاسا رساند خ.واجه تاج الدّین (ابوب و ذبوت .man) از روی مروّت و فتوّت و ابوّت و بنوّت بر وی ببخشود و بپادشاه عرض داشت که مردی پیر است و خدمت این درگاه از زمان ارغون تا غایت وقت کرده تا پادشاه خون او باو بخشید رشید چون چاره ندید خودرا باعطای مال نفاذی نمود و تختهٔ چند جامهای کوناکون تا خراسان فرستادند و پادشاه فرمود که وزراء با هم جاده صلح و صلاح سپرند که الصُّلْحُ خَیرٌ و راه پدر فرزندی عهد و مقرر دارند.... *Histoire d'Olchaïtou*, man. suppl. persan 1419, fs. 126 v.—129 r.; j'ai lu page 36, ligne 1 : و از مال او از مال اولجای چندین خواتین, mais il se pourrait qu'il faille lire خاتون چندین اولجای Oltchaï-Khatoun, Otchaï-Soultan, Oltchaï-Koutlough قتلغ étant la fille de Mahmoud Ghazan, à laquelle, suivant Ali-Shah, le fils de Rashid avait soustrait 300 tomans. و دریں سال سنه خمس عشر و

gua qu'il n'avait jamais été le trésorier de l'empire et que
les revenus de la monarchie n'étaient venus, à aucune

سبع مایه از جانب خراسان شهزاده ابو سعید بطلب مال جهت
تربیت لشکر متواتر می فرستاد سلطان از وزرآء مال خواست خواجه
رشید الدین عرضه داشت که من هرگز متصرّف ملك نبوده ام و بر
من وجهی متوجّه نه و در بروات ملك نشانی نداشته ام حوالت
مال بر من نباشد خواجه علیشاه جواب می گفت که من ام و این
جامهٔ کرباس و یك دانكی قادر نه و چون ما هر دو بسویّت در ملك
تصرّف می کنیم در وقت ادآء چون از هم جدا باشیم خواجه رشید
الدین گفت از بهر آنکه وزیر و صاحب عهد توئی و مرا در آل
تمغا و بروات مثالی نه خواجه علیشاه گفت تو نیز در آل تمغا و
بروات نشان می کن خواجه رشید گفت من با تو چگونه شریك
باشم که چون از تو مال طلب دارند دعوی افلاس کنی و نوّاب
ذلال تو هر یك صد تومان بر هم نهاده اند و هر یك قارونی کشته
فی الجمله نزاع بتمادی رسید و بعد از قل و قیل بسیار حكم
یرلیغ شد که ممالك بدو قسم کنند نوّاب دیوان قسمت ملك کردند
عراق عجم و خوزستان و لور بزرك و کوچك و فارس و کرمان بجانب
خواجه رشید الدین افتاد و انربایجان و عراق عرب و دیار بكر و
اران و روم بخواجه علیشاه بعد از آن خواجه علیشاه عرضه داشت
که مصلحت در ان است که مملکت بشرکت می داریم و نشان
با همدیگر می کنیم خواجه رشید گفت با تو شرکت نمی توانم
کرد بدان سبب که هر وقت که از تو وجهی طلب دارند سر
بافلاس بر اری و مرا وجه ادآء باید کرد چون این سخن بسمع
الجایتو سلطان رسید فرمود که نیابت خواجه رشید بخواجه علآء
الدین مفوّض باشد و نیابت خواجه علیشاه بخواجه عزّ الدین

époque, se verser dans ses caisses. «S'il existe, ajouta-t-il, dans tous les états, soumis au sceptre du sultan, un seul

قوهدی و اتّفاقاً در ان زمستان خواجه رشید بوجع آلمفاصل مبتلاء بود و در مدّت چهار ماه مجال ترّدد نداشت و بحضرت سلطان نتوانست رسیدن و متواتر ایلچیان از خراسان بطلب وجوهات می رسیدند سلطان از خواجه علیشاه وجه می طلبید خواجه علیشاه کفت در خزانه یك درم نیست پرسید کجا رفت کفت پیش خواجه رشید آلدّین است سلطان آلچایتو بشکار بر نشست و محاسبه و یارغوی آن بامیر چوپان حواله فرمود و او نوّاب خواجه علیشاه را در حساب کشید خواجه عزّ آلدّین قوهدی و خواجه علاء آلدّین محمّد سه ساله محاسبة اموال ممالك که بتصرّف نوّاب خواجه علیشاه بوده مطالبه نمودند و نوّاب خواجه علیشاه خواجه ظهیر آلدّین ساوجی و خواجه فخر آلدّین احمد و عماد آلدّین امیر احمد ملکی را که در ان مدّت متصرّف مملکت بودند در حساب کشیده مبلغ سیصد تومان مال بر ایشان توجیه کردند و نوّاب دیوان ازبس حال پریشان و خایف شدند و پیش خواجه علیشاه رفتند و گفتند که اگر تدارك این کار نشود وهن و خلل در کارهای ما ظاهر شود و کار از دست برود و قابل تدارك نباشد و خواجه علیشاه در شب بحضرت پادشاه رفت و عرضه داشت که مالی که بر نوّاب من می نشانند ایشان با من جواب گفته اند و بسیاری تضرّع کرد و بکریست آلچایتو سلطان را بر وی رحم آمد اورا نواخت فرمود و فرمان داد که نوّاب اورا مطالبتی ننمایند چون روز دیکر امیر ایرنجین خواست که مطالبت وجه کند پادشاه فرمود که بیچاره علیشاه حساب و کتاب نمی داند این مالهای که بر وی می نشانند او رسانیده است و فرّاموش کرده اکنون با خاطر

mandat signé par moi ou par l'un de mes subordonnés, je veux être tenu pour comptable de toutes les finances de l'empire!» Tadj ed-Din Ali-Shah répliqua: «Me voici, moi, avec le vizirat, cette robe de coton, ce cheval que j'ai emprunté, et je ne possède pas un sou vaillant en dehors du traitement que je tiens de la grâce du sultan. De plus, nous assurons tous les deux, pour une part égale, la marche des

ما آورد باید کـه زحـمـت ایشان ندهند ..... بعد از ان خواجه علیشاه عرضه داشت که خواجه رشید الدّین در خانه بعلّت تمارض نشسته است و می خواهد که بحیله و تدبیر با من همان معامله کند کـه بـا خواجه سعد الدّین کرد اکر حکم شود کـه مـن نیز محاسبهٔ او و پسران او باز جویم حاکم پادشاه باشد بامضای ملتمس او حکم همایون بنفاذ انجامید خواجه علیشاه با پسر خواجه رشید الدّین خواجه جلال الدّین در منازعت آمد .... چون از محمود آباد کاوباری کوچ کردند علیشاه با نوّاب مقهور و مغلوب بود بوقت فرصت عرضه داشت که از مستدرکات مال ممالک ربعی خواجه رشید الدّین می برد از وقف خاصّ و حقّ التّقریر و اموال خواتین و مال یزد و غیر آن و امثال این حکایات تقریر کرد چون ایـن معنی در خاطر پادشاه اثر کرد قضیه منعکس شد و علیشاه معتبر شـد و خواجه رشید الدّین در یافت چارهٔ ندانست بغیر آن کـه طرف تغماق معمور کردانیـد و مـال وافر وقایـه عرض ساخت تا عاقبت حکم رفت کـه خواجکان با هم صلح کنند, man. supplément persan 209, f. 473 v. Le nom d'Irintchen que l'on a vu dans le cours de cette histoire est écrit en chinois 亦憐眞 I-lin-tchenn, transcription de i-Rintchen, transcription du tibétain Rin-tchen = sanskrit रत्न, avec la préfixation de la voyelle *i*-, le mongol ne tolérant en général pas les mots qui commencent par un *r*; cependant le nom de l'empereur Rintchen-pāl = रत्नपाल se trouve dans Sanang Setchen sous la forme ᠯᠳᠡᠭᠰᠡᠨᠲᠦ ᠪᠠᠮ.

affaires de l'état, nous encaissons en quantité identique les recettes, les revenus et les rentrées de l'empire, pourquoi donc, quand il s'agit de nous demander de l'argent, n'es tu pas mon égal. Quel prétexte, quelle raison, invoques tu pour ne pas être soumis aux mêmes obligations que moi?» Rashid lui riposta : «Pour la bonne raison, qu'en réalité, c'est toi qui es le véritable vizir et que moi je ne suis rien ; parce que, avec le grand sceau de l'empire qui est à ta disposition, les mandats que tu signes et ta signature qui authentifie les pièces comptables, tu disposes à ton grè, aussi bien pour les recettes que pour les dépenses, des finances impériales». Quand le sultan Oltchaïtou apprit ce qui s'était passé entre les vizirs, il les fit comparaître par devant lui et il ordonna à Rashid de signer désormais les pièces comptables. «Et, dit Rashid, comment peut-on prétendre que je suis l'égal d'un individu qui, lorsqu'il a mangé les revenus d'une province ou quand l'un de ses employés les a gaspillés, répond en criant misère, en proclamant qu'il n'a aucun besoin et en montrant sa souquenille de coton ? Et tes subordonnés, et toute ta clique, qui anciennement n'avaient pas le sou, ils n'ont jamais tripoté dans les finances et aujourd'hui chacun d'eux est riche comme Karoun ! — Si le budget de la guerre est plus considérable que les rentrées des impôts, si les recettes sont inférieures aux dépenses, si les revenus fonciers sont en plein déficit, que veut-on que j'y fasse, répliqua Ali-Shah et veut-on m'en rendre responsable ?»

Pour couper court à cette discussion, le sultan ordonna que l'on divisât l'empire entre les deux ministres, et il décida que l'administration de l'Irak-i Adjem, du Fars, du Kirman, du pays des Shébankarèh, du Lour-i Bouzourg et du Lour-i Koutchek, depuis la rivière de Miyanèh (dans l'Azerbeïdjan) et le pont de Zérèh (dans le Seïstan) jusqu'aux frontières du Khorasan serait confiée à Rashid ed-Daulèh ; que celle de Tébriz, du Diar Bekr, du Diar Rébia, de Moughan, de l'Arran, de Baghdad, de Wasith, de Hillèh, de Koufa appartiendrait au vizir Khadjèh Tadj ed-Din Ali-Shah. Cet arrangement ne convint pas longtemps à Ali-Shah qui ne pouvait plus mettre tous ses vols et toutes ses concussions sur le dos de Rashid ed-Din, puisque leurs deux administrations étaient désormais rigoureusement indépendantes, aussi il demanda à Oltchaïtou de rapporter cette mesure, alléguant qu'il était préférable qu'ils administrâssent l'empire en commun et que chacun d'eux eût la signature. Rashid vit le danger et protesta qu'il fallait laisser les choses en l'état, répétant qu'administrativement parlant, on ne pouvait le considérer comme soumis aux mêmes charges qu'un collègue qui pleurait misère dès qu'on lui demandait des fonds, de sorte qu'il fallait que ce fût lui, Rashid, qui payât toujours et tout le temps, pendant qu'Ali-Shah emplissait ses poches aux dépens du trésor.

Le sultan mongol n'avait pas d'idée très précise sur tout ce qui n'était pas la chasse et la vénerie, il ne voyait plus depuis longtemps que par les yeux d'Ali-Shah et il n'écouta pas Rashid ed-Din. Les provinces de l'empire furent de nouveau réunies sous une administration unique, mais Oltchaïtou donna à chacun des deux vizirs un coadjuteur, plus encore pour les surveiller que pour les aider dans l'exercice de leurs fonctions; celui de Rashid fut Ala ed-Din Mohammed, fils d'Imad ed-Din, mostaufi du Khorasan et celui de Tadj ed-Din, Izz ed-Din Kouhédi.

Sur ces entrefaites, il arriva que Khadjèh Rashid fut atteint, pendant quatre mois, dans l'Arran, où le sultan passait l'hiver, d'un accès de goutte podagre qui le rendit fort malade et qui l'empêcha d'aller faire assidûment sa cour au souverain; pendant ce temps, des ambassadeurs envoyés par le prince Abou Saïd ne cessaient de venir pour réclamer l'argent qui était nécessaire pour l'entretien de l'armée. Devant ces instances, Oltchaïtou réclama de nouveau des fonds à Tadj ed-Din Ali-Shah dont l'éternelle réponse fut qu'il n'y avait pas une seule pièce de monnaie dans le trésor: « Et où sont passées les finances de l'empire ? » demanda Oltchaïtou — « Tout l'argent, répliqua Tadj-ed-Din Ali-Shah, est chez Rashid ».

Un jour, le sultan monta à cheval pour se rendre à la chasse et, chemin faisant, il chargea l'émir Tchoupan Noyan de faire une enquête sur les finances et d'examiner par le menu la comptabilité des trois années qui venaient de s'écouler. L'émir confia le soin de cette enquête aux substituts des deux vizirs, Khadjèh Izz ed-Din Kouhédi et Khadjèh Ala ed-Din Mohammed; ces deux personnages enjoignirent aux employés d'Ali-Shah de justifier de l'emploi des finances dont ils avaient été responsables durant ces trois années et de rendre leurs comptes; après un mur examen, ils condamnèrent trois d'entre eux, Khadjèh Zahir ed-Din Savédji, Khadjèh Fakhr ed-Din Ahmed et Imad ed-Din, fils de Émir Ahmed Féléki qui, pendant ces trois années, avaient été comptables des deniers de l'empire, à restituer une somme de 300 tomans de l'emploi de laquelle ils ne pouvaient justifier et qu'ils s'étaient, en réalité, indûment appropriés.

Cette décision jeta la terreur parmi tous les plumitifs du divan qui se rendirent chez Khadjèh Tadj ed-Din Ali-Shah et qui lui dirent que, s'il ne parvenait pas à parer ce coup droit et à détourner cette attaque, leur situation à tous était irrémédiablement perdue et leur position ruinée.

Une nuit, Khadjèh Tadj ed-Din Ali-Shah s'en alla chez le sultan et lui avoua en pleurant qu'il avait bien reçu les sommes d'argent que l'émir Tchoupan réclamait aux fonctionnaires de ses bureaux. Oltchaïtou lui témoigna beaucoup de bienveillance et dit que puisque Tadj ed-Din avait bien reçu ces sommes que les deux enquêteurs accusaient ses subordonnés d'avoir détournées, il ne convenait pas de les poursuivre pour les forcer à les restituer. Au matin, à la première heure, l'émir Irintchen, qui était le beau-père du sultan, voulut procéder à des poursuites contre eux pour leur faire rendre cet argent, mais Oltchaïtou lui dit: «Le pauvre Ali-Shah n'a ni registre de compte, ni grand livre, il a versé cet argent dans le trésor et il en a perdu le souvenir; cela ne lui est revenu à l'esprit qu'aujourd'hui, il ne faut pas les tourmenter pour cela».

L'émir Irintchen alla conter cette aventure à l'émir Tchoupan et lui dit: «Les choses vont bien! Du temps d'Houlagou-Khan ou d'Abaga-Khan, si quelqu'un voulait obtenir une audience du sultan pour lui exposer quelque affaire, il ne pouvait y parvenir s'il n'en avait préalablement conféré avec les émirs; aujourd'hui, les choses en sont arrivées à un tel point qu'un méchant persan, sans en avoir donné le moindre avis à un seul émir, s'en va chez le sultan au milieu de la nuit et a un entretien secret avec lui; pendant ce temps, l'opinion des émirs est tenue pour nulle et non avenue».... L'émir dit au coadjuteur de Rashid ed-Din, Ala ed-Din Moḥammed Mostaufi: «Si la comptabilité des subordonnés de Tadj ed-Din Ali-Shah est dans ce bel état pour trois ans, qu'est ce que ce sera pour vingt-cinq années de votre gestion à vous?» Après ces événements, Khadjèh Ali-Shah dit: «Rashid reste dans sa maison et garde la chambre pour faire croire qu'il est malade, en réalité, il veut, par sa ruse et son astuce, me jouer un mauvais tour, à moi et à mes fonctionnaires et me perdre par ses intrigues, comme il l'a déjà fait avec le vizir Saad ed-Din; si le sultan veut bien édicter un ordre en ce sens, moi aussi j'examinerai les comptes de Rashid et de ses fils pour quelques années». Oltchaïtou donna l'ordre que cela fût; Khadjèh Tadj ed-Din s'attaqua tout d'abord au fils aîné de Rashid et lui dit: «Sur les revenus de la ville de Touster, qui constitue l'apanage d'Oltchaï-Sultan, fille de Ghazan-Khan, on a écrit un mandat de 300 tomans que tu devais payer». Djélal ed-Din signa une attestation par laquelle il se reconnaissait coupable de concussion, si l'on trouvait chez lui un sou de cet argent. Khadjèh Ali-Shah dut renoncer à incriminer la comptabilité du fils de Rashid, car la régularité parfaite avec laquelle elle avait été tenue la mettait à l'abri de tout soupçon. Quand l'*ourdou* impérial partit du village de Mahmoud Abad Gaobari, Khadjèh Tadj ed-Din Ali-Shah et ses subordonnés étaient confondus et en pleine déroute, tandis que leurs ennemis (Rashid et ses fonctionnaires) triomphaient sur toute la ligne, mais il n'était pas éloigné d'un farsakh de Mahmoud Abad que la situation changea du tout au tout et qu'il se produisit un revirement subit de la fortune inconstante et variable.

Le sultan apprit en effet (par Tadj ed-Din Ali-Shah), et d'une façon qui ne laissait place à aucun doute, que Rashid prenait pour sa part le quart des revenus de l'état, et cela par différentes voies: droit sur les diplômes de nomination qui consistait en espèces sonnantes, prélèvements sur les revenus des fondations pieuses instituées par Ghazan, sur ceux de la ville de Yezd, sur les rentes des princesses du sang, subvention de 8 tomans par année pour la rédaction de la *Djami el-tévarikh*, qu'il tenait de la générosité du sultan, sans compter un tiers des impôts et du produit des récoltes de Baghdad et de Tauris qui, comme Tadj ed-Din le fit remarquer à Oltchaïtou, relevaient non de l'administration de Rashid, mais bien de la sienne, sans compter ni les pots de vin ni les épices qu'il recevait tous les jours que Dieu faisait des fonctionnaires et de leurs administrés. «Rashid, ajouta Tadj ed-Din, ne met aucune discrétion dans l'exercice de ces abus et il ne fixe aucune limite à ses exactions, si bien que cet homme, de simple fonctionnaire du divan, complétement inconnu, sans naissance et sans traditions, a atteint les plus hautes fonctions et s'est jeté à corps perdu sur le vizirat; son père et son grand-père n'ont jamais eu les moyens de se payer un esclave noir, tandis que lui, maintenant, possède deux cents domestiques turks et mongols dont chacun est à la tête d'une fortune d'un toman et plus qu'ils font valoir et dont ils tirent de beaux revenus, sans compter les biens-fonds et les meubles qui les garnissent, tel Bektémour, l'un de ses officiers et cent autres Turks. Tout cela, dit Ali-Shah, est de l'argent du sultan qu'il a volé».

Oltchaïtou, au comble de la fureur, donna à Khadjèh Tadj ed-Din l'ordre de faire exécuter Rashid ed-Daulèh, mais la clémence et la générosité de Tadj ed-Din, le respect que lui inspirait le grand âge du vizir, le portèrent à implorer en faveur de son ennemi la grâce impériale; il représenta à Oltchaïtou que Rashid était un vieillard qui servait les souverains mongols depuis le règne d'Arghoun, si bien que le sultan lui pardonna ses crimes.

Quand Rashid vit que ses exactions étaient dévoilées et qu'il ne pouvait plus soutenir qu'il n'avait plus de fonds, il se décida à donner de l'argent pour l'armée d'Abou Saïd et l'on put envoyer des approvisionnements de différentes sortes dans le Khorasan.

Oltchaïtou ordonna aux deux ministres de vivre désormais en bonne intelligence et d'être unis par des liens aussi étroits que ceux qui unissent un père et son fils. Malgré tout, et quoique Rashid fût resté en fonctions, son crédit était à peu près ruiné et la direction du vizirat était incontestablement passée à Ali-Shah, comme le constate avec une satisfaction évidente l'auteur de l'histoire d'Oltchaïtou [1]).

در خدمت تخت شاه افریدون فرّ سلطان جهان محمّد پیاک سیر
بودند' وزیران دگر لیک چو عقل تاج الوزرا آمد ازیشان بر سر

Il est fâcheux qu'el-Kashani ait arrêté son journal au dernier jour du règne d'Oltchaïtou et qu'il n'ait pas raconté les événements qui amenèrent la condamnation à mort de Rashid. L'auteur de la continuation de la *Djami el-tévarikh*,

---

[1]) Fol. 129 r⁰.

dont le texte a été abrégé par Quatremère dans la Préface de son histoire d'Houlagou [1]), raconte que la division des fonctions du vizirat entre Rashid et Tadj ed-Din était l'occasion de querelles et de contestations sans fin entre les deux ministres; Rashid avait su se concilier les bonnes grâces du célèbre émir Tchoupan, et cela inquiétait beaucoup Tadj ed-Din qui craignit, quand Abou Saïd fut monté sur le trône que le tout-puissant émir ne le perdît dans l'esprit du nouveau souverain; d'après le continuateur de la *Djami el-tévarikh* [2]),

---

[1]) Pages XXXVII et suivantes.

[2]) میان خواجه رشید آلدّین و خواجه علیشاه بسبب اشتراك در منصب همیشه منازعت و مکاوحت قایم بود و خواجه رشید را با امیر چوپان طریقهٔ یکجهتی و اخلاص ثابت و چون نوبت سلطنت بشهزاده ابو سعید رسید خواست که آن یکجهتی و اخلاص خود را مؤکّد گرداند تجدید خدمات پسندیده کرد و عهد و میثاق تازه رفت خواجه علیشاه ازین معنی بغایت متوقّم شد که امیر چوپان در مزاج سلطان تصرّف و اختیاری تمام داشت ..... خواجه علیشاه شب و روز در تدبیر آن بود که بر خواجه رشید تخیّب پیدا کند که موجب نقصان درجهٔ او باشد و آن معنی میسّر نمی شد و میان ایشان مکاوحت و نزاع زیادت می شد ..... روزی ضیاء الملك و خواجه عزّ آلدّین قوهدی و خواجه علاء آلدّین هندو هـه پیش خواجه رشید آلدّین آمدند و گفتند اگر شما رخصت می دهید ما با خواجه علیشاه تلاش کنیم و تصرّفات و خیانت برو روشن کنیم خواجه رشید آلدّین بعد از تأمّل بسیار در جواب ایشان فرمود که مردی بزرگ است قصد او نشاید کرد من او را نصیحت کنم تا رضای شما بجوید ایشان از پیش خواجه باز گشتند و با یکدیگر مشاورت کردند و گفتند مارا ازین خواجه کاری نمی کشاید

Tadj ed-Din vivait dans une indicible terreur et ne songeait

و یحتمل که این حکایت که با او گفتیم با خواجه علیشاه بگوید
و او نیز دشمن ما شود برفتند و با خواجه علیشاه متفق شدند
و خواجه علیشاه نوّاب امراءرا رشوت بسیار داد تا مزاج امراءرا با
خواجه رشید متغیّر گردانیدند ابو بکر آقا که کلانتر نوکران امیر
چوپان بود بقصد خواجه رشید میان در بست و پیوسته پیش
امیر چوپان ازو شکایت می کرد تا موئی بدان شد که خواجه
رشیدرا از دیوان عزل کردند ..... امیر چوپان خواجه رشید
الدّینرا طلب فرمود و گفت وجود تو دریں ملک چون ملح در
طعام در بایستست و غیبت تو در تدابیر امور دولت موثر می
باید که بتعجیل تمام عزیمت اوردوی همایون کنی خواجه در جواب
عذری می گفت که عمری گذرانیده ام و آنچ مرا در وزارت دست
داد هیچ وزیریرا دست نداده است و حالا فرزندان در رسیده
اند و هر یک منصبی و جاهی دارد اکنون عزیمت آنست که دو
سه روزی که از عمر باقیست بتدارک ما فات مشغول باشم امیر
چوپان آن عذررا مسموع نداشت و در آمدن او الحاح فرمود خواجه
پیش امیر رفت امیر اورا تعظیم کرد و تربیت و نوازش فرمود و
گفت پیش پادشاه بگویم که بیازمودیم مهمّات دیوان چنانچه
بدست او بر می آمد بدست هیچ یک بر نمی آمد و تا او از
میان کار بیرون رفته است دیوانرا رونقی نمانده و خواجهرا گفت
توقّف نمائی تا سخن تو پیش پادشاه بگویم و بعد از ان نشان
بنام تو بستانم خواجه علیشاه و اصحاب دیوان چون ازین معنی
واقف شدند دیگر باره اضطرابی تمام بایشان راه یافت ..... و دریں
کرّت ایں قصبه پیش آوردند که خواجه رشید الدّین سلطان
ابوالجایتورا بقصد دارو شربتی داد که سلطان از ان هلاک شد

man. suppl. persan 209, fol. 489 r.—490 r.

plus, jour et nuit, qu'aux moyens de faire périr Rashid ed-Din, ce qui, malgré le discrédit dans lequel il était tombé, ne laissait point de présenter des difficultés. Un jour, Zia el-Moulk, Khadjèh Izz ed-Din Kouhédi et Khadjèh Ala ed-Din Hindou vinrent trouver Rashid et lui dirent que, s'il leur en donnait la permission, ils étaient tout prêts à dénoncer les agissements de Tadj ed-Din et à dévoiler ses excès de pouvoir et ses abus de confiance. Rashid, après avoir longuement refléchi, les détourna de ce dessein et leur dit que Tadj ed-Din était un homme puissant auquel il n'était pas prudent de s'attaquer et qu'il s'entendrait avec son collègue pour leur faire donner satisfaction sur les choses qui avaient provoqué leur mécontentement. Les trois hommes se retirèrent très déçus de cette fin de non recevoir, se disant qu'il n'y avait rien à attendre de Rashid et qu'il était bien capable d'aller rapporter leurs propositions à Ali-Shah qui deviendrait ainsi leur mortel ennemi. Pour prévenir les événements qui en pourraient résulter, ils se rendirent chez Ali-Shah, de l'audace duquel ils savaient que l'on pouvait tout attendre et ils tramèrent avec lui un complot contre Rashid; le vizir donna de nombreux pots de vin aux subordonnés des émirs pour qu'ils perdissent Rashid ed-Din dans l'esprit de leurs maîtres. Un certain Abou Bekr Agha, qui était le chef des officiers d'ordonnance de l'émir Tchoupan, mit tout en œuvre pour indisposer l'émir contre Rashid ed-Din, il ne cessa de se plaindre de ses agissements jusqu'à ce que Tchoupan, abasourdi et excédé de ces lamentations, abandonnât Rashid à la rancune de ses ennemis qui le firent destituer.... Quelque temps après, l'émir Tchoupan se repentit d'avoir agi aussi légèrement et il écrivit à Rashid ed-Din pour le prier de venir le rejoindre. «Ta présence à la tête de cet empire, lui disait-il, est aussi indispensable que celle du sel dans les aliments, et ton éloignement des conseils du gouvernement se fait cruellement sentir. Il faut, de toute nécessité, que tu viennes à l'ourdou impérial et que tu fasses toute la diligence dont tu seras capable».

Rashid, las de ces luttes dans lesquelles il avait usé sa vie, et se défiant à juste titre de la valeur de la protection de Tchoupan Noyan, pria l'émir de lui permettre de n'en rien faire et de rester dans sa retraite: «Les ans, lui dit-il, se sont appesantis sur ma tête et aucun homme n'a jamais atteint dans le vizirat la puissance et la gloire qui furent mon apanage; aujourd'hui, mes fils sont arrivés à l'âge d'homme, chacun d'eux possède une charge et tient à la cour un rang distingué. Et maintenant, mon dessein est d'employer les deux ou trois jours qui restent de ma vie à rechercher les consolations spirituelles auxquelles je n'ai pas eu le temps de penser durant tout le temps que j'ai passé dans les dignités de ce monde».

L'émir Tchoupan ne voulut point admettre ces raisons et il insista pour que Rashid ed-Din s'en revînt à l'ourdou impérial; Rashid finit par se rendre et il arriva chez l'émir qui le reçut de la façon la plus honorable et qui lui prodigua, sans les compter, les marques de son estime: «Je vais de ce pas chez le sultan, lui dit Tchoupan, et je vais lui dire: Nous avons expérimenté comment les affaires du divan marchaient quand c'était Rashid ed-Din qui les tenait en main et elles ne marcheront avec aucun autre que lui. Depuis que Rashid a abandonné le pouvoir, le divan a perdu toute la considération dont il jouissait»[1]).

---

[1]) Cette opinion n'était nullement exagérée: quand, en 727, Abou Saïd appela au vizirat le fils de Rashid ed-Din, Ghiyas ed-Din Mohammed, il avoua que, depuis le jour où Rashid avait quitté les fonctions ministérielles, il n'avait jamais vu que quelqu'un ait fait marcher l'administration à souhait, qu'il avait mis à l'épreuve tous ceux qui pouvaient être investis de cette charge et que personne n'avait été capable de satisfaire à ses nombreuses obligations: تا پدر او از دیوان بیرون رفته است من دیگر رونق کار حکومت ندیده ام و جمعی که متصدّی این منصب شدند جمله را بیازمودم هیچ یک شایان این شغل نبودند, continuation de la *Djami el-tévarikh*, man.

Il ordonna à Rashid de se tenir tranquille chez lui jusqu'au moment où il aurait ainsi parlé au sultan en sa faveur et où il aurait obtenu d'Abou Saïd un rescrit le réintégrant dans ses fonctions de vizir.

Quand Khadjèh Ali-Shah et les fonctionnaires du divan apprirent quelles étaient les intentions de l'émir Tchoupan, ils furent saisis d'un trouble extrême et d'une confusion inexprimable et, cette fois, comprenant que la partie qui s'engageait était décisive, ils accusèrent Rashid ed-Din d'avoir attenté aux jours d'Oltchaïtou en lui donnant à boire une potion qui l'avait empoisonné. Un compilateur arabe du premier quart du XIVᵉ siècle, contemporain de ces événements, qui a écrit une suite au supplément du dictionnaire biographique d'Ibn-Khallikan par el-Sakaï, et dont le témoignage a déjà été invoqué par Quatremère, donne sur cette accusation des détails plus précis, mais dont, en l'absence de tout contrôle, on ne saurait garantir l'authenticité. S'ils sont exacts et il serait, à mon sens, difficile d'établir le contraire, l'émir Tchoupan aurait une fois de plus lâché Rashid ed-Din d'une façon honteuse après avoir fait l'impossible pour l'arracher à sa retraite : «Rashid ed-Daulèh Aboul-Fazl, le médecin, dit l'auteur de ce recueil de biographies, fut d'abord¹) le vizir de Ghazan et de Khorbanda,

---

suppl. persan 209, f. 511 r.; ces paroles sont particulièrement caractéristiques dans la bouche du prince qui avait condamné Rashid ed-Din à la peine capitale et elles n'exprimaient que la stricte vérité. Ghiyas ed-Din Mohammed qui avait hérité des talents politiques et des goûts littéraires de son illustre père et qui fut le Mécène de cette triste période de l'histoire de l'Iran, ne tarda pas à atteindre dans les affaires du gouvernement l'influence prépondérante et la situation exceptionnelle que Rashid avait connues sous le règne de Ghazan et au commencement du règne d'Oltchaïtou ; ce fut sur ses conseils, qu'après la mort prématurée d'Abou Saïd, le trône de Perse fut dévolu à Arpaï Gaon, descendant d'Érik Boké.

¹) رشيد ٱلدّولة ابو الفضل .... ٱلطّبيب أوّلًا وزير قازان و خربندا
نُسب إلى انّه سقى خربندا سمًّا و طُلب على ٱلبريد الى ٱلمدينة

on m'a rapporté comme venant d'une source authentique

ٱلسُّلْطَانِيَّةِ وحضر بين يدى جوبان وقيل له قتلت ٱلملك فقال كيف
افعل هذا وانا كنت رجلا يهوديا عطَّارًا طبيبًا ضعيفًا بين ٱلناس
فصرت فى ايَّامـه وايَّام أخيه متصرِّف فى المملكة و اموالها ولا يُصرف
شىء الا بامرى وحصلت فى ايَّامهم الاموال وللجواهـر والاملاك ما لا
يحصى فطلبوا ٱلطبيب انجلال بن لخران طبيب خربندا فسالوه عن
موت خربندا وقالوا له انت قتلته فقال ان ٱلملك كانت اصابته هيضة
قويَّة فاسهل نحو ثلثمائة مجلس وتقيَّا قيَّا كثيرًا فطلبنى وعرض
علىَّ هذا ٱلحال واجمع ٱلاطبَّاء بحضور ٱلرشيد وٱتفقوا على اعطائه
ادويةً قابضة مخشنة للمعدة والامعا فقال ٱلرشيد عنده امتلاء وهو
محتاج الى ٱلاستفراغ بعد فسقيناه برايه دوا مسهلًا فانسهل نحو سبعين
مجلسًا ومات فصدقه ٱلرشيد على ذلك فقال جوبان يا رشيد قتلته
فامر بقتله ..... وحمل رأس ٱلرشيد الى توريز وطيف به ونودى
عليه هذا رأس البهودى ٱلذى بدَّل كلام ٱلله لعنة ٱلله وقطعت
اعضاءه وحمل إلى كل مكان منها شىءٌ, man. arabe 2061, fol. 83 v. On remarquera dans ce texte la forme خربندا qui est une excellente transcription du mongol ᠬᠣᠷᠪᠠᠨᠳᠠ *ghorbanda*, dans le dialecte des Ordos *khorbanda*, „le troisième", que le chinois rend par 哈兒班荅 Ho-eul-pan-ta; cette forme se retrouve dans le *Nodjoum* d'Aboul-Mahasen (man. arabe 1783, fol. III v.) avec l'épellation بفتح ٱلخاء ٱلمعجمة و سكون ٱلراء وفتح البا الموحدة وسكون النون; Aboul-Mahasen ne fait pas mention dans le *el-Nodjoum el-zahirèh* de la mort de Rashid ed-Din. La forme خربندا se retrouve également dans le *el-Manhel el-safi*, man. arabe 2071, fol. 219 r. Le sens pour هيضة d'indigestion accompagnée de diarrhée et de vomissements est établi par les deux extraits que donne Dozy (*Supplément*, II, p. 774), surtout par celui du glossaire sur le *Mansouri*: قىء وفساد معى عن فساد الغذا وعن كثرته, et par la définition que les livres de médecine arabes et persans donnent de cette maladie.

qu'il donna à boire un poison à Khorbanda; on l'amena sur les chevaux de la poste à el-Médinet-el-Sultaniyyèh et on le fit comparaître par devant l'émir Tchoupan qui lui dit: «Tu as tué le roi! — Comment l'aurais-je fait, répliqua Rashid, j'étais parmi les hommes un pauvre juif, apothicaire et médecin. Sous son règne et sous celui de son frère, je suis arrivé à avoir pleins pouvoirs dans l'empire et sur ses finances; il ne se dépensait rien sans mon ordre; sous leur règne, j'ai acquis en argent, en joyaux, en biens immobiliers, une fortune incalculable».

On manda alors le médecin de Khorbanda, Djélal ed-Din ibn el-Harran auquel on demanda comment le sultan était mort, et on lui dit: «C'est toi qui as empoisonné Khorbanda». Le médecin répondit: «Le sultan était atteint d'un dérangement gastrique extrêmement violent accompagné de vomissements; il alla près de 300 fois à la garde-robe et il vomit abondamment; il m'appela et m'exposa l'état dans lequel il se trouvait; les médecins s'assemblèrent sous la présidence de Rashid et ils furent tous d'avis de lui faire prendre une drogue astringente et resserrante qui fortifiât l'estomac et l'intestin, mais Rashid dit: «Le sultan souffre de pléthore et il a besoin d'évacuations nombreuses», alors nous lui fîmes boire, sur l'avis de Rashid, une drogue purgative; le sultan alla après cela 70 fois à la garde-robe et mourut». Rashid ed-Daulèh ayant confirmé l'exactitude de ce récit, l'émir Tchoupan l'incrimina d'avoir empoisonné le sultan et il ordonna de le mettre à mort .... Sa tête fut portée à Tauris et on la promena dans les rues de la ville en criant: «Ceci est la tête du juif qui a profané la parole d'Allah; que la malédiction d'Allah soit sur lui!» Son corps fut coupé en morceaux et on en transporta les fragments dans les villes de l'empire».

Ce récit a été la source des historiens postérieurs, de Makrizi et d'Aboul-Mahasen qui, dans le *Soulouk*[1]) et dans le

---

[1]) Man. arabe 1726, fol. 369 v.

el-Manhel-el-safi [1]), ne mentionnent pas que Rashid fut juif, ni que ses bourreaux l'aient accusé d'avoir profané la parole d'Allah par sa conversion.

Le témoignage du continuateur de Sakaï n'implique pas la culpabilité de Rashid, et les termes mêmes qu'il emploie نُسب إلى montrent qu'il n'avait pas d'opinion arrêtée sur ce point et qu'il se borne à rapporter ce qu'on lui avait dit sans en prendre la responsabilité, ni s'en porter garant; sans doute, le vizir voyait son crédit baisser de jour en jour depuis l'affaire ou Tadj ed-Din avait établi, peut-être à l'aide de fausses pièces, car ces gens étaient capables de tout, qu'il détournait à son profit le quart des revenus de l'empire, et il n'était plus moralement que le subordonné de son rival; il aurait pu penser que la mort d'Oltchaïtou ferait passer la couronne sur la tête d'un prince jeune et sans expérience, auprès duquel il pourrait, grâce à la protection de Tchoupan et de Toghmakh, regagner la position qu'il avait perdue; mais rien n'autorise à admettre qu'il ait précipité les événements et qu'il ait profité d'une grave indisposition du sultan pour l'empoisonner: une accusation aussi monstrueuse ne s'édifie pas sur une présomption aussi vaine. Si le récit du continuateur de Sakaï est exact, il en faut conclure que l'émir Tchoupan a agi avec une déplorable legéreté en envoyant Rashid au supplice sur des apparences aussi trompeuses. Tout au plus, l'émir aurait-il pu reprocher à Rashid d'avoir commis une erreur de diagnostic analogue à celle que commirent les médecins qui soignèrent le sultan Bekbars el-Bondokdari, et encore. L'auteur du *Zakhirèh-i Khvārizmshāhi*, qui était un livre très en vogue à l'époque de Rashid, enseigne que la diarrhée causée par un dérangement gastrique اسهال معدى, ou celle qui a pour origine des troubles intestinaux اسهال معوى, peuvent avoir cinq causes diffé-

---

[1]) Man. arabe 2071, fol. 219 r.

rentes et il préconise pour leur traitement des drogues qui produisent ces évacuations par le haut et par le bas, comme les conseilla Rashid ed-Din [1]). À cela, les médecins qui se trouvaient réunis en consultation au chevet du sultan pouvaient répondre que l'auteur de ce célèbre traité de médecine dit que la diarrhée accompagnée de vomissements, qui provient de l'ingestion d'une trop grande quantité d'aliments, ou d'aliments gâtés, ou d'aliments indigestes, soit la هيضه, doit se traiter par un jeûne absolu de 24 heures, puis par une alimentation très modérée, à l'aide de mets légers, d'une digestion facile, et par des fortifiants de l'estomac, à choisir dans l'arsenal de la thérapeutique suivant le tempérament du malade [2]).

Le continuateur de la *Djami el-tévarikh* ne croit pas à la réalité de cette accusation dans laquelle il ne voit, avec raison, qu'une honteuse perfidie de Tadj ed-Din Ali-Shah, homme d'une prestigieuse habileté, le seul vizir des sultans mongols qui ait su garder sa place jusqu'à son dernier jour et qui ne périt pas du dernier supplice [3]) auquel il avait envoyé, le cœur léger, Saad ed-Din et Rashid ed-Din.

En réalité, Saad ed-Din et Rashid, sans compter bien d'autres personnages dont l'histoire oublieuse ne cite pas les noms, périrent misérablement, victimes autant de leurs

---

[1]) Man. suppl. persan 1294, fol. 410 r. et v.; suppl. persan 1273, fol. 281 r. et v.

[2) اسهال معدی که از بسیار خوردن و بی ترتیب خوردن طعامهای بد و چرب تولّد کند آنرا که اسهال از بسیار خوردن طعامها افتد علاج آن همچون علاج خداوند هیضه کنند و گرسنگی فرمایند یکشبانروز و اندك فرمایند خوردن و طعامهای سبك و زود گوار فرمایند و معده را قوّة دهند بداروهائی که موافق مزاج بود ...... ; man. suppl. persan 1294, fol. 410 v.; suppl. persan 1273, fol. 281 v.

[3]) Man. suppl. persan 209, fol. 505 v.

propres intrigues que des cabales de leurs ennemis. Seul Tadj ed-Din Ali-Shah eut la chance d'échapper aux poursuites acharnées de Saad ed-Din et aux dénonciations de Rashid et il sut conserver jusqu'à sa mort la faveur d'Abou Saïd. Ces dénonciations continuelles, ces accusations de gabegie et de péculat, créaient dans l'esprit du sultan et de ses émirs une ambiance de suspicion dont ils furent les premières victimes.

Tous ces gens se valaient et ceux qui convoitaient leurs charges n'étaient pas d'une mentalité supérieure: ils ne cherchaient qu'à remplir leurs poches avec l'argent du prince, à voler plus encore que ne le comportait leur grade, à tirer le plus de cadeaux qu'il leur était possible de leurs subordonnés et des gens qui avaient le malheur d'être leurs obligés, vivant au milieu d'une agitation extrême et qui ne connaissait pas de trève, cherchant à précipiter la ruine de leurs collègues qui savaient, en faisant autant, comment ils s'acquittaient de leurs fonctions. Ils sacrifièrent ainsi, jusqu'aux limites de la vieillesse, le calme de leur vie au désir d'entasser des monceaux d'or, se condamnant à un labeur écrasant et aux plus basses intrigues pour laisser dans l'histoire de la Perse le souvenir de leurs vols et de leurs concussions.

C'est par suite de circonstances presque miraculeuses que la chronique de Rashid ed-Din n'a pas été perdue au lendemain même de la mort de son auteur. Le vizir connaissait la valeur scientifique de l'immense ouvrage qu'il avait fait compiler à force de peines et d'argent, et il avait pris toutes ses précautions pour assurer l'éternité à ce livre qui, par l'importance des documents qu'il contient, est peut-être unique dans toutes les littératures du monde. On trouvera plus loin le détail d'une partie des dispositions testamentaires de Fadl-Allah Rashid ed-Din qui avait établi dans la grande mosquée du Raba-i Réshidi de Tauris un véritable atelier de copie, exclusivement réservé à la reproduction indéfinie de la *Djami el-tévarikh* et des autres œuvres littéraires qu'Allah lui avait permis d'écrire.

Ce furent des précautions inutiles et le jeune sultan Abou Saïd Béhadour Khan se chargea, d'un trait de son kalam à l'encre rouge, d'anéantir une œuvre qui est l'unique source de l'histoire de ses ancêtres, et qui a été copiée comme un document authentique par tous les historiens des époques postérieures. « Quand le khvadjèh Rashid eut été tué, dit le continuateur de la *Djami el-tévarikh*, on dépouilla complètement sa famille et les gens de sa maison ; on dévasta de fond en comble le Raba-i Réshidi de Tébriz, puis on confisqua tous ses biens, meubles et immeubles, au profit du divan et l'on mit la main sur les fondations pieuses qu'il avait établies. »[1])

١) چون خواجه رشید کشته شد قوم و خلق اورا مجموع غارت
کردند و در تبریز ربع رشیدی تمام بغارت ببردند و بعد از ان
اسباب و املاك اورا با دیوان گرفتند و وقفهای که کرده بود باز ستدند

Appendice à la Djami el-tévarikh, histoire d'Abou Saïd Béhadour-Khan, f. 490 r.

Les sultans timourides, qui arrivèrent à la souveraineté de la terre d'Iran après la longue anarchie au cours de laquelle sombra la dynastie mongole, avaient, comme les Kadjars actuels, la singulière prétention de se rattacher à la lignée de l'Empereur Invincible dont les descendants avaient régné des grèves de la mer de Corée jusqu'aux plages de la Méditerranée. De même que les dynasties de race turke qui, aux premiers siècles de la Perse musulmane, substituèrent leur autorité à celle des khalifes de Baghdad, avaient prétendu, contre toute vraisemblance historique, descendre des Sassanides qui avaient régné par droit divin sur la Perse antique, celles qui héritèrent, au cours des siècles, de la puissance que les princes mongols avaient laissé échapper de leurs mains, trouvèrent des panégyristes pour rattacher leur généalogie à celle de Tchiṅkkiz Khaghan. Témour, le fondateur du second empire mongol et son fils, Shah Rokh Béhadour, voulaient que leur dynastie fût la continuation du premier empire mongol qui, au cours de la seconde année Khaï-hsi de Ning-Tsoung des Soung (1206),[1]) avait été proclamé sur les rives du fleuve Onan et dont les armées avaient chevauché à travers l'ancien monde, des villes aux toits dorés du Kan-sou et du Tché-kiang, jusqu'aux frontières du marquisat d'Autriche, héros ...... d'une Iliade

qu'Homère n'inventerait pas.

On sait, par un passage de la préface de la *Zoubdet el-téva-*

[1]) 太祖。諱鐵木眞。蒙古部人。後追尊法天啟運聖武皇帝。廟號太祖。奇渥溫鐵木眞稱帝於斡難河。 «Le Thaï-Tsou des Yuan avait pour nom défendu Thié-mou-tchenn (Témoutchin); c'était un homme originaire de la nation mongole; après sa mort, il fut consacré sous le titre de l'Empereur guerrier, saint, qui ouvre la fortune (de sa dynastie) d'après la volonté du Ciel; son nom de temple est Thaï-Tsou. Khi-yo-wen Thié-mou-tchenn (تيموجين قيان) se proclama empereur sur les bords du fleuve Wonan» (*Li-taï-ki-ssé*, chapitre 94, page 1).

rikh[1]) qu'en 826 de l'hégire, le prince timouride Baïsonghor Béhadour Khan, l'auteur de la préface du Livre des Rois, donna à Nour ed-Din Loutf Allah Hafiz Abrou l'ordre de composer une grande histoire du monde depuis ses origines et qui se terminerait par l'histoire de Témour et de ses huit ancêtres, rattachés avec Katchoulaï, fils de Touménaï, à la lignée de Tchinkkiz Khaghan; c'était de même qu'en 700 de l'hégire, le sultan mongol Ghazan-Khan avait témoigné à Rashid ed-Din la volonté de voir écrire sous son règne une grande chronique générale dont la partie consacrée à l'histoire du monde avant la proclamation de Tchinkkiz ne serait que la préface de la geste mongole. Hafiz Abrou se mit à l'œuvre et, comme il le dit lui-même dans sa préface, il se borna à compiler, sans aucune originalité, comme l'avaient fait ses devanciers et comme le firent les historiens, Khondémir, Mirkhond et les autres, qui vinrent après lui, les ouvrages classiques à la Perse et ceux qui avaient échappé aux incendies allumés par les Mongols, les traités de Traditions, les commentaires du Koran, l'histoire du Prophète de Nishapouri, les Prairies d'or de Masoudi, le Livre des Rois de Firdousi, le *Tarikh-i Yémini* de Otbi, le *Kamil* d'Ibn el-Athir el-Djézéri, le *el-Moadjdjem fi-athar moulouk el-Adjem*, le *Seldjouk-namèh* de Zahiri, le *Tabakat-i Nasiri* d'el-Djouzadjani, l'*Envar el-mévaïz w'el-hikem fi akhbar moulouk el-Adjem*, le *Djihankoushaï* d'Ala ed-Din Ata Mélik el-Djouveïni, la *Nizam el-tévarikh* du kadi Beïdhawi, la chronique de Wassaf Firouzabadi, la *Djami el-tévarikh* de Rashid ed-Din et le *Gouzidèh* d'Hamd Allah Mostaufi el-Kazwini qui est la dernière de ses autorités. Hafiz Abrou a démarqué sans aucune pudeur la *Djami el-tévarikh*, ou plutôt, il l'a fait copier littéralement par ses scribes, sans même se donner la peine de relire ce travail pour faire disparaître, ou modifier, les passages qui établissent d'une façon certaine ses vols et ses plagiats.

[1]) Man. suppl. persan 160, f. 3 v.

Les copies des trois immenses tomes de la *Djami el-téva-rikh*, la principale source de Hafiz Abrou, furent évidemment fort rares depuis l'époque du pillage, que seul peut faire excuser la demi-irresponsabilité d'Abou Saïd Béhadour Khan qui était fort jeune et circonvenu par les ennemis du vizir de son père. Rashid s'était bien rendu compte que la gigantesque chronique et ses autres œuvres, dont il avait déposé les originaux dans la mosquée du Raba-i Réshidi de Tébriz, risquaient fort de tomber rapidement dans l'oubli s'il n'instituait pas un fonds spécial destiné à en répandre les copies : les scribes persans sont trop pauvres pour faire, en l'absence d'une subvention, l'avance de tout le travail nécessaire pour transcrire ces volumes qui formaient au moins 3000 pages du plus grand in-folio, et les hommes qui s'intéressent à l'histoire, en Perse comme en Europe, ont rarement les moyens de faire les frais d'une telle copie. Toutes ces raisons portent à croire que dans l'anarchie politique et la débacle financière au milieu desquelles la Perse se débattit, depuis la mort du sultan Khorbanda Oltchaïtou jusqu'à la fin du règne de Témour Keurguen, c'est à dire durant près d'un siècle, les érudits et les copistes, réduits à leurs seules et maigres ressources, laissèrent dormir en repos l'histoire des Mongols de Fadl Allah Rashid ed-Din, comme ses œuvres théologiques.

Dans la préface d'un manuscrit de sa *Zoubdet el-tévarikh* qui est conservé à la Bibliothèque Impériale publique de Saint-Pétersbourg, Hafiz Abrou a exposé d'une façon lumineuse les causes de la misère intellectuelle de cette longue période : «Après le *Tarikh-i gouzidèh*, dit-il, dont la rédaction remonte à cent années, personne n'a composé un ouvrage appartenant au même genre littéraire qui comprenne l'histoire de toutes les dynasties, ou, si un tel livre a été écrit, il n'est point parvenu jusque dans notre pays et il n'y a pas connu de lecteurs. La cause en fut qu'après l'époque à laquelle régna le sultan béni, Abou Saïd Béhadour Khan, qu'Allah rende lumineuse la pierre sous laquelle il repose!, il n'y eut point de souverain dont l'autorité fût assez universellement respectée pour que ses commandements fussent obéis et exécutés dans les pays et les contrées de l'Iran. Des aventuriers, des condottièri, s'emparèrent des marches de l'empire et prétendirent y régner comme souverains indépendants et de droit divin. Et cela dura jusqu'à ce que l'émir Témour Keurguen, qui fut le soleil de la souveraineté, le maître unique du monde, qui soumit à ses lois les peuples de la terre, le maître des rois des Arabes et des Persans, qu'Allah illumine la tombe dans laquelle il s'est endormi!, se leva à l'orient de la Transoxiane, et les rois du monde qui croyaient être les étoiles étincelantes du ciel de la souveraineté de chaque royaume et de chaque contrée s'enfuirent et leur éclat s'éteignit dans les lointains ténébreux du couchant» [1]).

[1]) Témour Keurguen, dit l'inscription arabe gravée sur la tombe du conquérant de l'Inde, est le fils de l'émir Taraghaï, fils de l'émir Burkel, fils de l'émir Ilenguir, fils de l'émir Itchil, fils de Karatchar Noyan, fils de l'émir Soughoutchitchin, fils de l'émir Irzamtchi Baroula, fils de l'émir Katchoulaï, fils de Touménaï-Khan; c'est à ce personnage que prend naissance la lignée de Tchinkiz-Khan et cette lignée part de cette origine pour arriver jusqu'au sultan très glorieux qui est enseveli dans ce sépulcre illustre et majestueux. En effet, Tchinkiz-Khan est le fils de l'émir Yisoukeï-Béhadour, fils de l'émir Bartal-Béhadour, fils de Kaboul-Khan, fils de Touménaï-Khan qui a été cité plus haut; ce dernier est le fils de l'émir Baïsonghor, fils de Kaïdou-Khan, fils de l'émir Doutouminin, fils de l'émir Boukha, fils de l'émir Bozontchar. On ne connait point de père à ce glorieux personnage, si ce n'est que sa mère, Along-Goa, a raconté, et elle était une personne qui avait comme qualités innées la sincérité et la chasteté «et qui ne tenait point une mauvaise conduite» (K. XIX, 20), qu'elle fut rendue enceinte de lui par une lumière qui pénétra par le haut de la porte; «il se présenta à elle sous les traits d'un homme d'une beauté incomparable» (K. XIX, 17). On a raconté que ce Bozontchar était l'un des fils du Commandeur des Croyants, Ali, fils d'Abou Talib et souvent, ses glorieux fils, à toutes les époques, ont affirmé qu'Along-Goa avait été parfaitement sincère toutes les fois qu'elle avait réclamé cette paternité pour Bozontchar. (Allah) domine sur toute chose: هذا مرقد السلطان الاعظم

Le travail de Hafiz Abrou fut conduit avec une rapidité extrême, ce qui n'a rien de surprenant, car son auteur n'avait

لخاقان الاكرم امير تيمور كوركان بن الامير ترغاى بن الامير بركل بن الامير ايلنكير بن الامير ايجل بن قراچار نويان بن الامير سوغوجيچين ابن الامير ايردمچى بارولا بن الامير قچولاى بن تومناى خان و بهذا يشعب نسب جنكيز خان من هذا الاصل وحصل الى السلطان الامجد المدفون فى هذا المرقد غاية الشرف والفضل فان جنكيز خان ابن الامير بيسوكاى بهادر بن الامير برتل بهادر بن قبول خان بن تومناى خان المذكور وهو ابن الامير بايسنغر بن قيدو خان بن الامير نوتومنن بن الامير بوقا بن الامير بوذنچر ولم يعرف والدٌ لهذا الماجد إلا أنّ أمّه الانقوا حكت وكانت شيمتها الصدق و العفاف ولم تك بغيّا انها حملته من نورٍ دخل عليها من اعلى الباب فتمثل لها بشرا سويا وذكر انه من ابناء امير المومنين على بن ابى طالب وربّما تصدقها فى كل دعواها عليه اولادها الامجاد فى كلّ زمان على كل شى غالب. Ce n'était pas la première fois que des Mongols convertis à l'Islamisme prétendaient se rattacher à la famille du Prophète; en 721, Témourtash, fils de l'émir Tchoupan Noyan, de la tribu de Souldous, se révolta dans le pays de Roum dont il était gouverneur; il y fit réciter la prière خطبة en son nom et frapper la monnaie سكة à son chiffre; en même temps, il se déclarait être le Mahdi qui doit venir à la fin des âges. Il demanda aux princes de Syrie et d'Égypte de lui fournir des secours pour aller détrôner le sultan Abou Saïd Béhadour Khan.

Ce Karatchar Noyan, ancêtre de Tamerlan et cousin de Tchinkkiz, comme le dit Hatéfi (man. pers. 214, fol. 14 r.),

قراچار و جنكيز ابن عمّ اند بكشور كشاى قرين هم اند

a été inventé ou, si l'on préfère, son rôle a été considérablement amplifié par les historiens de l'époque timouride, tel Shéref ed-Dîn Ali Yezdi qui, dans son *Zafer-namèh*, lui attribue, tandis que Rashid n'en dit pas un mot, un rôle prépondérant dans l'*oulous* de Tchaghataï dans lequel, si l'on en croyait le panégyriste de Tamerlan, il aurait, à sa volonté, fait et défait les rois. «Quand Tchinkiz

en somme qu'à faire copier ou à résumer les chroniques antérieures.

Khan eût attribué le pays turk jusqu'au Djihoun, qui sépare le Touran de l'Iran, à son noble fils Tchaghataï, il le confia avec son royaume et l'armée dont il l'avait gratifié à Karatchar Noyan qui descendait d'un de ses oncles. Tchinkiz Khan lui recommanda chaleureusement son fils, car il connaissait, pour en avoir éprouvé les effets, la valeur de l'aide que Karatchar pouvait apporter au prince, son fils. Aussi, Tchaghataï Khan, respectueux des volontés de son père, ne s'engagea dans aucune affaire sans prendre le conseil et l'avis du noyan et ce fut grâce aux sages directions de son ministre que Tchaghataï témoigna toujours le plus grand respect et la plus grande déférence pour Ougédeï, si bien qu'ils finirent par être unis par les liens de la plus sincère affection et de l'amitié la plus vive. Tchaghataï était fort enclin à festoyer et à se livrer au plaisir de la chasse et ces occupations prenaient la majeure partie de son temps, pendant que l'émir Karatchar Noyan s'occupait des affaires du royaume de son maître et prenait soin du gouvernement, résolvant au mieux de leurs intérêts les questions qui intéressaient le peuple et l'armée. Tchaghataï mourut, sept jours avant Ougédeï Khan, au mois de Zilkaada de l'année 638 et le noyan, qui avait pris une très grande part à la répression de la révolte de Mahmoud Tarabi, continua à gouverner le pays turk comme il l'avait fait du vivant de son maître, si bien que personne n'eût pu agir mieux que lui.

Quelques années se passèrent après la mort de Tchaghataï et l'émir Karatchar Noyan choisit pour la souveraineté Kara Houlagou, fils de Maïtoughan, fils de Tchaghataï, et il le fit asseoir sur le trône royal. Puis, sur l'ordre de Kouyouk Khan, Karatchar Noyan déposa Kara Houlagou et il proclama roi, Yisou-Monkké, fils de Tchaghataï Khan, au mois de Shaaban de l'année 643. Yisou-Monkké étant venu à mourir, le noyan fit de nouveau asseoir Kara Houlagou sur le trône, suivant ce qui lui parut le plus juste. Puis, en l'année 652, qui correspond à l'année de la poule, l'âme de Karatchar Noyan brisa son enveloppe terrestre et elle s'envola de ce monde de tristesse et d'instabilité.

و چون چنگیز خان هنگام قسمت توران زمین را تا کنار جیحون که واسطهٔ میان توران و ایران است نامزد این فرزند ارجمند کرد اورا با مملکت و سپاه که ارزانی داشته بود بقراچار نویان که از ابنای اعمام او بود سپرد و سپارش بسیار نمود که چنگیز خان را از مبدای حال پشت استظهار در هر کار بامداد و اعتضاد او بود .... و

Le premier volume de la *Zoubdet el-tévarikh* qui comprend l'histoire du monde depuis Adam jusqu'au règne du dernier

چغتای خان نیز بر حسب وصیت پدر بی مشاورت و استصواب مشارٌ الیه در هیچ مهمّ شروع نفرمودی ...... و پیوسته از نتایج حسن تدبیر امیر قراچار با اوکتای خان طریق مجامله و ملاطفه بنوعی می سپرد که علاقهٔ اخوت و وداد بمرتبهٔ یکانکی و اتّحاد انجامید ...... و چغتای خان بعیش و شکار بغایت مشعوف بود اکثر روزکارش بآن مصروف و امیر قراچار نویان بتدبیر مهمّات سلطنت و جهانداری قیام نمودی و مصالح رعایا و لشکری بر وجه احسن کفایت فرمودی

شعر

شد از عدل آن سرور کاردان — رعیّت غنی لشکری کامران

و بهفت روز از اوکتای خان در ذی قعدهٔ سنه ثمان و ثلاثین و ستّمایه موافق اود ییل ازین سرای فانی رحلت کرد

بیت

بر هیچ آدمی اجل ابقا نمیکند — سلطان مرك هیچ محابا نمیکند

و بعد از وفات او نوییین مشارٌ إلیه بر قرار معهود بضبط و نسق امور مملکت و سلطنت و کفایت مصالح و مهمّات جمهور خلایق از لشکری و رعیّت بنوعی قیام می نمود که مزیدی بر ان متصوّر نبود .... قرا هلاکو خان بن مایتکان بن چغتای خان که چون از وفات چغتای خان چند سال بکذشت قراچار نویان اورا بخانی بر کزید و سریر سلطنت را بجلوس او زینت بخشید ..... یسومنکه بن چغتای خان که بر حسب اشارت کیوك خان قراچار نویان قرا هلاکورا عزل کرد و اورا بتاریخ شعبان سنه ثلاث و اربعین و ستّمایه موافق ایت ییل بر تخت خانی نشاند و چون او در کذشت نویین مشارٌ الیه باز قرا هلاکورا بپادشاهی نصب فرمود چنانک رای صایب او بود

بیت

آب اقبالش بجوی بخت باز آمد دکر — بر سریر پادشاهی سر فراز آمد دکر

roi sassanide, Yezdedjerd, fut en effet terminé, comme on le voit par un manuscrit de Saint-Pétersbourg, le jeudi 19

و در ان ولا بتاریخ سنه اثنی و خمسین و ستمایه موافق نوشقان ییل سال مرغ روح قراچار نویان قفس شکست و ازین وحشت زار نا پایدار رخت بر بست (*Zafer-namèh*, man. supp. persan 214, fol. 51 r. et ssq.).

Le *Moezz el-ansab* donne, il, est difficile de dire d'après quelles autorités, la liste extrêmement touffue des descendants des ancêtres de Témour Keurguen, depuis le fils de Touménaï jusqu'au premier Sahib-i kiran. Ces listes onomastiques, toutes sèches et arides qu'elles soient, n'en présentent pas moins un certain intérêt: اردمجو بارولا (fol. 7 r.) eut quatre fils: Todan تودان qui fut père de Tchoutchia جوجیه, père de Bouloughan-Kalatch بولوقان قلج (fol. 79 r.), Yuké یوکه, père de Tchoulpan جولپان et de Houlatchou, Soughoushtchan سقوشجان, qui est le سوغوجیچن de l'inscription du sarcophage de Témour et Békiékeï باکلکای, Karatchar eut 16 fils اینجل نویان, Iluder ایلدر, Lala لالا, Yisountou-Monkké یسونتو مونکا; Monkké مونککا; Shirga شیرغا; Il Dabakha ایل دبقا; Beg Dabakha بیک دبقا; Kadan قدان; Il ایل; Ungur انکور; Tengiz تنکیز; Bayan بایان; Mir Ali; Tukel توکل; Tchouran جوران. Itchil Noyan eut, en plus d'Ilenguir, un autre fils nommé Koutlough Kia قتلغ قیا; Ilenguir, en plus de Burkel Noyan بورکل نویان, eut un fils nommé Tchamish جامیش, qui fut père de Siventch boukha qui eut trois fils, Toughaï boukha, l'un des meilleurs émirs de Témour, qui eut 4 fils, Roustem, émir de 10000 au service de Témour, puis d'Oulough Beg, Hamza, Pir Mohammed, Ali et 6 filles, Bakht Sultan, Daulet Sultan, Fatima Sultan, Yadigar Sultan, Nuguer Sultan, Adil Sultan. Les deux autres fils de Siventch boukha furent Laal لعل qui fut un émir de Témour et Tchita جیته. Burkel Noyan بورکل نویان, en plus de Taraghaï, eut un fils, Balta بلته, qui eut un fils, Tchoupan جوپان et 3 filles, Sibi Agha سبیی آغا, Torolmish Agha توزلمش آغا, Bayan Agha بیان آغا; Burkel Noyan eut également quatre filles, Toromish Aga قربقا; Korbogha Agha نورمیش آغا; Toughaï Agha توغای آغا et Kiyan Agha قیان آغا. Témour eut trois frères dont le *Moezz el-ansab* n'indique pas la postérité: Alem Sheïkh عالم شیخ, Siyourghatmish سیورغتمیش et Tchuki جوکی; il avait également deux sœurs, Koutlough Turken Agha قتلغ ترکان آغا et Shirin Beg Agha. Les

du mois de Déi de l'année parsie *792*, date qui correspond au jeudi 8 du mois de Zilkaada de l'année *826*, c'est à dire quelques mois seulement après que le prince Baïsonghor eût donné à Hafiz Abrou l'ordre d'entreprendre la rédaction de sa chronique: روز اوّل پادشاهی یزدجرد ابتدای تاریخ فرس است که حالا مستعمل بر صفایح تقاویم و اصول اکثر زیجات متداول بر ان تاریخ نهاده اند و روز تحریر این کتاب بتخصیص این قصه پنج شنبه نوازدهم دی ماه هفتصد و نود و دو یزدجردی بود موافق با هشتم ذی القعده سنه ست و عشرین و ثمانمایه هجری[1]. Ce manuscrit contient la récension primitive de la *Zoubdet el-tévarikh*, celle qui fut entreprise sur l'ordre de Baïsonghor avant l'intervention de Shah Rokh et, dans les manuscrits de la seconde récension, l'auteur a fait disparaître, comme on le voit par deux autres manuscrits de St. Pétersbourg[2]) et par celui de Paris[3]), cette date de 826.

L'ordre que Baïsonghor donna à Hafiz Abrou de composer une nouvelle chronique générale, qui porterait le titre de «Quintessence des chroniques», ne peut s'expliquer que par un désir immodéré de posséder un grand travail historique qui lui fût dédié, une تاریخ مبارك بایسنغری qui correspondrait à la تاریخ مبارك غازانی et qui assurât à son nom l'immortalité.

La peine que prit Hafiz Abrou, et celle qu'il imposa à ses copistes, étaient fort inutiles puisque l'on possédait la *Djami el-tévarikh* de Rashid ed-Dîn qui, cent vingt-six années

---

souverains Kadjars prétendent, au mépris de toutes les lois phonétiques, se rattacher à ce Karatchar Noyan qui, si l'on en croit les historiens de la dynastie timouride, aurait été le Monk du pays de Tchaghataï; il est heureux qu'ils aient borné là leurs prétentions et qu'ils n'aient pas choisi pour ancêtre de leur race, Karatchar, fils d'Ougédeï.

[1]) Man. de la Bibliothèque impériale publique de St. Pétersbourg, fol. 170 v. (Rosen, *Les manuscrits persans de l'Institut des langues orientales*, p. 68).

[2]) Le manuscrit de l'Institut des langues orientales et celui du Musée Asiatique.   [3]) Man. suppl. persan 160, fol. 225 v.

plus tôt avait, lui aussi, compilé sans les citer les histoires des Prophètes, la Chronique de Tabari, le *Kamil* d'Ibn el-Athir, le *Rahet el-soudour* qu'il transcrivit presque littéralement, le *Djihan-koushaï* de Djouveïni, et bien d'autres. Dans de telles conditions, la *Zoubdet el-tévarikh* ne pouvait être qu'une répétition inférieure, et en tout cas inutile, de l'œuvre de Rashid, car les originaux des documents les plus importants sur lesquels elle était basée étaient à jamais disparus avec la dynastie fondée en Perse par Houlagou, sans parler des renseignements oraux dont le vizir de Ghazan avait eu la chance de profiter et que nulle puissance humaine ne pouvait évoquer. Il aurait été plus simple et plus rationnel de compléter la *Djami el-tévarikh* par l'histoire des 123 années qui s'étaient écoulées depuis la mort de Ghazan jusqu'à l'époque du prince Baïsonghor, sans recommencer inutilement un travail qui avait été fait, et assez consciencieusement.

Tel était en effet le dessein de Shah Rokh Béhadour, qui avait pour l'œuvre de Rashid une estime particulière; on sait, par le continuateur de Rashid [1]), que le successeur de Témour avait décidé de faire ajouter à la *Djami el-tévarikh* l'histoire des deux sultans Oltchaïtou et Abou Saïd avec lesquels les princes timourides voulaient que le premier empire mongol se terminât. En la 828e année de l'hégire, Shah Rokh envoya à Hafiz Abrou l'ordre de compléter la *Djami-i Réshidi*, c'est à dire l'histoire écrite par Rashid ed-Din, dont la partie qui comprenait l'histoire du monde jusqu'à Mahomet était perdue [2]). Hafiz Abrou exposa respectueusement à l'empereur que le premier tome de la *Zoubdet el-tévarikh* contenait le récit des événements qui se sont passés dans le monde depuis la création jusqu'aux premiers temps de la mission de Mahomet et que cette chronique avait été com-

---

[1]) Man. supp. persan 209, fol. 443 r.

[2]) Affirmation étrange, car elle se trouve dans les manuscrits et appartient certainement à l'œuvre de Rashid.

pilée d'après la *Djami el-tévarikh* et ses sources, l'histoire de Tabari, le *Kamil* d'Ibn el-Athir, et d'autres; dans ces conditions, le meilleur parti à adopter était de prendre le premier quart de la *Zoubdet el-tévarikh* qui avait été écrite pour la bibliothèque du prince Baïsonghor, d'en faire copier le texte et de l'insérer au commencement de la *Djami el-tévarikh* [1]).

[1]) Cette partie ne paraît naturellement pas dans les exemplaires de la rédaction qui fut terminée en 826 (voir page 65) et qui fut offerte au prince Baïsonghor, tel le manuscrit de la Bibliothèque Impériale publique dans lequel on lit seulement (Rosen, *Les manuscrits persans de l'Institut des langues orientales*, p. 60)

و حضرت شاه زاده بخطاب مستطاب سر افراز گردانیده بلفظ وحی آثار فرمود که کتابی می باید نبشتن مشتمل بر ذکر انبیا و اولیا و محتوی بر آثار و اخبار ملوك و سلاطین ماضیه و امم سالفه و کیفیت زمان متقدّم و چگونگی قرون متقادم چنان چه از کلّیات وقایع و مشاهیر حکام از زمان صفی آدم صلوات الرحمن علیه تا بایام همایون و روزگار میمون که امداد آن بامتداد روزگار متّصل باد چیزی فوت نشود ...... آنچه نقاوه و لباب حکایت بود از کتب احادیث و تفاسیر و توایخ متعدد مثل قصص الانبیا و سیر النبی و تاریخ محمّد جریر طبری و مروج الذهب و معادن الجوهر مصنف علی بن عبد الله مسعود الهذلی و شهنامهٔ فردوسی و یمینی عتبی و کامل التواریخ اثیری موصلی و کتاب المعجم فی آثار ملوك العجم و سلجوق نامهٔ ظهیری و طبقات ناصری لجرجانی و انوار المواعظ و الحکم فی اخبار ملوك العجم و جهانکشای عطا ملك جوینی و نظام التواریخ قاضی بیضاوی و تاریخ وصّاف فیروزآبادی و جامع التواریخ رشیدی و کزیدهٔ حمد الله المستوفی انتخاب کرده شد و بعد از کزیده که از ان تاریخ صد سال میشود درین فنّ کتابی که مشتمل بر جمیع طوایف باشد کسی مدوّن نکرده و اکثر نیز نبشته بدین دیار نرسیده و مطالعه نیفتاده بسبب آن که بعد از انقضای ایّام

L'histoire des Mongols de Rashid s'arrête à la mort de Ghazan en 703; l'auteur avait le dessein, malgré l'âge avancé

سلطان سعيد ابو سعيد نوّر الله مرقده پادشاهی ممكّن كه بر جميع بلاد و امصار حكم او نافذ و جـاری باشد نبود و بر هر طرف از ممالك جمعی مستولی گشته دعوی استبداد و استقلال می كردند تا آن زمان كه آفتاب دولت جهانكشائی خدایکان عالم مالك رقاب الامم مولى ملوك العرب و العجم ناصر اولیاء الله قاهر اعداء الله المويّد من السماء ..... امیر تیمور كوركان انار الله برهانه از مشرق ما وراء النهر طلوع كرد پادشاهان عالم كه ایشانرا ستاركان آسمان سلطنت هر مملكت و ولایت می پنداشتند بمغرب نسخ و زوال افول و غروب نمودند و باندك روزكاری از سرحدّ خطای تا اقصای روم و فرنك و از نهایت هند تا بدایت دیار مغرب و زنك .... مسخّر و مسلّم كردانید .... و بعد از انقضای ایّام انار الله برهانه كه حالا مدّت بیست سال دیگرست وقایع و حوادث كه در اطراف و جوانب میان اروق همایون از کردش روزكار بوقلمون و غیرهم از امور عجیبه و اتّفاقات غریبه بوقوع پیوسته شرح داده آید, tandis que l'on lit dans les manuscrits qui furent écrits postérieurement à 828 de l'hégire, tels le man. de la Bibliothèque Nationale, suppl. persan 160, fol. 4 v., les manuscrits du Musée Asiatique et de l'Institut des langues orientales de Saint-Pétersbourg:
..... و حضرت شاهزاده بخطاب مستطاب سر افراز كردانید و بلفظ وحی آثار فرمود كه كتابی می باید نوشت مشتمل بر ذكر انبیا و اولیا و محتوی بر اخبار و آثار ملوك و سلاطین ماضیه و امم سالفه و كیفیت زمان متقدّم و چگونگی قرون متقادم چنانك از كلیّات وقایع و مشاهیر حكایات از زمان آدم صلوات الرحمن علیه تا بایّام همیون و روزكار میمون كه امداد آن بامتداد روزكار متّصل باد چیزی فوت نشود ..... آنچه نقاوه و لباب حكایات از كتب احادیث و تفاسیر

auquel il était parvenu et les lourdes responsabilités du vizirat, d'écrire l'histoire du sultan Khorbanda Oltchaïtou et d'en former une partie du troisième volume, mais il est probable, et cela pour plusieurs raisons, qu'il ne put réaliser ce projet; d'ailleurs, il était dangereux de parler du sultan régnant autrement que pour en faire un panégyrique enthousiaste et la tâche, relativement aisée avec Ghazan, devenait ardue avec Oltchaïtou qui était loin d'avoir l'envergure de son prédécesseur. Il était, si l'on en croit son panégyriste, Aboul Kasem Abd Allah ibn Ali el-Kashani, un assez piètre souverain qui s'entourait d'animaux de vénerie et qui faisait passer les plaisirs de la chasse avant les devoirs de la royauté: «Le sultan, dit cet auteur qui n'était point payé pour mal parler de son souverain, avait une vraie passion et un amour aussi désordonné qu'invincible pour les éperviers d'Europe, pour les faucons turks, pour les faucons de mer, pour les aigles de montagne, pour les gerfauts royaux, pour les chiens arabes, pour les chevaux du Hedjaz à la course rapide comme

و تواریخ متعدد چون قصص الانبیا و سیر النبی و تاریخ محمّد بن جریر الطبری و مروج الذهب و معادن الجوهر و شهـ نامهٔ فردوسی و غیرهم انتخاب کرده شد درین اثنا حضرت اعلی خلّد اللّه تعالی ملکه و سلطانه فرمودند که کتاب رشیدی را که اوّلش ضایع شده بود تمام می باید ساخت بنده کمینه بعرض رسانید که قسم اوّل این کتاب که از زمان آدم است تا ابتدای احوال حضرت رسالت صلی اللّه علیه و سلّم چون این کتاب که حالا نوشته شده است بعد از مطالعهٔ رشیدی و طبری و کامل و چند نسخهٔ دیگرست اکثر از انجا نقل کرده آید اولی باشد فرمودند که شاید بنابرین مقدّمات ربع اوّل از ان کتاب که از بهر کتب خانهٔ شاه زادهٔ اعظم نوشته است نقل افتاد.

le vent qui sont la distraction et la compagnie habituelle des rois, des sultans, des empereurs et des généraux. Toutes les fois qu'il trouvait un endroit propice à la chasse, une verte prairie ou une belle plaine, il se hâtait vers ce lieu de délices et il y donnait le vol à quelques uns de ses oiseaux"[1]).

Il restait à écrire vingt-cinq années d'histoire, le règne des deux sultans Oltchaïtou et Abou Saïd (703—728) pour raccorder la *Djami el-tévarikh*, la chronique du premier empire mongol, avec les annales de la monarchie timouride dont Shah Rokh avait inspiré la rédaction; cette histoire dont le nom n'est pas cité dans l'appendice à la *Djami el-tévarikh* peut être, soit la chronique de Hafiz Abrou[2]), soit plutôt le *Zafer namèh* de Shéref ed-Din Ali Yezdi, qui commençait par le récit des événements contemporains de l'émir Témour et qui fut terminé en 828 de l'hégire. Les princes timourides avaient en effet inventé cette théorie, complètement fausse au point de vue historique, que le premier empire mongol, celui des descendants de Tchinkkiz, se termine en l'année 728 de l'hégire qui fut signalée à la fois par la mort du sultan Abou Saïd Béhadour Khan et par la naissance de l'émir Témour. Ils prétendaient contre toute vraisemblance que l'ère timouride datait de cette époque, sans tenir compte des sultans Arpaï Gaon et Mousa, ni de leurs pâles successeurs. Cette singulière théorie, qui tient si peu de compte de la réalité historique, est celle du

---

[1]) چه سلطان بر سنقور فرنکی و شهباز ترکی و شاهین بحری و عقاب کوهی و باشق شاهی و سکان تازی و باد پایان حجازی که سلوت و موانست ملوک و سلاطین و امرآء و خواقین بآن باشد رغبتی صادق و شوق و شعفی غالب داشتی و هر کجا مواضع نخاجیر و شکار و مرغزاری تره و علفخواری خرم یافتی بدان موضع خرم شتافتی و یک چند شکره پرانیدی ...., *Histoire d'Olchaïtou*, man. suppl. persan 1419, fol. 36 v.   [2]) Voir *Cat. des man. persans*, 1905, page 203.

Zafer namèh de Nizam-i Shami, du *Zafer namèh* de Shéref ed-Din Ali Yezdi et du *Matla el-saadeïn* d'Abd er-Rezzak el-Samarkandi qui, dans le premier tome de sa chronique, l'expose d'une façon formelle.

La tâche n'était point aisée, quoiqu'à l'époque de Shah Rokh, les événements qui avaient provoqué l'accession de Témour au trône de la Transoxiane et de la Perse fussent de la veille, et la période pendant laquelle avaient régné les dynasties intermédiaires entre les fils d'Along Goa et les Timourides offre un enchevêtrement de faits tellement incohérent qu'on n'y retrouve qu'à grand peine le fil des destinées de l'Iran.

Un auteur dont le nom est resté inconnu, et qui travaillait pour le compte de Shah Rokh, comme il l'indique dans une courte introduction [1]), peut-être Hafiz Abrou, ou Shéref

1) بندکی حضرت با رفعت پادشاه اسلام سلطان سلاطین زمان ...... معین الحقّ و الدنیا و الدّین غیاث الاسلام مغیث المسلمین اعدل الملوک فی العالمین شاهرخ بهادر النافذ احکامه و اوامره فی الخافقین المضروب خیام دولته فوق الفرقدین ..... بنابر شعفی که بر احوال کذشتکان دارد دایم الاوقات در بندکی حضرتش کتب تواریخ خوانند چنانکه اکثر آن حضرت را یاد شده از جملهٔ ایـن کتاب مبارک که موسوم است بجامع التّواریخ رشیدی مصنّف صاحب اعظم دستور الوزراء فی العاجم خواجه رشید الحقّ و الدّین فضل اللّه که در شهور سنه اربع و سبعمایه هجری باتمام پیوسته چون در بندکی آن حضرت بعرض رسید و بر مضمون آن وقوف یافت خاطر همایون ملتفت آن شد که قضیّهٔ سلطان محمّد خدابنده و پسرش سلطان سعید ابو سعید بهادر نوّر اللّه مرقدها در ذیل این کتاب مبارک افزاید چه بعد از آن کلّی احوالات از بقیّهٔ اثار و اخبار ملوک و سلاطین روزکار در تأریخ همایون حضرت امیر صاحب قران انار اللّه

ed-Din Ali Yezdi, entreprit ce travail de raccordement et il écrivit, sous le titre de ذیل جامع التواریخ, l'histoire des deux derniers princes de la dynastie mongole qui régnèrent sur l'Iran avant la dislocation définitive de l'empire. Ces deux biographies sont rédigées à peu près sur le plan qui avait été celui de Rashid, mais leur composition est très inférieure à celle de la *Djami el-tévarikh;* toutes fois, il est regrettable que leur auteur n'ait pas pu continuer son travail jusqu'à l'avénement de Témour, et même plus loin, au moins jusqu'à la chute de Noushirvan, car on y trouve un très grand nombre de faits très importants pour l'histoire de la Perse, exposés d'une façon consciencieuse et claire. La source du ذیل جامع التواریخ est, pour la vie d'Oltchaïtou, l'histoire de ce sultan qui a été écrite par Aboul Kasem Abd Allah el-Kashani sous le titre de تاریخ پادشاه سعید اولجایتو سلطان, avec des additions empruntées à une autre histoire que je ne connais pas. [1])

برهانه که بتجدید کتابت می شود داخل است, man. suppl. persan 209, fol. 443 r.

[1]) L'auteur de cet appendice à la *Djami el-tévarikh* avait composé une histoire de Témour; dans son introduction (man. suppl. persan 209, fol. 443 r.), il la nomme تاریخ همایون حضرت امیر صاحب قران et il la cite trois autres fois: la première, quand il parle de l'émir Koutch Hoseïn qui fut tué par Soleïman Khan «comme cela se trouve exposé dans l'histoire de Sa Majesté l'Empereur Sahib-i kiran»: و قوچ حسین را سلیمان خان بقتل آورد چنانک در تاریخ حضرت صاحب قرانی شرح داده آمده است (*ibid.,* fol. 516 v.); la seconde, dans la mention des fils de Tchoupan pour lesquels il renvoie le lecteur à la même chronique: که ذکر ایشان در تاریخ صاحب قرانی شرح داده خواهد آمد (*ibid.,* fol. 521 v.); la troisième, quand il parle de l'émir Sheïkh Hasan qui fut nommé gouverneur du pays de Roum en 733 et qui exerça ces fonctions jusqu'à la mort d'Abou Saïd: le récit de ses aventures postérieurement à cette date est donné, dit l'auteur de l'appendice à la *Djami el-tévarikh,* dans un autre endroit de sa chronique: و او تا زمان وفات سلطان حاکم روم بود بعد از ان از انجا خروج کرد چنانک ذکر آن بموضع خود گفته شود (*ibid.,* fol. 527 v.). C'est à l'histoire de Témour qui se trouvait dans la *Zoubdet el-tévarikh,* ou le *Zafer namèh* (Rieu, I, 423), que Hafiz Abrou, ou Shéref ed-Din Ali Yezdi, fait allusion ici,

La renaissance timouride, qui commença avec Témour et qui se continua brillamment pendant tout le règne de ses successeurs, vit éclore, sous l'inspiration des princes du Fars et du Khorasan, plusieurs ouvrages historiques qui se rattachent tous au plan que Shah Rokh Béhadour et Baïsonghor Mirza avaient imposé à Hafiz Abrou. Cette renaissance, qui contraste singulièrement avec l'état dans lequel les lettres étaient tombées en Perse après la dissolution du premier empire mongol, à laquelle appartiennent un grand nombre des œuvres les plus importantes de la littérature et de la science persanes, se continua même quand l'empire iranien se fut imprudemment fragmenté en royaumes rivaux, souvent hostiles, jusqu'aux derniers jours de la puissante dynastie fondée par Témour le boiteux. Les princes timourides, aussi bien ceux qui perdirent leur couronne dans le Khorasan et dans la Transoxiane que ceux qui s'en allèrent régner sur l'Inde des radjas, portèrent sur le trône un goût artistique et des talents littéraires qui leur faisaient oublier les soucis de la souveraineté et qui ont assuré à leur nom une place honorable, quelquefois glorieuse, dans l'histoire littéraire de l'Orient.

Un auteur dont le nom est inconnu[1]) a dédié à Shah Rokh, au commencement de son règne, une histoire générale du monde depuis la création jusqu'à son époque qu'il a intitulée منتخب التواريخ معيني, d'après le titre de معين الدنيا و الدّين qui était porté par le fils de Témour. Cette histoire n'est qu'un résumé très sec de la *Djami el-tévarikh*; sa seule originalité consiste en des tableaux dressés avec le plus grand soin pour chaque dynastie et dans lesquels se trouvent réunis tous les renseignements possibles sur les souverains qui la composent: noms du souverain et de son père, dates d'avènement et de mort, causes de la mort, titres, légendes des sceaux, constructions

---

[1]) Man. suppl. persan 1651; l'histoire des successeurs de Témour se trouve fol. 300 v. et suivants.

et encore bien d'autres. Le récit du *Mountékheb el-tévarikh*, dont le titre a évidemment été choisi par antiphrase avec celui de la *Djami el-tévarikh*, suit le récit de Rashid jusqu'au milieu du règne de Témour, à partir duquel l'histoire chinoise est racontée d'une façon invraisemblable, je ne sais d'après quelles sources.

Témour Kaan eut pour successeur Ananda Kaan, fils de Manghala اسده قان بن مععلون بن قوبلای قان qui mourut en 697 et qui fut remplacé sur le trône par son fils Yisoun-togha [1]) بیسون توا بن انسده; Yisoun-togha eut pour successeur son fils Toda Monkké [2]) دودا مونکلو بن یسون توا qui régna sept ans et auquel succéda en 718 [3]) son fils Siyoutchar [4]) سیوخار بن تودا مونککا, qui eut pour successeur, en 723, son fils Shinkoum [5]) سنکوم بن سیوخار, qui mourut en 740. Le dernier empereur est, d'après cet étrange historien, Ésen Boukha Khan ایسن دعا خان avec lequel se termina la dynastie fondée en Chine par Koubilaï. Tous ces personnages, sauf Ananda, sont

---

[1]) Sous cet empereur, d'après le *Mountékheb*, l'influence de l'Islam, toute puissante avec Ananda, subit une éclipse en Chine.

[2]) Ce prince aurait cédé des territoires aux princes des *oulous* de Tchoutchi et de Tchaghataï pour se les concilier.

[3]) Toda Monkké fut enterré dans un endroit nommé ناوور قوروق «l'enceinte sacrée du lac», en mongol ᠨᠠᠭᠤᠷ ᠬᠣᠷᠣᠭ *naghour ghourough*.

[4]) Les Chinois se révoltèrent contre lui peu de temps après son avénement parce qu'il favorisait l'Islamisme, il ordonna alors par un édit de tuer tous les Musulmans de son empire et cette mesure lui assura la souveraineté; il fit construire des temples bouddhiques dans le Man-tzeu منزیستان.

[5]) Cet empereur promulgua une loi d'après laquelle les héritiers des Musulmans qui avaient été tués en Chine sous le règne de son prédécesseur étaient capables de recevoir leurs biens et il employa les biens tombés en déshérence à construire des mosquées et des collèges, de sorte que sous son règne les Musulmans se multiplièrent de nouveau dans le Céleste Empire. La faveur qu'il témoigna aux Musulmans provoqua des soulévements en Chine et il y eut même sous son règne des émeutes à Khanbaligh; ces troubles se prolongèrent durant dix années.

complétement imaginaires et l'on sait, par l'histoire chinoise, qu'Ananda fut mis à mort après le décès de Témour et que ce fut Khaïshang qui succéda à cet empereur. D'après l'auteur du *Mountékheb el-tévarikh*, ces souverains, avant leur accession au trône, auraient gouverné le Tangghout qui aurait été ainsi l'apanage des princes héritiers; plusieurs professaient l'Islamisme et cherchaient à le répandre parmi leurs sujets, tel Ananda qui fit bâtir à Khanbaligh quatre mosquées dans lesquelles 1 000 000 d'hommes venaient prier le vendredi. Cette propagande avait d'ailleurs si bien réussi que l'un de ces souverains, Shinkkoum, ayant fait construire dix mosquées dans Khanbaligh, elles ne purent recevoir tous les Musulmans qui s'y présentèrent. Voici comment cet historien raconte la fin de la dynastie mongole et le commencement de celle des Ming: «Après la mort de son père, Ésen Boukha Khan resta dans le Tangghout et ne put se rendre dans la capitale اردو; les généraux qui commandaient à Khanbaligh empêchèrent que cette ville ne tombât au pouvoir des révoltés qui s'étaient emparés de la Chine, mais tout le reste de l'empire échappa aux lieutenants du dernier empereur, de telle sorte qu'il finit par exister soixante et douze principautés indépendantes dans le Céleste Empire. Ésen Boukha partit du Tangghout avec une puissante armée et se mit en route pour gagner Khanbaligh; il livra plusieurs batailles à ceux qui s'étaient révoltés contre son autorité et la Fortune favorisa ses armes. Quand il fut arrivé à Khanbaligh, il envoya, suivant les traditions de ses ancêtres تورا قاهرو, des officiers aux gouverneurs des provinces pour les prier de venir à sa cour et il affecta de les bien traiter sans faire la moindre allusion aux fautes dont ils s'étaient rendus coupables. Quand Ésen Boukha fut affermi sur le trône, il créa une garde chargée de la surveillance du palais et il en donna le commandement à des généraux choisis dans chaque tribu طایفه. La garde du palais appartenait pour vingt-quatre heures, nuit et jour, à chacun de ces généraux;

l'un d'eux, qui avait su particulièrement gagner la faveur du souverain, se nommait Tounghouz تونقوز ou, suivant un autre passage, Deunggueuz تونککوز «le cochon», ce personnage était venu dans le pays de Tchaghataï à l'époque du sultan Toughlouk Témour; toujours d'après la légende du *Mountékheb*, il était gouverneur داروغه de Tchash جاش et de Moghalak مغلاق dans la Transoxiane et il abandonna la situation qu'il occupait dans le pays turk pour en aller chercher une autre dans la capitale de l'empire chinois. Un jour que Toung-houz était venu prendre la garde au palais, il éloigna tous les officiers en leur disant qu'Ésen Boukha voulait rester tout seul et ne recevoir personne de sorte qu'ils pouvaient s'en retourner chez eux; en réalité, Ésen Boukha était complètement ivre et occupait ses loisirs à lutiner une jeune chinoise; soudain, le général mongol envahit la retraite de l'empereur avec trente Chinois décidés à tout qui le massacrèrent et mirent son corps en pièces. Ésen Boukha avait régné 20 années et cette catastrophe arriva en l'année 775 de l'hégire, soit en 1373. Tounghouz monta sur le trône, fondant ainsi la dynastie des Daï-Ming دايمين et il fit si bien que personne en Chine ne connut rien de son origine, ni l'endroit où il était né, ni sa vie avant ce tragique événement. Sous le règne de son fils Tchountchou جونچو, on publia la vie de Toung-houz; il ordonna, dit le *Mountékheb*, qui prétend avoir copié les sources chinoises, que l'on rattachât sa généalogie à Fagh-four et, comme dans l'antiquité, on nommait les souverains chinois de ce titre de Faghfour[1]), on ne savait pas de quel pays il venait. Tchountchou eut pour successeur son frère Tchoumantchou? حوماچو [2]) qui régnait à l'époque à laquelle écrivait l'auteur du *Mountékheb*[3]) et qui, comme ses deux prédécesseurs, portait le titre de Daï-Ming.

---

[1]) Faghfour, arabisation de baghpour, est le perse bagaputhra «fils du Ciel, de Dieu», traduction du chinois 天子. [2]) Pour بویانتو Bouyantou?
[3]) Man. suppl. persan 1651, fol. 332 r.

Les personnes qui connaissent l'histoire de la Chine s'apercevront immédiatement qu'il n'y a pas un mot de vrai dans tout ce récit[1]), mais le fait que l'auteur du *Mountékheb* cite

[1]) On trouve dans le *Rauzet el-séfa* (man. suppl. persan 158, fol. 80 v.) de Mirkhond une variante importante de cette légende; cet auteur dit qu'il a lu dans certaines chroniques dont il ne cite pas les titres que les successeurs de Tchinkkiz Khan, qui régnèrent après lui dans la capitale mongole اُلُغ يورت, depuis Ougédeï jusqu'à Taï-zeu Oghlan تايزى اغلان, furent au nombre de quinze. Ce Taï-zeu Oghlan, qui est évidemment le Thaï-Tsou 太祖 des Ming, que l'empereur chinois, dans la lettre adressée à Shah Rokh nomme تاى زوى, s'enfuit de Chine à l'époque de Témour Keurguen et vint lui demander aide et protection. Il se convertit à l'Islamisme et, après la mort de Témour, il se rendit à Kalmak قلماق, où il s'assit sur le trône de la souveraineté, mais, au bout de quelques jours de règne, il fut assassiné par ses sujets. Comme, avant que Taï-zeu se réfugiât dans la Transoxiane, Tounghouz تنغوز (man. تمغور) s'était révolté en Chine et s'était emparé de l'empire des souverains mongols, les descendants des Khaghans قاآنيان ne possédèrent plus que Kalmak et Kara-kouroum قراقوم, et encore pour peu de temps, car les émirs de la tribu des Euïreuths اوييرات, ayant acquis une grande puissance, leur arrachèrent les débris de l'empire de Tchinkkiz. Dans d'autres chroniques, Mirkhond dit que l'on compte, comme l'auteur du *Khilaset el-akhbar*, dix-neuf successeurs de Tchinkkiz, mais que pour parler franchement, on ne connaissait pas, à son époque, en Perse ni dans la Transoxiane, l'histoire précise des successeurs de Témour Oltchaïtou Khaghan. Il est au moins bizarre de voir, dans cette légende, le Thaï-Tsou des Ming, qui rejeta Toghon Témour dans la steppe, transformé en un empereur mongol qui serait venu se réfugier à la cour de Tamerlan. Il est probable que Toghon Témour, se sentant perdu, demanda des secours aux *oulous* vassaux, mais ceux-ci étaient eux mêmes en assez piteux état pour ne pouvoir intervenir dans la lutte que le dernier empereur des Yuan soutenait contre ses sujets révoltés. D'après les historiens de la Chine, Toghon Témour, le 25 Août 1368, confia la régence au prince Témour Boukha et il annonça le lendemain qu'il abandonnait la ville impériale pour se retirer en Mongolie; il partit presque sur le champ malgré les exhortations de Témour Boukha qui voulait aller chercher la mort, les armes à la main. Le 29, les troupes de l'empereur Ming entrèrent dans Daï-dou et Toghon Témour se réfugia à Ing-tchang à trente lieues au N. E. de Shang-tou. Ce fut dans cette ville qu'il mourut, le 4e mois de l'année 1370, et le prince héritier se retira à Kara-kouroum; d'après Sanang-Setchen, Toghon

six empereurs mongols successeurs de Témour et trois empereurs Daï-Ming, de la chute des Mongols au commencement du règne de Shah Rokh, ce qui est parfaitement exact[1]), montre que l'on connaissait très bien, dans la Transoxiane et en Perse, le nombre des souverains qui, depuis la mort de Témour Khaghan, s'étaient succédés sur le trône du Céleste Empire. Il faut évidemment voir dans cette légende bizarre[2])

Témour se retira en Mongolie où il fonda la ville de Bars-Khotan sur les bords du Kéroulen, et mourut en 1370.

[1]) Six princes mongols ont porté le titre impérial après Témour: Wou-Tsoung Jin-Tsoung, Ing-Tsoung, Taï-ting-ti, Wen-Tsoung et Shun-ti, et trois empereurs Ming ont régné de 1368 à l'époque du *Mountékheb*: Thaï-Tsou, Kian-wen-ti et Young-lé (Tching-tsoung-wen-ti en 1425). On connaissait même par Wassaf le nom mongol des premiers successeurs de Témour, Külük-Khaïshang = Wou-Tsoung et Paribhadra = Jin-tsoung.

[2]) Le *Khilaset el-akhbar* de Khondémir (man. suppl. pers. 175, f. 259 r. et 1322, f. 348 r.) donne une liste toute différente des successeurs de Témour, il est vraisemblable qu'il l'a empruntée à l'*Oulous arbaa-i Tchinkkizi* d'Ouloug Beg, dont l'abrégé conservé au British Museum présente, d'après Mr. Rieu, une grande ressemblance avec l'ouvrage historique de Khondémir. D'après cette légende, Témour Oltchaïtou Khaġhan eut pour successeur Khoushala, fils de Khaïshang, fils de Dharmapala بالا نرمه بن خيبشنك بن قوشيلا, sixième empereur; le 7e fut Tokhtogha, fils de Khoushala قوشيلا بن نوقتای; le 8e, Taï-zeu (Batra?), fils de Tulek نولك بن تابزی qui reçut le surnom de Biliktou بيلكتو; le 9e, Anoushirvan ibn Dara (sic) دارا بن انوشيروان sous le règne duquel des troubles commencèrent à éclater dans l'empire; le 10e, Tougha Témour توقتیمور, fils de Témour Khaghan (sic); le 11e, Yisoudar بيسودار; le 12e, Yenké ينكه ou Iké ايكه, suivant un autre manuscrit, fils de Yisoudar; le 13e, Ilbeg Kaan المبيك قاآن, et ایلبك قاآن; le 14e, Kéï-Témour كيتيمور; le 15e, Orok-Témour اورك تيمور; le 16e, Eltchi Témour Kaan qui vint à la cour de Témour Keurguen dans la Transoxiane et, après la mort du Sahib-i kiran, se rendit dans la capitale mongole اُلُغ يورت (l'Ourdou Baligh en Mongolie) et s'y fit reconnaître comme souverain après la chute de sa dynastie en Chine. La souveraineté de la Mongolie passa alors, suivant le *Khilaset el-akhbar*, aux descendants d'Érik Boké, le 17e souverain étant Dalitaï دالتنای, le 18e Oridé اوردای, fils de Mélik Témour et le 19e, Adaï, fils de Ourouk Témour, ce qui est l'impossibilité même. Un auteur assez tardif, Haïder ibn Ali Hoseïni Razi, a écrit, sous

une histoire tendancieuse qui avait pour but de faire croire aux Turks et aux Persans que les princes qui régnaient en le titre de *Medjma el-tévarikh*, une vaste compilation historique, sans grande originalité, mais dans laquelle on trouve des renseignements intéressants. Cet historien a utilisé pour la partie de sa chronique qui parle des empereurs Yuan, l'*Oulous arbaa-i Tchinkkizi* d'Ouloug Beg Keurguen. Les chroniqueurs persans, dit-il, n'ont, en réalité, aucune notion de ce qui s'est passé en Chine après Témour Kaan, et ils se bornent dans leurs livres à citer une liste de noms de souverains, sans ajouter de détails historiques. Ouloug Beg Mirza rapporte dans son histoire que les empereurs de la Chine qui se nommaient Khaghans قاآن furent au nombre de dix-neuf, le 6ᵉ étant Khoushala, fils de Khaïshang, fils de Dharmapala, fils de Tchinkim قوشلای بن خلیل بن ; le 7ᵉ, son fils Tokhtogha توقمه بلای بن بوقیبان qui fut surnommé Biliktou بیلکتو; le 8ᵉ, Khaïshang, fils de Dharmapala, fils de Tchinkim حیشان ابن نزهو بلای بن جیم کیم qui fut surnommé Külük Khaghan کلرخان, ce qui signifie le juste داد کر, cet empereur mourut le 15 Ramadhan 710; le 9ᵉ, Pari Badhra بریه بانری, son frère, qui fut surnommé Bouyantou بومابو; le 10ᵉ, Ananda, fils de Mangala, fils de Koubilaï ایننده منقلای بن قوبلا; le 11ᵉ, Khashli Kaan, fils de Dharmapala, fils de Tchinkim قشلی بن بر دالای بن جیم کیم qui, d'après Ouloug Beg aurait embrassé la religion chrétienne; le 12ᵉ, Khan Birdi? Kaan, fils de Tulek خان ایری قاآن بن تولك qu'on nommait également Buluk بولك; le 13ᵉ, Anoushirvan ibn Dara انوشیروان بن دارا; le 14ᵉ, Témour Kaan تیمور قاآن (dont le nom a été omis dans la liste donnée par le *Khilaset el-akhbar*); le 15ᵉ, Yisoudar بودار; le 16ᵉ, Ilbeg ایلتك قاآن sous le règne duquel Témour Keurguen envoya un ambassadeur à la Chine; le 17ᵉ, Païghou بیغو qui chassa de l'empire beaucoup des Mongols qui s'y trouvaient, lesquels allèrent habiter Karakouroum et Kalmak قلماق. Les émirs des tribus Euïreuths atteignirent une grande puissance et on dit qu'ils détrônèrent les empereurs mongols در ایام دولت او جمعی از اویرات قوتی تمام پیدا کردند و سلطنت از ان سلسله بیرون بردند کویند; le 18ᵉ, Kour Khan قور خان qui, au mois de Ramadhan 831, fit noyer un nombre considérable de Musulmans dans la mer; il périt peu de temps après cela, avec toute sa cour, dans un incendie allumé par la foudre et qui consuma son palais; le 19ᵉ, Daï-Ming Khan دیمنك خان qui était un excellent musulman (man. suppl. persan 1331, f. 114 r.). Il est inutile d'insister sur cette histoire invraisemblable dans laquelle on a accumulé comme à plaisir toutes les impossibilités et toutes les sottises en ramassant au hasard des noms connus dans l'histoire des Mongols. Nowaïri prétend dans son Encyclopédie

Chine étaient des Musulmans, on savait déjà par Rashid ed-Din que, malgré son nom bouddhique, Ananda était un fervent sectateur de l'Islam, et que les souverains mongols avaient été remplacés dans la souveraineté du Céleste Empire par des princes dont l'auteur du *Mountékheb el-tévarikh* parle d'une façon mystérieuse pour laisser croire qu'ils étaient originaires du pays de Tchaghataï. On verra bientôt que les singuliers rapports qui unissaient, au commencement du règne de Shah Rokh Béhadour, la Chine et l'empire des Timourides expliquent fort bien ce maquillage historique qui, encore aujourd'hui, fait croire aux Persans, même fort instruits, que le trône de la Chine est occupé par un descendant de Tchinkkiz [1]).

(man. arabe 1577, f. 27 v.) que Koubilaï eut pour successeur son fils Shirémeun شرمون ; cet historien prétend que Shirémeun succéda à son père Koubilaï en 688; Koubilaï avait trois fils: Nomokhan, Shirémeun et Kumilik ; Nomokhan mourut dans le pays de Khita et ce fut Shirémeun, qui d'ailleurs était l'aîné de ses frères, qui devint khaghan et il régna jusqu'en 712. A sa mort, Tokhta fils de Monkké-Témour, souverain de la Horde d'Or, se rendit en Mongolie pour y réclamer la dignité impériale, mais il mourut avant de l'avoir obtenue et ce fut l'un de ses fils qui devint khaghan كان جلوسه على تخت القانبة بعد وفاة ابيه فى شهور سنة ثمان و ثمانين و ستمـايـة و كان لقبلاى ثلاثة اولاد وهم نمغـان و شرمون و كملك و اما نمغان فانه كان ببلاد الخطا كما ذكرنا فات بها و كان شرمون هو الاكبر فجلس فى الملك و دامت ايامه الى سنة اثنتا عشرة و سبعمـاية .... و لما مات سار طقطا ابن منكوتمر صاحب البلاد الشمالية فى طلب القانبة فات ايضا ولم يليها و جلس على كرسى القانبة احد اولاده. Je ne sais où Nowaïri a pris cette histoire mensongère qui était évidemment la version des khans de la Horde d'Or, et qui avait été inventée par eux pour faire croire que l'empereur chinois était un prince de leur clan et qu'il était juste qu'ils se considérassent comme ses vassaux. Les relations entre la Horde d'Or et la cour du Kaire étaient assez fréquentes pour que cette histoire ait été apportée des bords de la Volga en Égypte.

[1]) En réalité, les Mandchous actuels sont les très proches parents des Niutché dont une famille régna en Chine sous le nom de Kin 金, et vit sa puissance anéantie par les Mongols.

A ce cycle appartiennent les ouvrages suivants:

Le *Zafer namèh* de Nizam ed-Din Abd el-Wasi‛ Shami, ou Shéneb-i Ghazani, dont un manuscrit est conservé au British Museum sous le n° Add. 23980. Cette chronique qui fut écrite sur l'ordre direct de Témour comprend l'histoire de *l'oulous* de Tchaghataï et celle du Sahib-i Kiran jusqu'à la fin de l'année 806.

Le *Zafer namèh* de Shéref ed-Din Ali Yezdi qui, avec le petit traité qui lui sert de préface, la تاریخ جهانگیر, dont les éléments sont tous empruntés à la *Djami el-tévarikh*, comprend l'histoire des Timourides depuis les origines légendaires des Turks jusqu'au règne de Ibrahim Sultan Mirza. Cette chronique, qui est citée par les Persans comme un modèle d'élégance, fut rédigée à l'aide de deux histoires officielles de Témour, l'une en vers turks, l'autre en prose persane, que le Mirza Ibrahim Sultan, second fils de Shah Rokh Béhadour († 838) communiqua à Shéref ed-Din. L'auteur du *Zafer namèh* raconte dans sa préface [1]) que l'émir Témour, qu'il fût en campagne ou qu'il vécût dans sa capitale, était

[1) حضرت صاحب قران را در سفر و حضر پیوسته اعاظم ارباب عمایم از سادات و علماء و فقهاء و اهل فضل و دانش از بخشیان ایغور و دبیران فرس ملازم می بودند و همواره جمعی ازیشان بر حسب فرمان قضا جریان هر چه وقوع می یافت از صادرات افعال و اقوال آن حضرت و واردات احوال ملك و ملّت و ارکان دولت هه را تحقیق نموده باهتمام تمام قلمی می کردند و حكم چنان بود بر سبیل تأکید که هر قضیه چنانچه در واقع بوده باز نموده شود بی تصرّفی در آن بزیادتی و نقصان بتخصیص در باب اصالت و شجاعت هر کس که اصلا مراعات جانب و مداهنه کرده نشود و خصوصاً در آنچه بشهامت و صرامت آن حضرت داشته باشد که در آن بهیچ وجه مبالغه نرود و هم بشارت عالیه آنحضرت اصحاب بلاغت آنرا کسوت عبارت پوشانیده بنظم و نثر

toujours entouré d'Alides, de docteurs musulmans, théologiens et juristes, de bakhshis ouïghours et de secrétaires

در سلك تألیف میکشیدند بهمان شرط كه در ضبط آن رفته بود و بکرّات در مجلس عالی بسمع مبارك میرسانیدند تا وقوف تمام بصحّت ان حاصل می شد و بدین منظومهٔ ترکی و مؤلّفی فارسی هر یك از ان مشتمل بر معظمات احوال اوضاع آن حضرت رقم زدهٔ كلك نظم و تألیف شده بود و بغیر از ان بعضی از بندكان دركاه عالم پناه منتصدی تدوین تأریخ آن حضرت شده در تفتیش و تحقیق ان سعی بلیغ می نمودند و فضلای سخن پرداز در ظلّ تربیت و رعایت ایشان آنرا بنظم و نثر ترکی و فارسی مرتّب و مکمّل ساخته و پرداخته بودند و چون دربین كتاب ..... نوبت بیان بابن مقاله رسید حضرت سلطنت پناه .... التفاتی كه بذات شریف در جمع و ترتیب این تصنیف از اوّل باز می فرمود سمت ازدیاد و تضاعف پذیرفت و مجموع نسخ مذکور از منظوم و منثور ترکی و فارسی از تمام ممالك طلب داشته جمع آمده بوده وآماده نهاده و هنكام توجّه مبارك بان شغل فرخنده سه طایفه از مردم خواننده و داننده و نویسنده در حواشی بساط جلالت مناط از سر تیقظ و احتیاط باقامت وظایف خدمت قیام می نمودند بخشیان ترکی دان و سخن دانان فارسی زبان هر یك نسخهٔ از ان نسخها میخواندند و در هر واقعه جمعی كه كاه وقوع آن حاضر بودند اوضاع آن را جنانچه برای العین دیده بودند عرضه داشتند بعد از اطّلاع بر مضمون نسخ و تقریر ارباب وقوف و خبرت و تکرار استنکشاف و استفسار نقیر و قطمیر آن آنچه خاطر عاطر آنحضرت بصحّت و راستی آن حزم می نمودند بزبان درر بار کهر نثار ادا فرموده نویسندكان بقید کتابت در می آوردند ..... و اکر جزوی امری

persans, qui, à tour de rôle, étaient chargés de noter par écrit tous les actes et toutes les paroles du conquérant, suivant une antique coutume renouvellée des khaghans mongols de Kara Kouroum et des empereurs de Daïdou. Ces secrétaires consignaient également tous les événements qui se produisaient dans l'empire ainsi que tout ce qui arrivait aux grands personnages; ils avaient l'ordre formel de les rapporter exactement comme ils s'étaient passés, de n'y rien ajouter, de n'en rien retrancher et surtout de ne jamais faire le panégyrique de Témour. Des littérateurs habiles, poètes et prosateurs, étaient chargés de revêtir cette matière historique des ornements de leur style et ils venaient lire les chapitres de leur travail à l'émir Témour pour qu'il fût bien certain de l'authenticité de leur rédaction. L'histoire officielle du conquérant de l'Inde se trouva ainsi exposée sous la forme de deux versions officielles, l'une en vers turks, l'autre en prose persane, sans compter, ni les chroniques officieuses en prose qui furent rédigées par les gens de la cour dans l'espérance de gagner les bonnes grâces du maître, ni les histoires

در عقدهٔ ابهام و اشتباه می ماند یا مخالفتی میان نسخ و راویان واقع می شد رسل و رسایل باطراف ممالك ارسال میرفت و از معتمدان صاحب وقوف که در ان قضیه اعتمادی بر سخن ایشان بیشتر بود استفسار کرده می شد و بدین طریق قصّه قصّه تحقیق نموده در مجلس همایون قلمی میکشت و چند نوبت باز خوانده تصحیح می یافت چنانچه جمع این تاریخ و نسق وضع و ترتیب آن و ایراد آن قضیه در محلّ مناسب که تأليف کتاب عبارت از انست مطلقا از حسنات حسن التفات و نتایج خاطر فیاض آن حضرت است و بعد از ان بر حسب فرمان بعبارتی که قرار بر ان یافته سمت تحریر می پذیرفت و ذکر بار در مجلس عالی شرف اصفا می یافت ....

man. suppl. persan 214, f. 62 v.

en vers et en prose, en turk et en persan, qui furent entreprises par les professionnels de la littérature. Ibrahim Sultan Mirza avait commandé en 822 de l'hégire, à Shéref ed-Din Ali Yezdi, un abrégé de l'histoire des Mongols depuis leurs origines mythiques jusqu'à Témour, dans lequel se trouverait exposé d'une façon claire et précise le raccordement de la lignée de Témour à celle de Tchinkkiz Khan; on a vu un peu plus haut que, pour complaire à son puissant protecteur, Shéref ed-Din Ali Yezdi ne s'était point gêné pour maquiller l'histoire réelle et pour créer de toutes pièces le rôle de l'émir Karatchar dont Rashid ne parle pas. Cette chronique, qui reçut le titre de *Tarikh-i Djihangir*, n'était, dans la pensée d'Ibrahim Sultan et de son père, que la préface d'une œuvre considérable dans laquelle serait exposée d'une façon élégante et claire l'histoire des commencements de leur dynastie. Quand Shéref ed-Din arriva à l'histoire du conquérant, Ibrahim Sultan écrivit dans toutes les provinces de l'Iran pour rassembler à sa cour tous les manuscrits qui contenaient la geste de son aïeul, qu'ils fussent écrits en turk ou en persan, en prose ou en vers, et il entreprit d'en faire tirer tous les renseignements qui y étaient contenus : trois groupes d'érudits collaborèrent à cette œuvre, des gens experts en paléographie et en diplomatique qui lisaient les documents rassemblés par Ibrahim Sultan, des hommes qui connaissaient à fond l'histoire de Témour, des scribes, des *bakhshis*, qui savaient le turk et des secrétaires qui parlaient élégamment le persan. Ces personnes lisaient chacune un de ces manuscrits et l'on avait soin de faire assister à ces lectures des hommes qui avaient pris part aux événements dont il allait être parlé et qui exposaient les faits tels qu'ils les avaient vus. Quand Ibrahim Sultan avait ainsi pris connaissance de ce qui se trouvait dans les manuscrits et que leur récit avait été confirmé par le témoignage des personnes qui avaient été les témoins oculaires des faits qu'ils narraient, ainsi que par une enquête approfondie, il donnait aux écrivains l'ordre d'écrire la version qui lui paraissait la plus authentique. Si un fait particulier ou un détail se trouvait douteux, s'il existait des divergences entre les manuscrits et le récit des personnes qui avaient été les acteurs de la geste timouride, le prince envoyait des lettres et des gens dans les contrées les plus reculées de l'empire, aussi loin qu'il le fallait, et il faisait enquêter les personnes qui, sur ce point spécial étaient connues pour avoir la plus grande compétence. C'est ainsi que, fragment par fragment, Ibrahim Sultan établit un texte authentique de la vie de son illustre aïeul et qu'il le fit consigner par écrit en sa présence. Quand ce travail fut entièrement terminé, Ibrahim Sultan chargea Shéref ed-Din Ali Yezdi de le reprendre au point de vue littéraire et il se fit lire le *Zafer namèh* quand le styliste persan en eût fini la rédaction.

Le *Matla el-saadeïn*, par Kémal ed-Din Abd er-Rezzak ibn Ishak el-Samarkandi, écrit dans un style élégant et fleuri, qui contient, dans les exemplaires complets, le récit des événements qui se sont passés dans l'Iran et dans l'*oulous* de Tchaghataï depuis la naissance du sultan Abou Saïd Béhadour Khan (704) jusqu'à l'avénement d'Aboul-Ghazi Sultan Hoseïn (875). Cet excellent ouvrage dont l'une des principales sources est la *Zoubdet el-tévarikh* de Hafiz Abrou et auquel on ne peut reprocher qu'une trop grande imprécision dans les dates, forme la suite naturelle de la *Djami el-tévarikh* de Rashid: il suffit de lui ajouter le septième volume du *Rauzet el-séfa* et une partie du troisième volume du *Hébib el-siyer* pour avoir un exposé complet de l'histoire des Mongols, des origines de leur nation à la chute de l'empire des Timourides de l'Iran. Bien qu'il ait vécu au service des descendants de Témour, Abd er-Rezzak ne s'est pas borné à faire dans son histoire le panégyrique de la maison du Sahib-i Kiran, et il s'est montré aussi impartial que peut l'être un historien qui se condamne à écrire dans de telles conditions.

Le *Moezz el-ansab* fut rédigé en 830, sous le règne de Shah Rokh, par un anonyme, et sur l'ordre de ce prince. Ce précieux ouvrage fut continué par des auteurs qui n'ont pas indiqué leurs noms jusqu'à Bédi el-Zéman Mirza (923); il consiste uniquement en tableaux généalogiques fort soigneusement dressés; tous ceux qui concernent les princes du premier empire mongol, d'Along-Goa à Témour Khaghan, sont la copie pure et simple des tableaux généalogiques جدول شعب que Rashid ed-Din avait dressés pour la *Djami el-tévarikh* et que les copistes ont supprimés dans tous les exemplaires. Quant aux tableaux qui représentent la descendance des Timourides depuis Karatchar, il est bien difficile de savoir où l'auteur en est allé puiser les éléments, mais il est probable que ce fut dans les archives de la maison de Témour.

L'histoire des quatre *oulous* de la maison de Tchinkkiz الوس اربعهٔ چنكيزى par le sultan Oulough Beg, fils de Shah Rokh, contient l'histoire des peuples turks, de leurs origines légendaires jusqu'en 851. Cet ouvrage qui n'existe dans aucune bibliothèque européenne, mais qui s'est peut-être conservé au Sérail de Constantinople, n'a évidemment aucune valeur dans sa partie antérieure à l'année 703 de l'hégire, car l'auteur n'a eu en sa possession aucun document qui aurait échappé à Rashid et il n'a eu aucun de ceux qui avaient été utilisés par lui; ses sources furent la *Djami el-tévarikh*, le *Djihan-kushaï* et la *Zoubdet el-tévarikh* de Hafiz Abrou, qui est elle-même basée sur la chronique du vizir de Ghazan. La *Tarikh-i oulous arbaa-i Tchinkkizi* prendrait une certaine importance à partir de l'année 703 date à laquelle s'arrête Rashid ed-Din [1].

[1] Un manuscrit d'un abrégé de la chronique d'Oulough Beg est conservé au British Museum sous le n° Add. 26190 (Rieu, *Catalogue*, page 164) تعداد اسامى ملوك ..... از مجموعه كه سلطان السعيد الغ بيك

On devrait trouver dans cet ouvrage, comme d'ailleurs dans la chronique de Hafiz Abrou, de nombreux renseignements sur la fin de la dynastie mongole en Chine, et sur les commencements de celle des Ming; les relations diplomatiques furent constantes entre la Chine et la Perse durant tout le règne des princes descendants d'Houlagou, et entre le Céleste Empire et la Transoxiane pendant toute l'époque timouride [1]. Shah Rokh et Ouloug Beg n'auraient eu qu'à

مرزای شهید .... در ذکر خانان الوس اربعه تالیف نموده اند تحریر افتاد M. Rieu a remarqué que cet abrégé de la chronique d'Ouloug Beg présente les plus grandes ressemblances avec le 9e chapitre du *Khilaset el-akhbar* de Khondémir qûi est consacré à l'histoire des Mongols et l'histoire des ancêtres de Tchinkkiz qui s'y trouve exposée n'est, paraît-il, que l'amplification de la préface du *Zafer namèh*, du *Tarikh-i Djihangir* de Shéref ed-Din Ali Yezdi; mais cette préface du *Zafer namèh* a elle-même pour source unique la *Djami el-tévarikh* de Rashid ed-Din. D'autre part, le contenu de l'*Oulous arbaa-i Tchinkkizi* est, pour l'histoire de la Chine, assez clairement connu par l'extrait qu'en donne en abrégé l'auteur du *Medjma el-tévarikh*.

[1] L'auteur du *Matla el-saadein* ne cite pas l'*Oulous arbaa-i Tchinkkizi* parmi les œuvres d'Ouloug Beg, et il se borne à parler de ses travaux astronomiques qui sont beaucoup plus connus: خواست که از انوار دانش خویش چون اشراق آفتاب در اقطار آفاق ظاهر گرداند و فروغ ادراک از مقعّر خاک بمحدّب فلک الافلاک رساند و صدای رصد کواکب درکنبد کردون اندازد و طنطنهٔ این کار بزرک در اطراف ربع مسکون منتشر سازد بنا بر ان با خواصّ حکماء و فحول عقلاً مهندسان عطارد ذکا و فیلسوفان مجسطی کشای که در جمیع علوم و حقایق معقول و مفهوم بتخصیص ریاضی و حکمی اعجوبهٔ عصر و نادرهٔ دهر بودند مثل افلاطون زمان مولانا صلاح الدّین موسی قاضی زاده رومی وبطلمیوس دوران مولانا علاء الدّین علی قوشچی که تربیت یافتهٔ میرزا الغ بیک بود و بزبان عنایت اورا فرزند خطاب می فرمود و این دو محقّق دانشمند در سمرقند اقامت داشتند و مولانا اعظم

exprimer aux ambassadeurs chinois qui venaient à leur cour le désir de voir rédiger, à Pékin, même en persan, un ré-

غیاث الدّین جمشید و مولانا معظّم معین الدّین که میرزا الغ بیك ایشان را از کاشان بسمرقند برده بود انجمنی ساخت و در معرفت دقایق تنجیم و ادراك غوامص تقاویم با ان دانشوران که بمدد عقل کلّ بر کیفیّت هر جزوی از اجزای سپهر واقف بودند و خطوات اقدام مسافر هم کمّیّت طول و عرض عالم علوی و سفلی می پیمودند و در تحقیق ابعاد و سطوح اجرام هیچ دقیقه مهمل و هیچ ثانیه نا مرعیّ نماند و در ارتفاع درجات مرتبه سخن بفلك الافلاك رسانده سخنان پرداخت و بعد از تحصیل کمالات و تکمیل الات میل استنباط رصد و استخراج زیج فرموده و در شمال سمرقند مایل بمشرق مقام لایق تعیین نمود و باختیار حکمای نامدار طالعی که آن کاررا شاید مقرّر شد و بنای آن چون اساس دولت پایدار و بنیاد آن چون قاعدهٔ سلطنت استوار استحکام یافت تأکید بنیان و تشیید ارکان چون قواعد جبال تا موعد یوم تسیّر الجبال مامون از زوال و مصون از اختلال آمد و هیأت افلاك تسعه و اشکال دوایر تسعه و درجات و دقایق و ثوانی تا عواشر و افلاك تداویر و کواکب سبعه سیّاره و صور کواکب ثابته و هیأت کرهٔ ارض و صور اقالیم با کوهها و دریاها و بیابانها و انچه از توابع آن باشد بنقوش دلپذیر و رقوم بی نظیر در درون آن عمارت عالی بنیاد رفیع نهاد که نمودار قصر مقرنس سبع شداد بود ثبت و تحریر فرمود و تقویم آفتاب و سایر کواکب را رصد کرده بر زیج جدید ایلخانی که جناب حکمت مآب خواجه نصیر الدّین طوسی استخراج نموده بود فواید و لطایف افزود و در تقویم آفتاب و کواکب دیگر تفاوت صریح ظاهر ساخت و حکمای بزرگ در ان مهمّ نازك ممدّ و معاون بودند و آوازهٔ آن امر خطیر در بلاد

sumé de l'histoire du Céleste Empire, pour que les empereurs Ming se soient empressés de le satisfaire, mais ils se sont

و امصار اشتهار و انتشار یافت و شهزاده موفّق کردید تا آن زیج
تصحیح یافته و باتمام رسید و بزیج سلطانی کورکانی موسوم شد و در
میان مهرهٔ صناعت تنجیم و اصحاب تقویم معمول و متداول است ....

man. anc. fonds 106, f. 100 r. et v.; man. supp. persan 221, f. 109 r. et v., sous la rubrique de l'année 823 de l'hégire. Oulough Beg voulut se révéler par les lumières de sa science comme les rayons du soleil dans les contrées célestes; il chercha à élever l'éclat de son intellect au dessus des contingences de ce monde et à atteindre la convexité du ciel des cieux. Il eut le dessein d'élever la voix qui dirait (les résultats de) l'observation des étoiles sous la coupole du firmament et de répandre la renommée de ce grand œuvre dans les contrées du monde. Pour cela, il fit sa société des mathématiciens émérites et des géomètres dont l'intelligence brillait de l'éclat de Canope, dont le raisonnement était aussi subtil que celui de Mercure, philosophes qui avaient résolu les arcanes de l'Almageste, qui, dans toutes les sciences de raisonnement et dans les sciences exactes, principalement dans les mathématiques et en philosophie, étaient les merveilles de leur siècle et les joyaux uniques de leur époque, tels que le Platon de son siècle, Maulana Salah ed-Din Mousa Kazi-zadèh-i Roumi, le Ptolémée des âges passés et à venir, Ala ed-Din Ali Koushtchi qui avait été élevé par Ouloug Beg et que ce prince, par tendresse, appelait son fils, ces deux illustres savants habitaient à Samarkand; tels que Maulana-i A'zam Ghiyas ed-Din Djemshid et Maulana-i Moazzem Mo'in ed-Din, que Mirza Ouloug Beg avait fait venir de leur ville de Kashan pour les installer à Samarkand. Le sultan s'entretint des subtilités de la science des observations astronomiques et des arcanes du calcul du mouvement céleste avec ces savants qui, grâce à l'aide que leur prêtait l'Intelligence Totale, avaient la connaissance parfaite de toutes les propriétés de chaque monade du monde des astres, qui, marchant d'un pas audacieux dans les chemins de leur science, mesuraient la longueur et la largeur du monde supérieur et du monde inférieur, qui ne perdaient pas une minute, qui ne se donnaient pas une seconde de répit pour déterminer avec précision l'éloignement et les dimensions des corps célestes et qui dans leur calcul des coordonnées des astres, avaient porté leur célébrité jusqu'au ciel des cieux. Quand il eût atteint la perfection de leur science et qu'ils eurent terminé la construction d'instruments d'astronomie, le sultan Ouloug Beg témoigna le désir de faire des observations célestes et de dresser des tables; il fixa, au nord de Samar-

bien gardés d'agir ainsi, et ils ont préféré faire inventer par
leurs historiographes, comme on l'a vu plus haut, une histoire

kand, tendant vers l'est, un emplacement qui était propre à la réalisation de
ce dessein et on assigna, d'après la détermination de ces savants illustres, l'ascendant favorable à cette entreprise. La construction de cet observatoire fut
faite inébranlable comme les bases d'un empire qui doit durer éternellement
et ses fondations furent établies puissantes comme celles d'une monarchie qui
défie les injures des siècles; ses fondations furent jetées et ses murs furent
élevés solides comme les assises des montagnes pour qu'au jour annoncé par
le Koran où les montagnes glisseront sur leur base, ils soient garantis
contre tout dommage et préservés de la ruine. Le sultan fit placer et dessiner
dans cet édifice qui s'élevait fièrement dans les airs, semblable au palais aux
voûtes azurées que sillonne la course des sept étoiles au vol rapide, des
sphères d'une gravure incomparable qui réjouissait la vue, représentant les
neuf cieux, les cartes des neuf cercles célestes avec la division en degrés,
minutes et secondes jusqu'aux décimes, les cieux de roulement, les sept planètes, les étoiles fixes, un globe représentant la sphère terrestre, des cartes
des climats avec l'indication des montagnes, des mers, des déserts et de tous
les détails géographiques.

Ouloug Beg fit des observations pour vérifier l'exactitude des tables du
soleil et des autres étoiles, et il ajouta le résultat de ce travail aux „Nouvelles tables Ilkhaniennes" qui avaient été calculées par le très savant
Khadjèh Nasir ed-Din Tousi; il montra qu'il existait des différences évidentes
entre les coordonnées du soleil et des autres étoiles telles qu'elles étaient
indiquées dans ces tables et celles qu'il avait calculées, et les savants astronomes, qu'il avait réunis autour de lui, lui furent d'une aide précieuse dans ce
travail délicat. La renommée de ce grand œuvre se répandit dans les royaumes
et les contrées du monde et le prince entreprit alors de réviser et de mettre
au point les „Tables Ilkhaniennes", et ce travail, une fois terminé, reçut le
titre de „Tables impériales Keurguéniennes"; c'est un ouvrage très employé par
ceux qui font des observations astronomiques et par ceux qui dressent des tables
d'étoiles et qui s'en passent les exemplaires de main en main...." عواشر
ne désigne pas les dixièmes de seconde, mais une division du cercle infiniment
plus petite: les astronomes musulmans divisent le cercle en درجة, دقيقة,
ثانية, ثالثة, رابعة, خامسة, سادسة, سابعة, ثامنة, تاسعة, عاشرة et
chacune de ces divisions étant le $\frac{1}{60}$ de la précédente. La عاشرة, ou décime,
est donc le $(\frac{1}{60})^8$ de seconde, soit une infinitésimale qu'il est plus qu'impossible de
faire figurer dans les calculs. Les أفلاك تدأوير „cieux de roulement" répondent

complétement fausse, pour dissimuler, autant qu'il était possible, la chute de la dynastie mongole en Chine et l'avénement dans cet empire d'une dynastie nationale.

Cette lacune ne présente pas d'importance, car l'histoire des Mongols de la Chine sous les empereurs postérieurs à Shih Tsou jusqu'à Shun Ti est connue aussi complétement qu'il est possible de le désirer par le *Youen-ssé* et le *Ming-ssé*. Une lacune beaucoup plus grave, et celle-ci impossible à jamais combler, serait le manque de renseignements sur l'*oulous* de Tchoutchi, sur la Horde d'Or, dont les souverains étaient les maîtres de la Russie, sur lesquels on ne sait presque rien, et pour lequel on n'a pas, et l'on n'aura probablement jamais d'histoire continue. Déjà sous les règnes d'Ougédeï, de Kouyouk, de Monkké et de Koubilaï, l'histoire de l'empire du Kiptchak était complétement ignorée à la Chine et presque aussi mal connue en Perse. Le résumé de l'histoire des événements qui se passèrent dans le pays de Toghmakh, depuis le jour où Tchinkkiz le donna à son fils Tchoutchi jusqu'en l'année 703 que l'on trouve à la fin de la biographie de Tchoutchi, montre que l'on n'avait à la cour de Ghazan que des renseignements très vagues et incomplets sur la Horde. Dans les deux histoires d'Oltchaïtou et d'Abou Saïd (703—716) qui ont été ajoutées à la *Djami el-tévarikh*, on ne trouve pour ainsi dire rien sur le royaume du Kiptchak et les chroniques postérieures, de Mirkhond et de Khondémir, sont très pauvres sur ce point; il est plus que vraisemblable que cette regrettable pénurie de renseignements sur l'une des périodes les plus obscures et les plus ténébreuses du Moyen Age doit également se remarquer dans le *Tarikh-i oulous*

à une conception particulière de la théorie de Ptolémée, grâce à laquelle le savant astronome expliquait le mouvement rétrograde des planètes. Le فلك تدوير d'une planète est un petit cercle auquel la planète est supposée attachée et qui roule dans l'intérieur de la couronne de l'excentrique خارج مركز qui est tangente intérieurement à la couronne enveloppe فلك ممثل.

arbaa, car le *Khilaset el-akhbar*, qui présente de grandes similitudes avec l'abrégé de la chronique d'Oulough Beg, ne donne sur les descendants de Tchoutchi et de Batou que des renseignements tout à fait insuffisants; il en faut conclure, ce qui n'a rien d'étonnant quand l'on songe à l'indifférence et à l'apathie des hommes, que l'on n'avait, en Perse, pas plus de renseignements sur ce qui se passait à Séraï ou à Moscou que les princes de la Horde ne connaissaient les événements qui se succédaient sur la terre iranienne ou dans l'empire des Fils du Ciel ¹).

La partie vraiment importante de l'*Oulous-i arbaa Tchinkkizi* est évidemment l'histoire des deux autres *oulous*, celui de Toulouï, dans la terre d'Iran après 716, alors que l'empire d'Houlagou se fragmenta aux mains de princes pusillanimes et indignes du sang de Tchinkkiz Khaghan, et celui de Tchaghataï.

¹) Et cependant, les princes du pays de Toghmakh et ceux de l'*oulous* de Perse s'adressaient assez souvent des ambassades; d'après l'auteur de l'*Histoire d'Oltchaïtou* (man. supp. persan 1419, f. 59 v.), en Zilhidjdja 709, on reçut à la cour de Perse des envoyés du khan Tokhta; au mois de Zilkaada 712, arrivèrent des envoyés du khan Uzbek, Gueuk Témour Keurguen et Baï-Boukha (*ibid.*, f. 96 r.). En Moharrem 714, on reçut une nouvelle ambassade d'Uzbek, elle était dirigée par un certain Geïkhatou qui avait pour mission de négocier une alliance avec Oltchaïtou (f. 109 v.); un peu plus tard, quand Oltchaïtou et Uzbek se furent brouillés à cause du prince Baba Oghoul, plusieurs ambassades furent échangées par les deux souverains (f. 115 r.). En 715, un certain Ak-Boukha, de la tribu des Kiyot, arriva à Tébriz, comme chef de l'une de ces ambassades et il voulut apprendre à vivre à un émir mongol de Perse, Hoseïn Keurguen qui le remit à sa place en lui disant assez vertement que sa mission ne consistait pas à apprendre le *yasak* aux descendants de Tchinkkiz Khan (f. 115 v. et continuation de la *Djami el-tévarikh*, man. supp. persan 209, f. 471 v.). Baï dans Baï-Boukha est la transcription du chinois 白 *paï* «blanc», et non l'aboutissement du mot *beg* بيك «prince» qui est lui-même la transcription de 伯 *pak, pek* «chef, prince». C'est par ce mot 白 «blanc», prononcé anciennement *pek* que s'expliquent les noms comme Bek-témour, Bek-poulad, Bek-bars qui se trouve aussi sous la forme Baï-bars, Bars-baï et non par 伯 *pek* «chef».

Bien qu'elle soit restée incomplète de son troisième tome et de la seconde section du deuxième volume qui devaient comprendre, l'un la description du monde, l'autre la vie du sultan Khorbanda Oltchaïtou, la *Djami el-tévarikh* est l'une des plus vastes chroniques des littératures musulmanes et elle les dépasse toutes par la difficulté de son texte, hérissé de noms propres étranges qui étaient complétement inconnus avant elle et que l'on n'a plus jamais revus. Les Persans estiment d'ailleurs assez peu ces œuvres historiques écrites en prose et dépourvues d'élégances littéraires, qui se contentent de présenter au lecteur un exposé assez aride des événements et des faits, dénué des ornements de la rhétorique et de la poésie: l'extrême précision à laquelle Rashid a sacrifié toute élégance, au point de laisser subsister dans sa chronique des passages qui sont parmi les plus médiocres de la littérature persane, le soin avec lequel il avait dressé des tableaux schématiques représentant la filiation des princes mongols, n'ont jamais été goutés par les Persans qui estiment que ces notions historiques ne valent pas une historiette du Goulistan ou un quatrain de Hafiz.

Ghazan était un homme bien trop ouvert aux choses de l'esprit, et trop perspicace pour ne pas se rendre compte du danger que courait la chronique dont il avait inspiré la rédaction, celui de n'avoir qu'un nombre infime de lecteurs, ceux-là seuls, et Dieu sait combien ils sont rares dans la terre d'Iran, qui s'intéressent plus à la réalité des faits historiques qu'à la musique et au rythme d'une ode d'Envéri ou d'un ghazel de Saadi.

La forme historique qui est de beaucoup la plus goûtée par les Persans est celle du Livre des Rois, et les auteurs qui ont cru assurer l'éternité à leurs chroniques en les rédigeant dans une savante prose métrique, Wassaf lui-même, ont vu leurs œuvres tomber peu à peu dans un injuste oubli tandis que les vers héroïques de Firdousi garderont la jeunesse de leur gloire tant que le persan sera la langue de la terre iranienne.

Si l'on ajoutait une foi absolue à ce que raconte un certain Shems ed-Din Kashani, auteur d'une fort médiocre histoire en vers de l'empire mongol, des origines mythiques de la race jusqu'au sultan Oltchaïtou, dont le manuscrit, probablement unique, est conservé à la Bibliothèque Nationale sous le n° 1443, la chronique de Rashid ed-Din n'aurait été composée que pour servir de thème à son œuvre [1]).

Au cours d'une réception, Mahmoud Ghazan avait exprimé le désir de voir composer en vers persans, sur le modèle du Livre des Rois, une histoire de ses ancêtres qui, depuis l'époque d'Along-Goa, avaient régné sur les tribus mongoles. Poulad Tchheng-siang, ambassadeur de Koubilaï à la cour de Perse, dit au sultan qu'il connaissait par cœur l'histoire des souverains mongols et qu'il lui serait facile de répondre à une partie de son désir, mais que la rédaction en vers de cette histoire était l'affaire d'un autre que lui. Ce fut alors que Ghazan ordonna à Rashid de recueillir oralement toute l'histoire des Mongols de la bouche de Poulad et de la rédiger en prose de façon à fournir un canevas aux poètes futurs. Le vizir consigna par écrit tous les renseignements que lui fournit l'ambassadeur de Koubilaï et il les compara avec les récits que lui firent d'autres personnes également versées dans la connaissance de l'antiquité mongole.

Rashid ed-Din renonça immédiatement, d'après ce que dit Kashani, à toutes ses occupations, ce qui n'est point vrai, et il

---

[1]) Ce manuscrit a été copié en 826, f. 306 r.

se confina dans la tâche que lui avait assignée Ghazan, employant tout son temps à traduire les documents mongols et turks qu'il s'était procurés et à les combiner avec la narration de Poulad Tchheng-siang dont il respecta l'intégrité jusque dans ses moindres détails et à laquelle il ne fit subir aucune altération :

چون پولاد چکسان و خواجه رشید   نشستند با هم چو پیر و مرید
روایت همی کرد فرخنده میر   وزو می نیوسید دانا وزیر

La *Djami el-tévarikh* fut terminée après deux ou trois années d'un labeur opiniâtre ; il ne faut pas voir dans cette assertion du rimeur de Ghazan une exagération poétique : l'histoire des Turks et des Mongols, qui forme la première partie de la *Djami el-tévarikh*, fut commandée par Ghazan Khan à Rashid ed-Din dans le courant de l'année 700 de l'hégire et entièrement terminée avant le mois de Shavval 703, date de la mort de Ghazan. Rashid s'occupait de faire recopier son manuscrit pour le présenter au sultan quand le souverain mongol mourut inopinément ; la copie ne fut terminée qu'une année plus tard, en Shavval 704, et offerte à Oltchaïtou, frère de Ghazan, qui lui avait succédé dans la souveraineté de l'Iran ; cette histoire des Mongols, avec le titre de تاریخ مبارک غازانی, est complétement indépendante du reste de la *Djami el-tévarikh*, et c'est cette histoire que Shems ed-Din Kashani a mise en mauvais vers persans. Quant au reste de la *Djami el-tévarikh*, qui comprend l'histoire du monde musulman, il est dû à l'inspiration du sultan Oltchaïtou qui tenait à posséder une histoire générale du monde qui fût écrite sous son règne ; la partie qui en est connue n'offre qu'un intérêt des plus restreints, sauf les résumés de l'histoire de l'Inde, de la Chine, et surtout des Ismaïliens, car elle est un simple résumé ou la copie des chroniques antérieures, de Tabari, d'Ibn el-Athir, de Ravendi, et de bien d'autres ; la rédaction de la partie qui fut commandée par Oltchaïtou à son vizir fut terminée en 706 de l'hégire, comme on le sait par Aboul-Kasem Abd Allah el-Kashani ¹) et par le continuateur de Rashid ²); l'histoire des Mongols, la تاریخ مبارك غازانی, s'arrête en 703 ³).

¹) وآدینهٔ دهم (شوال سنه ستّ و سبعمایه) دستور ایران خواجه رشید الدین, کتاب جامع التواریخ بر رای پادشاه عرضه کرد, *Histoire d'Oltchaïtou*, man. supp. persan 1419, folio 37 verso. C'est par erreur que dans le *Catalogue des manuscrits persans*, tome I, p. 283, j'ai dit que cette présentation avait eu lieu en 704, il n'y a aucun doute sur l'année 706 et la date de 704, que j'avais reproduite d'après Schefer, est fausse, comme, d'ailleurs, son indication du passage de l'histoire d'Oltchaïtou.

²) در جمعهٔ دهم شوال (سنه ستّ و سبعمایه) صاحب سعید خواجه رشید الدّین طیّب الله ثراه کتاب جامع التواریخ بر رای پادشاه سعید عرضه داشت و تربیت و نواخت فراوان یافت; man. supp. persan 209, f. 450 r. Le *Hébib el-siyer* qui, au cours de la vie du sultan Abou Saïd Béhadour Khan, donne une biographie assez détaillée de Rashid, n'indique pas la date de cette présentation. La source du continuateur de Rashid pour le règne d'Oltchaïtou est l'histoire de ce prince qui vient d'être citée. M. Rieu, dans son admirable *Catalogue of persian manuscripts*, tome I, page 76, dit que la *Djami el-tévarikh* fut terminée en 710; je ne sais sur quelle autorité il se fonde pour indiquer cette date. On sait par Rashid lui-même qu'il écrivait l'histoire des Francs en 705 (*ibid.*, page 76), or l'histoire des Francs se trouve tout à fait à la fin du 2e chapitre du second volume de la *Djami el-tévarikh*, cela seul suffirait à prouver que l'auteur terminait sa chronique en 705 et, dans ces conditions, il est tout à fait vraisemblable qu'il l'a présentée à Oltchaïtou en Shavval 706.

³) Man. supp. persan 209, f. 269 v. et 443 r. Rashid dit dans sa préface que son ouvrage, qui contient l'histoire de Tchinkkiz Khan, de ses pères et de ses ancêtres, de ses fils et de ses descendants, fut composé sur l'ordre précis de Ghazan Khan d'après des chartes اوراق et des rouleaux généalogiques طوامیر dont aucun n'était complet et qui se trouvaient dispersés un peu partout, d'après des livres et des documents de tout genre. Quand, après la mort de Ghazan, Rashid présenta son travail à Oltchaïtou, il lui offrit de le lui dédier et d'inscrire dans sa préface ses titres royaux, mais Oltchaïtou refusa et voulut au contraire que le nom de son frère et ses titres y figurassent pour rappeler aux générations de l'avenir qu'il avait eu la première idée de cette œuvre; ce fut ainsi que ce volume, de beaucoup le plus important, fut nommé

Les sources orales ne furent heureusement pas les seules dont se servit Rashid et Shems ed-Din Kashani n'a pas cité la plus importante des sources écrites de l'histoire des Mongols, le *Livre d'or* de l'antiquité turke, l'*Altan depter* سىلقم سوكسى, auquel Rashid renvoie souvent dans ses notices sur les tribus turkes et mongoles et qu'il nomme تاریخِ مبارک غازانی «Chronique bénie inspirée par Ghazan»; quand Oltchaïtou eût lu cette histoire, il fit la remarque que l'on n'avait jamais composé une chronique qui comprît les annales de toutes les populations qui habitent les divers climats du monde, le détail des événements au milieu desquels elles avaient vécu et la description des diverses races dont se compose l'humanité. Il n'existait alors en Perse aucun livre dans lequel on trouvât l'histoire de tous les pays et de toutes les contrées de la terre; comme les climats les plus lointains du monde étaient soumis à son sceptre et à celui des princes de sa race, que les savants, les astronomes, les érudits, les historiens du Khitaï, du pays de Matchin, de l'Inde, du Kashmir, du Tibet, des Turks Ouïghours et des autres tribus turkes, des tribus arabes et des Francs, se trouvaient réunis à sa cour, il exprima le désir que l'on entreprît, à l'aide des matériaux que ces gens avaient à leur disposition, une chronique générale qui lui serait dédiée. Cette chronique devait, avec un grand traité de géographie comprenant des cartes صور الاقالیم et la description des routes des royaumes, former deux volumes. Rashid se mit à l'œuvre, mais on voit, par la façon dont il parle de cette entreprise, qu'il ne considéra jamais cette chronique que comme un appendice à son histoire des Mongols: c'est la somme de l'histoire des Mongols, la تاریخِ مبارک غازانی, et de ces appendices qui forme la *Djami el-tévarikh*. Rashid ne mentionne pas l'époque à laquelle il présenta l'histoire des Mongols, définitivement recopiée, à Oltchaïtou; cette lacune est ۑeureusement comblée par le continuateur anonyme de Rashid qui fixe d'une façon certaine cette date à 704: این کتاب مبارک که موسوم است بجامع, التواریخِ رشیدی .... که در شهور سنه اربع و سبعمایه باتمام پیوسته (man. supp. persan 209, f. 443 r.), cet historien entendant ici par *Djami el-tévarikh* l'histoire du monde mongol. Dans son کشف الظنون (éd. de Constantinople, page ۳۹۱), Hadji-Khalifa donne des renseignements passablement erronés sur l'œuvre de Rashid: il dit en effet que Ghazan est mort en Shavval 704, qu'il a eu pour successeur son fils Khodabendèh et que ce prince ordonna à Rashid de faire figurer son nom à côté de celui de Ghazan dans la dédicace du livre; le reste est exact.

¹). Rashid fit traduire toutes ces pièces en persan et, dit Shems ed-Din Kashani d'une façon assez énigmatique, l'écrivain turk et l'écrivain persan étaient tous les deux des Persans; pour les récompenser de leurs peines, Rashid les couvrit d'or et de joyaux, ce qui est évidemment une exagération, car l'on verra plus loin que le vizir de Ghazan et d'Oltchaïtou n'avait pas l'habitude de se montrer aussi généreux. Ni Rashid, ni Shems ed-Din Kashani ne parlent des sources chinoises de la *Djami el-tévarikh* et il faut recourir au témoignage d'un historien un peu postérieur pour trouver sur elles quelques renseignements.

A aucune époque, dit Abou Soleïman el-Bénakéti dans sa chronique ²), les livres historiques des Chinois n'étaient par-

---

¹) Il ne faut pas voir dans cet *Altan depter* un livre bouddhique analogue à l'*Altan toptchi* parce que le mot *altan* «or» figure dans son titre; comme un certain nombre de traités bouddhiques ont des titres composés avec le mot सुवर्ण, la traduction mongole de ces titres porte *altan* qui en est l'équivalent habituel, mais il ne s'en suit pas que l'*Altan depter* fût un livre bouddhique.

²) ...و در هيچ عهدى كتب تواريخ ايشان درين ديار نبوده بواسطهٔ بعد مسافت و حكماء و دانايان ايشان اينجا نرسيده اند و پادشاهان اين ولايت بر تفحّص وتجسّس آن مايل نبوده و تا زمان هولاكو خان كه جمعى از حكماء و منجّمان ايشان با او اينجا آمدند از انجمله توميبجى ᵃ نام معروف بشينك سينك ᵇ يعنى عارف كه خواجه نصير الدّين طوسى بفرمان هولاكو خان بجهت زيج ايلخانى ازو قواعد نجومى و تأريخ ايشان معلوم كرد ديكر در زمان پادشاه اسلام غازان خان فرمان شد تا تاريخ مبارك غازانىرا تأليف كنند خواجه رشيد الدّين وزير از حكماى خطاى ليتناجى ᶜ و يكسون ᵈ نام را كه ايشان هر دو بر علم طبّ و نجوم و تواريخ واقف و مستحضر بودند و بعضى از آن كتب از خطاى با خود آورده احضار فرمود و ايشان تقرير كردند كه هر چند تاريخ اهل خطاى و عدد سالها

venus en Perse, et cela par suite de l'immense distance qui sépare les deux contrées; les savants chinois n'étaient jamais

و ادوار ایشان نا متنهای است لیکن تاریخی که اسامی پادشاهان آنجا در آن مشروح و مفصّل است و بنیاد حکایات بر آن نهاده و در این وقت میان اهل خطای شهرتی دارد و بر آن اعتماد کرده اند کتابیست که آنرا سه حکیم معتبر باتّفاق ساخته اند یکی را نام فو هین ^{e} خوشانك فو هین اسم است و خوشانك صفت یعنی بخشی ^{f} و از شهر تای غانچو ^{g} بوده است و دیگر را نام فیخو ^{h} خوشانك از شهر قنچو ^{i} و نام دیگر شنخون ^{k} خوشانك از شهر لاو کین ^{l} ایشان هر سه آن تاریخرا از کتب قدیم انتخاب کرده اند و تمامت حکماء و دانایان ایشان تصحیح و مقابله کرده, man. supp. persan 210, f. 149 r.;
supp. persan 1347, f. 96 v. a A توبنیکی, B سومساجی; b A et B سینك, B سینك, *sheng seng*, en chinois 聖僧 «le saint lama»; c A لبتناجی; B لبناجی; d A سکسو, B یکسون, nom fort douteux, le premier élément est peut-être le chinois 于 *yü* qui se prononçait anciennement *yük*, au Fo-kien *ouk*; jap. *utsz*, ann. *wet*; e A درمین; B قوهین; f A a la leçon incompréhensible نجشمشی; g A سای غاچر; B های غاچر; h A فاخو; B فیخو, lecture douteuse, Feï peut être 裴 ou 費, mais فن pourrait représenter Fang et Fong; i A مسکو; B حوسی, 甘州 Kam-tchéou au Kan-sou ou peut-être 乾州 Kan-tchéou, dép. de Si-an-fou; k A شباخون; B شنخون, malgré la ponctuation de A, il doit falloir lire Shan ou Shen, Sheï n'existe pas dans les noms des cent familles, Shang serait 上, 尙, 雙 (shoang); Shen 申, Shin 沈, Shing 盛; tous ces noms sont très douteux; l A لاوکین B لاوکبیر, nom connu; خوشانك est la transcription de 和尙 *houo-shang* qui désigne un prêtre bouddhiste. Dans la traduction de 聖僧 *sheng seng* par عارف, il faut comprendre «celui qui possède la عرفان بالله, qui est arrivé à la *bodhi*», معرفة étant la traduction de *bodhi* et l'équivalent de *nirvana*.

venus en Perse et les souverains de ce pays n'avaient aucune curiosité des affaires de la Chine, ni aucune tendance à s'en occuper; cela dura jusqu'à l'époque d'Houlagou Khan avec lequel vinrent en Perse des savants et des astronomes chinois, parmi lesquels Tou Mi-tzeu (dans un autre man. Tou-Yen-tzeu) qui était connu sous le titre de Sheng Seng, ce qui signifie «celui qui est arrivé à la connaissance métaphysique». Ce fut de luï que Nasir ed-Din Tousi, sur l'ordre d'Houlagou Khan, apprit les éléments de l'astronomie ét du comput des Chinois pour la composition du *Zidj-i Ilkhani*. Quand le sultan de l'Islam, Ghazan Khan, donna l'ordre que l'on rédigeât la *Tarikh-i moubarek-i Ghazani* (qui forme la première partie de la *Djami el-tévarikh*), le vizir Rashid ed-Din fit venir chez lui deux des savants chinois qui se trouvaient à la cour, Li Ta-tzeu et Yük Soun; ces deux personnages étaient versés dans la médecine, dans l'astronomie, ainsi que dans les sciences historiques et ils avaient apporté de Chine plusieurs de leurs livres avec eux. Ces deux savants exposèrent à Rashid ed-Din que la chronologie des Chinois, le nombre de leurs années et de leurs cycles sexagénaires est indéfini, mais que, malgré cela, on a fait une chronique dans laquelle se trouvent exposés en détail les noms des empereurs chinois et qu'elle est devenue la source (officielle) des récits historiques en Chine. Cet ouvrage jouissait d'une grande vogue parmi les Chinois qui lui accordaient toute leur confiance; c'était un livre qui avait été fait en collaboration par trois célèbres savants: le premier, Fo Hien Kho-shang (Fo Hien est un nom et Kho-shang un adjectif qui signifie lama) qui était natif de la ville de Thaï-ghan-tchéou?; le second, Feï Ho Kho-shang, de la ville de Kam-tchéou; le troisième, Shang Houan, de la ville de Lao-kien. Ces trois personnages avaient compilé cette chronique d'après les livres anciens (les histoires dynastiques), tous les savants l'avaient vérifiée et contrôlée avec ses sources, après quoi, elle avait été gravée sur des planches de bois suivant l'habitude des Chinois; cet ouvrage [1]) auquel Rashid ed-Din a emprunté ses renseignements sur la Chine et qui s'arrêtait à la fin de la dynastie des Soung, a certainement disparu depuis l'époque lointaine à laquelle Bénakéti écrivit ces lignes; ces précis historiques ne sont pas rares en Chine et on en a composé un grand nombre à l'époque des Ming, sous le règne des Taï-Thsing, comme avant, qui ont fait tomber dans un oubli complet ceux qui avaient été composés sous les dynasties antérieures [2]), tels le 歷代史表 de Wan Seu-thong (1676), le 甲子會紀 de Sie Ying-khi (1559), le 歷代帝王姓系統譜 par Ling Ti-tchi (1579) qui est une liste généalogique des empereurs et des princes. Il semble, d'après ce que dit Bénakéti, que le résumé historique des lamas Fo Hien, Feï Ho et Shang Houan se rapprochait beaucoup du *Thong-kian-kang-mou* de Nan Hien (1553) qui n'est, en somme, qu'un abrégé fort bien fait des histoires dynastiques; Rashid ed-Din n'en a guères tiré que les noms des empereurs avec l'indication de la durée de leurs règnes, de sorte que sans ce que dit Bénakéti, on pourrait croire qu'il s'est borné à faire traduire en persan une liste de noms d'années 年號 des Fils du Ciel.

L'auteur de l'histoire en vers des Mongols, qui avait la singulière prétention d'écrire une œuvre comparable au Livre des Rois, rend une pleine justice au vizir de Ghazan et d'Oltchaïtou: «Depuis les jours du prophète Noé jusqu'à maintenant, il relata les vicissitudes de la fortune envieuse, il mentionna la destinée de chacun des princes et réjouit ainsi le cœur et l'âme de ceux qui le lurent. En fait d'histoire des Turks et des Mongols, avant ce temps-ci, il n'y avait

---

[1]) C'est probablement cette histoire qui a été traduite en langue mongole par Hiu Heng (*Histoire générale de la Chine*, tome IX, page 320, note). L'original de cette traduction était un abrégé de l'histoire et de la chronologie chinoises dont Koubilaï recommandait la lecture à ses sujets.

[2]) D'ailleurs, la fragilité des livres chinois suffirait à expliquer la disparition totale des éditions de cette histoire.

aucun livre dans la terre d'Iran, et maintenant, c'est grâce à l'heureuse étoile du roi et du vizir qu'un ouvrage aussi précieux se trouve dans les mains de tous, tel que personne n'a jamais composé un tel livre, grâce auquel on peut connaître la généalogie de chaque personnage. Quand la prose de l'histoire des Turks fut terminée, Ghazan voulut qu'on en fît une récension en vers».

Il est inadmissible que le souverain mongol ait considéré l'œuvre de Rashid ed-Din comme un simple canevas historique sur lequel devait s'exercer la verve poétique d'un émule tardif de Firdousi, et la vérité semble toute différente: l'histoire officielle persane des ancêtres de Tchinkkiz Khan et de l'empire mongol est la *Djami el-tévarikh*, ou plutôt sa première partie, la *Tarikh-i moubarek-i Ghazani*, tandis que l'œuvre de Shems ed-Din Kashani n'en est qu'une rédaction très abrégée entreprise sur les ordres du souverain mongol de la Perse dans l'espérance que ses sujets liraient plus volontiers ce petit volume de vers qu'une immense chronique pleine de noms bizarres et du récit de faits minuscules qui n'avaient d'intérêt que pour les princes de la dynastie fondée par Tchinkkiz et pour les hommes de leur cour.

«Les grands personnages, dit Shems ed-Din Kashani, quand ils connurent cette volonté, allèrent s'assembler devant le trône du Roi des Rois; et tous, réunis dans son palais, ils vantèrent l'excellence de ce dessein béni du monarque: «Ton heureuse étoile a voulu qu'un poète célèbre se manifestât dans ce siècle, un poète qui a ressuscité l'âme de Firdousi et d'Envéri dans les poésies qu'il a chantées; l'homme qui réalisera les desseins du roi, c'est Shems-i Kashani qui a consacré sa vie au culte de l'éloquence et qui dit que, lorsqu'il en recevra l'ordre, comme Jésus, il donnera la vie à ce corps mort; il mettra en vers l'histoire des hommes des âges passés et il fera sortir du sommeil de la tombe le souvenir de ceux qui se sont endormis dans l'éternel repos»,

L'ordre vint de mon roi d'entreprendre cette œuvre et ce fut comme si la Fortune m'avait favorisé de ses grâces; je n'ai dans mon bagage que des marchandises qui conviennent aux rois et c'est ainsi que Ghazan s'en vint acheter chez moi. En écrivant ce livre, je fouille une mine de pierres précieuses et, la nuit comme le jour, je sertis ces joyaux dans mes vers, dans l'intention d'irradier la couronne du roi de ces diamants dignes d'une Majesté».

بزرگ و سخن ران و جکسان لقب   ببیش جهاندار بکشاد لب
که تاریخ شاهان مرا از برست   ولی نظم کار کسی دیکرست
بخواجه رشید آنکهی کفت شاه   که ای دانشی موبد نیکخواه
زمنثور تاریخ ترکان نخست   هه بشنو از راست کویان درست
بنثر آن سخنها جو کرد آوری   در آرند از ان پس بنظم دری
هه بستند و کرد فکر اندر ان   ببیوست با کفتهٔ دیکران
زبیدار و دانندهٔ ترکان پیر   زتاریخ دان مردم یادکیر
بپرسید یکسر سخنها باصل   زهر جا بدست آمدش فصل فصل
بنزدیک هر پیر و هر مهتری   زترکان درین باب بد دفتری
ازیشان همه بستند و نقل کرد   ورا رهنمائی دریـن عقل کرد
نویسندهٔ ترکی و پارسی   همانا که بودند دو پارسی
که از بهر این کار بنشاندشان   بسر بر زر و کوهر افشاندشان
دو سه سال بود اندرین جست وجوی   نمی کرد با کس جز این کفت وکوی
نمود این همه کوشش و اجتهاد   که تا کرد هر دفتری را سواد
از ایام نوح نبی تا کنون   بیاورد کردار کردون دون
روشهاء هر کس درو یاد کرد   دل و جان خوانندکان شاد کرد
زتاریخ ترک و مغول پیش ازین   نبودی کتابی بایران زمین
کنون هست از اقبال شاه و وزیر   بدست اینچنین دفتری دلپذیر
که هرکز کتابی جنان کس نساخت   کزان می توان نسل هرکس شناخت

بزرگان چون زبن معنی آگه شدند به پیش سریر شهنشه شدند
بسی نیکوئی زین نکو خواه شاه بگفتند هر یک بدرگاه شاه
کز اقبال تو شاعری نامدار پدید آمدست اندرین روزگار
که او جان فردوسی و انوری همی پرورد در سخن پروری
دعا کوی شه شمس کاشانیست که خود پیشهٔ او سخن رانیست
بگوید اگر شاه فرمان دهد چو عیسی تن مرده را جان دهد
بنظم آورد قصهٔ رفتگان زخواب اندر آرد سر خفتگان
زشاهم بدین کار اشارت رسید که کوئی زبختم بشارت رسید
متاع شهانست در بار من ازان شد غزان خان خریدار من
درین نامه کان کهر می کنم شب و روز نظم گهر می کنم
بنیتی کزین گوهر شاهوار مرصع کنم افسر شهریار
چو شد نثر تاریخ ترکان تمام غزان خواست کز نظم باید نظام
. . . .

En réalité, la rhapsodie de Shems ed-Din Kashani qui comprend une dizaine de mille vers, dans lesquels on ne sent passer aucun souffle poétique, est un très médiocre résumé de l'histoire des Mongols de Rashid, bien inférieur à la partie du *Gouzidèh* et du *Rauzet el-séfa* dans laquelle se trouvent exposées les annales du monde turk. Aussi, il ne semble pas que cette œuvre qui, comme l'histoire de Rashid, fut terminée bien après la mort de Ghazan, ait jamais eu la moindre vogue en Perse, et l'oubli dans lequel elle tomba fut la juste récompense de son outrecuidante médiocrité.

Bien que Shems ed-Din Kashani ait adressé au vizir de Ghazan les louanges que lui méritaient ses talents politiques et l'œuvre immense sans laquelle on ne connaîtrait rien de l'antiquité mongole, bien qu'il ait célébré dans ses vers la *Djami el-tévarikh* comme un livre unique au monde, il n'est pas probable que son œuvre ait eu l'agrément de Rashid, ni qu'il lui ait témoigné beaucoup de déférence, car il n'a pas craint de dire, dans un pitoyable vers, que sa poésie était destinée à ressusciter l'œuvre de Rashid qu'il compare à un corps sans âme, comme le souffle de Jésus rendait la vie à ceux qui l'avaient perdue. S'il n'est que trop vrai que la *Djami el-tévarikh*, comme toutes les chroniques orientales, est une matière inerte et morte, ce n'étaient pas les vers de Shems ed-Din Kashani qui pouvaient lui donner une âme.

Il est probable que, sur l'ordre de Ghazan, le vizir dut communiquer son récit historique au méchant rimeur qui avait la ridicule prétention de ressusciter, à la fin du XIIIe siècle, Firdousi et Envéri, oubliant que les Persans ne reconnaissent en poésie que trois prophètes:

در شعر سه تن پیمبر اند قولی است که جملگی بر انند
هر چند که لا نبی بعدی فردوسی و انوری و سعدی

mais qu'il le fit d'assez mauvaise grâce. On sent, en voyant quelles précautions il avait prises pour qu'une seule page de ses œuvres ne se perdît après sa mort, que Rashid était plus entiché de sa gloire littéraire que de ses talents politiques. Comme tous ceux qui tiennent une plume, le vizir se croyait le centre du monde et c'est évidemment lui qui dicta les titres pompeux de المولی المخدوم الاعظم الصاحب الدستور الاعلم مدبر امور ممالک العالم ناصر رایات العلوم وللحکم سباق غایات معالی الهمم مزین مساند الوزارة ممهد قواعد الامارة عامر بنیان الخیرات مشید ارکان المبرات مظهر اسرار التحقیق والعرفان آیة الله فی الکشف والبیان سلطان الوزرا وللحکما فی الارضین المخصوص بعنایة الله رب العالمین رشید للحق والدنیا والدین فضل الله ..... qui se lisent dans un manuscrit de ses œuvres mineures, copié dans la mosquée qu'il avait fait construire à Tauris[1]); sa susceptibilité et son orgueil durent lui faire accueillir fraîchement

---

[1]) Arabe 2324, folio 134 recto.

une rivalité que Shems ed-Din prétendait lui imposer comme un service. Aussi n'est-il pas impossible que par rancune, aussi bien contre le rimeur qui venait lui dérober une partie de ses travaux que contre le sultan qui semblait espérer pour l'œuvre de Kashani une plus grande vogue que pour l'histoire des Mongols, Rashid ait suscité à Kashani un rival qui eut d'ailleurs une destinée aussi misérable que lui.

L'un des écrivains qui faisaient partie du cercle de lettrés qui vivaient autour du vizir de Ghazan, comme les beaux esprits de l'époque de Sultan Hoseïn étaient les clients d'Ali Shir Névaï, était Hamd Allah ibn Abou Bekr ibn Ahmed ibn Nasr el-Mostaufi el-Kazwini dont le nom jouit de quelque notoriété dans les fastes de la littérature persane. Son arrière grand-père, Émin ed-Din Nasr, appartenait à une ancienne famille de Kazwin, celle des Mostaufis, qui prétendait descendre de Hourr ibn Yézid Riyahi. Ce personnage qui, après avoir exercé les fonctions de mostaufi de l'Irak, avait embrassé la vie religieuse, fut tué par les Mongols lors de l'invasion de la Perse; Zeïn ed-Din Mohammed ibn Tadj ed-Din, frère de Hamd Allah, était le coadjuteur de Rashid et ce fut vraisemblablement sous ses auspices qu'Hamd Allah fut admis dans le cercle littéraire que présidait le vizir. D'après ce qu'il a pris soin de nous raconter, Hamd Allah[1] sentit le goût des études historiques se développer en lui dès qu'il fit partie de ce cénacle, et il conçut le projet d'écrire en vers, sur l'inimitable modèle du Livre des Rois, dont il avait publié une édition[2], une chronique générale, de l'hégire à son époque, qui devait former la suite naturelle de l'épopée de Firdousi. Quoique l'auteur n'en ait rien dit dans sa préface et qu'il se borne à mentionner qu'il fut encouragé dans ce dessein par plusieurs de ses amis, il est à présumer qu'il avait l'agrément de Rashid ed-Din, si même il n'a pas été inspiré par lui, car le fonds de la chronique en vers

---

[1] Rieu, *Catalogue*, page 81. [2] Rieu, *Supplement*, page 172.

de Hamd Allah Mostaufi est la narration de l'histoire des Mongols. Rashid ne pouvait engager officiellement quelqu'un à entreprendre une telle œuvre quand Ghazan en avait chargé Kashani, mais il est probable que Hamd Allah eut entre les mains l'histoire de Rashid avant qu'elle ne fût terminée; ses relations avec le vizir et avec son fils, Ghiyas ed-Din Mohammed, auquel il dédia plus tard le *Tarikh-i gouzidèh*, suffiraient à montrer que Rashid ne fut pas étranger au dessein de son client; c'est vraisemblablement par suite de ces circonstances qui l'obligeaient à une grande discrétion, peut-être aussi pour ne pas avouer tout ce qu'il devait à son illustre devancier que Hamd Allah dit, en termes assez vagues, dans son histoire en vers, que ses sources furent les récits de chefs persans et mongols

زتازیك و از سروران مغول بجستم حکایت زجزو و کل

Hamd Allah donna le nom de ظفر نامه « Livre de la Victoire »

ظفر نامه کن نام این نامه را بدین تازه کن رسم شهنامه را

à cette chronique rimée qui contient 75000 distiques, à raison de 10000 par siècle

درین نامه از هفصد و چند سال بکفتم حکایت زهر کونه حال
سخن شد بهر صد ده اندر هزار بهفتاد و پنج آمد آنرا شمار

et le seul exemplaire qui en soit connu, celui du British Museum (Or. 2833) a été copié en 807 de l'hégire à l'extrême fin du règne de Témour et tout au commencement de celui de Shah Rokh. La valeur littéraire de cet ouvrage est rigoureusement nulle et l'on se rappelle involontairement le vers du Boustan

چه حاجت که نه کرسی آسمان نهی زیر پای قزل ارسلان

quand on voit les vains efforts que fait Hamd Allah pour se hausser jusqu'à son incomparable modele et pour atteindre si facilement le ridicule; il tomba dans l'oubli, comme la chronique en vers de Shems ed-Din Kashani, au lendemain même de sa composition et, sans la renaissance timouride qui les tira des limbes pour quelques instants, il est certain que ces histoires seraient aujourd'hui complétement disparues.

Hamd Allah se défiait lui-même de son génie poétique et il conçut des doutes sur la viabilité de son entreprise; il s'aperçut que ses vers risquaient fort, après quelques siècles, de ne pas soulever l'enthousiasme de ceux de son modèle; ce qui est certain, c'est qu'il interrompit son œuvre quand il en fut arrivé aux deux tiers et qu'il se mit modestement à rédiger, en prose, un précis de l'histoire du monde jusqu'à l'année 730 de l'hégire. Cette chronique, dédiée à Ghiyas ed-Din Mohammed, fils de Rashid et vizir du sultan Abou Saïd après la mort de Dimeshk Khvadjèh, porte le titre de *Tarikh-i gouzidèh* «Histoire choisie». Ses manuscrits n'en sont point rares dans les bibliothèques européennes et l'on y trouve un résumé sans grande valeur littéraire de la *Djami el-tévarikh* : il n'y faut voir autre chose qu'un manuel, un compendium de l'histoire de la Perse et du monde musulman, dont Hamd Allah a fait disparaître tout le détail des faits qui intéressaient uniquement les spécialistes.

Le seul roman historique qui ait échappé au triste sort des chroniques rimées de Shems ed-Din Kashani et de Hamd Allah Kazwini est l'histoire de Témour par Hatéfi et encore, malgré la perfection de son style et la splendeur de sa poésie, ce livre est-il aujourd'hui presque inconnu en Perse, même des érudits qui se livrent à l'étude de l'histoire littéraire.

Le *Témour namèh* ou *Zafer namèh*, car ce livre est connu sous ces deux titres, présente certaines ressemblances avec les essais malheureux de Kashani et de Hamd Allah; Abd Allah Hatéfi, neveu de Djami, était probablement à son époque le poète persan qui maniait le mieux le *mesnévi*; il composa, sur le modèle de l'*Iskender namèh* de Nizami, pour la dédier au sultan du Khorasan, Hoseïn ibn Baïkara, une histoire en vers de son aïeul, l'émir Témour. Hatéfi prit pour trame de son récit poétique le *Zafer namèh* de Shéref ed-Din Ali Yezdi: «Dans les feuillets usés par les siècles, je ne vis sur le glorieux Iskender de tradition véridique que je pusse mettre en œuvre et qu'il me fût possible d'enrichir d'ornements par mon kalam qui répand les perles; je n'ai pas composé de ce roman sans gloire un récit mensonger de l'histoire d'Iskender; les magiciens du style, les maîtres de l'élégance, ces hommes éminents au jugement béni, me conseillèrent de choisir comme thème de mes vers l'histoire de Témour, et ce livre célèbre, consacré à la gloire du (moderne) Khosroès fut le modèle que je cherchai à imiter dans ce modeste ouvrage. Quand je vis qu'il y avait dans ce livre une histoire merveilleuse, je trouvai que le Livre de la Victoire (le *Zafer namèh* d'Ali Yezdi) est un ouvrage véridique qu'un sage des siècles à jamais écoulés composa de son kalam d'où sortit un océan de poésies et qui versa, sans les compter, les joyaux et les perles».

در اوراق فرسودهٔ روزکار ندیدم زاسکندر نامدار

حدیث صحیحی که سازش کنم زکلک دُر افشان طرازش کنم

نکردم زافسانهٔ بی فروغ زاسکندر مرده نقل دروغ

سخن آفرینان حسّان کلام که بودند سر دفتر خاص و عام

شدند آن حریفان فرخنده رای بسوی تَمُر نامه اُم رهنمای

که آن نامور نامهٔ خسروی بود در خور نامهٔ ما نوی

چو دیدم در آن قصّه پیر فروغ ظفر نامه یافتم بی دروغ

رقم کرد دانای آن روزکار بدریا فشان کلك کوهر نثار([1]

Comme ceux qui l'avaient précédé à l'époque mongole, comme Nizami lui-même dans l'*Iskender namèh*, ce fut dans l'espérance de compléter le Livre des Rois, et aussi de rivaliser avec Envéri, qu'Hatéfi entreprit la tâche ingrate de mettre en vers l'histoire de Témour, et cette œuvre, pas plus que

---

[1]) Man. anc. fonds persan 234, f. 137 v.

toutes celles qu'il entreprit pour célébrer la gloire des Timourides du Khorasan, ne lui rapporta jamais, comme il le reconnait tristement lui-même, d'autre profit qu'une vaine renommée parmi les lettrés de la terre d'Iran :

«Quand Firdousi, le premier qui chanta des vers magiques, tissa la trame aux paroles mystérieuses du Livre des Rois, l'océan des mots aux sens merveilleux recélait en son sein des valves perlières, des valves qui étaient pleines de perles impériales .... Et aussi, le roi de Ghazna le combla de faveurs et l'enorgueillit par ses bienfaits et sa générosité ; il le fit asseoir plus haut que ceux qui siègent sur les hautes chaires, car il lui donna une place plus élevée que le Trône d'or.

Et moi, aujourd'hui, d'un kalam dont l'habileté déjouerait les ruses des magiciens, je vais enrichir le Verbe par ce récit en vers de la vie de Témour ; mais la mine des mots merveilleux est vide de ses joyaux, et la main de ma pensée est trop courte pour atteindre l'objet de son désir. Les fiancées créées par l'invention (des poètes) sont toutes arrivées dans les bras de leurs époux et aucune vierge n'est restée (pour moi) derrière le voile de soie .... Parmi les fils des hommes, deux monarques virent s'accomplir au dessus de leur tête une révolution complète des astres, qui subjuguèrent le vaste monde jusqu'à ses lointaines limites, Témour Khan et Iskender, le fils de Philippe : l'un qui fut la lune des pays de Touran, l'autre le soleil de la terre russe. Nizami a balayé la mine des paroles précieuses et il a enfilé bien des rubis pour chanter la louange d'Iskender ; le mètre poétique est pour moi une mine de perles dont je vais semer les joyaux pour célébrer Témour. J'ai pour lui des paroles qui sont comme des perles à l'orient éclatant, des perles précieuses comme l'éclat du soleil.

Jamais il n'est venu de ce ciel éternel une entité plus précieuse que la parole des poètes : le Verbe est né de la même façon, de la Mère du Livre (le Coran), que l'Esprit d'Allah de la bienheureuse Marie; le néant n'a pas trouvé de voie pour nuire à la splendeur du Verbe et l'on peut dire que le Verbe fut doué de toutes perfections. Le Verbe est descendu du ciel azuré comme une grâce divine pour l'homme éloquent. S'il n'existait dans le monde d'homme qui possédât le Verbe, qui pourrait célébrer les louanges des empereurs? C'est par les récits du magique Firdousi que furent glorifiés les noms de Kaous et de Kéanide, et si Envéri n'avait pas écrit son divan, qui parlerait de Sindjar et des Sindjarides?»

سخن راز شهنامه بستی طراز   نخستین که فردوسی سحر باز
صدفها پر از در شهوار بود   محیط معانی صدفوار بود
. . . .

بانعام و احسان سر افراختنش   شه غزنوی نیز بنواختنش
چه برتر که بر کرسی زر نشاند   زبالا نشینانش برتر نشاند
سخن را دم از تمر نامه زیب   من امروز که ز کلک جادو فریب
وزان دست اندیشه کوتهی   بود کان معنی ز گوهر تهی
نمانده یکی در پس پرده بکر   بشوهر رسیده عروسان فکر
. . . .

گرفتند گیتی کران تا کران   ز اولاد آدم دو صاحبقران
یکی ماه توران یکی مهر روس   تمر خان و اسکندر فیلقوس
بوصف سکندر بسی لعل سفت   نظامی که کان سخن را برفت
که ریزم کهرها بوصف تمر   بود بکر شعر مرا نیز در
گرانمایه چون گوهر آفتاب   سخن دارمش همچو در خوشاب
متاعی گرانمایه تر از سخن   نیامد ازین آسمان کهن
که روح الله از مریم کامیاب   سخن زاد ز انسان ز ام الکتاب
سخن را توان گفت صاحب جمال   بحسن سخن ره نیابد زوال

سخن ز آسمان کبود آمده طفیل سخن ور فرود آمده
سخن ور نبودی اگر در جهان که میگفت اوصاف شاهنشاهان
ز گفتار فردوسی هوشمند بسی نام کاووس وکی شد بلند
سخن گر نپرداختی انوری که میگفت از سنجر و سنجری(¹
. . . .

Ces imitations de Firdousi ne sont pas restées isolées et on les retrouve en Perse jusqu'à l'époque contemporaine, sans que la malchance qui a poursuivi Shems ed-Din Kashani, Hamd Allah Kazwini et Abd Allah Hatéfi ait épargné ceux qui ont tenté de marcher sur leurs traces. Le dernier est Feth Ali Khan, qui avait pris en poésie le surnom de Saba-i Kashani صبای کاشانی et qui fut le contemporain de Feth Ali Shah. Feth Ali Khan mourut en 1283 de l'hégire après avoir été gouverneur de Koum et de Kashan et après avoir exercé les fonctions de chef de la police du royaume; il fut le poète lauréat de la cour de Feth Ali Shah et il eut pour successeur dans cette dignité Riza Kouli Khan sans lequel son nom serait resté inconnu. Feth Ali Khan composa de nombreux ouvrages en vers parmi lesquels Riza Kouli Khan cite, dans son *Medjma el-fouséha*, le خداوند نامه, le شهنشاه نامه, le عبرت نامه et le صبا کلشن. Le *Shahanshah namèh* est l'histoire en 60 000 vers de la dynastie kadjare; la poésie de cet émule lointain de Firdousi est supérieure à celle de ses devanciers. Riza Kouli Khan et les personnes qui ont pu se procurer des manuscrits du *Shahanshah namèh* vantent la noblesse de son style et la perfection de sa poésie ²). Ces brillantes qualités que l'on cherche en vain dans les œuvres

---

¹) Man. anc. fonds persan 234, f. 11 v. et ssq.

²) وافکار و اشعار متینش زیور هر کتاب کلامش فصیح و مطبوع و زیبا و متین است و اشعارش بلیغ و جزیل و مصنوع و رنگین کمال قدرت را داشته . . . . , *Medjma el-fouséha*, tome II, page 247.

de Shems ed-Din Kashani et de Hamd Allah Kazwini ne l'ont pas sauvé d'un oubli pénible dans lequel il méritait de ne pas tomber.

Parmi les ouvrages en prose qui, comme le *Tarikh-i gouzidèh* de Hamd Allah Mostaufi, appartiennent au cycle littéraire de la *Djami el-tévarikh*, se trouvent deux chroniques bien connues, celles de Wassaf et de Bénakéti et une autre plus importante, mais presque inconnue, dont on a trouvé de nombreux extraits dans cette introduction, l'histoire d'Oltchaïtou intitulée تاريخ پادشاه سعيد غياث الدنيا والدين اولجايتو سلطان محمّد par Aboul Kasem Abd Allah ibn Mohammed el-Kashani ابو القاسم عبد الله بن محمّد القاشانى. Cette chronique est un journal plutôt qu'un livre d'histoire, elle a été rédigée sous sa forme définitive bien après la mort de Khorbanda Oltchaïtou, sous le règne de son fils, le sultan Abou Saïd Béhadour Khan, car on y trouve la mention de la 718e année de l'hégire [1]); cet ouvrage forme la suite naturelle de la *Djami el-tévarikh* de Rashid ed-Din; le manuscrit par lequel elle nous est connue est une copie qui fut exécutée pour le compte de Charles Schefer sur un manuscrit probablement unique, peut-être même l'original, qui fait partie de la bibliothèque de Sainte Sophie de Constantinople.

Le texte en est souvent peu correct et les noms propres ont été particulièrement maltraités par le copiste qui ne les comprenait pas et qui avait très probablement sous les yeux un exemplaire usé par les siècles et dont l'écriture était devenue floue comme dans presque tous les manuscrits écrits en Perse au XIVe siècle sur un gros papier de coton pelucheux et friable. Cette histoire d'Oltchaïtou a été la source principale, et presque unique, du continuateur de Rashid et de Hafiz Abrou dans sa زبدة التواريخ pour le règne de ce sultan mongol.

[1]) folio 108 recto.

Les manuscrits de l'édition persane de la *Djami el-tévarikh* qui ont été copiés à l'époque de Shah Rokh Béhadour ne sont pas très nombreux. Le plus complet est celui qui est conservé au British Museum, sous le n° Add. 7628 et qui a été copié sous le règne de Shah Rokh à une date antérieure à la mort du prince Baïsonghor (837 de l'hégire), qui a écrit de sa main, au verso du folio 410, le بسم الله par lequel débute la préface du premier tome de l'histoire de Rashid. Ce manuscrit est un gigantesque in-folio de 728 feuillets mesurant 49 sur 30 cent., qui doit reproduire, à peu de chose près, les dimensions des manuscrits originaux copiés par ordre de l'auteur; il a été exécuté par plusieurs copistes qui travaillaient simultanément sur un exemplaire dérelié de la chronique et, suivant l'habitude, la correction du texte de chacun des cahiers qui le composent est en raison directement inverse de la perfection de leur écriture. Il contient, comme l'a fort exactement décrit M. Rieu dans son inimitable *Catalogue of the persian manuscripts in the British Museum*, le premier volume et une portion considérable de la seconde partie du deuxième volume, comprenant l'histoire du monde depuis la création jusqu'à l'époque de l'auteur, l'histoire d'Ibn el-Athir, celle des Seldjoukides de Ravendi, le راحة الصدور, ayant été deux sources importantes de Rashid pour cette partie, c'est-à-dire, en somme, tout ce qui a été écrit de la *Djami el-tévarikh*. Les copistes de cet exemplaire ont rétabli l'ordre logique des événements en plaçant le texte du premier volume, celui qui contient l'histoire des

---

1) pages 74 et ssq.

Mongols après l'histoire générale du monde¹). Ce manuscrit, dont le texte est fort incorrect et dans lequel les noms propres sont écrits d'une façon tout à fait erronée, le plus souvent sans aucun point diacritique, est désigné dans les notes par la sigle L.

C'est un fait extraordinaire, et très difficilement explicable, que les noms propres mongols et chinois, dont la lecture exacte est la grande difficulté de l'établissement du texte de la *Djami el-tévarikh*, soient écrits avec une négligence aussi absolue et aussi complète dans deux manuscrits de cette chronique contemporains de l'auteur et dans un exemplaire du *Djihan-koushaï* qui fut copié huit années seulement après la mort du sahib Ala ed-Din Ata Mélik el-Djouveïni.

Le premier de ces manuscrits, que l'on trouvera désigné dans la présente édition par la sigle A, porte aujourd'hui le n⁰ 1113 dans le supplément persan; le prince Mahmoud Kadjar, fils du roi Feth Ali Shah Kadjar, qui a laissé en Perse le souvenir d'un homme lettré et d'un poète d'une certaine valeur²), l'eut entre les mains pendant quelques jours, au mois de Djoumada second de l'année 1253, alors qu'il était détenu dans la forteresse d'Ardébil.

Cet exemplaire est malheureusement dans un état pitoyable et très fragmentaire, il est orné d'un grand nombre de peintures fort importantes qui ont certainement été copiées sur celles de l'un des originaux qui furent exécutés par les soins

---

¹) folio 410 verso.

²) Le prince Mahmoud Kadjar a inscrit au recto de la première page (folio 3 recto) cette note: این کتاب از جامع رشیدی جز و جزئی میباشد یکچند در دار الارشاد اردبیل در ایام حبس حصار برسم امانت صور و جز اورا ملاحظه اکر چه نظر به ترهیب و تخفیف حادثات تمکن و تعاهد و تقابل او نشد فرصت همان شد که این کلمات را بر سبیل یادکار تحریر تحریرا فی شهر جمادی الآخر سنه ۱۲۵۳ محمود قاجار

de Rashid à Tauris; il est possible que ce manuscrit fut en la possession du sultan Shah Rokh Béhadour, car son texte présente les plus grandes affinités avec celui du manuscrit supplément persan 209 dont je parlerai bientôt et qui a été exécuté pour la bibliothèque de Shah Rokh; ces deux manuscrits sont incontestablement de la même famille et je ne serais pas étonné que le manuscrit supplément persan 209 ait été copié sur le manuscrit à peintures de la chronique de Rashid. Ce sont ces peintures qui ont été la cause première de la mutilation du manuscrit, car elles ont tenté la cupidité de barbares qui ne comprenaient pas l'importance de son texte et qui les ont arrachées à une époque relativement ancienne, car cet exemplaire était déjà dans son état actuel en l'année 1253 de l'hégire.

Le second, qui est conservé au British Museum sous le numéro Add. 16688, a été transcrit par un certain Mohammed ibn Hamza qui se nomme رشيد خوانى «récitateur du texte de Rashid» et qui travaillait certainement à l'époque de Rashid, car il lui donne le titre de مخدوم جهانيان آصف عهد, qui est une allusion très claire à ses fonctions de vizir et qui est presque identique à ceux qui lui sont donnés par Wassaf. De plus, Mohammed ibn Hamza accompagne le nom d'Oltchaïtou d'épithètes qui ne peuvent s'appliquer qu'au sultan régnant پادشاه وقت سلطان سعيد ظلّ اللّه تعالى سلطان الجايتو خلّد ملكه. Il n'y a pas à douter, comme on le voit, que cet exemplaire, qui est désigné par la sigle La, ne soit, comme le précédent volume, l'un des originaux de la *Djami el-tévarikh* qui étaient conservés dans le Raba-i Réshidi. Le titre de رشيد خوان que prend Mohammed ibn Hamza montre suffisamment qu'il n'était pas un simple copiste, plus ou moins ignorant, et, en effet, son écriture peu élégante n'est pas celle d'un *kâtib*, mais que sa fonction officielle dans le médrésèh fondé par le vizir, à Tauris, consistait à savoir par cœur tout, ou partie, de la *Djami el-tévarikh* ou, au moins, de la posséder suffisamment pour pouvoir corriger les exemplaires transcrits par des scribes professionnels et collationner leurs copies sur les originaux, ce qui était une clause formellement indiquée par Rashid.

On pourrait donc espérer que le texte de ces deux manuscrits, antérieurs de près de 120 années à celui qui fut exécuté pour Shah Rokh Béhadour, copiés du vivant même de Rashid ed-Din, à une époque où les noms mongols étaient courants dans toute la Perse, représentent un document bien plus correct et beaucoup plus voisin de l'original. Cette attente est vaine, et le texte de ces deux manuscrits est dans un état tout aussi déplorable, la lecture des noms propres étant toujours aussi incertaine par suite de l'absence des points diacritiques et par des déformations inexplicables.

Ce fait est à peu près incompréhensible, car on sait qu'il y eut durant toute la durée de l'époque mongole, des copistes qui savaient à la fois le persan, l'arabe, le turk et le mongol et pour lesquels ces noms d'Altountash, de Témour-Boukha, de Toghontchar, d'Erik-Boké avaient un sens et et une prononciation bien connue. Je possède même un manuscrit du *Djihan-koushai* d'Ala ed-Din Ata Mélik qui a été copié en la 700ᵉ année de l'hégire et dont le texte est corrompu au point qu'il est pratiquement inutilisable, son seul intérêt est qu'un copiste, qui avait d'ailleurs une très belle main, Mohammed ibn Omar ibn Hasan ibn Mahmoud Abd el-Ghaffour el-Samarkandi, connu sous le nom de Mohammed Bakhshi, s'est amusé, à Maredin, au commencement du second mois de Djoumada 724, à écrire, sur l'un des feuillets restés en blanc de cet exemplaire, des vers de sa composition dans les quatre langues qui étaient en usage à cette époque dans l'empire d'Iran.

Le manuscrit 205 du supplément persan contient le texte de l'histoire des Mongols, la تاریخ جهانكشای جوینی, écrite par Ala ed-Din Ata Mélik el-Djouveïni dans un style pompeux et solennel qui fait déjà pressentir, de loin, les extravagances de Wassaf et celles de l'auteur du *Matla el-saadeïn*. Cet exemplaire a été transcrit par un certain Rashid el-Khvafi qui n'était pas un simple copiste et son écriture rude et inélégante est plutôt celle d'un érudit assez indifférent aux gracilités de son kalam; sa copie a été terminée, le samedi 4e jour du mois de Zoulhidjdja de la 689e année de l'hégire, huit années jour pour jour après la mort d'Ala ed-Din, en pleine époque mongole; or ce volume présente identiquement les mêmes caractéristiques que les deux derniers manuscrits de la *Djami el-tévarikh*. Son texte est très peu correct, et les noms propres mongols et turks y sont complétement méconnaissables par suite de l'omission des points diacritiques ou de déformations dont on ne parvient pas, quoique l'on fasse, à deviner les raisons: c'est ainsi, pour n'en citer qu'un exemple, que le nom du prince Yisou-Monkké, de l'*oulous* de Tchaghataï, dont la lecture est amplement fixée par la transcription chinoise 也速蒙哥 Yé-sou Moung-ko, en mongol ﻳﺴﻮﻣﻨﻜﻜﻰ, paraît toujours dans le *Djihan-koushaï* sous la forme incohérente de تيسو qui n'a aucune étymologie et qui ne répond à rien en mongol [1])

---

[1]) Il est très probable que ce manuscrit, qui portait le n⁰ 36 de la collection Ducaurroy, est celui que Rashid ed-Din a utilisé pour la rédaction de la *Djami el-tévarikh*; ce manuscrit était certainement à Tébriz à une date très peu postérieure, il porte en effet, au folio 1 recto, la mention d'un certain Satelmish ibn Aïbek ibn Abd Allah el-Malaki ساتلمش بن ايبك بن عبد الله الملكى qui le posséda à Tébriz en 724, et c'est probablement ce personnage qui a inscrit sur le même feuillet la mention de la naissance de son fils, survenue le dimanche 3 Zoulkaada de l'année 727, immédiatement après le lever du soleil. Il a ensuite appartenu au prince timouride Emir Hoseïn ibn Baïkara Mirza من کتب فقیر امیر حسین ابی بیقرا میرزا qui devint sultan du Khorasan sous le nom de Sultan Hoseïn; il a ensuite

Et cependant, il est impossible d'admettre que ces formes illisibles, sans points diacritiques et ridiculement déformées, remontent aux originaux du *Djihan-koushaï* ou de la *Djami el-tévarikh* Si, pour une très grande part, le sahib Ala ed-Din Ata Mélik el-Djouveïni ne travailla pas sur des documents écrits, comme le firent les collaborateurs de Rashid ed-Din et s'il s'est surtout borné à consigner, avec quelque précipitation, à ce qui semble, et pour son plaisir, le récit d'événements au milieu desquels il avait joué un rôle officiel qui n'avait pas été sans importance, il est bien certain qu'il connaissait parfaitement la forme exacte de ces noms pour les avoir entendus maintes et maintes fois, tout comme les Allemands au service des Holstein-Gottorp connaissent les noms de Rostislav, de Sviatopolk ou de Mstislaf. Il est absurde de penser que ces noms mongols ont pu se propager dans les bureaux de l'administration des ilkhans sous des formes aussi ridiculement altérées que celle de تیسو pour بیسو.

Quant à Rashid ed-Din, les sources principales de son

passé à Constantinople, vraisemblablement apporté par Bédi el-Zéman Mirza, car il porte les restes du cachet du sérail, l'ex-libris de Ismaïl ibn Mohammed Koutchek Tchélébi Zadèh avec la date de 1136 et celui du célèbre collectionneur Abou Bekr ibn Roustem ibn Ahmed el-Shirvani. Le Satelmish ibn Aïbek qui posséda ce volume est différent du général mongol Satelmish, fils de Bouralghi, qui épousa la princesse Kurdutchin, fille de Monkké-Témour, onzième fils d'Houlagou après la mort de son premier mari, le sultan du Kirman, Djélal ed-Din Siyourghatmish († 693) et après la mort duquel elle épousa son cousin Toghaï : شهزاده کوردوچین است که در اوّل خانون سلطان کرمان جلال الدین سبورغاتمیش بود و چون او نمانـد بامیـر ساتالمیش پسر بورالقی دادند و بعد از او به پسر عمّ داده اند طغای Rashid ed-Din, *Djami el-tévarikh*, man. supp. persan 209, f. 272 v. Le *Moezz*, f. 62 v., nomme cette princesse کردون چین ; kurdutchin est probablement ܪܡܕܠܚܡܕܪ adjectif formé de *kurdu* «disque» avec le suffixe adjectival féminin *tchin*, traduction du terme bouddhique चक्री *tchakrî* ou चक्रवर्ती *tchakravartî* ; le masculin se trouve en mongol sous la forme ܪܡܕܠܚܡܠܩ *kurdutu*.

immense chronique furent des documents mongols, en particulier le «Livre d'Or» سیٔم جوهَک qu'il ne mit pas en œuvre lui-même, et pour cause. La connaissance du mongol et du chinois que Quatremère lui a supposée est très hypothétique et, en admettant qu'il l'ait possédée, le vizir n'aurait jamais eu le temps matériel de traduire du mongol en persan tous les documents à l'aide desquels et sur lesquels fut rédigée l'histoire du monde altaïque. Ce qui est certain, c'est que les personnes qui travaillèrent pour lui s'acquittèrent fort consciencieusement de la tâche qu'il leur avait confiée et qui n'allait pas sans offrir des difficultés. Il est impossible d'ailleurs qu'une pareille masse de faits historiques et de détails de tous genres se soient transmis oralement, en dehors d'une tradition écrite, et l'on voit, à certains détails, très insignifiants en apparence, que les collaborateurs de Rashid ed-Din se trouvaient en face de documents d'une précision insuffisante qui laissent place au doute et que, dans certains cas particulièrement difficiles, ils ont commis des erreurs de lecture qui ne peuvent s'expliquer si l'on admet une transmission orale des documents qui sont à la base de l'histoire des Mongols. L'un des princes de la lignée de Tchaghataï, qui régna dans le Turkestan à l'époque de Koubilaï, est nommé tantôt آلغو Alighou, ou plutôt Aloughou, et tantôt ناليغو Nalighou; il est assez difficile de déterminer quelle est la forme exacte de ce nom (voir page ۴۳۱), mais ce qui est certain, c'est que Alighou ne dérive pas, par le jeu de l'usure phonétique, de Nalighou, car il n'existe pas dans toute la langue mongole un seul exemple de la chute d'un *n* initial: tout s'explique si l'on reconstitue la forme mongole que Rashid, ou plutôt ses secrétaires, eurent sous les yeux et qu'ils transcrivirent en caractères persans. آلغو Alighou est سیحٮٮو et ناليغو Nalighou est ٮسیحٮٮو, formes qui ne diffèrent que par un seul point; il est évident que, dans les documents qui parlaient de ce prince, son nom se trouvait écrit tantôt avec un point, tantôt sans point, sur la première lettre et que les traducteurs ont transcrit fidèlement ce qu'ils avaient sous les yeux, la première forme par آلغو, la seconde par نالیقو. Et cela est pleinement confirmé par ce fait que les historiens chinois ont commis sur ce même nom une erreur de lecture identique et qu'ils nomment ce prince tantôt 阿魯忽 A-lou-hou, ce qui correspond à مسینتو et 納里忽 Na-li-hou qui, comme نالیقو, transcrit تسینتو; cela prouve même que les historiens chinois à Pé-king, au commencement du règne des Ming et l'auteur persan à Tauris ont consulté et résumé une même chronique qui était écrite en mongol. Il est facile de montrer par un passage du manuscrit complet de la *Djami el-tévarikh* qui a été copié pour Shah Rokh Béhadour, et qui est aujourd'hui conservé au British Museum, ainsi que par d'autres preuves tirées de certains manuscrits de cette chronique, que bien loin de laisser sans ponctuation les consonnes de ces noms propres mongols, turks, chinois, sanskrits, tibétains ou même russes, les rédacteurs de l'histoire des Mongols avaient poussé la précision jusqu'à les vocaliser entièrement et que ce furent les copistes qui, par négligence et par paresse, supprimèrent la vocalisation, puis les points diacritiques des noms propres.

Un prince mongol, petit-fils de Koubilaï et gouverneur du Tangghout, portait un nom universellement respecté par tous les Bouddhistes, celui d'Ananda, le cousin et le principal disciple du Bouddha Sakyamouni, qui parait dans tous les djatakas et qui vécut, en même temps que le Tathagata, les existences infinies du *samsara*. Ce nom sanskrit a été complètement défiguré par les copistes de tous les manuscrits, mais, au folio 589 verso, on le trouve vocalisé آنَنْدَه, avec l'omission d'un seul point, pour آنَنْدَه. La vocalisation du nom d'Ananda n'est pas un fait isolé et, quand bien même on ne posséderait que ce seul exemple dans tous les manuscrits de la *Djami el-tévarikh*, on serait forcé d'en inférer qu'elle remonte à l'original; si l'on trouvait cette vocalisation appliquée à un nom propre turk ou mongol, d'homme ou de tribu, si compliqué soit-il, comme أُوِلْجَاى يَابُوغَان, اَلْنَان قُوتُوقُو كُونْچَك تِيمُور ou on ne serait en droit d'en rien conclure, car, en fait, les Timourides étaient les proches parents des Mongols et, comme on le voit par le *Matla el-saadeïn*, ils portaient des noms qui avaient été ceux des princes tchinkkizides, comme جُوكِي, قَيْدُو et dont, à leur époque, on connaissait certainement la prononciation exacte; mais, sous le règne de Shah Rokh, personne dans toute la Perse et la Transoxiane n'aurait été capable de reconnaître dans اانند la transcription du nom sanskrit ब्रानन्द, dans مينكقالا celle de मंगल, de voir dans le nom du prince du Tchaghataï شيرين ترمه le sanskrit धर्मश्री et de vocaliser ces noms d'une façon exacte. D'ailleurs, dans d'autres manuscrits de la *Djami el-tévarikh*, on trouve les noms des empereurs Soung 光宗 Kouang-Tsoung transcrit كوَانْك زون, 寧宗 Ning-Tsoung نِينْك زون, et ceux des empereurs Kin 世宗 Shih-Tsoung شِيزُون, 章宗 Tchang-Tsoung جَنزون et personne, sauf Rashid ed-Din et ses collaborateurs, n'a jamais été à même de vocaliser ces noms. Il n'y a pas à douter, comme l'on voit, que l'exemplaire original de la *Djami el-tévarikh* n'ait été vocalisé dans son entier comme un autre manuscrit des œuvres de Rashid qui est conservé à la Bibliothèque Nationale et dont je vais parler.

Comment, dans de telles conditions, expliquer que les copistes qui travaillaient dans le médrésèh de Rashid, à Tauris, aux frais de Rashid, ont omis, non seulement la vocalisation, mais même la ponctuation des noms mongols, chinois et sanskrits, les rendant ainsi complétement inintelligibles, quand on ne les retrouve pas dans le *Youen-ssé*.

Il existe dans le fonds arabe de la Bibliothèque Nationale, sous le n° 2324, un manuscrit des œuvres mineures de Fadl Allah Rashid ed-Din qui sort de l'atelier de copie de la mosquée de Tébriz et qui montre l'ondoyante diversité de cet esprit ouvert à toutes les questions et dont l'activité s'étendait à toutes les branches des connaissances humaines. Cet immense recueil auquel l'auteur de l'histoire des Mongols avait donné lui-même le titre de المجموعة الرّشيديّة, ou plutôt de جامع التصانيف الرّشيدى, contient quatre séries de traités qui offrent un intérêt assez contingent pour la critique occidentale. Ce sont les التوضيحات, éclaircissements sur divers points du dogme coranique et des traditions; le مفتاح التفاسير qui comprend deux lettres dans l'une desquelles Rashid montre, avec une surprenante habileté, que le Koran est le chef d'œuvre de la littérature arabe et que son interprétation peut s'étendre indéfiniment, le السّلطانيّة, dans lequel on trouve, entre autres choses, la définition exacte des termes techniques de la théologie musulmane, et les لطائف الحقائق dans lesquelles Rashid donne la solution de plusieurs problèmes théologiques.

La copie de ces quatre ouvrages, qui ne manquent point d'intérêt pour l'étude trop délaissée de la théologie et qui, comme l'auteur n'a pas craint de l'écrire de sa propre main, renferment en même temps des dissertations approfondies sur les dogmes essentiels de l'Islam, de judicieuses observations sur les diverses branches des sciences et d'utiles remarques pour toutes les personnes qui veulent examiner et connaître dans le détail les merveilles des êtres[1]), est précédée des attestations signées de soixante et dix juristes qui témoignent de la parfaite orthodoxie de la doctrine théologique et philosophique émise par Rashid ed-Din.

---

[1]) man. 2324, folios I et ssq.

Ce manuscrit, qui forme un énorme in-folio de 52 cent. sur 32 cent. écrit à raison de 35 lignes de 28 cent. à la page dans un très bon neskhi cursif largement vocalisé, est entièrement conforme à la description que Rashid ed-Din a tracée des exemplaires qu'il voulait que l'on copiât dans la mosquée du Raba-i Réshidi: «Nous avons déjà composé, en plus de ce livre, dit l'auteur, d'autres ouvrages qui traitent de toutes les sciences et nous avons fait exécuter de chacun plusieurs copies ne contenant chacune qu'un seul traité; ... nous avons ordonné de déposer un exemplaire de chacun de ces livres dans la fondation pieuse que nous avons instituée à Tébriz et qui est connue sous le nom de el-Raba el-Réshidi [1]) pour que toute personne puisse les copier à sa guise; ... nous avons voulu faire copier toutes nos œuvres dans un seul volume qui restera comme un monument de notre mémoire pour les hommes qui viendront après nous» [2]).

«Parmi toutes les clauses que l'auteur a stipulées [3]) dans l'acte de vakf de la fondation pieuse nommée el-Raba el-Réshidi, dit Rashid ed-Din, se trouve celle-ci, que la personne qui sera chargée d'administrer les revenus de ses legs sera tenue de faire exécuter chaque année deux copies complètes de tous ses ouvrages.

«On emploiera pour cela faire du grand papier de Baghdad, qui ne laisse rien à désirer ni pour la beauté, ni pour la finesse et l'on aura soin que l'écriture soit belle et lisible.... Le préposé à l'administration financière des vakfs choisira deux

---

[1]) Rashid dit plus clairement un peu plus loin, page CLXIII: فى أبواب البرّ الواقعة بظاهر بلدة تبريز الموسومة بالربع الرشيدى فى القبة العظيمة التى بناها لاخرته «dans la fondation pieuse qui se trouve en dehors de Tébriz et qui est nommée el-Raba el-Réshidi, dans le grand édifice qu'il a construit pour le salut de son âme dans l'autre monde».

[2]) Man. arabe 2324, f. 1; le texte a été publié par Quatremère dans sa préface à l'*Histoire des Mongols*, page CXLVIII.

[3]) *ibid.*, page CLXIV.

copistes lettrés qui réunissent la célérité à la beauté de l'écriture de telle façon que les deux exemplaires soient écrits, reliés, dorés et collationnés dans le courant de l'année, sans aucun retard ni aucune négligence.... Nous permettons à toute personne de copier nos ouvrages sur les originaux déposés dans le el-Raba el-Réshidi, mais sous la condition formelle qu'ils ne seront jamais prêtés au dehors».

Le manuscrit de la المجموعة الرّشيدية de la Bibliothèque Nationale est parfaitement conforme à cette description, la copie en est exécutée sur de très beau papier de Baghdad, de la plus grande dimension que l'on puisse trouver et dont chaque feuille a simplement été pliée en deux de façon à fournir quatre pages au copiste. La copie de ce volume monumental qui ne compte pas moins de 375 feuillets, et qui contient un assez grand nombre d'enluminures analogues à celles dont parle Rashid dans le passage que l'on vient de lire, a demandé trois années de travail, ce qui est en contradiction absolue avec les conditions imposées par Rashid à l'administrateur du Raba-i Réshidi, mais, à cela près, les caractéristiques de l'écriture de ce volume sont bien celles qu'imposa l'auteur de l'histoire des Mongols: la netteté du caractère et la rapidité de l'exécution, car le copiste, qui était évidemment attaché à la mosquée du Raba-i Réshidi, qui travaillait du vivant de Rashid ed-Din et dont l'œuvre fut peut-être retardée par quelque cause que nous ne connaissons point, Mohammed el-Emin, prend, dans l'une des souscriptions du manuscrit, le surnom de «tachygraphe» *zoud-nivis*

هذه الرسالة كتابة على يد احوج عباد اللّه الى رحمته محمّد الامين المعروف بزود نويس البغدادى فى سنة عشر وسبع ماية التاريخ الهجرة الشريفة المعظّمة النبويّة (¹

Tel était, à très peu de chose près, le format des exem-

---

¹⁾ folio 117 v.

plaires complets de la *Djami el-tévarikh* et de la *el-Medjmoua el-Réshidiyyèh* qui sortirent de l'atelier de copie du Raba-i Réshidi de Tébriz; quant aux exemplaires qui comprenaient seulement une partie de l'œuvre de Rashid, les copistes, pour des raisons faciles à comprendre, se contentèrent d'un format plus modeste qui correspond à notre très grand in-4⁰ ou, si l'on veut, au petit in-folio.

Ce fut évidemment l'un de ces immenses exemplaires de la جامع التواريخ qui arriva en la possession du sultan mongol Shah Rokh Béhadour, fils de l'émir Témour Keurguen et dont la copie, exécutée par cahiers, par des scribes de valeur très inégale, dont la mentalité et l'instruction étaient en raison complétement inverse de la beauté de leur écriture, se trouve aujourd'hui conservée au British Museum sous la cote Add. 7628. Cet exemplaire, pour lequel on a du choisir un papier d'un format à peu près identique à celui de l'original, compte 728 feuillets qui mesurent 49 sur 30 cent., écrits à raison de 33 lignes de 20, 5 cent. à la page, toutes dimensions qui, comme on le voit, se rapprochent beaucoup de celles de l'exemplaire de la المجموعة الرشيدية qui a été décrit un peu plus haut.

Ce sont également ces dimensions colossales que l'on a réduites dans une proportion un peu plus forte dans un exemplaire complet de la جامع التواريخ qui est conservé aujourd'hui à la Bibliothèque de l'East India Office (n⁰ 3524) et qui mesure 39 sur 25 cent.

Il est vraisemblable que l'illustre auteur de la *Djami el-tévarikh* n'obéissait pas seulement à un sentiment assez banal de mégalomanie en imposant à l'administrateur de la mosquée du Raba-i Réshidi un format aussi inusité et aussi peu maniable; mais le vizir savait par expérience ce qui était advenu des grandes chroniques musulmanes, telles que celles de Tabari et d'Ibn el-Athir, copiées en plusieurs volumes dont les exemplaires se dépareillaient au lendemain de leur copie. Il est évident qu'à l'époque de Rashid, comme aujourd'hui dans les grandes bibliothèques européennes, on ne possédait pas un exemplaire tant soit peu ancien et exact de Tabari formé de volumes de la même main et que l'on était réduit à composer artificiellement un exemplaire complet de la chronique de volumes dépareillés, d'époques et de valeur critique extrêmement diverses.

C'est évidemment pour éviter une pareille malchance que Rashid ed-Din exigeait que l'on copiât ses œuvres dans un seul volume, ou plutôt, car cela était à peu près impossible, que l'on formât un seul volume de la جامع التواريخ et un seul volume de ses œuvres mineures, la المجموعة الرشيدية.

Quand on juxtapose par la pensée les deux immenses volumes qui contiennent l'œuvre de Rashid, le manuscrit de la *Djami el-tévarikh*, qui se trouve aujourd'hui au British Museum après avoir appartenu à Shah Rokh Béhadour, et celui de ses ouvrages religieux et philosophiques, qui forment à eux deux 2200 pages du plus grand in-folio, on se demande avec stupeur comment un homme a eu le temps matériel d'acquérir une science aussi variée et de noircir tant de papier.

Sans doute, il existe dans les littératures orientales des œuvres gigantesques, telles l'histoire de Tabari, celles d'Ibn el-Athir, de Makrizi, d'Aboul-Mahasen, le divan de Férid ed-Din Attar qui dépasse, et de beaucoup, le Livre des Rois, l'œuvre de Soyouti qui a écrit sur tous les sujets; quelques uns de ces livres ont été rédigés dans des conditions de travail invraisemblables, au milieu d'occupations en complète divergence avec les soucis littéraires, mais il y avait dans la vie et dans l'œuvre de leurs auteurs une unité qui leur permettait de reprendre un même travail, ou des travaux très analogues, en suivant le fil d'une même pensée interrompue par les servitudes de leur métier. Tel ne fut jamais le cas du vizir de Ghazan et d'Oltchaïtou que ses multiples occupations portaient en même temps aux quatre coins du champ de l'intellect humain. Rashid exerça la médecine durant la plus grande partie de sa vie, tant dans la clientèle privée qu'à la cour, et ce fut seulement à un âge avancé, alors qu'il avait passé plus d'un quart de siècle dans ces fonctions obscures qui n'eussent point fait sortir son nom d'un oubli complet, qu'il fut investi par Ghazan d'une charge politique extrêmement délicate et écrasante qui ne lui laissait presque pas de loisirs.

On a vu que, pour sauvegarder sa situation attaquée de tous les côtés par des adversaires inlassables, Rashid, quand il s'était acquitté des soins du gouvernement, devait aller faire au sultan une cour assidue et déjouer les machinations des nombreux ennemis que sa fortune lui avait attirés; c'était pour lui une obligation de tous les instants et qui ne souffrait aucune défaillance de surveiller tous ceux qui avaient intérêt à ruiner son crédit, car il tomba dans une disgrâce complète pour avoir été empêché durant quatre mois, par une maladie, d'aller tenir son rôle chez le Maître du monde. De plus, il était extrêmement jaloux de son autorité et, pour être seul à jouir de la faveur du monarque, il se fût volontiers mis sur les bras toutes les charges de l'administration de l'Iran.

Si l'on admettait que Rashid a tout seul, au milieu des complications de sa vie politique, composé l'histoire des Mongols dont une grande partie est la traduction en persan de l'*Altan debter* et d'autres documents écrits en mongol et en turk, il en faudrait conclure que sa chronique est une œuvre de pure fantaisie, tout au plus un ramassis de légendes et de racontars sans l'ombre d'authenticité ni d'esprit critique. Imprimé sans aucune note, à pages pleines, dans le format de ce livre, l'histoire des Mongols formerait trois volumes de 600 pages et il est impossible qu'un homme qui s'aventure pour la première fois sur un terrain complètement inconnu et aussi glissant, sans savoir jusqu'où son travail l'entraînera, puisse, en moins de trois ans, d'après des documents écrits dans deux langues étrangères et une source orale qu'il fallait se donner la peine de recueillir, établir une histoire sérieuse, dans une période qui est loin de représenter le temps de l'impression de son texte définitivement établi.

Si l'on ne connaissait l'histoire des Mongols que par la

chronique de Rashid, il serait impossible de déterminer la valeur exacte de cette œuvre et l'on en serait réduit à ne lui attribuer qu'une créance des plus modérées et à se résigner à ne connaître les événements qui se sont succédés dans le monde altaïque, d'Along-Goa au règne de Témour, qu'à travers un document d'une authenticité douteuse; mais la comparaison du récit de l'historien persan qui écrivit à Tauris au commencement du XIVe siècle avec celui des annales du Céleste Empire, le *Youen-ssé*, qui fut composé dans les premières années du règne du Thaï-Tsou des Ming, à Pé-king, d'après des pièces d'une authenticité incontestable, montre que la chronique musulmane et l'histoire chinoise racontent identiquement les mêmes faits, dans le même ordre, de la même façon, à quelques variantes près qui s'expliquent aisément: si l'on en excepte l'histoire des tribus turkes, qui n'intéressait pas les Chinois et dont ils n'ont rien dit, la chronique persane a vu l'histoire mongole sous son aspect occidental et la chronique chinoise sous son aspect oriental. Les Persans n'ont pour ainsi dire pas connu les noms des personnages dont le rôle s'est passé exclusivement à la Chine et le *Youen-ssé*, rédigé à Pé-king en partie sur des documents écrits au jour le jour dans la capitale, ne peut davantage parler des événements qui se sont déroulés dans l'Azerbeïdjan ou dans le Khorasan, ni des personnages qui les ont provoqués ou qui en ont été les victimes. Sous ces réserves, il est évident que la *Djami el-tévarikh* et le *Youen-ssé* racontent[1]) identiquement la même histoire, mais vue de deux

---

[1]) Les tables qui se trouvent dans le *Youen-ssé*, tant celles des princes que celles des officiers, présentent des divergences notables avec les renseignements donnés dans la *Djami el-tévarikh*. Beaucoup de généraux cités dans les listes chinoises des grands officiers ne paraissent pas dans Rashid ed-Din, tandis que par contre, on ne trouve pas dans le *Youen-ssé* les noms des chefs d'armée qui, suivant l'historien persan, commandaient les troupes du khaghan sur les frontières de l'empire. Il ne faut pas en conclure, comme on l'a fait au XVIIIe siècle, que le récit de Rashid n'offre pas les mêmes garanties d'authenticité que celui du *Youen-ssé* et que les noms qui y figurent et qu'on ne

côtés divergents et il existe, dans la chronique persane et dans les annales chinoises, des passages qui sont la traduction, ou plutôt l'adaptation, d'un même document mongol, résumé à Tauris et à Daïdou dans des sens différents, d'après des idées différentes. J'en citerai un exemple qui est suffisamment caractéristique et qui se trouve dans l'histoire de l'expédition que Koubilaï conduisit en 1259 contre la monarchie des Soung et dont le principal épisode fut le siège de la ville de O-tchéou: « Quand Koubilaï-Kaan fut parti de Mongolie et fut arrivé sur les bords du grand fleuve des Nangiyas (les Chinois du sud) que l'on nomme Khoueï-kho, il reçut des nouvelles du malheur qui était arrivé à Monkké-Khaghan; il tint conseil avec Baghatour Noyan, petit-fils de Moukouli Kao-yang, et lui dit: Nous ne devons pas nous laisser émouvoir par ces mauvaises nouvelles ».

On lit dans le passage correspondant du *Youen-ssé* (chap. IV, page 4): 九月壬寅朔親王穆哥自合州釣魚山遣使以憲宗凶聞來告且請北歸以繫天下之望帝曰吾奉命南來豈可無功遽還 ce qui, traduit littéralement signifie « A Jeu-yin, trouve pas dans l'histoire chinoise sont des inventions des Tadjiks. La similitude absolue du récit des événements qui sont racontés à la fois par l'historien persan et par le *Youen-ssé* suffit à prouver que l'on peut accorder une entière confiance aux parties qui ne se trouvent que dans l'une des chroniques, sans avoir de correspondantes dans l'autre. Rashid donne l'aspect persan de l'histoire des Mongols, le *Youen-ssé* l'aspect chinois et administratif. Néanmoins, de la comparaison du texte de la *Djami el-tévarikh* avec les tableaux du *Youen-ssé*, il résulte qu'il s'est produit des déperditions sensibles dans les listes chinoises et qu'on n'y retrouve pas des noms d'officiers qui sont indiqués par Rashid en conformité avec le texte des biographies du *Youen-ssé*; cela prouve qu'il y a eu des défaillances dans l'immense travail de dépouillement qu'a exigé leur établissement et qu'il ne faut, ni leur attribuer une autorité absolue, ni les opposer au texte de Rashid.

1) page ۱۴۷v.

le premier jour du neuvième mois, un ambassadeur envoyé par le prince Mouké vint de Ho-tchéou, du mont Tiao-yu, pour lui demander (à Koubilaï) ses ordres en ce qui concernait la mort de Hsien-Tsoung (Monkké Khaghan) et pour l'inviter à retourner dans le nord pour régler les destinées du monde [1]); mais Koubilaï répondit: «J'ai reçu l'ordre de marcher au sud, est-ce qu'il m'est possible de rétrograder subitement sans avoir remporté des victoires?» Il est difficile de ne pas remarquer le parallélisme qui existe entre le texte de Rashid ed-Din et celui du *Youen-ssé*; on en pourrait citer un autre exemple, celui de l'histoire de Patchiman, capturé dans son île de la Caspienne par les soldats de Monkké, grâce à une dénivellation subite des eaux, mais il n'emporte pas l'évidence, car il est plus que vraisemblable que Rashid a copié cet épisode dans le *Djihan-koushaï* d'Ala ed-Din Ata Mélik el-Djouveïni et je n'ai pas à m'occuper ici des sources mongoles du *Djihan-koushaï*.

Le mystère s'expliquerait aisément si l'on admettait, ce dont Rashid a pris garde de ne point parler, que le vizir, tout en gardant la direction effective du travail, avait réparti la rédaction de l'histoire des Mongols, ou tout au moins une première rédaction, entre plusieurs personnes qui travaillaient simultanément ou bien, ce qui est également possible, que Rashid avait commencé une histoire des Mongols quelque vingt années auparavant et qu'il se fit donner par Ghazan l'ordre d'en écrire une, de sorte qu'il n'eut qu'à faire mettre au net un manuscrit plus qu'aux trois quarts achevé.

Si l'on en croit l'auteur d'une vie d'Oltchaïtou, dont il a été souvent question dans cette préface, Abd Allah el-

[1]) 天下 «le monde» signifie ici l'empire mongol; il est curieux de trouver la traduction arabe de ce mot, ﻋﺎﻟﻢ, employée dans l'histoire d'Oltchaïtou d'Abd Allah el-Kashani et par le continuateur de Rashid ed-Din pour désigner l'empire mongol de Perse.

Kashani, les choses se seraient même passées d'une façon beaucoup plus simple.

« Le dimanche 5 de Shavval (706), correspondant au sixième jour du mois turk de Utchuntch, Urtu-Khata arriva du Khorasan ; le vendredi, dixième jour de ce mois, continue el-Kashani [1]), le vizir de l'Iran, Khadjèh Rashid ed-Din pré-

[1] و روز یکشنبهٔ پنجم شوال موافق ششم أُجونچ اَی وصول اُردوقتا از جانب خراسان و آدینهٔ دهم دستور ایران خواجه رشید الدین کتاب جامع التواریخ که تالیف و تصنیف این بیچاره بود بدست جهودان مردود بر رای پادشاه عرضه کرد و جایزهٔ آن پنجاه تومان مال از املاك و ديه و ضياع بستند و هر سال از محصول مستندرکات و ربوع ارتفاعات آنجا بیست تومان نقد عفوًا صفوًا بوی میرسد و با وجود وعدهٔ تنصیف یك درم به مولّف و مصنّف آن نداد که سعی بلیغ و جهد نجیح نموده بود و بسالها جمع کرده ‖ بیت
رنج من بردم ولی مخدوم من ۞ آن بنام خویشتن بردار کرد
۞ فراوان نواخت و سیورغامیشی یافت ; man. supp. persan 1419, folio 37 verso.

Comme l'indique suffisamment le sens de اُجونچ, qui est une forme ouïghoure correspondante à l'osmanli اوجنجی *utchundji*, اُجونچ آی signifie le troisième mois ; les noms des mois ouïghours sont ainsi donnés et expliqués dans le *Vocabulaire ouïghour-chinois* : 1° ܐܠܢ ܐܝ, en chinois *a-lan aï* 正月, premier mois, en transcription arabe آرام اَی *aram aï* ; 2° ܐܝܟܢܬܝ ܐܝ *i-kin-ti aï* 二月, ایکندی اَی *ikindi aï* ; 3° ܝܘܫܘܢܬܫܗܘ ܐܝ *yu-shouen-tchheu aï* 三月, اُجونچ اَی *utchuntch aï* ; 4° ܬܘܐܘܠܬܘܢܬܫܗܘ ܐܝ *tou-eul-toun-tchheu aï* 四月, تورتونچ اَی *teurtountch aï* ; 5° ܦܝܫܢܬܫܗܘ ܐܝ *pi-shen-tchheu aï* 五月, بیشینچ اَی *beshintch aï* ; 6°

senta à l'empereur, par la main de juifs maudits, le livre intitulé *Djami el-tévarikh* qui est l'œuvre et le travail de

an-ting-tchheu aï 六月, اى النينج *altintch aï*; 7° ܣܠܕܚܬܐ *yi-ting-tchheu aï* 七月, اى ييتينج *yitintch aï*; 8° ܣܪܝܚܬܐ *saï-sin-tchheu aï* 八月, اى سكسينج *seksintch aï*; 9° ܣܚܣܬܚܬܐ *tou-soan-tchheu aï* 九月, اى توقسونج *toukhsountch aï*; 10° ܣܬܚܬܐ *ouo-nan-tchheu aï* 十月, اى انونج *onontch aï*; 11° ܘܚܣܐ ܣܪܝܕܚܬܐ ܣܢ *pi-eul yi-ki-eul-ming-tchheu aï* 十一月, اى بير يكرمينج *bir yigir-mintch aï*; 12° ܣܢ ܥܣܬܣܘܚܡ *tcha-sha-pou aï* 十二月, en transcription جقشابوط اى et جقشاباط اى *tchaghshapout aï*; le mois intercalaire se nommait ܣܢ ܚܫܕܡ *shun aï* 閏, en transcription شون اى *shun aï*. L'année ouïghoure était divisée en 4 saisons ܡܚܠܗܡ ܚܚܡ *tou-eul yu*, soit *teurt out* et en 8 temps ܣܪܝܕ ܥܣܣ *saï-ki-sse tcha*, soit *sékiz tchagh* جاغ سكيز ou جاغ ساكيز. Shihab ed-Din el-Omari dit dans le *Mésalek el-absar* (man. ar. 2325, folio 93 verso) qu'un célèbre sheïkh qui vivait à son époque, Aboul-Théna Mahmoud ibn Aboul-Kasem el-Isfahani, lui raconta que Rashid ed-Daulèh avait composé un livre nommé la «Somme des chroniques», qu'il le présenta au sultan Khodabendèh (lire خربند *Khorbanda*) et qu'il lui tint ce discours: «Aristote avait fait un livre nommé....... qu'il offrit à Iskender; le roi lui donna en présent un million de dinars, et tu ne peux pas te montrer moins généreux à mon égard que ne le fut Iskender à l'égard d'Aristote». C'est ainsi que Rashid se fit donner des propriétés foncières et immobilières dont la valeur atteignait celle de trois héritages. Le sheïkh Aboul-Théna el-Isfahani ajouta qu'à l'époque où il parlait, ces biens étaient en la possession des fils de Rashid ed-Daulèh et de sa postérité».

وحدّثني شيخنا فريد الدهر ابو الثنا محمود بن ابى القاسم الاصفهاني اطال الله بقاه ان خواجا رشيد الدولة الّف كتابا سمّاه [جامع التواريخ] وقدّمه للسلطان خدابنده وقال له ان ارسطو عمل كتابه

l'auteur infortuné de la présente histoire; il reçut comme récompense de cette œuvre la valeur de cinquante tomans, en propriétés foncières, en villages et en terres cultivables. Chaque année, il en tire, sans aléa, un revenu de vingt tomans d'argent liquide qui provient tant du produit des impôts que du prélèvement de la meilleure partie des récoltes. Quoiqu'il eût promis de partager cette somme par moitié avec l'auteur du présent livre, il ne lui donna pas une pièce d'argent, bien qu'il ait montré un zèle extraordinaire et qu'il ait mené cette œuvre à bonne fin par un travail acharné de plusieurs années. Rashid reçut beaucoup de félicitations et de faveurs du sultan ».

Il est difficile de ne pas être frappé de la simplicité et du ton de sincérité avec lesquels Abd Allah el-Kashani lance contre Rashid cette accusation qui ne saurait être plus formelle, sans l'accompagner d'aucun commentaire, ni d'imprécations en vers qui ne feraient guère qu'en atténuer la portée. On y sent passer la résignation d'un homme lésé d'une façon odieuse qui sait que toutes ses réclamations

المسمّى .... وقدّمه للاسكندر فاجازه عليه الف الف دينار وما انت ممّن ترضى ان تكون دون آلاسكندر لأرسطو فاخذ به خواجا رشيد املاكًا و عقارًا قيمتها قدر المبلغ ثلث مرات قال والاملاك الى الآن فى يد اولاده وذرّيته. D'après l'équivalence donnée par Shihab ed-Din el-Omari, il s'en suit que les 50 tomans dont parle el-Kashani valaient 1 000 000 de dinars, autrement dit, qu'un toman valait 20 000 dinars et l'unité monétaire des Mongols 2 dinars, soit un poids de 8 grammes 50 d'or. On a vu plus haut, page 13, que les revenus de l'empire mongol de Perse et de l'Irak étaient de 20 tomans pour 3 jours, soit 2433 tomans par an ou 48 660 000 de dinars = 1 418 439 000 de francs, somme qu'il faudrait multiplier par 8 pour avoir son équivalence en monnaie de notre époque, de sorte que le budget de l'empire, à l'époque d'Oltchaïtou, représentait plus de onze milliards d'aujourd'hui, sans compter ce que les fonctionnaires, les مظلمة, mettaient dans leurs poches.

seront vaines et superflues, et que, lorsqu'on occupe un rang modeste et obscur dans l'administration, il est dangereux d'intenter un procès à ceux que leur science de la vie et leurs fourberies ont portés au pouvoir.

Cette impression ne fait que s'accentuer à la lecture de la préface qu'Abd Allah el-Kashani a écrite comme introduction à son histoire de Khorbanda Oltchaïtou, dans laquelle il expose ainsi qu'il suit les motifs qui l'ont conduit à entreprendre la rédaction de cet intéressant ouvrage après s'être libéré de l'immense travail qu'il accuse Rashid d'avoir signé de son nom:

«Et maintenant, voici que j'ai terminé entièrement[1]) la rédac-

1) امّا بعد چون از سیاقت اتمام جامع التواریخ که مضمون آن مشتملست بر صادرات اعمال و نادرات اثار و اخبار پادشاهی و جهانگیری و عالم کشای و وضع احکام سیاسات شاه شاهان و خان خانان جنکیز خان و اسلاف بزرکوار و اخلاف نامدار و اورق و اعقاب جهاندار او که هر یك خانی است و اقلیمی از مسالك ممالك مقصورة معمورة زمین از کوه و هامون و اصقاع بقاع ربع مسکون مسخّر کرده و از نقطة مشرق و جی جیبم که مبداء طول عمارت عالم است تا اقصاء شام و مصر که طول و عرض بسیط محیط آن از یك سالة راه افزونست در قبضة قدرت و کف کفایت اوروغ جهاندار سر افراز او و امروز هر یکی از ایشان مملکتی طویل بسیط با لشکرهاء عرمرم و ایراختنه معظم در قبضة تصرّف و حوزة تملك خود آورده که چریك و چهارپایان ایشان در جوف سطح زمین نمیکنجد و جملة سلاطین عصر و پادشاهان و ملوك عهد محکوم حکم ایشانند و عقود سلسلة نظم دولت ایشان که بانقراض ملك عالم و انقضاء اصل و نسل بنی آدم مسلسل و منعقد بلد از خاتون الانقوا که توچین که ابا و اجداد بزرکوار وی اند و از جنکیز خان تا غازان خان سعید مغفور انار الله

tion de la *Djami el-tévarikh* qui contient la geste du roi des rois, de l'empereur des empereurs, Tchinkiz-Khan, l'his-

برهانه ذرّيّةً بعضها من بعضٍ بطنًا بعد بطنٍ يكى بعد از يكى در
سلك كلك تأليف و سمط عقد سياقت ترتيب آورده شد تا نام
اين پادشاه دولت يار .... جنكيز خان سياست، تولوى صلابت،
[مونككا] قاآن بسطت، قوبلا عظمت، هولاكو مهابت، اباقا سماحت،
ارغون هدايت، غازان عدالت .... خاقان الاعظم، مالك رقاب الأمم،
سلطان سلاطين الترك والعجم، ظلّ اللّه فى العالمين، .... غياث
الحقّ والدّنيا والدّين والدّولة اولجايتو سلطان محمّد
خُربنده
بيت
شاهى كه بهمّت بكذشت از [جمر] افلاك   شاهى كه بدولت بكذشت از [سر] كردون
كرد سپهش خواسته از مشرق ومغرب   ماه علمش تافته بر دجله و جيحون
بنابر اين مقدّمات مؤلّف اين تركيب و مصنّف اين ترتيب
بندهٔ كمترين ابو القاسم عبد اللّه بن على محمّد القاشانى كه
بقدمت خدمت اين خاندان خلود اساس موسوم است و ناصيهٔ او
بداغ عبوديت مرقوم .... خواست كه مكافات و مجازات حقوق
قديم و حديث نعمت او بقدر وسع و طاقت و امكان توانايى
و مقدرت بكذارد و باركاه دولت اين پادشاه فرجمندرا از كاركاه فكر
خود تحفه بر دارد .... و تواريخ حوادث و وقايع ايّام دولت او كه
خلاصه و نقاوهٔ جامع التواريخ است تتيمه و ضميمهٔ آن كردانند تا
لواحق بسوابق و آغاز بانجام مقرون و مضمون كردد ;*ibid.*, fol. 2 r. et ssq.

چى ; و ضى خسم و چى جيپم est écrit dans le manuscrit qu'il faut peut-être corriger en چوى est fort exactement le chinois 洲 ou 州 *tcheu* (prononcé suivant les dialectes *tcheu*, *tchéou* ou *tchou*) qui, en chinois, signifie une île; جيپم Dji-pem est, avec l'alternance fréquente de *m* et *n*, la transcription du nom du Japon 日本 Dji-pen qui a exactement le même

toire de sa souveraineté et de la conquête du monde, les lois qu'il imposa à l'univers, les hauts faits de ses illustres ancêtres, les exploits glorieux de ses descendants, l'histoire de tous les princes de sa maison et de son sang qui ont exercé la souveraineté, dont chacun a conquis un des climats de cette terre heureuse et fortunée, et soumis à son sceptre les montagnes et les déserts, les plaines et les grèves du monde.

Depuis le Soleil Levant et les îles du Japon, qui sont l'origine des longitudes de la partie habitée de ce monde, jusqu'aux frontières les plus lointaines de la Syrie et de l'Egypte, la largeur et la longueur totales de cet empire étant plus considérables qu'une année de marche, le monde est soumis

sens que مشرق نقطهٔ, le Soleil Levant, ce qui montre que Kashani connaissait le sens des mots chinois. Il n'est pas inutile de remarquer que, chez les géographes musulmans, l'origine des degrés de longitude se trouve aux Iles Fortunées et nullement au Japon. A la place de ایراختهٔ معظم, le man. porte اندآختهٔ معظم; ایراختهٔ se retrouve dans le texte de Rashid, page ۱۸۹, dans un passage تا با ایراختهٔ جمع کنم qui ne laisse pas de doute sur son sens d'ami, de partisan; ایراختهٔ est très vraisemblablement la transcription du mongol ᠢᠷᠠᠭᠣᠬᠠ iraghota, cf. ᠢᠷᠠᠭᠣᠬᠣ iraghotou «gens agréables, avec lesquels on a du plaisir à vivre», de ᠢᠷᠠᠭᠣ iragho qui a le même sens. Ce mot se prononçait anciennement irakhota, d'où la transcription إِيرَاخْتهٔ; on comparera خُرْبَنْدَا Khorbanda qui transcrit une forme prononcée aujourd'hui ᠭᠣᠷᠪᠠᠨᠲᠠ ghorbanta. Il est douteux qu'il faille corriger اندآختهٔ en اندوختهٔ qui signifierait «chose amassée, trésor». L'expression سلطان السلاطين الترك والعجم est la traduction la plus fidèle qui se puisse imaginer de l'ancien titre des rois sassanides ملکان ملکا ایران و انیران malkān malkā-i Irān u Anīrān, et il n'y a pas à douter que le titre porté par les princes mongols au XIVe siècle ne se rattache directement à ceux des Sassanides; quant à ظل الله فى العالمين, on en retrouve l'équivalent dans le protocole des Osmanlis sous la forme ظل الله فى الارضين.

au sceptre de l'auguste famille de Tchinkiz-Khan; et aujourd'hui, chacun de ces princes possède un royaume immense, avec des troupes innombrables et une foule de partisans, au point que la surface de la terre n'est pas assez vaste pour contenir leurs armées et leurs chevaux : tous les souverains qui règnent à cette époque, tous les rois qui exercent la souveraineté sont soumis à leurs lois.

Et dans ce livre de la *Djami el-tévarikh*, j'ai noué avec art les mailles de la chaîne de leur dynastie, qu'elles s'entrelacent éternellement jusqu'à la consommation des siècles et jusqu'à l'extinction des fils d'Adam!, depuis la khatoun Along-Goa jusqu'à Témoutchin avec les princes qui furent ses glorieux ancêtres, et de Tchinkiz-Khan jusqu'à Ghazan-Khan, l'empereur au règne fortuné qui s'en est allé reposer dans la miséricorde de son créateur, qu'Allah illumine la pierre sous laquelle il dort!

J'ai raconté les histoires de ces princes, les unes après les autres, dans l'ordre de leur naissance, jusqu'à ce que je fusse arrivé au nom de l'empereur tout-puissant qui gouverne le monde avec l'autorité de Tchinkiz-Khan, qui possède le rigorisme de Touloui-Khan, l'excellence de Monkké-Kaan, la majesté de Koubilaï-Kaan, la puissance d'Houlagou, la libéralité d'Abaga, la rectitude d'Arghoun, l'équité de Ghazan, l'empereur auguste, devant lequel se prosternent les peuples de la terre, le sultan des sultans des Turks et des Persans, l'ombre d'Allah dans les deux mondes, Ghiyas el-Hakk wel-Dounia wel-Din wel-Daulèh Oltchaïtou Sultan Mohammed Khorbanda.

Comme conclusion de ces prémisses, l'auteur du présent livre, le moindre des serviteurs d'Allah, Aboul-Kasem Abd Allah ibn Ali ibn Mohammed el-Kashani, qui a passé sa vie au service et dans l'obéissance des princes de cette dynastie dont la puissance sera éternelle dans le monde, a voulu reconnaître, autant qu'il lui est possible de le faire, les bienfaits qu'il a reçus et qu'il reçoit encore de ces souverains, et leur témoigner la gratitude qu'il en a ressentie; il a voulu apporter au palais qui abrite la majesté de cet illustre sultan un présent qui fût l'œuvre de sa pensée et ajouter à la *Djami el-tévarikh*, pour en former l'appendice et la conclusion, le récit des faits et des événements qui se sont passés sous son règne, qui est la quintessence de ce qui se trouve exposé dans cette chronique, de façon à la compléter d'une façon définitive et absolue».

On ne saurait être plus catégorique et, si l'on ne possédait qu'un seul manuscrit, incomplet de sa préface, de l'histoire des Mongols, on n'hésiterait pas un instant, après avoir lu ce passage, à y voir la *Djami el-tévarikh* d'Aboul-Kasem Abd Allah el-Kashani.

C'est ce qui ne pouvait manquer d'arriver.

Il existe dans la bibliothèque de S. M. le roi de Prusse un manuscrit persan qui a été acheté en Perse par Minutoli, qui probablement d'après les indications d'un mirza quelque peu versé dans l'histoire littéraire de son pays, le considérait comme un fragment de la chronique écrite par Rashid. On lit en effet sur une fiche qui a été collée dans l'intérieur de la reliure du volume: جامع التواريخ, l'histoire universelle en persan».

Cette attribution est inexacte, mais l'on va voir qu'il était logique et inévitable qu'elle se produisît.

Ce manuscrit, qui est décrit sous le n° 368 de l'excellent catalogue de Pertsch[1]), commence après les invocations traditionnelles par une courte préface dont voici le texte et la traduction:

«Le compilateur de cette histoire[2]), l'auteur de ces pré-

---

[1]) *Die Handschriften-Verzeichnisse der Königlichen Bibliothek zu Berlin*, vierter band.

[2]) اما بعد جامع این حکایات و مولّف این مقدّمات و مقرّر این کلمات ابو القاسم عبد الله بن علی بن محمّد القاشانی بر رای مطالعان

misses, le narrateur de ces discours, Aboul-Kasem Abd Allah ibn Ali ibn Mohammed el-Kashani, expose ceci aux lecteurs

این تالیف و تنسیق و مستفیدان این تصنیف و تلفیق عرض میدارد که چون روزگار بعدل و رأفت خدایکان عالم پادشاه بنی آدم خاقان آلترك وآلعجم سلطان سلاطین العالم ظلّ (وان .man) اللّه فی الارض ناصر عباد اللّه حافظ بلاد اللّه غیاث آلدنیا وآلدین قامع آلکفرة والمشرکین قاهر آلفجرة والمتمرّدین ملاذ آلمؤمنین اولجایتو سلطان بن ارغون خان بن آباقا خان بن هولاکو خان (بن تولوی خان) بن جنکیز خان خلّد اللّه سلطانه و اعلی شانه بیاراست و از آثار عدل و عاطفت و مآثر مرحمت و تربیت عرصهٔ عالم از منکرات و محظورات بپیراست که ایام دولت او ما طلع آلصّباح و نادی المنادی بحیّ علی الفلاح پاینده و مستدام باد بحق الملك العلام بتأبید یزدانی و یمن فرّ و دولت ایلخانی از تاریخ و تألیف سایر عالم تلفیق و جماهیر مشاهیر بنی آدم مجموع هفت اقالیم از ابتدای مشرق تا انتهای مغرب فراغی نمود و در سبب تصانیف آن سلك كلك تحریر و تقریر متعقد و منتظم کشت بر وفق ملتمس فرمان نافذه خلّد ملکه و حسب مقتضای زمان و سبب انقلاب حدثان خواست که تاریخ اقلیم رابع که زبدهٔ هفت کشور و نقاوهٔ اقالیم ربع مسکون است مشتمل بر احوال پادشاهان و سلاطین هر زمان مهتر و سرور آن زمین ایران و احوال ملوك و انبیا و خلفای هر عصر از زمان آدم صفی علیه آلسّلام تا غایت وقت که تاریخ سنهٔ سبعمایه هلال است بر زعم اهل اسلام بر سبیل ایجاز واختصار بباید نوشت و از کتب متقدّمان و کیفیت متأخران [هر] عصر و هر زمان اختیار و انتخاب از چند پاره کتاب تواریخ معروف معتبر مشهور النقاط کرده آمد چون کامل ابن آلاثیر (کمال الدین ابن الاثیر .man) و

de cet ouvrage et aux personnes qui voudront profiter de ce livre: lorsque le siècle fut illuminé par la justice et la mansuétude du maître du monde, le souverain des fils d'Adam, l'empereur des Turks et des Persans, le sultan des sultans du monde, l'ombre d'Allah sur la terre, le protecteur des fidèles qui adorent Allah, le gardien des pays d'Allah, qui est le ferme appui du monde et de la loi, qui triomphe des impies et de ceux qui associent à Allah d'autres divinités, qui vainc les criminels et ceux qui refusent de se plier à sa volonté, l'asile des vrais croyants, Oltchaïtou Sultan, fils d'Arghoun-Khan, fils d'Abaga-Khan, fils d'Houlagou-Khan, (fils de Touloui-Khan), fils de Tchinkkiz-Khan, (qu'Allah éternise son règne et exalte sa puissance!); quand, grâce aux effets de sa justice et de sa bienveillance, aux résultats de sa miséricorde et de son gouvernement, la surface de la terre fut purifiée des crimes et des turpitudes (fasse Allah que les jours de son règne soient prolongés tant que l'aube se levera au déclin de la nuit et tant que le muezzin chantera:

(man. تاریخ ابن سعد کاتب واقدى (تاریخ سعید کاتب واقدى) و مغازى و غير آن تا بتميمه و ضميمة جامع ٱلتّواریخ شود چه از روى حقيقت تاریخ عجم و عرب بنسبت با آن تاريخ جزويست از كلّى و فرعى از اصلى و نهرى از بحريست و اصول آن مشتملست بر يك مقدّمه و دو قسم و قسم اوّل در تواریخ پادشاهان فرس و ايشان چهار طایفه اند اوّل پيش داديان دوم كيانيان سوم اشكانيان چهارم ساسانيان و قسم دوم از زمان مبعث سيد الاصفياء و خاتم الانبياء ابو القاسم محمّد بن عبد الله بن عبد المطلب بن هشام صلوات ٱلرّحمن عليه و آن بر سه قسم است اوّل تاريخ مبعث و رسالت و نبوّت او صلعم دوم تاريخ ملوك بنى اميّه سيوم تاريخ خلفاء آل manuscrit; عبّاس تا نهايت زمان مستعصم آخر خلفاى بنى عبّاس...... de la Bibliothèque Royale de Berlin, folios 1 verso 2 recto.

Venez au lieu de béatitude »!), par la grâce du Dieu de toute science, par la faveur céleste, par la gloire et la fortune qui sont les apanages de l'Ilkhan (Oltchaïtou Sultan), je terminai l'histoire de tout le monde et celle de toutes les nations célèbres que formèrent les hommes dans tous les sept climats, depuis les limites du Soleil Levant jusqu'aux bornes les plus lointaines du couchant.

Pour obéir au désir impérial, qu'Allah éternise le règne de celui qui l'a exprimé! et en considération des exigences du temps présent et par suite des vicissitudes des événements, l'auteur a voulu rapporter et exposer selon les théories des Musulmans, sous une forme concise et abrégée, l'histoire du quatrième climat qui résume à lui seul l'excellence des sept contrées de la terre, et qui l'emporte par ses avantages sur tous les climats du monde habité par les hommes, et rédiger un livre contenant la geste des rois et des sultans de toutes les époques qui ont été les souverains de cette terre d'Iran, l'histoire des rois, des prophètes et des khalifes de tous les siècles depuis le temps d'Adam, l'Élu d'Allah, jusqu'à l'époque présente, qui est celle de la 700ᵉ année lunaire; dans ce but, il a fait, d'après les ouvrages des anciens et les narrations des modernes, de chaque âge et de chaque siècle, un choix et un résumé (de l'histoire du quatrième climat), d'après quelques livres historiques célèbres et renommés, tels le *Kamil* d'Ibn el-Athir, la chronique d'Ibn-Saad, le Katib de Wakidi, les livres des conquêtes, et d'autres encore, de façon que cet ouvrage soit la terminaison et le complément de la *Djami el-tévarikh*, car, pour dire la vérité absolue, l'histoire des Arabes et des Persans, par rapport à cette chronique, n'est qu'un fragment d'un ensemble, une branche issue d'un tronc, un des fleuves qui se jettent dans la mer.

La présente chronique est divisée en une préface et deux sections; la première section contient les histoires des rois de Perse qui comptent quatre dynasties, la première celle des Pishdadiens, la seconde, celle des Kéanides, la troisième, celle des Ashkanides, la quatrième, celle des Sassanides; la seconde section s'étend depuis le temps du Prince des hommes vertueux, le sceau de la Prophétie, Aboul-Kasem Mohammed ibn Abd el-Mouttalib ibn Hisham, que les prières du Miséricordieux soient sur lui!, et cette section est répartie en trois chapitres: le premier retrace l'histoire de la mission et de l'apostolat de Mohammed; le second, l'histoire des rois Omeyyades; le troisième, l'histoire des khalifes de la famille d'Abbas jusqu'aux derniers temps du règne de Mostaasem, l'ultime khalife de la maison abbasside».

L'auteur de cette chronique n'est autre, comme on le voit, que l'historien qui a écrit la vie d'Oltchaïtou, et qui, encore une fois, revendique la paternité de la *Djami el-tévarikh* en termes si catégoriques et si nets qu'il est bien difficile d'y voir une supercherie littéraire et une audacieuse tentative de plagiat.

De la comparaison du texte du manuscrit de Berlin [1]), que le directeur de la bibliothèque de S. M. le roi de Prusse a bien voulu mettre à ma disposition, avec celui de la partie de la *Djami el-tévarikh* traitant de l'histoire ancienne de la Perse et de celle des prophètes de l'Islamisme qui se trouve dans le manuscrit de Londres [2]), il ressort d'une façon éclatante que Rashid ed-Din a indignement volé le malheureux Abd Allah el-Kashani.

---

[1]) Ce manuscrit ne contient qu'une partie, le commencement, de l'histoire d'Abd Allah el-Kashani et il s'arrête avec la 63e année de l'hégire; il est écrit en un nestalik très cursif tendant au shikestèh qui a vraisemblablement été copié vers le milieu du XIXe siècle; il est relié en peau rouge souple et mesure 255 sur 175mm.

[2]) C'est à l'aide de photographies de pages prises au hasard dans cette partie, en assez grand nombre pour écarter toutes les causes d'erreur, que j'ai effectué cette comparaison.

Non seulement les divisions des deux ouvrages sont rigoureusement identiques, non seulement l'arrangement et la classification des faits sont complétement les mêmes dans les deux histoires, mais il suffit de collationner leurs textes pour voir que Rashid ed-Din a tout simplement fait recopier le livre d'Abd Allah el-Kashani en se bornant à changer quelques rares expressions d'une façon assez maladroite et à supprimer, sans aucune raison plausible, des passages entiers qui ne manquaient cependant pas d'intérêt historique. Si l'on fait abstraction de ces remaniements sans grande importance, mais qui, au point de vue littéraire, rendent le texte de la *Djami el-tévarikh* sensiblement inférieur à celui de l'histoire d'Abd Allah el-Kashani, les deux ouvrages sont rigoureusement identiques, et mot pour mot, comme l'on pourra s'en rendre compte par l'examen des deux passages suivants :

Texte de la *Djami el-tévarikh*, fol. 5 recto.	Texte de la *Zoubdet el-tévarikh*, fol. 8 recto.
مشاهیر ارباب اخبار و جماهیر مورّخان آثار و علماء کبار اتّفاق کرده اند که اوّل کسی که پادشاهی کرد و شهنشاهی جهان آورد کیومرث بود و ملک در اخلاف و اعقاب او بماند تا یزدجرد ابن شهریار که بایّام عثمان رضی الله عنه کشته شد و هیچ قوم را پادشاهی ابًا عن جدّ چنان مسلسل نیست که ملوک فرس و درین ترتیب این ملوک و تاریخ ایشان خلل کمترست مگر در دو	چون مشاهیر ارباب اخبار و جماهیر مورّخان و علماء کبار اتّفاق کرده اند که اوّل کسی که پادشاهی کرد و شاهنشاهی بجهان آورد کیومرث بود و ملک در اخلاف و اعقاب او بماند تا یزدکرد ابن شهریار که بایّام عثمان کشته شد و هیچ قوم را پادشاهی ابا عنجد چنان مسلسل نیست که ملوک فرس را و در ترتیب این ملوک و تاریخ ایشان خلل کمترست مگر در دو

سه زمان که جهانداری بقومی
دیگر افتاد که نه ازیشان بودند
ضبط آنزمان علماء ایشان را
متعذر بود چنانکه زمان پادشاهی
ضحاك و در مدّت استبلاء افراسیاب
بعد از وفات منوچهر و در روزگاری که
اسکندر غلبه کرد و ملوك
طوایف که بعد ازو پیدا شدند
تا ایام ارده شیر بابکان در آن
مدتها اختلاف بسیارست [و
چنانکه] باید مضبوط نه امّا در
ترتیب باقی ملوك ایشان زیاده
خللی نیست ....
fol. 10 r. جمشید بن
ریو حهان ابن ابیکهر برادر طهمورت
بود نام او جم است و شید شعاعرا
گویند چون بغایت خوب صورت
بود و رویش نورانی و روشن اورا
جمشید گفتند و با وجود جمال
و فرّ و بها در علم و عقل مشار الیه
بود و او چون سلیمان در بسطت
مملکت و وسعت طاعت جن و
انس و حیوانات را مسخّر کرد
خلایق چهار طبقه گردانید و
وجوه معاش ایشان تعیین کرد

سه زمان که جهان داری بقومی
دیگر افتاد که نه ازیشان بودند
و ضبط آن زمان علماء ایشان را
متعذّر بود مانند پادشاهی
ضحاك و در مدّت استبلاء افراسیاب
بعد از وفات منوچهر و در روزگاری که
اسکندر علبه کرد و ملوك
طوایف که بعد ازو پیدا شدند
تا ایام اردشیر بابکان که در آن
مدّت اختلاف بسیارست و
چنانک باید مضبوط نه امّا در
ترتیب باقی ملوك ایشان زیادت
خللی نیست ....
fol. 10 r. ذکر جمشید بن
برحهان برادر طهمورت
بود نام او جم بود و شید شعاعرا
گویند و چون بغایت خوب صورت
بود و رویش نورانی و روشن اورا
جمشید گفتند و با وجود جمال
و فرّ و بها در عقل و علم مشار الیه
بود

یکی لشکریان که حامل ملک باشند دوم علماء ادیان و ابدان که در احکام ملّت و ازالت علّت رجوع بایشان باشد سوم کتّاب و حسّاب که ضبط اموال ممالک خیر و شرّ کنند و دخل و خرج را نگاه دارند چهارم بازرکانان و پیشه وران که خرید و فروخت و آلات ما یحتاج مردم میسازند آنکاه انواع سلاحها استخراج کرد و کرمابه و آسیاب و دولاب ساخت و بر رودها پلها او ساخت و از معادن انواع جواهر فلزّات بیرون آورد چون زر و سیم و مس قلعی و بر آب دریا کشتیها ساخت و غوّاصان را فرمود تا از دریا صدف بغوص بیرون آورند و بشکافت و از لؤلؤ زیورها ساخت و انواع طبّ از عود و عنبر بدست آورد و از پشم و کتان و ابرشیم جامه ها فرمود بافتن عظماء فرس بروی جمع آمدند و پیشوا و پادشاه خود کردانیدند و کمر مطاوعت بر میان بستند بعد از آن او بتدبیر امور و ترتیب

عظماء فرس بروی جمع آمدند و اورا پیشوا و پادشاه کردانیدند و کمر مطاوعت بر میان بستند بعد از آن او بتدبیر امور و ترتیب

ادوات و اختـراع آلات حـرب و	ادوات و اختـراع آلات حـرب و
استنباط صنـايع مشغول شـد و	استنباط صنـايع مشغول شد و
شهر اصطاخر را بزركتر كردانيد	شهر اصطاخر بزركتر كردانيد ....

La comparaison de ces deux fragments de la chronique d'Abd Allah el-Kashani et de la *Djami el-tévarikh* établit, non seulement que leurs textes sont identiques, mais encore elle montre clairement le sens de l'emprunt car, si les plagiaires ont pour habitude constante de saccager le produit de leurs vols, il est bien rare que, dans leur ignorance des questions qu'ils veulent se donner l'air d'avoir traitées, ils puissent ajouter un fait de quelque importance au travail qu'ils s'approprient. L'homme qui se sent capable d'améliorer une œuvre déjà existante ne se borne pas à de timides additions ou à des suppressions et il reprend le travail pour son compte, en le recréant de fond en comble, de façon à faire une œuvre originale et digne de son idéal; quand on se trouve en présence de deux récensions, l'une abrégée, l'autre plus complète, il n'y a guères à douter que le travail original soit celui qui présente le plus de détails et cela suffirait à établir le plagiat à peine déguisé du vizir de Ghazan et d'Oltchaïtou.

Il est facile de déterminer la place que la chronique d'Abd Allah el-Kashani devait tenir dans la *Djami el-tévarikh* : cet ouvrage, comme on le voit suffisamment par sa préface, était complétement distinct de l'histoire des Mongols proprement dite, la تاريخ مبارك غازانى, et de l'histoire des peuples du monde; il formait une histoire particulière, à laquelle son auteur avait donné le titre de زبدة التواريخ pour indiquer qu'elle renfermait la quintessence de ce qui avait été écrit sur ce sujet par les historiens arabes, et c'est sous ce titre qu'elle se trouve citée par le Katib-i Tchélébi dans son *Keshf el-zounoun*: زبدة التواريخ بالفارسية لابى القاسم جمال الدين محمّد بن على الكاشانى المتوفّ سنة ۸۳۹. Hadji-Khalifa n'a certainement pas eu sous les yeux cette *Zoubdet el-tévarikh*, et il ne l'a citée que de seconde main, probablement d'après un livre qui la mentionnait parmi ses sources, sans quoi il en eût donné une notice plus détaillée. La date de 836 ٨٣٦ qu'il indique comme étant celle de la mort d'el-Kashani est évidemment erronée et il faut lire 736 ٧٣٦, ce qui correspond au peu que l'on sait de cet auteur qui écrivit son histoire d'Oltchaïtou sous le règne d'Abou Saïd Béhadour Khan.

Il se pourrait qu'Hadji-Khalifa ait cité la chronique d'el-Kashani d'après le مرآة الادوار و مرقاة الاخبار de Mohammed Mouslih ed-Din el-Lari el-Ansari qui l'indique parmi ses sources en mentionnant son titre de *Zoubdet el-tévarikh* sous la forme assez altérée de زبدة التواريخ لابى القاسم محمّد بن على الكاشى (¹) en même temps que le *Tabakat-i Nasiri*, le *Tarikh-i Djihan-koushaï*, le *Tarikh-i gouzidèh*, le *Nizam el-tévarikh* du kadi Beïdhavi, la *Djami el-tévarikh* de Rashid, et le *Tarikh-i Wassaf*, dans cet ordre aussi incohérent que dispersé.

Si l'on fait abstraction de son troisième volume dont on n'a jamais rencontré d'exemplaires, la *Djami el-tévarikh* est ainsi divisée :

Volume I
- Tome I Histoire des tribus turques et mongoles
- Tome II Histoire du monde mongol, de ses origines à la mort de Ghazan

= تاريخ مبارك غازانى

Volume II
- Tome I Histoire d'Oltchaïtou jusqu'à l'époque de la composition de l'ouvrage
- Tome II
  - Chap. I
    - Livre I Abrégé d'histoire générale, d'Adam à 700 de l'hégire
    - Livre II Histoire détaillée des nations du monde
  - Chap. II Continuation de l'histoire d'Oltchaïtou

---

¹) man. supp. persan 169, fol. 8 verso, *Catalogue des manuscrits persans*, tome I, page 232; Kashi et Kashani sont deux nisba possibles du nom de la

Le livre II du chapitre I du tome II, l'histoire détaillée des nations du monde qui, dans le manuscrit du British Museum, occupe les feuillets 307—404, est évidemment celle dont Abd Allah el-Kashani parle dans la préface du manuscrit de Berlin et dont il dit از تأریخ و تـألیف سـایر عالم تلفیق و جماهیر مشاهیر بنی آدم مجموع هفت اقالیم...., et le premier livre de ce même chapitre I du tome II, qui s'étend du feuillet 1 au feuillet 307, c'est-à-dire l'histoire antéislamique de la Perse, celles du Khalifat et des dynasties qui furent ses contemporaines, n'est autre, comme on le voit par la comparaison du texte du manuscrit de Berlin avec celui de la *Djami el-tévarikh*, que la *Zoubdet el-tévarikh* d'Aboul-Kasem Abd Allah el-Kashani. Quant au tome I et au chapitre II du second tome de ce même second volume, leur réunion forme l'histoire du sultan Oltchaïtou de ce même Abd Allah el-Kashani dont il a été longuement parlé plus haut.

En résumé, on voit maintenant que la *Djami el-tévarikh*, la "Somme des Chroniques", se compose de quatre ouvrages historiques: l'histoire des Mongols, la تاریخ مبارك غازانی, dont Abd Allah ibn Ali el-Kashani réclame la paternité et trois autres histoires qui ont certainement été écrites par lui, dans l'ordre chronologique de leur composition: l'histoire des nations du monde, l'histoire de l'Iran et du Khalifat, et l'histoire du sultan Oltchaïtou. Il y a bien des chances, dans de telles conditions, pour que le reste de la *Djami el-tévarikh*, l'histoire des Mongols, soit l'œuvre de cet écrivain, comme il n'a cessé de l'affirmer dans les préfaces des œuvres qui ne lui ont pas été volées par le peu délicat vizir du sultan Oltchaïtou.

Tout ce que l'on peut espérer, c'est que Rashid ed-Din s'est borné à faire recopier sans trop de remaniements l'œuvre

ville de Kashan; mais kashani s'applique uniquement aux personnes et kashi plutôt aux choses, telles les faïences bleues avec des inscriptions en lettres blanches qui se fabriquent dans cette ville.

d'el-Kashani, et qu'il n'a pas fait dans son texte des coupures arbitraires de l'importance de celle qui a été signalée plus haut, mais ce serait beaucoup s'avancer que d'affirmer que Rashid a scrupuleusement respecté le texte du véritable auteur de l'histoire des Mongols, car, dans plus d'un passage de cette chronique, on rencontre des difficultés, des obscurités, qui semblent inhérentes au texte et qui doivent provenir de coupures mal faites que l'on ne saurait évidemment porter au compte des copistes.

Il est évident, surtout à la lecture de l'histoire d'Oltchaïtou, car la *Zoubdet el-tévarikh* n'est guère qu'un résumé sans valeur de chroniques arabes, qu'Abd Allah el-Kashani était un historien de métier et non un amateur; cela se reconnaît aisément à la façon dont il parle des événements qui se sont passés dans le monde, en dehors de l'empire des sultans mongols de l'Iran, dans son résumé de l'histoire d'Irbil [1]), quand il raconte [2]) pour quelles raisons les émirs égyptiens Salar, Euïreudéï, Tchashniguir et Tchaharkas se fâchèrent avec le sultan mamlouk el-Mélik el-Nasir, comment ce prince s'enfuit à Karak, et les événements qui en résultèrent. Les mêmes caractéristiques se retrouvent dans l'histoire du prince Uzbek, de la Horde d'Or [3]), dans celle d'Ésen-boukha, prince de l'*oulous* de Tchaghataï [4]) que le continuateur anonyme de la *Djami el-tévarikh* lui a empruntée en la résumant, dans l'histoire du souverain de Dehli, Ala ed-Din et celle de ses rapports avec les princes mongols [5]), dans le récit de la guerre qu'Ésen-boukha entreprit assez follement contre l'empereur Témour [6]) et qui lui a été également emprunté par le continuateur de Rashid.

Il n'y a guères à douter qu'Abd Allah el-Kashani fût, comme il le prétend lui-même, le véritable auteur de la *Djami el-tévarikh*, et que Fadl Allah Rashid ed-Din se borna à la signer quand elle fut terminée, sans lui verser la

---

[1]) fol. 75 v.   [2]) fol. 91 v.   [3]) fol. 96 r.   [4]) fol. 96 r.
[5]) fol. 117 r.   [6]) fol. 130 v.

somme qu'il lui avait promise. La tradition de ces accommodements, de ces collaborations anonymes, ne s'est perdue, ni en Orient, ni en Europe, et elle est éternelle; il serait inutilement cruel d'insister sur ce point.

Il semble bien, d'ailleurs, que Rashid ed-Din, malgré toute son habileté, ne trompait pas tout le monde à la cour, et que les gens tant soit peu informés n'étaient point dupes de l'excellence de ses talents littéraires. On a vu plus haut [1]), que le vizir Saad ed-Din l'accusa publiquement, par devant le sultan Oltchaïtou, d'être «un faussaire, un imposteur et un plagiaire», sans que Rashid ait trouvé d'arguments à lui opposer, cela en 710 de l'hégire, alors que la *Djami el-tévarikh* était publiée et que, certainement, Abd Allah el-Kashani avait protesté énergiquement contre les singuliers procédés du vizir. Il est même probable que Rashid avait laissé entendre à Abd Allah el-Kashani qu'il lui permettrait de signer son œuvre historique conjointement avec lui, car c'est le plus naturellement du monde, à une date postérieure à la mort de Ghazan, mais antérieure au mois de Shavval 706 [2]), que cet écrivain dit qu'après avoir terminé l'histoire des nations du monde, le sultan voulut qu'il rédigeât une chronique dans laquelle fussent exposés les fastes de la Perse et du monde arabe. Ce travail paraît du reste n'avoir plu qu'à moitié à Abd Allah el-Kashani qui dit l'avoir entrepris, non par goût, mais par suite «des exigences du temps présent et des vicissitudes des événements» [3]), c'est là une allusion assez transparente à la mort de Ghazan et à l'avénement du sultan Oltchaïtou Khorbanda qui avait donné, en 704, l'ordre d'alourdir, sous prétexte de la compléter, l'histoire du monde mongol [4]), exécutée sur les indications de son frère [5]), d'un fatras d'additions d'une utilité très contestable et qui n'étaient, en somme, que des traductions plus ou moins résumées d'histoires et de chroniques très connues dans l'empire iranien.

[1]) page 9.   [2]) page 143.   [3]) page 143.   [4]) page 95.
[5]) page 95.

Ce fut seulement plus tard, quand il se vit définitivement frustré du fruit de son travail par Rashid que, dans son histoire du sultan Oltchaïtou, Abd Allah el-Kashani accusa le vizir d'avoir indignement abusé de sa confiance et tout cet ensemble de faits s'accorde pour témoigner de sa bonne foi et de sa véracité; l'histoire d'Oltchaïtou, qui forme, en somme, la pièce à conviction de ce procès, est un journal écrit d'après des notes prises sous l'inspiration immédiate des événements, d'une façon très sèche et toute documentaire; d'ailleurs, son auteur était aussi impartial que peut l'être un homme et il n'a pas hésité à rendre une pleine justice à l'un des fils de Rashid, son ennemi, Djélal ed-Din et à affirmer que sa gestion des finances de l'empire était au dessus de tout soupçon, quand il lui était très facile de ne rien dire ou d'insinuer le contraire. Ces sortes d'ouvrages, à moins d'avoir été retouchés et truqués, comme on a prétendu, sans grandes preuves, que le fut celui de Maria Bashkirtscheff, offrent des garanties plus sérieuses d'authenticité que des histoires tendancieuses et, devant ce faisceau d'arguments qui se trouvent réunis contre Rashid, il est impossible d'admettre qu'Abd Allah el-Kashani était fou, ou qu'il avait une audace assez insensée pour s'attribuer le mérite d'une œuvre qu'il n'avait pas écrite.

Il y a d'ailleurs, entre le texte de la *Djami el-tévarikh* et celui de la *Zoubdet el-tévarikh* ou de l'histoire du sultan Oltchaïtou Khorbanda, dans leur arrangement systématique, une relativité et une parenté qui, à mon sens, ne sont pas le résultat d'un simple hasard; on remarque dans ces œuvres une même compréhension de l'histoire, un même souci, un même soin des détails et des particularités qu'on ne rencontre guère que chez elles et auxquels les auteurs, aussi bien ceux qui sont antérieurs à l'époque des Mongols que ceux qui ont vécu après Rashid ed-Din, n'ont prêté que peu d'attention, tels la généalogie et l'exposé de la descendance des princes. En réalité, si le style d'Abd Allah el-Kashani dans la *Zoubdet el-tévarikh*, est identique, et pour cause, à celui de Rashid ed-Din dans l'histoire des rois de Perse et des prophètes de l'Islamisme avec laquelle commence le manuscrit de la *Djami el-tévarikh*, son style lourd et empâté dans l'histoire d'Oltchaïtou est très différent du style coulant et terne نمك, comme diraient les Persans, de l'histoire des Mongols. A cela, on peut répondre que le style d'el-Kashani ne devient franchement énigmatique que dans les passages, assez nombreux d'ailleurs, dans lesquels l'auteur écrit pour lui, plutôt que pour ceux qui le liront, où il semble qu'il ait craint de nommer les personnes qu'il attaque et dont il redoutait la vengeance, ou celle de leurs héritiers.

Ce qui est certain, c'est que l'histoire de la fille de Kaïdou, Koutlough Tchaghan, telle qu'elle est racontée par el-Kashani[1]), ressemble étrangement, avec beaucoup plus de détails, à celle qui se lit dans la biographie d'Ougédeï telle qu'elle se trouve dans la *Djami el-tévarikh*; el-Kashani donne aux noms propres mongols la même forme qui se lit dans Rashid, tandis que Wassaf, leur contemporain et le protégé du vizir, a adopté dans son illisible chronique des formes homophones, mais d'une graphie très différente. Il est, à ma connaissance, le seul auteur qui indique les dates, à la fois dans le style musulman ordinaire et d'après le calendrier ouïghour, d'une façon rigoureusement identique à celle qui se remarque à la fin de la biographie d'Houlagou-Khan et au commencement de celle d'Abaga-Khan. Il est dit dans la notice que Rashid a consacrée à la tribu des Konghourat, à propos de l'Altan Khodogho, que les Mongols, quand ils parlent de leur souverain, disent روی زرین پادشاه « le visage d'or du roi »[2]), ce

---

[1]) folio 22 recto et ssq.

[2]) چه عادت دارند که چون پادشاه را دیدند می کویند روی زرین پادشاه دیدم و بروی زرین فهم کرده در میان اقوام دیگر همین عبارتست چه زر جوهری شریف است

qui, en langue mongole est ܝܣܬܡܪ ܘ ܣܝܐܡ ܚܣܬܡܚ, or cette expression si caractéristique ne se rencontre pas une seule autre fois dans la *Djami el-tévarikh*, tandis qu'elle se trouve dans l'histoire d'Oltchaïtou par el-Kashani, qui l'emploie comme une formule tout à fait courante de respect[1]; c'est ainsi qu'aujourd'hui encore les Mongols disent ܘܠܘ ܘܣܝܚܣܬܣ ܣܝܐܡ ܣܝܪ ܥܕܬܝ «que ta vie d'or dure longtemps!».

Ce qui ne fait point de doute et ce qui vient singulièrement corroborer les dires et les assertions d'el-Kashani, c'est que Rashid ed-Din qui, en 706, présenta la *Djami el-tévarikh*, c'est-à-dire la somme de l'histoire des Mongols, de l'histoire de la Perse et du Khalifat, à Oltchaïtou Khorbanda, ne fit rien pour la terminer et qu'il n'écrivit ni le 3e volume, ni la vie du sultan qui devait former, comme on l'a vu plus haut[2]), une partie du 2e volume de cette gigantesque compilation.

Il en faut conclure, très vraisemblablement, qu'en ce mois de shavval 706, Aboul-Kasem Abd Allah ibn Mohammed el-Kashani refusa net à Rashid de continuer à lui fournir de la copie quand le vizir, ayant empoché 50 tomans, négligea de lui en donner la moitié, comme cela était dans leurs conventions, que par habitude, il continua à écrire, pour son amusement et pour son propre compte, et même qu'il publia sous son nom les parties de la *Djami el-tévarikh*, telle la *Zoubdet el-tévarikh*, qu'il était de notoriété publique qu'il avait rédigées. Comment, sans recourir à cette explication, pourrait-on admettre que le vizir ait manqué à tous ses engagements, quand il ne s'agissait plus que de la partie la plus facile de sa tâche et quand il recevait annuellement, pour s'en acquitter, la somme énorme de 8 tomans, des appointements dignes des Mille et une Nuits.

[1]) و بآنندﻩ کفتـ میاخوا‌هم که روی زرّین پادشاﻩ مشاهدﻩ کنم .... man. supp. persan 1419, fol. 26 recto.   [2]) page 149.

On comprendra maintenant comment un mirza qui avait lu le commencement d'un exemplaire de la *Djami el-tévarikh* signée par Fadl Allah Rashid ed-Din, a pu, en lisant les premières pages de la *Zoubdet el-tévarikh* qui est aujourd'hui conservée à la bibliothèque royale de Berlin, y voir un fragment de l'œuvre de Rashid, puisque leurs textes, à quelques mots près, sont absolument identiques.

Il ne reste guère en tout cela qu'un point difficile à élucider: on a vu plus haut [1]), que Hafiz Abrou fut chargé en 826, par le sultan Shah Rokh Béhadour, fils de Témour le boiteux, d'écrire, pour compléter la *Djami el-tévarikh*, l'histoire des quatre dynasties antéislamiques de l'Iran et celle du Khalifat, perdue au cours des épouvantables désastres qui avaient suivi la chute de l'empire fondé dans l'Iran par Houlagou. Or, il est certain que cette partie de la *Djami el-tévarikh* n'était point du tout perdue puisqu'on la trouve dans le manuscrit du British Museum [2]) qui a été copié pour Shah Rokh avant 837 de l'hégire, identique à la *Zoubdet el-tévarikh* d'Abd Allah ibn Mohammed el-Kashani que Rashid ed-Din s'était borné à faire recopier par ses scribes. Si cette partie avait été réellement perdue, ce serait la première partie de la chronique de Hafiz Abrou [3]) que l'on trouverait en tête du manuscrit du British Museum, or il n'en est rien; ce qui vient encore compliquer les termes du problème, c'est que la *Zoubdet el-tévarikh* de Hafiz Abrou semble être une récension littéraire du texte assez terne de la *Zoubdet el-tévarikh* d'el-Kashani, dans laquelle l'auteur, suivant en cela le goût de l'époque, a intercalé de nombreuses parties en vers qui n'ajoutent absolument rien à la valeur historique, et fort peu d'ailleurs, à la valeur littéraire de cet ouvrage. Il en faut peut-être conclure que les exemplaires de la *Djami el-tévarikh* qui étaient connus en 826 de l'hégire étaient en effet incomplets de l'histoire antéislamique de l'Iran et de celle du Khalifat, tandis que

---

[1]) page 66. [2]) Add. 7628. [3]) page 67.

la *Zoubdet el-tévarikh* d'el-Kashani était connue comme un livre indépendant et que ce ne fut que plus tard, alors que Hafiz Abrou eut terminé sa chronique, qu'on retrouva des exemplaires complets de l'histoire de Rashid. Tout cela est fort obscur, comme d'ailleurs le sont les circonstances qui permirent à Abd Allah el-Kashani de reprendre l'histoire de la Perse et du Khalifat qu'il avait écrite pour le compte du vizir de Ghazan, de la faire sortir de la *Djami el-tévarikh* dans laquelle elle avait été incorporée et fondue avec des abbréviations et de la publier sous son nom de telle façon qu'elle redevint une œuvre indépendante. Il est difficile, en l'absence de documents certains, de dissiper d'une façon définitive les obscurités qui s'enchevêtrent autour de ce problème d'histoire littéraire.

Le caractère d'Ougédeï présentait de singuliers contrastes avec celui de son père Tchinkkiz. Bien qu'il eût fait bravement la guerre avec le conquérant et qu'il ait pris part aux campagnes de Chine de 1211 et du Turkestan en 1221, il n'avait pas hérité de l'esprit guerrier de son père et, quand il fut monté sur le trône, il se borna à prendre le commandement nominal de l'armée qui attaqua les Soung (1231—1232), laissant à Touloui et à Soubéghédeï presque toute la direction de la campagne et il renonça à peu près complètement à conduire lui-même les grandes opérations militaires qui devaient assurer l'exécution du testament de Tchinkkiz. Les princes mongols étaient fort intempérants, comme le racontent Rashid ed-Din et les historiens de la Chine, et l'on s'étonne que des hommes qui avaient usé si imprudemment leur jeunesse dans des excès de tout genre, aient pu dans leur âge mûr, supporter les fatigues et les souffrances des lointaines campagnes dans la steppe russe ou dans les plaines brûlantes de la Chine du sud. La vieillesse était venue très prématurée chez beaucoup de ces princes qui semblent avoir porté en eux une tare héréditaire aggravée par leurs désordres, et dont la plupart s'endormirent avant l'heure dans l'éternel repos.

D'ailleurs, Tchinkkiz qui avait eu un instant l'idée de léguer son immense empire au plus jeune de ses fils, Touloui, le «grand prince», reconnaissait lui-même qu'Ougédeï brillait plus par l'esprit, un esprit un peu lourd, et par les qualités morales que par les vertus guerrières et il disait volontiers que ceux de ses sujets qui avaient du goût pour la vie tranquille et policée feraient bien de rechercher la société d'Ougédeï tandis que ceux qui étaient enflammés du désir de la gloire et des triomphes militaires réussiraient infiniment mieux avec Touloui.

Ougédeï, qui s'était bravement comporté dans les expéditions contre la Chine et dans le Turkestan, avait plus de goût pour la vie sédentaire, et jusqu'à un certain point confortable, que Tchinkkiz ou Yésoukeï Béhadour; l'influence de la Chine se faisait déjà sentir en lui, bien plus puissante qu'elle ne l'avait été chez son père et qu'elle ne devait l'être sur l'esprit de Monkké: Tchinkkiz n'avait été en contact avec la civilisation de l'empire des Kin qu'à un âge déjà avancé, après avoir mené, durant toute sa jeunesse et à l'âge d'homme, la vie d'un chef nomade dans les steppes de la Mongolie et le prince Monkké reçut toujours des commandements dans les expéditions de l'Ouest où il eut à combattre des ennemis infiniment moins civilisés que ne l'étaient les Chinois de Yen-king ou de Nan-king. Ougédeï fut le premier khaghan qui renonça à la vie errante des steppes qui avait été celle de ses ancêtres[1]) depuis les époques légendaires auxquelles les Mongols étaient sortis de l'Erkinè Goun, et ce fut en grande partie à des artistes chinois qu'il confia la construction du palais de Karakouroum sur l'emplacement qui avait été choisi par Tchinkkiz-Khaghan pour être la capitale du monde.

En somme, Ougédeï renonça assez vite aux fatigues des camps lorsqu'il fut arrivé au pouvoir souverain; on comprend qu'un homme qui n'avait pas l'esprit très guerrier, comme ses frères Touloui et Tchoutchi qui ne rèvaient que guerres

---

[1]) Jusqu'à l'extrême fin du règne de Tchinkkiz, les Mongols n'eurent ni trésors, ni réserves, ils vivaient du produit de leur chasse, de leurs bestiaux, des rapines qu'ils faisaient au cours de leurs incursions, et s'habillaient de la dépouille des bêtes fauves. Ils étaient tellement accoutumés à ce genre de vie que, lorsqu'ils eurent conquis le royaume du Tangghout et une partie de la Chine, ils projetèrent de massacrer tous les habitants de ces vastes contrées et de les réduire en pâturages pour leurs bestiaux. Yé-liu-tchou-tsaï seul empêcha l'exécution de cet abominable projet.

et massacres, qui, sous les ordres d'un chef impitoyable, avait couru l'Asie entière à la tête des armées mongoles depuis le Liao-toung jusqu'aux frontières de l'Iran, ait renoncé à monter à cheval pour diriger les grandes expéditions qui se terminèrent par la chute de l'empire des Kin et par la conquête de la terre russe. Il résida surtout dans sa capitale de l'Ourdou-baligh, et dans ses campements de l'Ormektou et de l'Ongkin, prenant la vie du bon côté, s'amusant le plus possible des gens qui l'entouraient, vivant avec la plus grande insouciance du lendemain et gaspillant les revenus de l'empire en générosités qui révoltaient à juste titre les fonctionnaires qui avaient la garde des finances. L'auteur du *Djihan-koushaï*, Ala ed-Din Ata Mélik el-Djouveïni, a réuni dans sa chronique un certain nombre d'anecdotes que Rashid ed-Din lui a assez indélicatement empruntées; elles montrent que le successeur de Tchinkkiz affichait pour les biens de ce monde un profond mépris et que son excessive prodigalité n'avait d'égales qu'une bonhomie et une mansuétude bien rares chez les maîtres des hommes. Kouyouk, son successeur, avait une tout autre conception du pouvoir suprême, et si l'on en croit Rashid ed-Din, il fut un souverain extrêmement sévère et hautain, qui n'admettait aucune familiarité de la part de son entourage et qui inspirait une terreur profonde aux fonctionnaires mongols de tous les ordres. Il régna trop peu de temps pour qu'il soit possible de préjuger de ce qu'il eût fait si le destin lui avait été plus clément; ce qui est certain, c'est qu'il était supérieur, et de beaucoup, à son père Ougédeï, qui fut le plus médiocre de tous les empereurs mongols, même en comptant les successeurs de Koubilaï, dont la politique imprudente causa la ruine de la dynastie des Yuan; il semble néanmoins que, tout en restant fidèle au testament de Tchinkkiz, qui enjoignait à ses successeurs de poursuivre la conquête de l'Asie et de l'Europe, Kouyouk allait inaugurer une nouvelle politique, celle du *rassemblement* de l'empire morcelé entre les princes des quatre oulous; c'est au moment où il venait de se mettre en marche pour aller combattre le prince Batou et lui enlever son apanage qu'il mourut dans le pays de Khounsangir, à l'âge de quarante-trois ans [1]), laissant inachevé un projet qui ne fut repris sérieusement par aucun de ses successeurs, ni par Koubilaï, ni par Témour, qui cherchèrent cependant à enlever le pays turk aux descendants de Tchaghataï, comme ils luttèrent avec la dernière énergie, jusqu'à ce que le succès eut couronné leurs efforts, pour reconquérir la Sibérie orientale qui était au pouvoir du prince Kaïdou, allié avec Doua, souverain de l'oulous de Tchaghataï.

Sa morgue hautaine et son extrême réserve étaient causées surtout par l'état de langueur et de maladie dans lequel il vivait depuis des années et qui se termina par une mort prématurée; il n'y faut pas voir les indices d'un caractère aussi cruel que celui de Tchinkkiz.

Monkké, qui arriva au trône après Kouyouk, se montra en maintes circonstances autrement cruel que son prédécesseur, en particulier quand il fit mettre à mort l'impératrice Oughoul-Ghaïmish-Khatoun, les princes des lignées d'Ougédeï et de Tchaghataï et leurs généraux qui estimaient, avec raison, que son élection, ou plutôt sa désignation par Batou, qui l'avait imposé à la nation mongole, étaient en contradiction absolue avec les lois édictées par Tchinkkiz. Sa sévérité, son rigorisme, le soin qu'il prenait de ménager les revenus de l'empire, au point de contrôler lui-même les dépenses des femmes de son *ourdou* et de les chicaner sur leur prodigalité, firent souvent regretter aux princes et aux généraux mongols le temps d'Ougédeï; ce fut lui qui enleva aux membres de sa famille le pouvoir d'émettre des rescrits et de signer des assignations sur le trésor. Monkké rachetait

---

[1]) En 1248, *Thoung-kian-kang-mou, Sou-pian*, chap. 20, page 60; le pays de Khounsangir est en chinois 橫相乙兒之地 (houng-siang-i-eul).

sa dureté et sa sévérité envers les officiers de son empire, auxquelles on n'était plus habitué depuis le règne d'Ougédeï, par une intellectualité très supérieure à celle des khaghans ses prédécesseurs et par un sentiment exact de la justice qui était très rare chez les princes de cette époque. Les chefs mongols qui avaient précédé Tchinkkiz dans le commandement des tribus de la grande famille altaïque n'avaient, comme les princes turks Bilgä Khaghan et Kul-tégin, dont on a retrouvé les inscriptions sur les bords de l'Orkhon, aucune culture, ni aucun principe de gouvernement. Leur vie se passait tout entière à aller de leur yourte d'hiver à leur campement d'été, sous leurs tentes de feutre noir, ou à entreprendre contre leurs voisins des expéditions, ou plutôt des razzias féroces, dont la tactique était le plus souvent absente, et quelquefois, quand les temps étaient favorables, à pousser des raids audacieux jusque dans les provinces septentrionales du Céleste Empire. Tchinkkiz lui-même, dans sa jeunesse, ne savait pas écrire, pas plus d'ailleurs qu'aucun de ses contemporains et il n'est pas sûr qu'il ait jamais été capable de lire les caractères ouïghours qu'il fit adopter à ses sujets pour écrire leur langue.

Monkké s'intéressait beaucoup plus aux choses intellectuelles que Tchinkkiz, qui avait l'esprit bien trop occupé par autre part, ou que ses deux prédécesseurs immédiats. Les historiens de l'époque mongole racontent que la renommée du célèbre mathématicien persan Nasir ed-Din el-Tousi, alors au service forcé des princes ismaïliens d'Alamout, était arrivée jusqu'à Kara-kouroum, au centre de la lointaine Mongolie et que l'empereur Monkké avait entendu vanter sa science par les nombreux Musulmans qui vivaient autour de l'Ourdou-baligh et dont les princes mongols estimaient les services à un autre prix que ceux des Chinois. Quand Monkké confia à son frère Houlagou le commandement du corps expéditionnaire qui devait occuper définitivement l'Iran, anéantir la puissance des successeurs de Hasan-i Sabbah, dont les doctrines, du haut de leur nid d'aigle d'Alamout, menaçaient d'infester tout l'Islamisme, et s'emparer des états du khalife de Baghdad, il lui recommanda de bien s'assurer de la personne de Nasir ed-Din et de le lui envoyer à Kara-kouroum où il avait l'intention de lui confier la construction d'un grand observatoire. Le ciel ne voulut pas que le dessein de Monkké Kaan se réalisât, au moins sous cette forme, et le khaghan allait partir en campagne pour aller conquérir l'empire de ses ennemis, les empereurs Soung, quand Houlagou s'empara des forteresses ismaïliennes; Kara-kouroum, avec toute la Mongolie et le grand sceau de l'empire, passa sous le commandement du prince Erik-Boké, frère de Monkké, que l'astronomie intéressait fort peu et qui lui préférait, dans ses yourtes du pays des Kirghizes et du Kem-Kemtchighod, des divertissements plus dignes d'un chef mongol.

Houlagou, se doutant qu'Erik-Boké, en l'absence de Monkké, n'estimerait que fort peu les talents du plus grand mathématicien de son siècle, le garda à son service, et lui donna l'ordre de construire à Maragha un observatoire qui fut célèbre dans tout l'Orient et dont les calculs devaient être repris, 165 années plus tard, à Samarkand, sur les ordres du prince timouride Oulough-Beg, petit-fils de Témour Keurguen.

Si la construction de l'observatoire de Maragha et, par conséquent, la rédaction des Tables Ilkhaniennes de Nasir ed-Din el-Tousi, ont été, en somme, provoquées par l'initiative de Monkké dont Houlagou reprit les projets pour son compte, il n'est pas moins certain qu'il faut rattacher la construction du grand observatoire de Pé-king, le 觀星臺, en 1279, sur les ordres de Koubilaï, au désir qu'avait exprimé Monkké de faire édifier un établissement astronomique dans sa bonne ville de Kara-kouroum. Quand Monkké fut mort prématurément devant Ho-tchéou et quand Koubilaï, après son élection par les princes orientaux, eut abandonné la jeune capitale des Mongols pour la résidence impériale de Yen-king, il se rappela quels avaient été les projets de son frère et résolut de les réaliser dans la capitale chinoise devenue la métropole du monde mongol.

Ce fut également, comme le raconte Rashid ed-Din, Monkké qui donna l'ordre de rédiger des vocabulaires des langues tangghoutaine, persane et ouïgoure, de telle sorte que ses rescrits pussent être, dès leur apparition, traduits dans les idiomes des peuples qui devaient leur obéir. En somme, comme le dit Rashid ed-Din, dont on n'a guère de raisons de suspecter le témoignage, quoiqu'il se montre quelquefois prévenu en faveur des descendants de Touloui, Monkké fut le plus remarquable des souverains qui aient jamais régné sur les Mongols, même en comptant Koubilaï, le saint empereur de Daï-dou. S'il n'avait pas une culture comparable à celle de Koubilaï qui s'était fait initier par le lettré chinois Yao Tchou à l'art de gouverner les fils de Han, gens autrement difficiles à conduire que les pasteurs des steppes, et qui s'entoura des hommes les plus distingués du Céleste Empire, Li Chouang, Téou Mé, Liou Ping-tchoung, Monkké n'avait pas, comme son frère, abdiqué le caractère de sa race pour se plonger dans les délices d'une civilisation raffinée, au point de devenir un étranger pour les hommes de sa race. Plus qu'Ougédeï et plus que Kouyouk, il resta toujours le guerrier nomade qui préférait sa tente de feutre noir dressée dans la neige du Gobi aux palais dorés des empereurs de Nanking et aux basiliques byzantines de Kief, dont les coupoles se miraient dans les flots du Dniepr. Si Koubilaï, le Grand Khan de Marco Polo, fut un souverain plus imposant et plus impérial que Monkké, s'il s'avance dans l'histoire avec la pompe et la splendeur que Firdousi prête au Roi Soleil de la légende iranienne

منم کفتن با فرّه ایزدی   همم شهریاری وم موبدی

c'est qu'il fut soutenu dans son rôle par la majesté des Fils du Ciel et qu'il trouva, en entrant en Chine, une civilisation plusieurs fois millénaire et de lointaines coutumes traditionnelles qu'il n'eut qu'à adopter pour devenir, du jour au lendemain, le successeur légitime des dynasties qui, depuis l'époque légendaire, avaient régné sur le Céleste Empire.

Rashid ed-Din admet que les brillantes qualités et la tenue morale qui distinguèrent Monkké et ses deux frères, Koubilaï et Houlagou, parmi tous les princes de leur race, étaient le fruit de l'excellente éducation qui leur avait été donnée par leur mère Siyourkhokhataïtaï. Restée veuve d'assez bonne heure, la femme de Toulouï, plus vertueuse, ou moins sensuelle, que la mère de Tchinkkiz, avait refusé de s'engager dans les liens d'une nouvelle union avec le fils de Kouyouk, et elle avait ainsi renoncé à devenir impératrice pour se consacrer tout entière à ses fils qui étaient encore loin d'avoir atteint l'âge d'homme. Siyourkhokhataïtaï fut l'une des princesses les plus remarquables de cette époque qui connut des femmes d'une rare énergie, la fille de Kaïdou, Koutlough Tchaghan, et la princesse atabek du Fars, Abish-Khatoun, qui montaient à cheval équipées de pied en cap et qui commandaient des armées; Tourakina et Oughoul-Ghaïmish ne se montrèrent pas embarrassées pour gouverner l'empire quand Batou leur eut conféré la régence, ni pour assurer l'ordre dans les quatre *oulous* pendant le temps nécessaire à la transmission des pouvoirs. Tout comme Tourakina, Siyourkhokhataïtaï réussit, par son astuce et ses intrigues, à faire monter son fils sur un trône auquel sa naissance ne lui donnait aucun droit, et ce fut à juste titre que le khaghan Koubilaï lui donna le titre de 顯懿莊聖皇后 „l'illustre, excellente, majestueuse et sainte impératrice"[1]). Siyourkhokhataïtaï, qui était nestorienne, se montra toujours très tolérante à l'égard des membres du clergé des autres religions qui se disputaient, sans grand succès, l'esprit des princes tchinkkizides, et elle favorisait autant les sorciers mongols, les *kams*, auxquels son mari et son beau-frère attribuaient un

---

[1]) *Youen-ssé*, chap. 116, page 1.

pouvoir surnaturel, que les mollas musulmans auxquels elle donnait de l'argent pour édifier des mosquées et des collèges. Il est peu probable que la femme de Toulouï ait dû ces qualités d'esprit à l'instruction, très incomplète d'ailleurs, qu'elle avait pu acquérir en fréquentant les prêtres nestoriens; Guillaume de Rübrück, qui les avait vus de près à Kara-kouroum, a laissé d'eux un portrait assez peu flatteur, et leur intempérance, ainsi que leur moralité douteuse, n'avaient d'égale que l'ignorance dans laquelle ils croupissaient. Le Nestorianisme avait dû s'abâtardir assez rapidement en Mongolie au contact des sorciers chamanistes, et ce n'était point l'influence de ses ministres qui pouvait élever beaucoup le niveau moral des nomades de la Tartarie.

En tout cas, il est certain que la supériorité que Rashid ed-Din attribue aux fils de Toulouï sur les princes des lignées de Tchoutchi, Batou mis à part, de Tchaghataï et d'Ougédeï, sauf Kaïdou, n'avait point sa source dans une direction morale qu'ils auraient due à leur père ; Toulouï, qui se montra toujours un vaillant soldat et qui se tira à son honneur d'expéditions particulièrement difficiles et dangereuses, était un incorrigible ivrogne, intempérant à rendre des points à son frère Ougédeï, d'une inconduite scandaleuse qui eût été un triste exemple pour les trois jeunes princes qui, après la mort de Kouyouk, arrivèrent à la souveraineté; et, comme le reconnaît Rashid, c'est bien à leur mère qu'il faut attribuer l'honneur de les avoir habilement préparés à leurs hautes destinées.

Les souverains qui succédèrent au Grand Khan de Marco Polo et à Témour, dont le règne eût été assez terne s'il n'avait été illuminé par les derniers rayons de la gloire de son aïeul, furent uniquement des empereurs chinois, s'occupant beaucoup plus, quand leurs plaisirs leur en laissaient le temps, de questions littéraires et des examens des lettrés que des choses de leur armée ; ils abandonnèrent, sans espoir de retour, les solitudes neigeuses de la Mongolie pour leurs deux résidences de Khaï-phing-fou et de Daï-dou, dans laquelle ils construisirent de splendides palais que le Thaï-Tsou des Ming fit raser dès son avènement. Ces princes, qui avaient renoncé à la religion naturaliste de leurs ancêtres pour adopter le Bouddhisme des Lamas tibétains qui leur donnaient des titres sanskrits, n'avaient plus rien des khaghans mongols qui avaient lancé à la conquête de la terre russe et de la Chine toutes les tribus nomades en quête de massacre et de pillage.

La dynastie des Yuan s'usa rapidement dans les délices funestes de la Cour du Nord, et la révolution qui partit du sud du Yang-tzeu, des anciennes provinces des Soung, eut bientôt fait de rejeter au delà de la grande muraille les fils des pasteurs qui, deux siècles auparavant, étaient les vassaux des «Rois d'Or». La vie leur avait été facile et douce sur les rives de la mer de Corée: lorsque le ministre Shirémeun eut enlevé du Temple des Ancêtres les tablettes d'argent sur lesquelles étaient gravés les noms des conquérants, les noms de Tchinkkiz, de Touloui, de Koubilaï, lorsqu'il eut repassé la frontière avec le prince héritier Ayourshiridhara, le dernier empereur, fuyant devant le Thaï-Tsou des Ming, pleura sur lui et sur sa dynastie: «Ma grande ville de Daï-dou, parée de tous les agréments! ma délicieuse et fraîche résidence d'été, ma ville de Shang-tou Keïboung Kürdu! La plaine verdoyante de Shang-tou, où ont vécu dans les délices les saints empereurs des jours qui ne sont plus! C'est par mes pêchés que j'ai perdu mon empire! Ma grande ville de Daï-dou, qui fut bâtie dans l'année du Serpent jaune, des neuf sortes de préciosités! ma Shang-tou Keïboung, qui renferme les quatre-vingt-dix-neuf perfections! ma félicité, causée par ma toute-bienfaisante doctrine et par mon pouvoir impérial! ma gloire et ma renommée d'empereur tout-puissant! Quand, au matin, je me levais de ma couche et que je regardais en bas, des senteurs embaumées montaient vers moi, qui s'exhalaient de la plaine. Partout où mes regards se portaient, devant moi comme derrière moi, je ne voyais que splendeur et délice des yeux! Ma sainte ville de Daï-dou, bâtie par le divin empereur où, ni en été ni en hiver, on ne ressentait une seule tristesse! ma grande ville de Daï-dou dans laquelle mes prédécesseurs ont régné dans la joie et dans les délices! mes fidèles et féaux princes et nobles! mon peuple bien-aimé! Ce fut la cause de ma ruine que je n'ai pas écouté les sages paroles d'Ilakho Tchheng-siang! C'est par un fol aveuglement que j'ai accordé ma confiance à ce Tchuké-Noyan dont la pensée était toute de trahison, par une funeste erreur que j'ai fait assassiner mon sage Toghtogha Taïshi; c'est par folie que j'ai fait éloigner de moi mon sage Grand Lama et que je l'ai fait renvoyer dans sa patrie! Mon nom d'empereur tout-puissant, tous mes plaisirs et toutes mes joies, ma chère capitale de Daï-dou que le saint empereur Koubilaï avait bâtie, variée et toujours nouvelle! tout est perdu pour moi!¹) Par la trahison du chinois Tchuké-Noyan, j'ai repris aujourd'hui mon nom de Toghon-Témour ²)».

¹) «Hier, j'étais roi d'Espagne, aujourd'hui, je ne le suis pas d'un bourg; hier, j'avais des cités et des châteaux, aujourd'hui, je ne possède plus rien; hier, j'avais des serviteurs, des gens prêts à m'obéir, aujourd'hui, il n'y a pas un créneau que je puisse dire à moi». Comment le roi Rodrigue perdit l'Espagne, *Primavera y flor de romances*, par Wolf et Hoffmann, Berlin, 1856, tome 1er, page 15.

> Hier, j'avais des châteaux, j'avais de belles villes,
> Des Grecques par milliers à vendre aux Juifs serviles,
> J'avais de grands harems et de grands arsenaux;
> Aujourd'hui, dépouillé, vaincu, proscrit, funeste,
> Je fuis; de mon empire, hélas, rien ne me reste!
> Allah! je n'ai pas même une tour à créneaux.
>
> *Les Orientales*

²) Quand Toghon-Témour était empereur chinois, il était défendu comme crime de sacrilège de prononcer ce nom que les Chinois nomment le nom interdit, et on ne l'appelait que 天子 «Fils du Ciel«, 大爻毋 «le Souverain Pontife», mais, quand il perdit le pouvoir impérial pour rede-

Ainsi parla le khaghan détrôné qui s'en alla construire dans la steppe mongole, sur les bords du Kéroulen, la ville de Bars-Khotan.

venir un simple chef mongol, les Chinois n'eurent plus aucune raison de considérer Toghon-Témour comme le nom interdit du dernier empereur de la dynastie des Yuan, puis qu'il ne régnait plus.

La substitution de la lignée de Touloui-Khan, avec Monkké, à la descendance d'Ougédeï qui aurait dû arriver au trône avec son petit-fils, le prince Shirémeun, fut le résultat de la lutte qui s'engagea entre Siyourkhokhataïtaï-béïgi et Oughoul-Ghaïmish à la mort de Kouyouk. Rashid ed-Din lui-même ne fait aucune difficulté pour reconnaître que la proclamation de Monkké comme khaghan des Mongols fut savamment amenée par les intrigues de Siyourkhokhataïtaï et par les manœuvres astucieuses dont elle sut envelopper les électeurs qui devaient choisir le successeur de Kouyouk.

Oughoul-Ghaïmish et Tourakina-Khatoun, veuve d'Ougédeï, manœuvrèrent assez maladroitement contre les princes et les généraux qui prirent part à l'élection de Monkké[1]. La veuve de Kouyouk qui assistait au kouriltaï, cachée, comme une princesse de Moscou, derrière un rideau de soie et tenant

[1] Le *Youen-ssé*, chap. 3, page 1, dit que Batou-Khan 拔都 assista à ce kouriltaï avec les princes Mouké 木哥, Erik-Boké 阿里不哥, Soutouktaï 唆亦哥禿 (sic, voir page ΓΙΙ), Toghatchar 塔察兒, les généraux Ouryankghédeï 兀良合台, Sounitaï 速你帶, Témouder 帖木迭兒 et Yisou Boukha 也速不花, dans une localité nommée A-la-tho-hou-la-ou 阿刺脫忽剌兀之地 sur les bords de l'Onon (ibid. page 2). D'après le *Thoung-kian-kang-mou*, *Sou-pian* (chap. 20, page 64), Monkké fut élu khaghan dans le pays de Khouo-thié-ou-a-lan 闊帖兀阿蘭之地. Monkké fut intronisé dans la même localité par les princes occidentaux Bérékè 別兒哥, Tougha-témour 脫哈帖木兒, les princes orientaux Yékou 也古, Yisounkké 亦孫哥, Eltchideï 按只帶, Toghatchar 塔察兒, Bilkoutaï 別里古帶 (cf. page ΓΛΙ).

son fils dans ses bras, fit proposer par Bala le choix du prince Shirémeun [1]), petit-fils d'Ougédeï, contre celui de Monkké qui avait été mis en avant par Batou; Bala alléguait qu'Ougédeï avait désigné Shirémeun comme son successeur et qu'on ne pouvait aller contre une volonté aussi nettement exprimée; cette déclaration jeta un grand émoi parmi les assistants, mais le prince Mouké demanda à Bala pourquoi il avait attendu jusqu'à ce jour pour faire connaître à la nation mongole la désignation de Shirémeun comme légitime successeur d'Ougédeï, et pour quelle raison il l'avait cachée quand l'impératrice Tourakina avait mis son fils Kouyouk sur le trône; cet argument qui était irréfutable, ruina complétement les espérances d'Oughoul-Ghaïmish et de Tourakina, bien plus que le panégyrique de Monkké qui fut prononcé par Ouryankghédeï. D'ailleurs, malgré son influence dans la famille impériale [2]), malgré toutes les ruses que lui inspirèrent sa sagacité et son ambition de voir le prince Monkké monter sur le trône de Tchinkkiz, il est certain que Siyourkhokhataïtaï n'aurait pas réussi sans l'aide inopinée que Batou, le souverain de la Horde d'Or, lui prêta, contrairement à tout ce que l'on était en droit d'attendre de lui. En somme, comme on le voit très clairement par les récits de Guillaume de Rübrück [3]), de Rashid ed-Din, et par la narration impersonnelle du *Youen-ssé*, le Saïn-Noyan prit franchement le parti des fils de Touloui contre la lignée d'Ougédeï, et ce fut lui qui imposa le choix du prince Monkké à la diète d'élection de 1251.

Cette conduite de Batou paraît étrange quand l'on sait de quel respect le vieux général des campagnes de Russie et du Kiptchak entourait, comme tous ceux qui avaient approché le Conquérant, le souvenir de son grand-père. En

---

[1]) *Youen-ssé*, chap. 3, page 2; *Thoung-kian-kiang-mou, Sou-pian*, chap. 20, page 64.

[2]) Seroctan; ista domina inter omnes Tartaros, excepta matre imperatoris, magis est nominata et potentior omnibus excepto Bati, dit Jean de Plan Carpin, page 667.   [3]) page 296.

substituant de sa propre autorité à ses héritiers légitimes les membres d'une ligne collatérale exclue du trône par la constitution d'un apanage, le Saïn-Noyan violait délibérement le *yasak* de Tchinkkiz dans ce qu'il avait de plus essentiel, sans avoir l'excuse d'alléguer que le trône risquait de tomber en déshérence dans la ligne d'Ougédeï, et encore moins, que des princes, qui comptaient parmi eux l'héroïque Kaïdou, n'étaient pas dignes de recevoir l'héritage de l'Empereur Invincible.

Elle l'est beaucoup moins quand l'on réfléchit aux circonstances politiques qui entourèrent l'élection de Monkké, et aux relations particulières du Saïn-Noyan avec les princes de l'*oulous* de Touloui.

Monkké avait servi sous les ordres de Batou dans la seconde campagne de Russie de 1235, et c'était lui que le Saïn-Noyan avait envoyé reconnaître Kief avant d'investir la Mère des villes russes. On n'a que très peu de renseignements, tant dans Rashid ed-Din que dans le *Youen-ssé*, sur cette longue expédition et l'on n'en connaît guères, en quelques lignes dans l'historien persan et dans la chronique chinoise, que le résultat brutal, l'asservissement aux Mongols de la terre de saint Wladimir et d'Alexandre Newski. On sait par Rashid que deux fils d'Ougédeï, Kouyouk et Kadan, exerçaient d'importants commandements dans l'armée que Batou conduisit à la conquête des principautés russes; il ne semble pas, d'après ce que racontent l'histoire persane et le *Youen-ssé*, que ces princes aient joué un grand rôle dans cette campagne dont tout le poids retomba sur Batou, le prince Monkké et leurs généraux. Il est à présumer que les fils de l'empereur supportaient avec peine l'autorité du khan de la Horde et qu'ils considéraient comme une atteinte à leur prestige et à leur rang que le commandement en chef n'eût pas été donné à l'un d'eux; cela expliquerait comment et pourquoi le prince Batou conçut une si vive affection pour Monkké, qui, se trouvant loin du trône, n'avait point de telles prétentions et se bornait à être son fidèle lieutenant. Un fait est certain, c'est que Kouyouk fut à peine monté sur le trône qu'il se mit en campagne pour aller combattre Batou, et lui enlever la principauté sur laquelle il régnait; il est vraisemblable que de vieilles rancunes contre son ancien chef et la mauvaise volonté que Batou avait montrée à son égard en refusant de se rendre à la diète qui l'avait élu, n'auraient pas suffi à lui inspirer un projet aussi hasardeux et plein de dangers, qui risquait de jeter l'*oulous* de Tchaghataï, et même celui de Touloui, dans l'alliance de la Horde d'Or, pour se défendre contre une tentative possible de reprise des apanages qui avaient été constitués par Tchinkkiz; il faut évidemment voir dans ce dessein une vue politique autrement élevée, mais il n'est pas moins certain que si Kouyouk était revenu de la campagne de Russie en parfaite communion d'idées avec Batou, il aurait hésité, un peu plus tard, à partir en guerre contre lui.

L'amitié qui unissait Batou et Monkké depuis la campagne de Russie ne tarda pas à porter ses fruits, car dès que Siyourkhokhataïaï Beïgi eut appris que Kouyouk s'était mis en marche pour gagner les contrées de l'Ouest, elle dépêcha un exprès au Saïn-Noyan pour l'en avertir et pour lui conseiller de se tenir sur ses gardes. La mort de Kouyouk [1]) survint presque im-

---

[1]) Guillaume de Rübrück donne de la mort inopinée de Kouyouk deux versions également étranges dont on ne trouve aucune trace dans Rashid ed-Din. D'après la première, Kouyouk fut empoisonné par ordre de Batou; d'après la seconde: ipse (Kouyouk) enim citaverat Baatu ut veniret ad inclinandum se eï et Baatu arripuit iter cum magno apparatu. Timebat tamen multum ipse et homines sui et premisit quemdam fratrem suum Sbichan (man. Sticham, Sticam, Stichin) nomine qui, cum pervenisset ad Keu (= Kouyouk) et deberet ei servire de cifo (كرفتن) كاسه), orta lite, interfecerunt se mutuo (page 296). En se rendant à l'ourdou de Monkké, Guillaume de Rübrück trouva sur son chemin le campement de la veuve de Sbichan (= Shibaghan) qui était évidemment chrétienne, puisqu'elle le pria d'entrer dans sa tente et de lui donner sa bénédiction.

médiatement et délivra Batou de cette hantise; on comprend que toutes ces circonstances pesèrent lourdement sur sa décision quand il dut, en sa qualité de doyen des princes mongols, proposer au kouriltaï le choix de celui de ses pairs qu'il jugeait le plus digne de monter sur le trône de Tchinkkiz.

Les princes mongols issus d'Ougédeï n'entendaient pas se laisser ainsi dépouiller de leurs droits historiques de par le bon plaisir du Saïn-Noyan, et ils tentèrent, avec l'aide des partisans de la légitimité, de recouvrer le trône qui avait été usurpé par la branche cadette au mépris du *yasak* de Tchinkkiz Khaghan. Cette décision était tardive et ils eussent mieux fait de se concerter avant que le choix de Batou et sa ratification par la diète d'élection n'eussent donné l'empire à Monkké, au lieu d'adopter la politique d'abstention qui aboutit à leur spoliation. Leur tentative échoua par suite d'un concours de circonstances extraordinaires qui est relaté à la fois par Guillaume de Rübrück[1] et par Rashid ed-Din.

L'intervention d'un simple domestique, Kishk, qui découvrit le complot tramé par Shirémeun et ses partisans, ruina les

[1] «Mortuo ergo Keu, ipse Mangu est electus de voluntate Baatu ... Keu habebat quemdam fratrem, nomine Siremon, qui, de consilio uxoris Keu et vassallorum suorum, ivit cum magno apparatu versus Mangu tanquam inclinaturus ei. Tamen in veritate proponebat interficere eum, et totam curiam ejus extinguere. Et cum jam prope esset Mangu per unam dietam vel duas, remansit quedam de bigis ejus fracta in via, et dum auriga laboraret reparare eam, supervenit quidam de hominibus Mangu, qui juvabat eum, et ille in tantum inquisivit de itinere eorum quod ille auriga revelavit ei id quod proponebat Siremon facere. Tunc .... accepit fortiorem equum quod potuit eligere, et nocte et die currens cum festinatione pervenit ad curiam Mangu, nuncians ei ea que audierat», page 296. Le *Youen-ssé*, chapitre 3, page 3, dit que ce furent les émirs Yisoudour, Eltchikédeï, Tchinkki, Tonal, Khata Kirin, Alitchar, Kalakhtan, Asar et Koutlough, dont les noms se trouvent donnés dans la note de la page ۳۹۳, qui tramèrent le complot qui devait renverser Monkké-Khaghan et qu'ils entraînèrent les princes dans cette conspiration. Cela ressort également des aveux que fit, selon Rashid ed-Din, le précepteur de Shirémeun (page ۳۴۴), et de ce que dit Guillaume de Rübrück, qui était merveilleusement renseigné sur ces événements.

dernières espérances des héritiers légitimes de Tchinkkiz et elle fut le signal d'une terrible répression. Tous les descendants d'Ougédeï et leurs fidèles [1]), qui étaient fort nombreux dans une armée qui avait vu Tchinkkiz-Khaghan, furent poursuivis sans merci à travers tout l'empire, et Batou donna aux princes de sa famille l'ordre de collaborer à ces représailles. Le prince Kong-Kirang reçut du Saïn-Noyan l'ordre de se mettre en rapport avec les généraux de Monkké et

---

[1]) D'après l'histoire des Mongols chinoise, le *Youen-ssé*, chap. 3, page 3, (cf. *Thoung-kian-kang-mou*, *Sou-pian*, chap. 20, page 67) Monkké condamna à mort Oughoul-Ghaïmish 定宗后 et la mère du prince Shirémeun 失烈門 (voir page ٣٠٤); il se montra plus clément envers les princes qui avaient comploté contre lui: Shirémeun, Yisou 也速 et Bouri 孛里, soit les deux princes que Rashid ed-Din nomme توقا et بيسون et بورى (page ٣٩v), furent exilés dans le pays de Mou-tho-tchhi 沒脫赤之地, Kadan 各丹 dans le pays de Besh-baligh 別石八里, Mélik 蔑里 sur le fleuve Irtish 葉兒的石河, le prince Kaïdou 海都, qui devait un peu plus tard donner tant de mal à Koubilaï, dans le pays de Haï-ya-le 海押立, Bérékè 別兒哥 dans le pays de Khiu-eul-tchi 曲兒只 (les Kurdjs كرج), Tho-tho 脫脫, soit Totok, petit-fils d'Ougédeï, dans le pays de l'Emil 葉密立, Mongédou 蒙哥都 et l'impératrice Ki-li-ki-hou-thié-ni 乞里吉忽帖尼, épouse d'Ougédeï, dans la contrée qui se trouve à l'ouest du campement du prince Godan 於擴端所居地之西. Monkké en voulait spécialement à la malheureuse Oughoul-Ghaïmish, car il dit à Guillaume de Rübrück qu'elle était plus vile qu'une chienne et: «Ipse Mangu dixit michi proprio ore quod Chamus fuit pessima sortilega et quod per sortilegia sua dextruxerat totam parentelam suam", page 370. Les historiens chinois disent aussi que Oughoul-Ghaïmish et la mère de Shirémeun furent condamnées à mort pour avoir usé de sortilèges qui avaient pour but de faire échoir la couronne à Shirémeun. (*Youen-ssé*, chap. 3, page 3; Gaubil, *Histoire des Mongous*, page 112); c'est à tort que le *Youen-ssé* compte Bérékè parmi les ennemis de Monkké; ce prince, qui était de l'*oulous* de Tchoutchi, s'en retourna simplement dans le Caucase.

de rabattre dans leurs filets les malheureux princes qui avaient voulu rester fidèles au *yasak* de Tchinkkiz.

On voit par la Relation de Guillaume de Rübrück, qui voyagea en Mongolie peu de temps après ces événements, que la plus grande cordialité régnait entre l'*oulous* de Batou et la cour impériale et que le souverain de la Horde d'Or prenait soin de faire passer en Mongolie les personnes qui avaient la mission de se rendre auprès de Monkké. Cette alliance des deux *oulous* ne prit fin que quand le clan de Touloui se fut installé en Perse avec Houlagou et qu'il devint un danger pour la Horde d'Or; d'ailleurs, les relations de l'*oulous* de Tchoutchi avec les empereurs mongols diminuèrent sensiblement le jour où Koubilaï eut transféré sa capitale de Kara-kouroum à Daï-dou.

L'usurpation de la famille de Touloui eut pour résultat de dénationaliser l'empire et de substituer à la lignée des chefs de clan qui, depuis l'époque légendaire de Bozontchar, s'étaient succédés dans la souveraineté des Bourtchiguènes, une dynastie de Fils du Ciel. Monkké fut le dernier khaghan mongol de la dynastie fondée par Tchinkkiz, et son frère Koubilaï, qui régna après lui sur les tribus altaïques, fut un empereur purement chinois.

Quand Monkké fut mort devant la forteresse de Ho-tchéou, quand Koubilaï eut été élu khaghan par une assemblée composée uniquement de princes et de généraux qui avaient servi sous ses ordres en Chine, tous les princes qui vivaient en Mongolie, tous les généraux qui étaient demeurés fidèles aux lointaines traditions de leurs ancêtres, virent l'évolution qui allait fatalement se produire et substituer la civilisation chinoise aux mœurs rudes et guerrières des Mongols qui anéantirent successivement les deux dynasties des Kin et des Soung.

La proclamation d'Erik-Boké à Kara-kouroum, au cœur de l'empire, au pied du Bouddha Oundour sur lequel Tchinkkiz-khaghan et ses fils dormaient du sommeil de l'éternité, la lutte qu'il entreprit sans hésiter contre son frère qui venait de se faire reconnaître comme empereur chinois à Khaï-phing-fou, la guerre qu'il soutint héroïquement contre lui, malgré la supériorité écrasante des forces chinoises, sont une violente réaction de l'esprit national mongol contre la civilisation du Céleste Empire.

La destinée voulut que le prince Koubilaï, qui avait reçu une éducation presque exclusivement chinoise, devint khaghan des Mongols et empereur chinois, bien que Monkké lui-même, avant de partir pour l'expédition contre les Soung au cours de laquelle il devait trouver la mort, eût clairement désigné Erik Boké au suffrage de ses pairs, si le ciel voulait qu'il ne revît jamais les rives du Kéroulen, en lui confiant le grand sceau de jade, le gouvernement de la Mongolie et la garde des quatre grands *ourdous* de Tchinkkiz-khaghan.

Jamais le Conquérant du monde, ni même Monkké, n'avaient pensé que la souveraineté de l'immense empire chinois et celle de l'empire mongol seraient un jour réunies entre les mains d'un empereur chinois qui renoncerait aux traditions nationales de sa race pour adopter les coutumes et les rites des souverains qui avaient régné dans les riches cités de Yen-king ou de Nan-king.

L'élection de Koubilaï par les princes de l'aile gauche, qui réglèrent les destinées du monde sans tenir grand compte du *yasak* de Tchinkkiz, sans que les princes des *oulous* de Tchoutchi et de Tchaghataï, ni ceux qui commandaient le corps d'occupation de Perse, aient pu donner leur avis, fit dévier l'axe de la civilisation mongole et abandonner la steppe de l'Orkhon pour la grande ville de Daï-dou. La Mongolie ne fut plus qu'un simple gouvernement militaire, et elle est, dans le *Youen-ssé*, mentionnée en quelques lignes, sous le nom de 嶺北, comme la plus minime province de l'empire.

Cet abandon de la Mongolie et des traditions nationales

ne se fût pas produit si le prince Houlagou, vice-roi de la Perse, avait été élu khaghan à la place de Koubilaï, et il est peu vraisemblable qu'il ait jamais transféré la capitale de l'empire dans l'Azerbéïdjan. A cette époque, les princes mongols de la Perse étaient loin d'avoir renoncé à la civilisation primitive de leurs ancêtres pour se convertir à l'Islamisme, et ils avaient conservé dans l'Iran toutes les coutumes des chefs-de clans, sans rien vouloir accepter de la civilisation persane.

La Perse, malgré le développement qu'avait atteint sa civilisation, ne produisait pas sur les Mongols la même attirance que l'empire chinois, et c'est un fait aisément compréhensible. Les Mongols, contrairement aux Turks de la Transoxiane, ne connaissaient les pays musulmans que depuis le jour où Tchinkkiz les avait entraînés à leur conquête, tandis qu'ils vivaient depuis des siècles dans l'ambiance de la Chine et dans sa sphère d'influence. La plupart des tribus nomades, qui campaient dans les steppes de la Sibérie, reconnaissaient la suprématie du Céleste Empire, et les ancêtres de Tchinkkiz, Tchinkkiz lui-même, n'étaient que les vassaux [1]), les

---

[1]) Il y avait déjà longtemps que la tribu commandée par les ancêtres de Tchinkkiz tendait, après avoir connu les pires malheurs, à soumettre à son autorité toutes celles qui l'entouraient. Natchin 納眞 (Na-tchenn), oncle de Kaïdou 海都, força les Barghout 八剌忽, les برقوت de Rashid et d'autres tribus à reconnaître l'autorité du jeune khaghan qui soumit plus tard, quand il eut atteint l'âge d'homme, la redoutable tribu des Tchélaïrs 押剌伊而. Yisoukeï-Baghatour 也速該, fils de Bartam 八哩丹, soumit les autres tribus qui l'entouraient et commença à donner de l'inquiétude aux empereurs Kin; avant lui, les Mongols étaient tributaires des empereurs des dynasties des Liao et des Kin, et il fut le premier qui délivra sa nation de la suzeraineté des empereurs chinois. Quelques années plus tard, il soumit la grande tribu des Tatars 塔塔兒 dont il captura le chef, Témoutchin 鐵木眞 et, suivant une vieille coutume mongole,

officiers, de la dynastie d'Or qui régnait à Yen-king. Si les souverains Kin, qui furent les maîtres de la Chine du nord,

il imposa ce nom à son fils qui était né sur ces entrefaites. C'est ainsi qu'un petit-fils de Koubilaï reçut le nom sanskrit d'Ananda parce que les troupes de l'empereur de Daï-dou venaient de soumettre un radja qui le portait. Yisoukeï-Baghatour sut également attirer dans ses intérêts la puissante tribu des Kéraïtes; (*Youen-ssé*, chap. 1, page 3; de Mailla, *Histoire de la Chine*, tome IX, pages 7 et ssq). D'après le *Thoung-kian-kang-mou*, les Mongols commencèrent à devenir un danger sérieux pour la monarchie des Kin en l'année 1135 de notre ère: 金伐蒙古蒙古在女眞之北唐爲蒙兀部亦號蒙骨斯其人勁悍善戰夜中能視以鮫魚皮爲甲可捍流矢. «Les Kin attaquent les Moung-kou. Les Moung-kou habitaient dans le nord des Niu-tchenn (Kin). A l'époque des Thang, c'était la tribu des Mong-ou et ils étaient aussi appelés les Moung-kou-seu; ils étaient des hommes énergiques, courageux et habiles dans les combats; ils étaient capables de discerner les objets pendant la nuit; ils employaient la peau de requin pour faire des cuirasses qui pouvaient résister aux flèches égarées»; (*Sou-pian*, chap. 13, page 71). Moung-kou-seu = Moungkhous est le pluriel régulier de Mongkhou. L'empereur Kin envoya contre les Mongols une armée commandée par Hoù-sha-hou 胡沙虎. Le même ouvrage dit qu'en 1139, Hou-sha-hou (Khoushakhou) dut rétrograder faute de vivres, et qu'il fut poursuivi par les Mongols qui le battirent dans le pays de Haï-ling 海嶺; les Kin renvoyèrent en Mongolie une armée plus nombreuse (*ibid.*, chap. 14, page 28). En l'année 1147, d'après les historiens chinois (*Thoung-kian-kang-mou*, *Sou-pian*, chap. 15, page 7, *Li-taï-ki-ssé*, chap. 92, page 16), l'empereur Kin envoya contre les Mongols une armée commandée par un général nommé Outchou 兀朮 (Ou-tchou) qui fut obligé de faire la paix avec eux à des conditions honteuses: «Le souverain Kin et les Mongols font la paix.... on retrancha (du territoire chinois pour les donner aux Mongols) 27 postes fortifiés au nord du fleuve Hsi-phing-ho; chaque année, on devait leur envoyer des bœufs, des moutons, des céréales et des haricots; de plus, le souverain des Kin anoblit le chef de ces barbares, Ao-lo-pou-ki-lié, et il le fit roi du royaume des Moung-vou. Le chef mongol n'accepta pas le diplôme et, de sa propre autorité, il proclama le grand empire mongol; ce fut alors la première fois (que les Mongols et les Kin) firent un traité de paix. Chaque année, on envoya des cadeaux nombreux. A cause

étaient des usurpateurs au point de vue de la légitimité, qui était celui des Soung auxquels ils avaient enlevé les pro-

de cela, le chef des Mongols se proclama Tsou-Yuan-Hoang-ti et prit comme nom de règne Thian-hing: 金主及蒙古和°°°割西平河以北二十七團寨與之°歲遺牛羊米豆°且册其酋熬羅字極烈爲蒙輔國王°不受°自號大蒙古國°至是始和°歲遺甚厚°於是蒙酋自稱祖元皇帝°改元天興. D'après les historiens de la Chine (*Li-taï*, chap. 94, page 1), Témoutchin se proclama empereur, la 6ᵉ année Thaï-ho de Tchang-tsoung des Kin, en 1206, soit 59 ans après l'époque à laquelle le chef des tribus mongoles força l'empereur chinois à traiter avec lui.

Il est à peu près impossible de concilier ces renseignements avec ceux de Rashid: d'après ce dernier, la guerre entre les tribus turkes et l'empire chinois durait depuis un temps immémorial. Du temps de Mounouloun, veuve de Doutoum-Ménin, les Chinois envahirent la Mongolie, traversèrent le Kéroulen et battirent les Tchélairs. Kaboul-khaghan se serait rendu à la cour de l'Altan-khan 金主, soit l'empereur Kin; il fit tuer ensuite des ambassadeurs chinois, ce qui le brouilla avec les Tatars, sujets de l'empereur; ceux-ci enlevèrent le fils de Kaboul, Ugin Bourkhan اوكين بورقان محردم وهسم, et l'envoyèrent à l'empereur qui le fit empaler sur un âne de bois. Ambaghaï-khaghan همبقاى قاآن, souverain des Taïtchighod تايجيبوت, arrière-petit-fils de Kaïdou-khaghan, fut fait prisonnier par les Tatars qui l'envoyèrent également à l'empereur Kin, qui le fit de même empaler. Yisoukeï-Baghatour et les autres chefs envoyèrent pour venger sa mort une armée mongole, commandée par Koubila-khaghan قبله قاآن وحوجيتسم يستم, qui ravagea le nord de la Chine. Peut-être le *Thoung-kian-kang-mou* fait-il allusion en 1135 aux événements qui suivirent le meurtre des ambassadeurs chinois, du temps de Kaboul. Tout cela est très confus et montre que l'Altan Debter ... était plutôt un livre de généalogies qu'une histoire, quelque chose d'analogue à l'histoire des ancêtres de Tchinkkiz qui forme une partie du 元朝秘史. On voit que l'œuvre de Tchinkkiz-khaghan avait été mise en train, et depuis longtemps, par ses prédécesseurs; son

vinces au nord du Yang-tzeu-kiang, ils n'en avaient pas moins adopté les coutumes traditionnelles et la civilisation des Chinois, et rien d'essentiel ne distinguait la Chine du nord de celle du midi.

Bien qu'elles fussent les voisines immédiates de la Chine, les tribus mongoles n'avaient adopté aucun des rites, trop compliqués pour elles, de leurs puissants voisins, et elles avaient conservé intactes à l'époque de Tchinkkiz, et même beaucoup plus tard, la religion naturaliste des contemporains d'Along-Goa; un certain nombre d'entre elles, les plus civilisables, s'étaient converties d'assez bonne heure au Nestorianisme et elles lui restèrent fidèles jusqu'à une époque beaucoup plus basse qu'on ne serait tenté de le croire [1]). La doctrine

histoire est incompréhensible si l'on ne tient pas compte de ces précurseurs. Les Kin continuèrent à traiter les Mongols de tributaires bien après que Tchinkkiz se fut proclamé empereur et, quand Tchong-hoeï fut monté sur le trône, il envoya en 1210 un de ses officiers pour lui enjoindre de payer le tribut que devaient les Mongols et de recevoir ses ordres à genoux. Tchinkkiz traita l'ambassadeur avec la dernière insolence et se prépara à marcher contre les Kin. (*Thoung-kian-kang-mou*, *Sou-pian*, chap. 18, page 9.)

[1]) M. Pognon a vu dans une bibliothèque de Syrie un Évangéliaire manuscrit copié en lettres d'or sur fond bleu très foncé, comme le sont aujourd'hui les manuscrits de luxe exécutés en Mongolie et qui, d'après sa souscription, avait été copié pour une princesse Sara, surnommée, d'après M. Pognon, ارٔاوول Araououl, nom qu'il faut corriger en ارٔایا, à moins que ܓ = غ, correspondant à ارا اوغول Ara-Oughoul ou Éré-Oughoul. De ces deux formes qui sont également possibles, la première, qui est peut-être dans le manuscrit اریا اوغول Arya-oughoul, signifierait «la noble princesse», Arya étant le sanskrit आर्या qui se trouve transcrit en mongol ᠠᠷᠢᠶᠠ, la seconde, «la princesse héroïque» de ᠡᠷᠡ éré «mâle, courageux», qui est l'origine du turk أر «homme». Cette personne était la sœur du «roi des Chrétiens, Georges, surnommé Gantou...., roi des Ouyangéens» ملك اوينكا ......o...... ملكا (*Inscriptions sémitiques*, page 137). Je suppose qu'il s'est glissé là quelque faute de lecture et qu'il faut restituer ملك اوريانكيا «roi des Ouryangiya», Ouryangiya

philosophique des lettrés, avec ses abstractions et son symbolisme, n'était point faite pour des hommes aussi frustes et aussi matériels que les pasteurs des steppes du Kéroulen et de l'Onon; d'ailleurs, les Chinois ont toujours eu conscience que leur doctrine religieuse n'est pas un article d'exportation et qu'elle ne convenait nullement aux Tartares qui vivaient le long de ses frontières.

S'il n'existait entre les peuplades mongoles et les sujets du Céleste Empire d'autre communauté de croyances que quelques dogmes remontant à un passé lointain et très obscur, la divinisation du Ciel bleu et de la Terre noire [1]), et le culte

étant la forme dont le nom de tribu, Ouryankghit اوریانکقبیت qui se trouve dans Rashid est le pluriel mongol en-*t*. Ce manuscrit a été copié en 1298, ce qui montre, qu'à cette époque, le chef du clan des Ouryankghit et sa famille étaient nestoriens, et il est certain que cette tribu ne formait pas une exception. On comparera les inscriptions funéraires chrétiennes trouvées à Almaligh et décrites par Kokovzof dans les Mémoires de la Société Archéologique Orientale de Pétersbourg, XVI, 190—200, qui viennent après celles de Sibérie. Il existe également des inscriptions funéraires de Mongols chrétiens qui ont été trouvées en Perse et qui sont écrites en arabe.

1) Ce culte du ciel se retrouvait chez toutes les peuplades altaïques: les historiens chinois racontent que l'empereur Kin dit un jour à ses sujets que les anciennes lois de leur nation étaient simples et sans artifice, et que leurs ancêtres, bien qu'ils n'eussent ni livres, ni science, avaient appris de la Nature elle-même à vénérer le Ciel 天; (*Thoung-kian-kang-mou*, Sou-*pian*, chap. 16, page 56). La divinisation du Ciel bleu et de la Terre noire se retrouve dans la mythologie primitive de la race indo-européenne qui connaissait déjà, comme on le sait par l'étude de l'antiquité romaine, un culte des Ancêtres très voisin de celui des Chinois; Solon a dit:

μήτηρ μεγίστη δαιμόνων Ὀλυμπίων
ἄριστα Γῆ μέλαινα, τῆς ἐγώ ποτε
ὅρους ἀνεῖλον πολλαχῇ πεπηγότας
πρόσθεν δὲ δουλεύουσα νῦν ἐλευθέρα.

Anthologia lyrica... edidit E. Hiller, Lipsiae, 1890, page 44; cf. ce passage de Plutarque: Διὸ πατὴρ μὲν ἔδοξεν αὐτοῖς ὁ οὐρανὸς ὑπάρχειν, μήτηρ δὲ τούτων ἡ γῆ· τούτων δὲ ὁ μὲν ἀήρ, πατήρ, διὰ τὸ τὰς τῶν ὑδάτων ἐκχύσεις σπερμάτων ἔχειν

des Ancêtres, gardiens du foyer, les quelques traces de civilisation et d'organisation politique que l'on devine chez les tribus mongoles sont très nettement d'importation chinoise, même dans les clans qui étaient convertis au Nestorianisme. On sait par les inscriptions runiques qui ont été découvertes sur les bords de l'Orkhon, et par les chroniques, que les chefs des tribus turkes qui vivaient au VIIe siècle dans le pays qui fut plus tard le centre de l'empire de Tchinkkiz, tout en faisant à l'occasion la guerre au khaghan chinois, le reconnaissaient comme leur suzerain, recevaient de lui des titres honorifiques et sollicitaient son concours pour tout ce qui dépassait les besoins immédiats et restreints de la vie nomade.

Cette civilisation rudimentaire des sujets de Bilgä-khaghan, dont le nom n'est qu'une traduction du titre chinois 聖帝, dans laquelle tout ce qui n'était pas purement turk était chinois, fut très analogue à celle des tribus mongoles dont les chefs portaient, comme on le voit par Rashid ed-Din, les titres chinois de «prince» اونك 王, «grand prince» تايانك et دى نويان 太王, de «prince illustre» كويانك 高王, de «grand général» لينكقوم 靈官, qui donnaient à leurs épouses les titres de تيغو 太后, de فوجين 夫人, de فوجين et de *goung-tchou* 公主.

Le Céleste Empire fut toujours, pendant de longs siècles, l'unique objectif des peuplades qui parcouraient misérablement, au milieu de froids terribles ou de chaleurs écrasantes les steppes arides du Tarbaghataï et du Turkestan. Les Turks orientaux et les Mongols, comme beaucoup plus tard, les tribus mandchoues qui, avec Abkao Foulinga, devaient déposséder

τάξιν· ἡ δὲ γῆ μήτηρ.... (*Moralia*, éd. Didot, col. 1072, lignes 5 et ssq.). Ils rappellent la phrase par laquelle commence l'inscription turke de Bilgä-khaghan: «Quand le Ciel bleu en haut, quand la Terre noire en bas eurent été créés, entre les deux furent créés les fils des hommes».

les Ming et fonder la dynastie des Taï-Thsing, admiraient, sans trop la comprendre, la stabilité politique et religieuse de cette civilisation plusieurs fois millénaire, qui, depuis l'aube de l'histoire, défiait l'usure des siècles et les efforts de tous ceux qui avaient tenté de la détruire; ils restaient confondus devant la puissance de l'immense empire qui s'était rassemblé lentement, mais comme sous l'influence d'une inéluctable fatalité, malgré de terribles révolutions et des guerres sanglantes, dont les Fils du Ciel étaient toujours sortis plus puissants, reculant sans cesse leur frontière et étendant de plus en plus leur influence sur tous les peuples qui les entouraient.

Les chefs nomades qui vivaient au jour le jour, sans oser penser à ce que leur réservait le lendemain, comprenaient confusément qu'il n'existait pas d'autorité mondiale en dehors de celle du Fils du Ciel dont les armées les avaient si souvent rejetés loin des frontières de l'empire, et que seul, celui qui s'emparerait de la Chine et qui se ferait saluer comme empereur dans Yen-king, pourrait plier à son autorité les races turkes et mongoles qui campaient dans le nord de l'Asie.

En somme, ces nomades campaient sur les marches du Céleste Empire dans la même situation que les Barbares sur les frontières de l'empire romain; eux aussi comprenaient que toute l'autorité, en Occident, dérivait du César de Rome et qu'il fallait être, comme le fut Charlemagne, le chef du monde romain pour avoir le droit d'imposer ses lois à l'Europe. Les Barbares étaient, à peu de chose près, les mêmes unités ethniques que les Mongols, de même intellectualité qu'eux, des peuplades errantes dans la solitude des steppes, sans établissements fixes, et presque sans civilisation; les commotions qui s'étaient produites en Extrême-Orient, provoquées par les mouvements de défense des Chinois contre les nomades de la Tartarie, s'étaient transmises lentement, a travers l'immensité de la Sibérie, jetant ces races les unes sur les autres, et faisant déferler celles qui se trouvaient le plus à l'Occident sur la Rome pontificale. C'était le même sentiment d'envie qui, depuis l'origine des temps historiques, poussait les tribus turkes et les Barbares contre les puissants empires dont les souverains vivaient au fond de leurs palais, dans les plaisirs et dans les fêtes, quand, dans les solitudes glacées de leurs steppes, ils n'avaient d'autre toit que le ciel bleu, et que leur vie se passait misérablement, comme celle de Tchinkkiz et de Témour, à essayer d'échapper aux pièges de leurs rivaux. Ce n'était point tant pour s'emparer des contrées sur lesquelles régnaient les empereurs chinois et les Césars de Rome que les nomades asiatiques se jetaient sur la terre des Han et sur le monde chrétien, mais surtout pour substituer leur autorité à celles du Fils du Ciel et de l'empereur romain.

Les princes mongols, qui entraînaient dans leurs armées toutes les races de l'Asie du nord, sommaient les empereurs chinois, le khalife abbasside et les rois de l'Islam de les reconnaître comme suzerains au nom de ce principe que «de même qu'il n'y a qu'un seul Dieu dans le Ciel bleu, il ne doit exister qu'un seul souverain sur la Terre noire, le khaghan des Mongols issu de la Lumière divine par Bozontchar, fils d'Along-Goa». Telle était évidemment la théorie d'Attila, dans lequel il est fort possible que l'on doive reconnaître le fondateur mythique de la race turke auquel Rashid ed-Din donne le nom d'Oughouz.

C'était un sacrilège de résister aux ordres du khaghan, parce que ces ordres venaient du Ciel 天命, ce fut un crime non moins inexpiable de tuer un prince issu de Tchinkkiz et, quand son gendre Toghatchar eut trouvé la mort devant Nishapour, la femme de Toghatchar, fille de Tchinkkiz, vint prendre le commandement de l'armée assiégeante et fit massacrer sans pitié tous les êtres vivants, jusqu'aux chiens et aux chats.

Les khaghans mongols, jusqu'à Koubilaï, qui lui n'est plus un khaghan, mais un empereur chinois, se seraient contentés que les empereurs Kin et Soung et les souverains de l'Islam reconnussent le principe au nom duquel ils voulaient imposer leur suzeraineté à tout l'univers, sans songer à leur enlever les domaines sur lesquels leurs ancêtres avaient régné. En somme, Tchinkkiz et ses successeurs ne voulaient qu'imposer leur souveraineté morale aux rois de la terre en restant dans leurs steppes de la Mongolie et dans leur ville assez misérable de Kara-kouroum dont le palais, au dire de Guillaume de Rübrück, ne valait pas, à beaucoup près, l'Abbaye de Saint-Denis, aux portes de Paris. On le vit bien par ce qui se passa en Russie, dans l'Iran, et même dans les royaumes de la péninsule indo-chinoise, dont les princes conservèrent intégralement leurs royaumes, à la condition de payer le tribut aux souverains mongols. Batou et ses successeurs qui mirent la terre russe à feu et à sang, n'eurent jamais l'idée de s'installer à Moscou, à Wladimir ou à Kief, et d'y régner comme souverains autocrates ; tout ce qu'ils voulaient, c'était que les grands princes les reconnussent comme leurs suzerains et dès qu'ils eurent obtenu cette reconnaissance, ils s'en allèrent vivre dans leur capitale de Séraï, et dans leurs campements sur la Volga, dont ils ne sortirent que le moins possible pour soumettre les princes qui tentaient de se soustraire à leur autorité.

Koubilaï connaissait le Céleste Empire et sa civilisation millénaire, tandis que ses prédécesseurs n'avaient jamais fait que la deviner et l'envier. Il s'était rendu compte de bonne heure que l'autorité du khaghan des Mongols était chose assez contingente quand on la comparait à la gloire attachée depuis de longs siècles au nom de Fils du Ciel, et que le projet d'anéantir toutes les civilisations de l'ancien monde pour les remplacer par un empire mongol dont la capitale eût été la bourgade de Kara-kouroum, dépassait et de beaucoup, les capacités des hommes de sa nation. Ce n'était point qu'ils fussent incapables de se plier aux lois nécessaires au gouvernement d'un grand empire, mais leur civilisation, comme celle de toutes les tribus turkes qui avaient attaqué la Chine, était trop rudimentaire pour qu'on pût la substituer à celle des Soung ou même des Kin. Si elle suffisait aux besoins d'un peuple de nomades sans établissement fixe, elle ne convenait en rien à un immense empire peuplé jusqu'à la limite de sa capacité démographique. Son plan fut tout autre dès que son frère Monkké l'eut envoyé gouverner la Chine et, renonçant complètement à celui de ses prédécesseurs, il en poursuivit la réalisation jusqu'au jour où le combat naval de l'île de Yaï lui eut donné la souveraineté de l'empire des Soung. Il ne s'occupa plus dès lors que de fonder une dynastie d'empereurs chinois qui reprissent la politique de celles qui étaient entrées dans l'histoire et qui, présidant aux destinées nouvelles de la terre des Thsin et des Han, étendissent la sphère de son influence jusqu'aux limites du monde.

Les rois barbares qui étaient venus attaquer l'empire romain n'avaient eu dans le principe, comme les khaghans mongols, et peut-être même plus qu'eux, qu'un seul plan, celui de détruire la civilisation latine, d'effacer complétement le souvenir du nom de Rome, et de substituer à l'empire romain un empire barbare fondé sur les lois de leur nation: «Je me souviens, dit Paul Orose [1]), d'avoir entendu à Béthléem le bienheureux Jérome raconter qu'il avait vu un habitant de Narbonne, élevé à de hautes fonctions sous le règne de l'empereur Théodose, d'ailleurs religieux, sage et grave, qui avait joui dans sa ville natale de la familiarité d'Ataulf. Il répétait souvent que le roi des Goths, homme de grand cœur et de grand esprit, avait coutume de dire que son ambition la plus ardente avait d'abord été d'anéantir le nom romain et

---

[1]) *Histoires*, livre VII, chap. 43; Migne, tome 31, colonne 1172; cf. Aug. Thierry, *Lettres sur l'histoire de France*, page 75.

de faire, de toute l'étendue des terres romaines, un nouvel empire appelé Gothique, de sorte que, pour parler vulgairement, tout ce qui était *Romanie* devînt *Gothie*, et qu'Ataulf jouât le même rôle qu'autrefois César Auguste ; mais, après s'être assuré par l'expérience que les Goths étaient incapables d'obéissance aux lois, par suite de leur barbarie indisciplinable, jugeant qu'il ne fallait point toucher aux lois sans lesquelles la République cesserait d'être la République, il avait pris le parti de chercher la gloire en consacrant les forces des Goths à rétablir dans son intégrité, à augmenter même, la puissance du nom romain, afin, qu'au moins, la postérité le regardât comme le prince qui avait restauré l'empire qu'il ne pouvait transférer à sa nation».

Ce singulier état d'âme qui, d'après Paul Orose, était celui du roi goth Ataulf, éclaire d'une façon inattendue la mentalité du premier empereur de la dynastie des Yuan qui, le jour où il fut intronisé à Shang-tou, dit qu'il comprenait enfin, pour la première fois, ce qu'était la majesté du Fils du Ciel.

Les historiens de la dynastie mongole n'ont vu de son rôle mondial que les calamités inouïes qu'elle déchaîna sur la triste humanité et la terreur qui écrasa les royaumes que leur destinée fatale jeta sur son passage.

Si Tchinkkiz et les princes issus de son sang qui ont subjugué la Chine, l'Iran et la terre slave furent, comme Attila, de terribles exterminateurs envoyés par la colère céleste pour châtier les peuples de la terre, si l'herbe n'a pas repoussé sur les routes que foula le sabot de leurs chevaux, la nation mongole, aujourd'hui la vassale de celles qu'elle avait subjuguées, a eu dans l'histoire du monde un rôle autrement vaste.

Le Céleste Empire se trouvait divisé, au moment où Tchinkkiz se proclama le maître du monde sur les bords de l'Onon, entre les deux dynasties ennemies des Kin et des Soung. L'antagonisme entre les deux empires du nord et du sud [1])

---

[1]) A la fin de la 11ᵉ année Shao-hsing de Kao-Tsoung des Soung (1141—1142), il y eut un traité de paix entre l'empire du nord et celui du sud. L'empire des Soung se trouva très diminué; le 11ᵉ mois de cette année, l'empereur Soung envoya un ambassadeur (pour traiter de la paix avec le souverain des Kin); il céda les principautés de Thang, Teng, Shang et Thsin; la frontière des deux empires fut formée à l'ouest par la grande porte San-kouan, et au sud par le milieu du cours du fleuve Hwaï. Par cela, les Soung ne possédèrent plus que les deux parties du Tché-kiang, les deux parties du Hwaï, le Kiang-toung et le Kiang-hsi (les provinces situées à l'est et à l'ouest du Yang-tzeu-kiang), le Hou-nan, le Hou-pé, les quatre provinces de Shou (le Sseu-tchouen en partie), le Fou-kian, le Kouang-toung et le Kouang-hsi, en tout 15 *lou*; en ce qui concernait la province (*lou*) au sud-ouest de la capitale, ils n'eurent plus que la seule préfecture de Hsiang-yang, et de la province (*lou*) du Shen-hsi, ils n'eurent plus que les quatre sous-préfectures (*tchéou*) de Kiaï-tchéou, Tching-tchéou, Houo-tchéou et Fong-tchéou. Au total,

menaçait de ramener la Chine aux mauvaises heures de la dispersion de la terre chinoise entre des royaumes rivaux et volontiers hostiles, à l'époque féodale qui précéda Thsin-shi-hoang-ti, ou tout au moins, à celle des Trois Royaumes; ce fut cet antagonisme qui permit aux Mongols de s'emparer de la Chine, en abattant la puissance des Kin, leurs suzerains, avec l'aide des Soung, et en tournant leurs armes contre les Soung quand ils eurent détrôné les usurpateurs mandchous.

Depuis de longs siècles, depuis l'époque à laquelle les Samanides et les Ghaznévides avaient substitué leur autorité à celle des gouverneurs nommés par les khalifes de Baghdad, l'Iran

l'empereur Soung se trouva régner sur 185 *fou* et *tchéou* et 703 districts. Les Kin dressèrent la carte de la frontière et installèrent 5 capitales. 宋遣使納唐鄧商秦之地°西以大散關°南以淮水中流爲界°於是宋僅有兩浙兩淮江東西湖南北四蜀福建廣東西十五路°而京西南路°止有襄陽一府°陝西路°止有階成和鳳四州°凡有府州軍監一百八十五°縣七百三°金旣畫界°建五京°(*Thoung-kian-kang-mou, Sou-pian*, livre 14, page 62; *Li-taï-ki-ssé*, chap. 92, page 3). Pour obtenir ce honteux traité, Kao-Tsoung n'avait pas hésité à se reconnaître comme le sujet de l'empereur Kin et à déclarer, dans une lettre qui a été traduite par de Mailla dans son *Histoire de la Chine* (tome VIII, page 542), que c'était par la charité de l'usurpateur mandchou qu'il conservait les provinces du sud de la Chine. Le 4e mois de l'année suivante, en été, l'empereur Kin poussa l'audace jusqu'à envoyer à l'empereur Soung un ambassadeur remplissant les fonctions de *siuen-houeï-sheu* de la gauche, nommé Liou Kou, avec la robe et le bonnet impériaux et le sceau de jade carré pour les remettre à Kao-Tsoung et lui donner l'investiture comme empereur de la grande dynastie des Soung. 夏四月金使人以袞冕來册帝°金遣左宣徽使劉筈以袞冕圭册°册帝爲大宋皇帝°(*Thoung-kian-kang-mou, Sou-pian, ibid.*, page 66; *Li-taï-ki-ssé, ibid.*, page 7).

vivait dans une effroyable anarchie politique et elle était devenue le champ clos où tous les *condottieri* de race turke cherchaient à se tailler un royaume dans les débris de celui des Sassanides.

La Russie du XIIIe siècle était un amas chaotique et antifédéral de républiques et de principautés hostiles qui ne rêvaient que guerres et conquêtes; les Slaves n'avaient même pas l'esprit féodal de leurs contemporains d'Occident qui, malgré leur extrême dispersion, étaient groupés, au moins moralement, autour de quelque puissant suzerain; ils étaient d'incorrigibles errants, insubordonnés et rebelles à toute autorité; beaucoup plus tard, l'usurpateur Boris Godounof dut les attacher à la glèbe pour que toute la race slave ne s'en allât pas quelque jour à l'aventure sur les grandes routes de la terre russe. Cette rage de séparatisme augmentait de jour en jour: Yaroslav le Grand, le Charlemagne de la Russie, avait péniblement réuni sous son sceptre les fragments épars de la terre slave, mais la période qui s'étend depuis sa mort en 1054 jusqu'à l'invasion mongole de 1224 est probablement la plus obscure de toute l'histoire de la Russie. La tradition scandinave du partage de l'état entre les fils du prince défunt et de la souveraineté de l'aîné de toute la famille l'emportait alors sur la théorie byzantine de l'indivisibilité de l'empire et de la succession par primogéniture, aussi la terre russe risquait-elle de se morceller indéfiniment, et les luttes entre les compétiteurs qui se prétendaient les aînés de la dynastie allaient toujours en croissant.

Cette anarchie des princes russes fut pire, et de beaucoup, que l'anarchie des féodaux de l'Occident et, durant cette période qui s'étend depuis le règne de Henri Ier jusqu'à la mort de Philippe-Auguste, il n'exista pas en Russie moins de 64 principautés plus ou moins viables, parmi lesquelles les républiques de Novgorod, «Monseigneur Novgorod-la-Grande», de Pskof et de Viatka, 293 kniazes se disputèrent les armes à la main, au milieu de 83 guerres civiles, la souveraineté de la terre slave, sans compter, ni les guerres étrangères, ni les invasions des Polovtsi.

Le joug mongol, la Tatarstchina des historiens russes, eut bientôt fait de mettre de l'ordre dans cet incroyable chaos.

La conquête définitive de la Chine du nord par les armées d'Ougédeï en 1234 et celle de la Chine du sud, du Mantzeu 蠻子 par Koubilaï, mirent fin au dualisme du Céleste Empire qui, depuis cette époque lointaine, n'a plus perdu l'unité que lui rendit la conquête mongole; si Koubilaï ne recula pas autant qu'il l'eût souhaité les frontières de son vaste empire, s'il échoua d'une façon assez misérable dans ses expéditions contre le royaume du Soleil Levant, il légua à ses successeurs, les empereurs Yuan, et aux Ming, une Chine définitivement unifiée de la mer de Corée aux déserts du Turkestan, aussi grande et aussi puissante que celle de Thsin-shi-hoang-ti, dont l'intégrité n'a même pas été entamée par les révolutions qui donnèrent le trône aux Ming et aux Taï-Thsing.

La Perse, qui avait retrouvé une cohésion très factice sous le règne des Khvarizmshahs, mais qui n'aurait pas tardé après eux à retomber dans son anarchie accoutumée, connut, avec la souveraineté des princes issus de Touloui, que Monkké envoya de Kara-kouroum pour la gouverner, une unité politique dont elle avait perdu le souvenir depuis des siècles; leur domination qui, en somme, ne paraît pas avoir été écrasante, eut pour principal résultat de rendre aux Persans le concept de cette unité politique qui, depuis la chute des Sassanides, n'était plus pour eux qu'un vague mythe. Ce fut sous le règne des princes mongols que la Perse recouvra pour près de quatre siècles la province de Baghdad, l'ancienne Ctésiphon, qui avait été la capitale des Khosroès, et tout l'Irak-i Arabi, depuis près de six siècles et demi au pouvoir des Musulmans. Quand la dynastie fondée par Houlagou eut perdu la souveraineté dans l'Iran, ces contrées qui avaient été si âprement disputées par l'empire romain aux Sassanides restèrent dans la sphère de l'influence iranienne jusqu'au jour où le sultan osmanli Mourad IV les arracha aux rois Séfévis (1638). Quand les Timourides eurent dilapidé l'héritage de leurs ancêtres pour fonder des principautés dont aucune n'était viable, la Perse, lasse de servir de champ de bataille à des féodaux sans aucun esprit politique, salua avec enthousiasme l'avènement des Séfévis qui, comme les Mongols, lui rendirent son unité et son autonomie.

L'unité de l'Iran n'a plus été troublée depuis cette époque, malgré les heures sombres qui virent l'écroulement de la monarchie séfévie, et ce sentiment de l'indivisibilité de la patrie, qui a permis à la Perse de traverser sans trop de dommages la période d'anarchie qui suivit la mort de Nadir, est né, après plus de six siècles de dispersion et de fragmentation, à l'ombre de l'étendard mongol.

La conquête ne ramena pas l'ordre du jour au lendemain dans l'effroyable anarchie au milieu de laquelle la Russie naissante achevait de se disloquer.

La société slavo-varègue de l'époque de Yaroslav présente les plus grandes similitudes avec celle qui se forma en Gaule au lendemain de la conquête franque et le gouvernement des princes varègues rappelle singulièrement celui des Mérovingiens, le kniaz entouré de sa droujina étant tout à fait le princeps germanique entouré de sa truste, le primus inter pares.

Les principautés entre lesquelles se fragmenta la terre slave, après la mort de Yaroslav jusqu'à la conquête mongole, n'étaient pas unies les unes aux autres par le lien puissant du pacte féodal. Chacune suivait sa politique propre, sans s'inquiéter du voisin, autrement que pour le piller et déchiqueter son territoire et, à l'exception de Yaroslav le Grand, aucun souverain russe n'avait une autorité morale suffisante pour se faire reconnaître comme suzerain par les chefs de bande, plus ou moins obéis eux-mêmes de leurs droujinniki, qui se disputaient les lambeaux de la terre russe. Aussi, la Russie princière s'en allait-elle à la dérive, sans que l'on pût prévoir qu'il se formât jamais un centre de civilisation autour duquel se rassembleraient les provinces rivales et trop souvent hostiles du monde slave. Les kniaz russes avaient moins d'esprit politique que les chefs mongols qui allaient envahir leur pays et, s'ils convoitaient tous la souveraineté absolue des vastes contrées qui s'étendent entre la Baltique et la Mer Noire, ils n'avaient pas assez d'esprit de suite pour donner un corps à leur rêve et pour s'unir devant un péril national. Les princes mongols qui établirent leur suzeraineté sur la terre russe et qui s'en allèrent régner dans leur capitale de Séraï, sur la Volga, n'étaient pas hommes à tolérer qu'une pareille anarchie s'éternisât dans un pays soumis à leur autorité; s'ils entendaient laisser aux Slaves la plus grande indépendance, et une autonomie complète, à la seule condition de leur payer tribut et de leur fournir un contingent de guerre, sans se mêler de leurs affaires, ils ne voulaient pas avoir à traiter simultanément avec une dizaine de chefs de bandes, plus ou moins reconnus de leurs sujets, mais seulement avec un prince russe, qu'il fût kniaz de Wladimir, de Kief ou de Sousdalie, cela leur importait peu, qui représentât toute la Russie et auquel ils transmettraient les *yarlighs* que le khaghan de Mongolie voudrait bien leur adresser. L'esprit bureaucratique des Chinois qui dirigeaient l'administration mongole, ou aux règles desquels se conformaient les bashkaks, ne pouvait concevoir une autre forme de gouvernement d'un pays vassal qui conservait son autonomie intérieure, et les généraux de Batou, pliés à une discipline de fer et à une hiérarchie impitoyable, ne pouvaient concevoir une telle fragmentation de l'autorité.

C'est ainsi que Batou et ses successeurs favorisèrent la

création d'un état slave, qui devait être en quelque sorte le suzerain des autres principautés, représenter la Russie aux yeux du khaghan mongol et qu'ils lui imposèrent leur système d'administration civile et d'organisation militaire.[1]) Cette politique des princes de l'*oulous* de Tchoutchi devait d'ailleurs tourner à leur désavantage et causer leur ruine, le jour où cet état embryonnaire devint le puissant tsarat de Moscou, mais elle était la seule qui s'accordât avec la mentalité des souverains mongols.

La principauté de Kief, dont le souverain, Yaroslav, avait été le maître de toute la Russie, avait perdu son hégémonie en 1169, quand Mstislaf, fils d'André Bogolioubowski, prince de Sousdalie, s'était emparé de la capitale de saint Wladimir, et le centre de la Russie s'était déplacé du sud-ouest, du bassin du Dniépr, au nord, dans le bassin de la Volga.

Bien qu'André Bogolioubowski fût en avance d'au moins quatre siècles sur les princes qui allaient lui succéder, bien qu'il soit le véritable précurseur des grands princes et des tsars de Moscou et, qu'en sa personne, la suzeraineté morale de la Russie ait passé à la Sousdalie, il est évident que la grande principauté ne pouvait devenir, au XIIe siècle, le centre politique autour duquel se rassembleraient les fragments de la terre slave. André fut à peine monté sur le trône dans sa capitale de Wladimir qu'il voulut instituer le régime autocratique et imposer sa volonté à des princes qui n'étaient même pas ses vassaux. C'était là un projet irréalisable au XIIe siècle,

---

[1]) A l'époque d'Ivan IV, à la fin du XVIe siècle, l'armée russe, comme les armées mongoles, se composait presque exclusivement de cavalerie: elle était divisée, exactement comme les armées de Tchinkkiz, en corps de 10 000, 1000, 100 et 10 hommes, commandés par des généraux de 10 000, des milliaires, centeniers et dizainiers; comme les armées mongoles, les armées russes se composaient de la grosse bataille, le قول de Rashid, de l'aile gauche et de l'aile droite qui étaient commandées par des généraux de rang inégal, comme chez les Mongols et les Chinois, de l'avant-garde et de l'arrière-garde.

avant l'occupation mongole qui habitua les Russes au concept de l'unité du pouvoir royal, dans une société imbue des traditions varègues, et dans laquelle le prince ne régnait que par le libre consentement de sa droujina, et non par droit divin.

Les armées d'André, commandées par Mstislaf Andréevitch, le vainqueur de Kief, secondé par les princes de Smolensk, Riazan, Mourom et Polotsk, qui suivaient à contre-cœur les troupes de l'autocrate de Sousdal, échouèrent lamentablement devant Novgorod, dont les citoyens ne combattaient pas seulement pour l'honneur de leur kniaz, comme les Kiéviens, mais pour défendre les institutions et la liberté de la République.

Les princes de Smolensk, Rourik, David et Mstislav le Brave, l'homonyme du Téméraire qui devait trouver une mort glorieuse sur les bords de la Kalka, en défendant sa patrie contre les généraux mongols, profitèrent de ce grave échec d'André de Sousdal pour se soustraire à son despotisme et pour s'emparer de Kief. Ce fut en vain que l'autocrate essaya de reconquérir la „Mère des villes russes" et Mstislaf battit honteusement ses armées en 1173; l'année suivante, André mourait, assassiné par ses boyards à dix verstes de Wladimir, dans sa résidence de Bogolioubovo.

Cette tentative de gouvernement de droit divin était tellement prématurée que les assassins du grand prince ne furent même pas inquiétés, tant sa mort délivrait la Russie naissante de la terreur du despotisme et il fallut attendre trois siècles pour, qu'après des malheurs inouïs, les grands princes de Moscou pussent réaliser ses projets. Les mésaventures politiques d'André et les événements qui suivirent sa mort montrent que, pas plus que Kief, la Sousdalie ne pouvait devenir le centre de rassemblement de la Russie; la destinée voulait que ce rôle échût à un état nouveau qui se forma lentement autour d'une bourgade de bois fondée en 1147, au milieu des épaisses forêts de pins qui couvraient alors les rives de la Moskova.

Les souverains de la grande principauté de Moscou, étouffée à ses origines entre les principautés de Tver, de Sousdal et de Riazan qui l'enserraient de toutes parts, se condamnèrent à toutes les bassesses pour s'assurer les bonnes grâces des khans de la Horde, en attendant patiemment l'heure de les chasser de Russie, et ils se firent à l'occasion les policiers des princes mongols auxquels ils arrachèrent la terre slave morceau par morceau, comme Vasili Dmitriévitch qui, en 1392, acheta à Tokhtamish un *yarligh* qui lui conférait la souveraineté de Mourom, de Nijni-Novgorod et de la Sousdalie.

Si la politique des grands princes de Moscou fut tortueuse et perfide, vile avec la Horde ¹) qui eût anéanti en quelques

---

¹) A partir de la conquête mongole, la Horde devint un encan où les *yarlighs* qui conféraient la souveraineté des principautés de Sousdalie ou de Novgorod se vendaient au plus offrant; les princes russes ne régnèrent plus que par le bon plaisir des descendants du Saïn-Noyan, et les souverains mongols s'arrogèrent le droit de faire et de défaire les grands princes autour desquels allaient se rassembler, pendant toute la durée de la Tatarshtschina, les fragments disséminés de la terre russe. Le maître était impitoyable, et il fallait qu'au moindre signe ils courussent à la Horde, les mains pleines d'or, pour battre du front devant le khan, vêtu, sur son trône doré, de soie luisante de graisse et de fourrures crasseuses.

Yaroslav (1238), rentré en Sousdalie après la mort de Georges II, tué à la Site, alla à Séraï pour recevoir l'investiture des mains de Batou; respectueux jusqu'au fétichisme du *yasak* de Tchinkkiz, le Saïn-Noyan n'osa envoyer le prince russe en possession de son héritage; Yaroslav dut aller à la cour d'Ougédeï qui campait dans les environs de Kara-kouroum; il mourut d'épuisement et de misère dans la steppe (1247); saint Alexandre Newski, le vainqueur des Suédois, qui avait écrasé les Porte-Glaives (1242), dut aller demander son investiture à Kouyouk qui, pour le récompenser de sa valeur, lui donna le titre de grand prince de Novgorod et de Kief. En 1262, les habitants de Wladimir, Sousdal et Rostof refusèrent de payer l'impôt aux *bashkaks* mongols; Alexandre courut à Séraï, les mains pleines de cadeaux pour le khan et ses épouses, tandis que son fils, Dmitri Alexandrowitch, enlevait Dorpat aux Porte-Glaives; il eut la chance d'être précédé à la Horde par sa réputation de guerrier sans peur et sans reproche; Bérékè, l'allié de Béïbars, fit l'éloge de sa vaillance et le retint plus d'une année à sa cour; le grand prince mourut en route, épuisé par toute

jours leur souveraineté naissante, cauteleuse avec leurs voisins qu'ils ne songeaient qu'à dépouiller, s'ils manquèrent complétement de l'esprit chevaleresque qui avait animé leurs devanciers, la faute en fut moins à leur caractère qu'aux terribles circonstances politiques au milieu desquelles ils vécurent, mais il n'y a pas à douter que ces princes, qui réussirent là où les souverains de Kief et de la Sousdalie avaient échoué, qui parvinrent à fonder l'autocratie et l'état russe, n'auraient pu le faire sans l'aide matérielle et morale que leur apportèrent, sans s'en douter, les princes mongols descen-

une vie de luttes et d'humiliations, comme Yaroslav. Les grands princes russes s'habituèrent très vite à ce régime de honte, d'autant plus qu'ils étaient traités par le souverain de la Horde comme des princes impériaux des lignes collatérales. En 1276, Boris de Rostof, Glèbe de Biélozersk, Féodor de Yaroslavl, André de Gorodetz suivirent le khan Monkké-Témour dans son expédition dans le Caucase et saccagèrent Dédiakof, la capitale des Asses; le prince mongol loua fort leur valeur et leur fit compter exactement leur part de butin. En 1281, André Alexandrowitch, fils d'Alexandre Newski, disputa le trône à son frère Dmitri; il fit destituer Dmitri après avoir saccagé, à la tête d'une armée mongole, les provinces de Wladimir, Sousdal, Mourom, Moscou et Péréyaslav. En 1304, le khan Tokhtogha reconnut comme prince de Moscou, Michel de Tver, cousin d'André Alexandrowitch, héritier légitime, contre Georges Danilowitch. A la mort de Tokhtogha, Georges s'insinua dans la faveur d'Uzbek qui lui donna sa sœur Kontchaka en mariage, avec une armée mongole pour saccager le pays de Tver; Michel de Tver, le premier prince russe qui ait osé résister au khan, le précurseur de Dmitri Donskoï, battit l'armée d'Uzbek et fit prisonniers Georges et Kontchaka; Kontchaka étant venue à mourir inopinément, Georges accusa Michel de l'avoir empoisonnée et, à force de sollicitations, il persuada Uzbek de la réalité de cette accusation; Michel fut arrêté et traîné, chargé de chaînes à la suite de l'armée mongole qui s'en était allée faire une expédition dans le Caucase. Il fut mis à la cangue dans un village de ce pays et Georges arracha à Uzbek son arrêt de mort. En 1325, Georges fut destitué et son trône donné à Dmitri Mikhaïlowitch, fils de Michel; il courut immédiatement à la Horde et se trouva face à face avec Dmitri qui le tua d'un coup de sabre, mais qui paya de sa vie l'audace d'avoir assassiné un grand prince dans le palais du khan; Alexis Dmitriéwitch accepta sans aucun scrupule la grande principauté des mains d'Uzbek, qui avait fait tuer son père et son grand-père.

dants de Tchoutchi. Ce fut la domination de la Horde qui habitua les Slaves indisciplinés de Smolensk, de Novgorod, de Kief, à la conception d'un souverain unique, dépositaire du pouvoir absolu et maître de toute la terre russe ; ce fut la domination des Mongols qui, en créant en Russie un centre de groupement, empêcha que tout le nord-ouest ne fût conquis par les Porte-Glaives et par les chevaliers teutoniques qui, au XIIIe siècle, s'emparèrent des provinces baltiques et que tout l'ouest ne tombât aux mains des Lithuaniens, plus redoutables encore que les Prussiens, qui, avec Gédimine et Olgerd, enlevèrent aux Russes, au XIVe siècle, Grodno, Pinsk, Brest, Polotsk, la Volhynie et Kief, Vitepsk, Mohilef, Novgorod-Siéversk, Kaménetz et la Podolie, et qui, avec Vitoft[1]), leur arrachèrent Smolensk, réduisant la Russie aux deux

---

[1]) Dmitri Donskoï n'avait pas hésité à prendre les armes contre son suzerain, le khan de la Horde, et l'avait complétement défait dans la plaine de Koulikovo (1380); c'en était fait de la terreur mongole si un autre fléau de Dieu n'était apparu à l'horizon sanglant de la Russie: Tokhtamish, lieutenant de Témour, envahit la Horde, tua Mamaï et somma Dmitri de venir reconnaître la suzeraineté du souverain du Tchaghataï. Le grand prince, au lendemain de la victoire qui venait de montrer que la terreur mongole n'était pas une fatalité éternelle, refusa d'aller faire le *djouk* devant le fondateur du second empire tartare: Tokhtamish marcha droit sur Moscou dont il s'empara par une ruse indigne, et qu'il incendia; puis il ravagea Wladimir, Mojaïsk et les villes de Sousdalie. Il est certain que, sans l'apparition inopinée de Témour, la Tatarshtchina prenait fin le soir de la bataille de Koulikovo, mais la grande principauté de Moscou serait infailliblement devenue la proie des Lithuaniens. En 1399, Vitoft organisa contre le joug tartare la grande croisade de la Vorskla, à laquelle le grand prince de Moscou ne prit aucune part, mais dont, suivant l'heureuse habitude, constante et traditionnelle des souverains russes de cette époque, il récolta tous les bénéfices. Mais, à ses projets de croisade contre l'ennemi héréditaire de la race slave, le terrible Vitoft, allié des Polonais, rattachait tout naturellement la conquête de Moscou et de la Sousdalie. L'artillerie lithuanienne ne put arrêter l'élan de la cavalerie mongole et Vitoft, vaincu, s'enfuit au delà de Kief, abandonnant ses projets d'annexion de la grande principauté de Moscou, qui put ainsi, délivrée de ce redoutable adversaire, continuer son rôle historique.

principautés de Moscou et de Riazan. Et rien n'eût empêché le prince lithuanien d'arriver à Moscou, comme les Polonais en 1612, s'il n'eût été complétement battu par les armées de Témour, dans les environs de Poltava, presque sur le même champ de bataille où se rencontrèrent, à l'aube du XVIIIe siècle, le premier empereur de Russie et le dernier Varègue.

Quand, sur les bords de l'Oka, où il n'osa même pas se servir des canons de bronze que lui avait fondus le bolonais Aristote Fioraventi,[1]) Ivan III, le Rassembleur de la terre russe, vit fuir, au galop de son coursier, le khan Ahmed, les deux empires de la Horde d'Or avaient rempli leur rôle historique pour la Russie, dont ils avaient favorisé le groupement autour de Moscou, de même que la dynastie fondée en Chine par Koubilaï a rendu, pour déjà plus de six siècles, l'unité au Céleste Empire.

En somme, ces nomades qui, sous leurs tentes de feutre noir, n'avaient aucune notion de ce que peut être un gouvernement, qui vivaient d'une vie misérable, loin des sciences et loin des arts, ayant pour toute religion l'adoration du Ciel bleu, le culte de la Terre noire et des génies qui président aux quatre directions de l'espace ou, les plus favorisés, le Christianisme sommaire des prêtres nestoriens, ces nomades ont fait d'une façon définitive, l'unité des deux plus vastes empires du monde, la Chine et la Russie, et rendu à la Perse une autonomie qu'elle avait perdue depuis le jour ou le dernier Sassanide s'était réfugié à la cour de Hsi-an-fou. Singulière destinée que celle de cette nation, aujourd'hui disparue de l'histoire, dont les descendants, rentrés dans la steppe infertile où leurs ancêtres avaient rêvé la conquête du monde, sont aujourd'hui les esclaves du Tsar blanc et du Fils du Ciel, dont les lointains prédécesseurs fuyaient au XIIIe siècle devant les armées de Tchinkkiz et de Koubilaï.

---

[1]) G. Tiraboschi, *Storia della letteratura italiana*, Milan, 1833, vol. III, page 291.

La conquête de la Chine par les Mongols de Koubilaï est l'avant-dernier épisode de la lutte plusieurs fois millénaire que le Céleste Empire soutenait, depuis les heures les plus lointaines de son histoire, contre les peuplades altaïques et qui, durant de longs siècles, avait été le pire souci des Fils du Ciel. Le dernier est la conquête de la Chine par les Tartares Mandchous qui se sont emparés du trône des Ming.

Les Mongols sont l'une des plus jeunes et des dernières venues de ces peuplades aux noms divers que l'on ne connaît guère que sous la forme de leur transcription chinoise, Hioung-nou[1]), Sien-pi[2]), Jouan-jouan[3]), Tou-kioué[4]), Yué-tchi[5]), Yé-tha[6]), To-pa[7]), Niu-tché[8]), qui erraient depuis les origines de l'histoire dans l'immensité de la Sibérie, et qui sont vraisemblablement les tribus guerrières du nord auxquelles le *Eul-ya*, l'un des livres les plus anciens de la Chine, donne le nom de Koung-toung. On ne saurait rien de ces clans altaïques dont l'objectif unique était la conquête du Céleste Empire, leurs noms eux-mêmes seraient complétement inconnus, si les historiens chinois n'avaient mentionné dans leurs livres, d'une façon souvent trop sommaire, quelques épisodes des luttes que les Fils du Ciel durent soutenir pour repousser les chefs turks qui venaient faire des incursions sur le territoire de l'empire. Aucune de ces peuplades, dont quelques-unes furent très puissantes et contre lesquelles Thsin-shi Hoang-ti éleva la Grande Muraille dans l'espérance de mettre la Chine à l'abri de leurs invasions, n'a laissé de monuments

---

1) Οὖννοι. 2) سیبیر. 3) peut-être les ancêtres des جورجه.
4) ترك. 5) ou plutôt Gé-tchi, les Γέται.
6) ou Yé-tha-i-li-to, les Ἐφθαλίτοι.
7) qui ont donné leur nom au Tibet, *Tobbat* chez les Arabes.
8) نوجی dans Rashid.

de son histoire et ce ne sont pas les quelques renseignements, souvent vagues et incohérents donnés par Ma Touan-lin dans son encyclopédie ou par Rashid dans ses notices sur les tribus turkes, qui permettent de se faire une idée tant soit peu nette de l'histoire ancienne de ces clans altaïques. On sait néanmoins, par Rashid ed-Din, qu'ils se considéraient tous comme appartenant à une même race, la race turke, et cette opinion, qui a paru exagérée à Abel Rémusat, est en somme confirmée par l'étroite parenté des langues qui furent parlées dans la Sibérie et qui, avec les dialectes turks, le finnois, le mongol et le mandchou, dérivent très probablement d'une même souche.

Le nom des Mongols n'apparaît dans l'histoire du monde qu'à une époque très basse, sous le règne des Thang, d'après le *Thoung-kian-kang-mou*, alors que le rôle historique des tribus de l'antiquité turke était bien fini et que leurs noms, qui avaient fait trembler les empereurs chinois dans leurs palais de Hsien-yang et de Hsi-an-fou, étaient tombés dans l'oubli le plus profond; la mémoire de ces peuplades turkes paraît avoir été très courte, car on ne trouve pas dans Rashid ed-Din, dont la chronique représente très exactement la tradition mongole du XIIe et du XIIIe siècles [1]), le nom de ces clans de l'antiquité altaïque, ni même celui des Hioung-nou, les Οὖννοι, qui, avec leur tan-jou Mé-thé, faillirent, au second siècle avant l'ère chrétienne, s'emparer de la Chine,

---

[1]) Ou pour être plus exact, l'abrégé persan d'une histoire, en mongol, des tribus mongoles, l'Altan Debter, ﺍﻟﺘﻦ ﺩﻓﺘﺮ ou Livre d'Or. Il est à présumer, d'après ce que l'on connaît du contenu de ce livre par Rashid, qu'il présentait les plus grandes ressemblances de rédaction avec l'original mongol du 元朝秘史 qui est une histoire anecdotique de Tchinkkiz et de ses ancêtres, ou avec l'Altan-Toptchi qui a été publié à St. Pétersbourg. On ne trouve dans ces livres, pas plus que dans l'*Histoire des Mongols* de Sanang Setchen, aucune notice sur les tribus anciennes, l'histoire des Mongols commence avec Along-Goa ou Bourté-Tchino, et c'est tout.

qui, avec le khaghan Touloun, régnèrent au Ve siècle sur un empire qui s'étendait de la mer d'Okhotsk à l'Oural. C'est tout au plus si l'on retrouve, confondus dans un seul personnage mythique, Oughouz, l'ancêtre de la race turke, les deux khaghans Touloun et Attila. Dans son histoire des tribus, avec laquelle commence la *Djami el-tévarikh*, Rashid ed-Din insiste à plusieurs reprises sur ce thème qu'il n'y a pas eu coexistance, en Sibérie, d'une race turke et d'une race mongole, et qu'il n'a jamais existé qu'une seule race, la race turke, dont toutes les tribus mongoles et sibériennes, les Tchélaïr, les Tatar, les Kirghizes, les Kounghourat, les Aroulad, ne sont, en somme, que des clans, et que le nom de Monkghol بحنل ىتمر est d'invention très moderne: «Les peuples que l'on appelle aujourd'hui Mongols, dit-il dans son histoire des tribus [1]), n'étaient point nommés ainsi dans l'antiquité, car ce terme a été inventé après leur époque.... Les peuples turks que l'on appelle aujourd'hui Mongols ne portaient pas ce nom dans l'antiquité. Aujourd'hui même, la nation mongole شعبهٔ مغول n'est qu'un des peuples turks اقوام اتراك; c'est à cause de la gloire et de la puissance que les Mongols ont acquises que toutes les autres tribus turkes ont reçu le nom de Mongols. C'était la même raison qui avait fait donner auparavant à ces mêmes tribus turkes le nom de Tatars [2]); les Tatars eux-mêmes étaient l'une des plus célèbres tribus turkes...; les enfants qui viennent au monde à notre époque, ajoute le vizir de Ghazan, se figurent que toutes les tribus turkes étaient appelées dès l'antiquité du nom de Mongols, mais il n'en est rien, car, dans les temps anciens, les Mongols n'étaient qu'une simple section des peuples turks nomades».

Si l'on en croit Rashid ed-Din, qui est en cela d'accord avec les historiens du Céleste Empire, la tribu turke qui devait, dans la suite, devenir la nation mongole était loin

[1]) p. 8; p. 41.   [2]) p. 62.

d'être l'une des plus puissantes du monde sibérien, et, deux mille ans avant son époque, soit vers 700 avant l'ère chrétienne, elle fut complétement anéantie par une coalition des tribus qui étaient ses voisines, si bien qu'il n'en resta que deux hommes, Nikeuz et Kiyan. Ces deux hommes réussirent à échapper au massacre avec leurs femmes et ils allèrent se réfugier dans une combe entourée de montagnes, l'Erkinèghoun, d'où leurs descendants sortirent après des siècles.

Que cette histoire soit vraie ou qu'elle soit une simple fantaisie, qu'elle se soit passée au VIIe siècle avant notre ère ou à l'époque de Touloun, ce sont des points qui n'ont aucune importance, puisqu'on ne pourra jamais vérifier le récit de Rashid ed-Din par celui des auteurs chinois, mais ce qu'il en faut retenir, c'est que les Mongols avaient la notion précise que leur tribu avait été, dans l'antiquité, noyée dans le flot humain qui, aux époques de pléthore, venait déferler sur l'empire chinois et sur l'Europe. En somme, Tchinkkiz-khaghan, poussé par cette même force invincible qui avait animé les tribus turkes des siècles passés, ne fut que le continuateur des Mé-thé et des Touloun qui avaient rêvé la domination universelle pour la race jaune, et il refit, dans le nord de l'Asie, l'immense empire des Huns qui s'étendait du Pacifique aux plaines de l'Europe.

Ainsi, la Chine finit par succomber dans cette lutte sans trêve dont les péripéties sanglantes avaient provoqué dans l'Asie du nord des mouvements de tribus sans fin et, peut-être, aux temps anté-historiques, les migrations des peuples aryens et des tribus finnoises.

Si l'histoire des luttes que les tribus turkes soutinrent contre le Céleste Empire est connue, d'une façon d'ailleurs très fragmentaire, par les chroniqueurs chinois qui en furent les témoins, les rapports de la Perse et du monde altaïque sont beaucoup plus obscurs, par suite du manque absolu de documents sur l'histoire ancienne de l'Iran.

L'empire iranien et les clans turks, les mêmes qui luttaient désespérément et de toutes leurs forces contre l'empire chinois, se trouvèrent engagés dans un interminable conflit depuis les époques les plus lointaines de l'histoire, et la conquête de la Perse par les armées de Tchinkkiz, sa prise de possession par les princes de l'*oulous* de Touloui, furent le dernier épisode de cette guerre qui s'était continuée, indéfinie, pendant des siècles.

Le souvenir de cette lutte qui mit aux prises les Iraniens et les tan-jou des clans altaïques, dont le moindre enjeu était la possession des provinces orientales de l'Iran, convoitées par les tribus turkes, se retrouve à plusieurs reprises dans l'Avesta et dans le *Grand Boundehesh* pehlvi qui n'est que l'écho de textes avestiques aujourd'hui perdus.

Ce sont tout d'abord, au commencement du troisième millénium, presque immédiatement après que Thraētaona eut divisé le monde entre ses trois fils, Sairima, Toura et Airyu, les invasions de l'Iran par Fraṅhrasyan, l'افراسیاب du *Shahnamèh*, descendant de Toura, dont l'histoire remplit la moitié de l'immense poème de Firdousi. Fraṅhrasyan envahit l'Iran par six fois, refoulant jusque dans les montagnes du Tabaristan et du Mazendéran, sur les bords de la Caspienne, les Aryens qui durent se soumettre à ses volontés [1]).

D'après la tradition avestique, telle qu'elle est représentée par les livres pehlvis, les Iraniens, à l'une des heures les plus critiques de leur histoire, durent appeler les tribus turkes à leur aide pour se débarrasser d'un terrible ennemi qui leur venait du sud-ouest. «Il y avait, dit le *Grand Boundehesh*,

---

[1]) Il ne faudrait pas croire que ceci est une invraisemblance due à la fantaisie ou à l'ignorance d'un auteur parsi; on sait en effet, par Rashid ed-Din et par son continuateur, que les princes du Tchaghataï, qui régnaient dans le pays turk, attaquaient toujours l'Iran par le nord du Khorasan et par le Mazendéran dont ils avaient envie de s'emparer, et cette concordance dans un détail aussi précis, montre l'authenticité absolue du récit avestique et pehlvi.

un autre (démon) nommé Zaīnīgāp, qui avait du venin dans les yeux; il était venu de chez les Arabes pour régner sur la terre d'Iran [1]) et il tuait tout homme sur lequel il faisait tomber un regard de son mauvais œil. Les Iraniens supplièrent Frāsyāp de venir dans leur pays; il tua ce Zaīnīgāp, et régna sur la terre d'Iran; il enleva un grand nombre d'hommes de la terre d'Iran et les fit demeurer dans le Turkestan [2]); il ruina l'Iran et le ravagea jusqu'à ce que

---

[1]) Comme l'a remarqué J. Darmesteter (*Zend-Avesta*, tome II, page 401, note 24), ce Zaīnīgāp était de la race de l'usurpateur Zohak, roi des Arabes, d'après le *Boundehesh*; le grand-père de Zohak se nommait également Zaīnīgāp. Ceci est encore conforme à la réalité historique, les Sémites reprenant très volontiers le nom qui a été porté par leur aïeul.

[2]) [Pahlavi text]

; de mon manuscrit, pages 272—274; cf. J. Darmesteter, *Zend-Avesta*, tome II, page 401. Cette tradition d'une lointaine conquête de l'Iran par les Sémites se retrouve dans la littérature arabe, aussi nette que dans ce passage du *Boundehesh*. Yakout rapporte dans le *Modjem el-bouldan* (tome III, page 133) qu'el-Mofadjdja^c

Rūstahm partit du Sagastān avec une armée, il fit prisonnier le roi du Shambarān (du pays de Shamir شمر) et délivra

raconte dans son histoire du Yémen intitulée كتاب المنقذ فى الايمان فى اخبار ملوك اليمن les faits suivants: Le tobba yéménite Shamir ibn Ifrikis ibn Abraha se mit en marche avec une armée de 500 000 hommes pour aller attaquer les pays orientaux; il envahit l'Irak, et le roi de Perse, Vishtasp بشتاسف, se soumit à lui; Shamir continua son chemin pour aller attaquer la Chine, mais il fut arrêté par la résistance désespérée que lui opposèrent les habitants de Samarkand; il s'empara de la ville et la saccagea entièrement, puis il mourut sur la route de la Chine, de soif, lui et toute son armée. Samarkand resta en ruines jusqu'à ce que régnât Tobba el-Akran ibn Abi Malik ibn Nashir Yaʿnam qui partit en guerre, du Yémen, pour aller venger son aïeul; il passa par la Perse dont le roi, Bahman fils d'Isfendiar, lui paya tribut. Il rebâtit Samarkand, envahit la Chine qu'il saccagea et s'en revint, après ces exploits, dans le Yémen.

Le récit du *Boundehesh*, qui dérive du texte avestique, et celui d'el-Mofadjdjaʿ sont rigoureusement indépendants, et le fait que l'auteur du *Kitab el-mounkidh* place l'invasion sémitique beaucoup trop tard, immédiatement avant l'époque achéménide, n'a pas d'importance; si le récit de ces événements a été altéré, s'ils ont quelquefois été déplacés par des chroniqueurs qui ignoraient complétement l'histoire ancienne et qui rapportaient des traditions sans les comprendre, les événements eux-mêmes n'en sont pas moins réels. En fait, la véritable invasion sémitique de l'Iran est celle de Zohak qui s'empare de la Perse et qui y règne durant 1000 ans; il est évident qu'il faut voir dans Zohak la personnification des chefs arabes de la première race qui, à une époque extrêmement lointaine, s'emparèrent de la Perse, comme d'autres s'étaient rendus maîtres de la vallée du Nil (*Le culte d'Aphrodite-Anahita chez les Arabes du Paganisme*, Paris, 1902, page 42). C'est d'ailleurs là l'opinion de tous les historiens musulmans: Aboul-Kasem el-Kashani raconte dans sa *Zoubdet el-tévarikh*, d'après Ibn el-Athir qui puisait lui-même ses renseignements dans la chronique de Tabari, que les historiens ne s'accordent pas d'une façon satisfaisante sur la généalogie de Zohak: certains Arabes disent qu'il était le fils de l'himyarite ʿOlvân, frère de Sheddâd, fils de ʿAd, et ils rattachent sa généalogie à Aram, fils de Sam et frère d'Arphakhshad; ces gens disent que ce fut Sheddâd qui l'envoya attaquer Djemshid; les Iraniens le nomment Bivérasp, fils d'Arvandasf, fils de Zaïnigâv, fils de Nyâdsara, fils de Tâz, fils de Farvâl, frère de Hoshang, fils de Farvâl, parce qu'ils sont d'avis que Tâz, fils de Farvâl, est le père des Arabes ou Tâzîs.... Les gens du Yémen, de la race desquels étaient les Tobbas, disent que Zohak était un de leurs compatriotes

de leur captivité Kaï-Kāous et les autres Iraniens, il livra bataille à Frāsyāp sur les bords de l'Oulaï que l'on nomme

et qu'il fut le premier des Pharaons, rois d'Egypte; quand il eut tué Djemshid, qu'il fut monté sur le trône et qu'il se fut emparé de la souveraineté de l'Iran, il traita les peuples avec la dernière violence:

در نسب او خلاف کرده اند جمعی اعراب کویند که او پسر علوان حمیری برادر شدّاد عاد و نسب او به ارم بن سام برادر ارفخشد برده اند چنانک کفته شد کویند شدّاد اورا بقصد جمشید فرستاد و عجم نام او بیوراسب بن اروند اسف بن زینکاو بن نیادسره بن تاز بن فروال است برادر هوشنگ بن فروال که بزعم ایشان تاز بن فروال پدر تازیانست یعنی جمیع اعراب و ذکر این هم رفت .... و اهل یمن که تبعان ازیشان بودند کویند ضحاك ازیشانست و او اول فراعنه بود چون جمشیدرا هلاك کرد و بر ملك مستولی شد و بر تخت شاهی نشست جور و ستم آغاز نهاد (man. de Berlin, f. 10 v.; copié littéralement par Rashid ed-Din dans la *Djami el-tévarikh*, man. du British Museum, Add. 7628, f. 6 r.). Les Arabes islamisés ont parfaitement conscience que Zohak est la personnification de l'invasion de l'Iran par les Arabes de la première race, les عاربة, car Masoudi écrit dans le *Tenbih* que les Arabes du Yémen affirment qu'il était de leur pays et qu'il appartenait à la tribu de Azd. On ne saurait être plus catégorique. Beaucoup de personnes versées dans l'histoire des nations de l'antiquité croyaient, d'après Masoudi, que Zohak était l'un des anciens rois des Chaldéens de la Nabatène, c'est-à-dire de ceux dont Eusèbe dit, citant un fragment d'Alexandre Polyhistor: Tum et Chaldaeos reges quadraginta novem, annosque quadringentos et octo supra quinquaginta. Postea et Arabes novem reges, annosque ducentos quadraginta quinque, (*Fragmenta historicorum graecorum*, éd. Didot, tome II, page 503), ces souverains étant antérieurs à la légendaire Sémiramis. Zohak ne peut être, comme on l'a prétendu, la personnification des Arabes qui, à la fin du IIe siècle *après* notre ère, dominaient dans la Mésopotamie jusqu'à Holwan, pour la raison que les rois kéanides qui lui sont postérieurs seraient contemporains des derniers Arsacides, ce qui est fou, et, si l'on admettait cette identification, il faudrait placer Alexandre après l'ère chrétienne, ce qui est plus qu'absurde. Zohak est bien la personnification des Arabes, mais des Arabes Adites, de la préhistoire; les chroniqueurs musulmans, tels que Masoudi, ont encore conscience

(la rivière d')Isfāhān et il l'écrasa dans cet endroit; puis il livra encore beaucoup d'autres combats à Frāsyāp jusqu'à ce qu'il l'eût refoulé et rejeté dans le Turkestan, et l'empire d'Iran retrouva sa prospérité; une autre fois, Frāsyāp mena une armée (contre le pays d'Iran), Kaï-Syāvūkhsh marcha pour lui livrer bataille; par la faute de Sūtāpak (la femme de Kaï-Kāous était Sūtāpak), Syāvūkhsh ne revint pas dans l'empire d'Iran; il demanda protection à Frāsyāp, et, ayant reçu la parole de Frāsyāp, il ne revint pas auprès de Kaï-Kāous, mais il s'en alla de son plein gré dans le Turkestan et il épousa la fille de Frāsyāp; il eut pour fils Kaï-Khōsrav; Syāvūkhsh fut assassiné dans cette terre lointaine et, dans ce même millénium, Kaï-Khōsrav tua Frāsyāp; il se rendit de sa pleine volonté à Kang-diz et donna la royauté à Lōhrāsp. Quand Vishtāsp-shah eut régné durant trente ans, la durée de ce millénium arriva à son terme.

Ensuite le quatrième millénium commença: dans ce millénium, Zartūhasht reçut la Loi d'Aūhrmazd et la révéla au monde; Vishtāsp-shah la reçut et la répandit (dans ses états); il livra à Ardjāsp des combats extraordinaires, et Irān et Anīrān luttèrent âprement».

Du fait que les Zoroastriens ont attribué à un seul chef

que les Adites se sont emparés de la Syrie, de l'Irak, c'est-à-dire de la Perse, et de l'Inde. Ibn Khaldoun dit en parlant de Sheddâd, le Σάλατις des Grecs:

وذكر المسعودى .... هو الّذى سار فى الممالك واستولى على كثير من بلاد الشام والعراق والهند (man. arabe 1525, f. 10 v.); ce souvenir de la domination d'une race sémitique sur une grande partie de l'Asie se retrouve chez les Grecs, et on lit dans un fragment d'Alexandre Polyhistor: Πρῶτοι μὲν γὰρ, Ἀσσύριοι λέγονται ἅπασαν τὴν Ἀσίαν χειρώσασθαι, πλὴν Ἰνδῶν τῶν ὑπὲρ Γάγγην ποταμὸν ἰδρυομένων (*Frag. hist. graec.*, tome III, page 210). En somme, il n'est pas plus extraordinaire de voir les Arabes antéhistoriques arriver sur les marches de la Chine que de voir les généraux du khalife abbasside battre, en 709, une armée chinoise commandée par le neveu du Fils du Ciel et les Célestes écrasés en 741 à la bataille de Talas (ou peut-être Taraz طراز, 怛羅斯, *Tan-lo-sseu*, pour Tarraz ou Tallas) par les troupes musulmanes.

turk le commandement des six expéditions qui, au cours de ce troisième millénium, dévastèrent la terre d'Iran, il ne s'en suit nullement qu'il faille rejeter cette lointaine tradition comme un récit fabuleux: il faut évidemment regarder Frāsyāp, dont la légende est presqu'entièrement localisée autour de Samarkand, comme la personnification de plusieurs tan-jou des Turks qui, à plusieurs reprises, entrèrent en lutte avec l'Iran, comme le firent, quelque quarante siècles plus tard, les princes de l'*oulous* de Tchaghataï et Témour le boiteux, pour s'emparer de la Perse ou, tout au moins, de ses provinces orientales. Le nom des tribus turkes qui étaient commandées par les chefs que la légende iranienne a confondus dans la personne du touranien Franhrasyan ne paraît pas dans l'Avesta; ces événements se sont passés à une date si ancienne, tant de siècles avant l'époque à laquelle furent rédigés les livres sacrés de l'Iran, qu'il n'est pas étonnant que leur souvenir se soit perdu dans ce mystérieux lointain. Mais, en revanche, on trouve dans l'Avesta le nom d'autres peuplades altaïques qui, à des époques infiniment plus modernes, sont entrées en lutte avec l'empire d'Iran. Les livres zends parlent des Hyaonas, les Hioung-nou des Chinois et les Οὔννοι des Byzantins, comme d'ennemis redoutables dont le roi Arejaṭ-aspa [1]), l'Ardjāsp du *Boundehesh*, du *Yātkār-i Zarīrān* et du *Shah-namèh*, engagea une lutte terrible, sur les marches de l'Iran, contre Vishtāspa et Zairivairi, à Merv, suivant le *Yātkār-i Zārīrān*. Ces peuplades, dont le nom se retrouve dans celui des Chionitae de l'époque sassanide, étaient probablement de la même race que les Massagètes, adorateurs du Soleil [2]), contre lesquels le grand Cyrus alla faire, derrière l'Araxe, une guerre malheureuse et dont la reine Τόμυρις semble bien porter le nom de Témour qui est d'un usage si fréquent dans l'onomastique des tribus turkes et mongoles. Les Iraniens avaient si bien conscience que ces

---

[1]) Yasht IX, 30—31. [2]) Hérodote, *Histoires*, I, 201, 215.

Hyaonas étaient des tribus turkes que le mot pehlvi Hāoūn, qui en est le dérivé, se trouve, dans le *Boundehesh*, appliqué aux Turks Ephthalites qui, aux Ve et VIe siècles, mirent en péril le trône des Khosroès et qui sont, sans aucun doute, les Hounas des inscriptions indiennes et les λευκοὶ Οὖννοι de Procope [1]). C'est dans une bataille contre les Turks

---

[1]) «Khōsrav Anōshak-ravān (خسرو انوشيروان), fils de Kavât (قباد), dit le *Grand-Boundehesh* (de mon man., page 277), repoussa les Hyaonas (*Hāoūn-ān*) qui faisaient des incursions continuelles dans la terre d'Iran», allusion évidente à la guerre de 556—557, au cours de laquelle Khosrav Anoushirvan détruisit, avec l'aide d'autres tribus turkes, le royaume des Ephthalites. La présence des Hounas dans l'Inde coïncide avec la période durant laquelle les Ephthalites occupèrent le Turkestan, soit les Ve et VIe siècles, ce qui identifie suffisamment les Hounas et les Ephthalites. Le nom des Huns se trouve dans le *Yātkār-i Zarīrān* sous la forme Hyoūn qui est plus voisine de la forme originale que celle qui se lit dans le *Boundehesh*; Ardjāsp y est toujours nommé «le roi des Huns» *Ardjāsp-i Hyoūnān khūtāi*.

Il semble que beaucoup de ces populations turkes étaient fortement iranisées, car on retrouve des traces nombreuses de Mazdeïsme dans le peu que l'on sait de leur civilisation. Les divinités de l'Avesta paraissent sur les monnaies des Indo-Scythes avec des noms qui sont déjà du persan moderne, ou tout au moins du parsi, mais incontestablement beaucoup plus modernes que les formes pehlvies auxquelles elles sont antérieures: MIIPO = مهر, zend Mithra; ΣAOPHOAP = شهريور, zend Khshathra-vairya; TEIPO = تير, zend Tishtrya; OAΔO = واد, zend Vâta; OANINΔA, zend Vanaiñti; MAO = ماه, zend Māoñha; AΘPO = ادر, أذر, zend Âtar. Un roi des Hounas (Ephthalites) paraît en sanskrit sous la forme Mihirakoula, dont le premier élément est le nom parsi de l'ized Mihir, zend Mithra. Ce ne sont pas là les seules traces de l'empreinte iranienne sur la religion des tribus turkes et j'en ai relevé quelques unes, en particulier celles que l'on trouve dans les légendes d'Along-Goa et des descendants de la Cruche d'or, de l'Altan Khodogho ᠠᠯᠲᠠᠨ ᠬᠣᠳᠣᠭᠣ, dans la *Revue de l'Histoire des Religions* de 1898. L'Indra bouddhique se nomme en mongol Khormousda ᠬᠣᠷᠮᠤᠰᠳᠠ, ce qui est une forme intermédiaire entre le perse Ahura-mazda et le pehlvi sassanide Auhrmazd, et qui, a par conséquent, été empruntée par les Turks à l'époque arsacide. Le titre que prend le khaghan des Turks dans les inscriptions de l'Orkhon: *tengri-täng tengri-dä bolmish*

d'Ardjāsp qui cherchaient à s'emparer de l'Iran oriental
est bien plutôt emprunté au protocole des Sassanides qu'à celui de l'empereur chinois et il correspond exactement au *minoūtchitrī min yezdān* des inscriptions des rois de Perse, *tengri-täng* «qui est pareil au Ciel» étant la traduction de *minoūtchitrī* «qui est de l'essence du Ciel» plus que de 天子, *Bilgä-khaghan* étant d'ailleurs le chinois 聖帝, *minoū* étant rendu par Néryoseng par le sanskrit परलोक, et *tengri-dä bolmish* «qui est venu du Ciel» étant absolument *min yezdān* «(venu) du Ciel». Quand le roi de Perse Bahram Gour battit les Ephthalites près de Merv, il fit leur reine prisonnière et l'envoya avec le butin au grand temple du feu de l'Azerbeïdjan où elle fut préposée au service du culte (Tabari-Zotenberg, II, page 121; Firdousi, V, p. 553), il en faut conclure qu'elle était de la même religion que le roi de Perse, donc Zoroastrienne. On a trouvé des *astōdān* ou ossuaires mazdéens à Samarkand et à Tashkent. (Inostrantsef, ТУРКЕСТАНСКІЕ ОССУАРІИ И АСТОДАНЫ dans ЗАПИСКИ ВОСТОЧНАГО ОТДѢЛЕНІЯ И. Р. АРХЕОЛОГИЧЕСКАГО ОБЩЕСТВА, tome XVII, 1907, pages 166 et ssq.). On a découvert à Ouroumtsi, l'ancienne Besh-baligh, la capitale des Ouïghours, et à Tourfan, l'ancienne Karakhotcho des Mongols, la 火州 Ho-tchéou des Chinois, des fragments rédigés en pehlvi et dans une langue turke, écrits avec un alphabet qui dérive de l'araméen (C. Saleman, *Manichaeica*, dans ИЗВѢСТІЯ ИМПЕРАТОРСКОЙ АКАДЕМІИ НАУКЪ, 1907 et *Manichaeische Studien* dans ЗАПИСКИ И. АКАДЕМІИ НАУКЪ, 1908). Le pehlvi de ces documents, qui sont très manifestement des textes manichéens (F. W. K. Müller, *Eine Hermas-Stelle in manichäischer Version*, dans *Sitz. der K. P. Ak. der Wiss.*, 1905), présente des formes beaucoup plus archaïques que celles du pehlvi sassanide, sur le même étage linguistique que le chaldéo-pehlvi d'Hadjiabad, p. ex. *patakhshar* «souverain», perse *pātakhshāthra*, pehlvi *pātakhshāh*. En fait, les deux sphères d'influence de la Perse et de la Chine se coupaient et le Mazdéisme s'était propagé fort loin vers l'est, comme, plus tard, le Nestorianisme fut transporté par les prêtres persans jusqu'au Shen-hsi. On sait par Mohammed Nershakhi qu'il y avait à Boukhara un pyrée avant l'Islam, et le nom de Boukhara lui-même n'est autre que le sanskrit विहार «temple bouddhique». Le Naubéhar était un temple du feu à Balkh qui fut restauré par Fadl ibn Yahya el-Barméki et dont Aboul-Hawa el-Himyari a dit:

وفضل يحيى ببلخ اثاره النـوبـهـار
. . . .
وبيت شرك وكفر بـه تعظّم النـار

qu'Aurvat-aspa fut tué à Balkh [1]). D'après le *Boundehesh*, l'invasion de l'Iran par les Hyaonas d'Arejat-aspa se place dans un autre millénium que les six expéditions dirigées par Frahrasyan contre l'Iran. Ce qu'il faut retenir de cette assertion, et ce qui confirme pleinement l'authenticité de la tradition qui a été recueillie par le *Boundehesh*, c'est que les Turks de Frahrasyan sont antérieurs d'un certain nombre de siècles, d'ailleurs indéterminé, aux Hyaonas d'Arejat-aspa; or les Huns apparaissent dans l'horizon politique du Céleste Empire, et dans son histoire, aux environs du XIIIe siècle avant l'ère chrétienne, ce qui place les guerres de Frahrasyan à une date très antérieure, à une époque à laquelle ce nom de Huns n'était pas encore né à l'histoire.

Le troisième conflit entre Iran et Touran, dont il est parlé dans le *Boundehesh*, est la lutte que les Sassanides soutinrent aux Ve et VIe siècles contre les Ephtalites. Les péripéties de cette terrible lutte, qui faillit faire passer l'Iran sous la domination des tribus altaïques, sont bien connues [2]); les

Un voyageur musulman, nommé Témim ibn Bahr el-Moutavvaï, cité par Yakout dans le *Modjem el-bouldan* (tome I, page ٨٢٠), raconta qu'il voyagea dans le pays des Toukhouz-Oughouz التغزغز sur les chevaux de poste dont le khaghan de ces Turks lui avait permis de se servir; après avoir voyagé pendant 20 jours dans un désert où il y avait des sources et des vallons sans la moindre trace de village, il traversa, pendant également 20 jours, une contrée dans laquelle les villages se touchaient et où l'on voyait de nombreuses constructions; la plupart des habitants étaient adorateurs du feu et suivaient la religion des Zoroastriens; parmi eux, se trouvaient des Zendiks sectateurs de la religion de Mani: واكثر اهلها عبدة نيران على مذهب المجوس ومنهم زنادقة على مذهب مانى; il arriva ensuite à la ville du khaghan qui était fort belle, et dont la plupart des habitants étaient des Manichéens زنادقة, vraisemblablement Besh-baligh, la capitale des Ouïghours. Ce récit de Témim ibn Bahr est, comme on le voit, pleinement confirmé par les découvertes qui ont été faites récemment à Ouroumtsi.

1) L'armée de Lohrasp était commandée par son fils Kehrem, *Shâh-nâmèh*, tome IV, p. 453.

2) Elle a été étudiée, d'après les traductions des sources arabes, persanes, ar-

deux principaux épisodes en furent la défaite que Khoshnavâtch [1]) infligea aux armées sassanides, dans laquelle le roi de Perse Pirouz trouva la mort (484), et la campagne de 566—567 au cours de laquelle Khosrav Anoushirvan abattit la puissance des Ephthalites grâce à l'alliance qu'il avait conclue avec le souverain des Turks auquel il abandonna la meilleure partie de la Transoxiane, avec Shash, Samarkand, Nakhsheb et Boukhara [2]).

Si les tribus turkes, sous le commandement de Témoutchin et de ses descendants, furent plus heureuses au XIIIe siècle que celles qui avaient vécu aux âges de l'antiquité,

méniennes et byzantines par Drouin, dans un article publié en 1895 dans le *Muséon* sous le titre de *Mémoire sur les Huns Ephthalites dans leurs rapports avec les rois perses sassanides*.

[1]) Cette forme est prouvée par les textes pehlvis; celle d'Akhshounvar qui se lit dans Tabari provient d'une erreur de l'éditeur.

[2]) Les conséquences mondiales de cette lutte entre Iran et Touran, dont on ne connaît que quelques épisodes, et encore d'une façon très incomplète, furent incalculables. L'empire sassanide luttait pour la vie à la fois sur ses frontières de l'est et sur celles de l'ouest, contre les peuples turks et contre les Césars de Byzance. Sa politique étrangère n'était qu'une série de compromissions rarement couronnées de succès: le roi sassanide, tiraillé entre ces deux antagonistes, était réduit à demander des secours aux Turks contre l'empereur de Byzance, comme Shahpour II qui avait dans son armée un corps de Chionitae (= Hyaonas, Ammien Marcellin, XIX, I; J. Darmesteter, *Zend-Avesta*, III, page LXXIII), ou à implorer le secours des Grecs contre les Turks, comme Pirouz, qui sollicita l'alliance de Léon Ier avant d'entreprendre sa première campagne contre Khoshnavâtch. La Perse s'épuisa dans cette double lutte dans laquelle ses forces étaient disséminées aux deux extrémités de l'Iran. C'est là qu'il faut chercher la cause principale de l'épuisement auquel était arrivée la Perse sassanide à la fin de la dynastie fondée par le fils de Bâbek, et cela explique comment cette puissante monarchie, la seule qui ait résisté victorieusement aux armes romaines et qui ait infligé aux légions d'irréparables défaites, s'effondra tout d'un bloc devant les armées musulmanes que Mahomet lança à la conquête du monde. L'empire byzantin, épuisé lui aussi par cette interminable lutte, n'offrit pas plus de résistance aux envahisseurs, et ce fut la cause déterminante des succès foudroyants de l'Islam.

si elles parvinrent en quelques années à subjuguer l'empire chinois et la Perse et à étendre leur empire jusqu'aux marches du monde latin, c'est qu'elles surent profiter des déplorables circonstances politiques au milieu desquelles vivaient à cette époque les nations qui, depuis de longs siècles, avaient brisé leur élan.

Tchinkkiz partagea le monde, et l'armée qui devait en achever la conquête, comme un chef nomade distribuait à ses fils ses troupeaux de juments et les tentes de feutre sous lesquelles ils étaient nés, comme Féridoun avait réparti les provinces de la terre entre Salm, Iredj et Tour, ce qu'un poète arabe a comparé au dépècement de quartiers de viande sur l'étal d'un boucher :

وقسمنا ملكنا فى دهرنا   قسمة اللحم على ظهر وضم

Cette division de l'Asie et de la tâche de subjuguer l'Europe entre les quatre princes que Tchinkkiz nommait les piliers de son empire lui avait été imposée par son respect pour les antiques traditions de la dynastie issue de la lumière divine ; elle était d'une suprême imprudence, et il était évident qu'à la deuxième génération les souverains des quatre *oulous* partiraient en guerre les uns contre les autres et qu'ils ruineraient, presque au lendemain de leur mort, l'œuvre gigantesque du Conquérant et celle de ses fils.

Yé-liu-tchou-tsaï, que les princes mongols avaient eu la bonne fortune de prendre à leur service aux premières heures de leur puissance, ne put évidemment s'opposer à une mesure aussi imprévoyante et d'une politique aussi désastreuse. Il était impossible que le rusé chinois ne vît pas que Tchinkkiz-khaghan léguait à ses successeurs toute une ère de troubles et de révolutions, mais son influence sur le Conquérant du Monde n'allait pas jusqu'à le faire renoncer, pour assurer la paix dans son immense empire, aux antiques traditions de la nation mongole.

Les historiens de la Chine affirment que les Mongols n'avaient aucune idée de ce que pouvait être le gouvernement des peuples, qu'ils ne s'étaient jamais élevés jusqu'au concept de l'état indivisible et que leur unique idée était de massacrer jusqu'au dernier les habitants des villes qui faisaient la moindre résistance, et de pressurer jusqu'au sang ceux qui acceptaient la loi des vainqueurs pour en tirer le plus d'argent possible. Ces coutumes barbares avaient évidemment leur raison d'être chez des nomades qui n'avaient nulle part d'établissements fixes, ni aucune demeure stable, et qui ne voyaient dans la guerre qu'un moyen rapide de ramasser du butin et des esclaves dont ils massacraient le surplus quand ils en avaient assez pour leurs besoins. Yé-liu-tchou-tsaï eut beaucoup de mal à faire comprendre à Ougédeï que ces mœurs rudimentaires étaient possibles dans les plaines arrosées par l'Orkhon et par la Sélinga, mais que, si les Mongols avaient le dessein de les conserver, ils ruineraient définitivement, et sans profit aucun, les riches contrées qu'ils avaient soumises à leur puissance. Ougédeï, après quelque résistance, se rendit aux raisons de son ministre, ce que n'eussent certainement fait, ni Tchinkkiz, ni Tchoutchi, ni Toulouï, qui ne rêvaient que pillage et massacre, et avec lesquels il n'était pas prudent de trop discuter.

Ce fut un bonheur pour les empires qui avaient dû subir la loi des Mongols qu'un prince de sentiments plus humains que ne l'étaient les hommes de sa race succédât à l'inflexible Conquérant, car, durant son règne, les Mongols, sans beaucoup se civiliser, acquirent cependant quelques principes de gouvernement qui rendirent leur joug un peu moins écrasant, en Perse et en Chine, pour les peuples qui étaient condamnés à le supporter. L'*oulous* de Tchoutchi, qui échappa complétement à l'influence de Yé-liu-tchou-tsaï et des lettrés chinois, resta plongé dans une barbarie sans nom et vit se produire les excès les plus révoltants, jusqu'au jour lointain où les grands princes de Moscou, devenus tsars de la terre russe, purent se débarrasser de leurs conquérants.

Vers la fin de son règne, Ougédéï, cédant à la tendance atavique à laquelle son père avait obéi et à laquelle Tamerlan devait lui aussi céder au commencement du XV⁹ siècle, avait promis aux princes et à ses généraux de leur partager les provinces de la Chine des Kin que ses armées avaient conquises, mais, malgré sa résistance, Yé-liu-tchou-tsaï réussit à lui faire atténuer cette décision et les généraux, tout en gardant leurs fiefs, durent subir un contrôle sévère, et ce fut là la fin de ces mesures qui risquaient de provoquer la fragmentation indéfinie de l'empire.

Les successeurs d'Ougédéï mirent à profit les enseignements du sage Yé-liu-tchou-tsaï et, de très bonne heure, les princes des *oulous* de Tchaghataï et de Tchoutchi, devenus souverains de puissants états, renoncèrent à obéir à une tradition qui ne convenait qu'aux pasteurs de la steppe.

Ni Koubilaï, ni aucun des empereurs de Daï-dou, n'eut jamais l'idée de diviser entre ses fils les douze provinces de la Chine et de leur constituer en apanage héréditaire le Tché-kiang ou le Sseu-tchouen; les très rares princes mongols qui furent chargés de grands gouvernements militaires dans les contrées les plus lointaines de l'empire, sur les marches de la Chine, comme Ukétchi au Yun-nan, Mangala et Ananda au Tangghout, Khaïshang en Mongolie, n'étaient, en somme, que des généraux chinois, nommés par l'empereur et révocables sans aucun recours. D'ailleurs, la Cour du Nord se défiait, et non sans raison, de ces gouverneurs lointains, dont l'origine impériale pouvait offrir des dangers, et les vicerois des douze provinces étaient presque toujours des hommes nouveaux, souvent des Turks musulmans du Si-yu, gens évidemment très peu scrupuleux et qui devaient manier assez brutalement les fils de Han, mais que leur pauvreté et leur humble origine rendaient inoffensifs et dont un coup de sabre, au besoin, venait vite à bout. Il semble d'ailleurs que la moindre exaction de ces gouverneurs était punie avec la dernière sévérité, quand elle était connue à Daï-dou, car Rashid raconte ¹) que Koubilaï fit exécuter son fils Ukétchi qui, dans un village du Yun-nan, avait pris un canard en plus de ce que la loi lui enjoignait de percevoir. On contenta les princes du sang en leur donnant les titres de souveraineté des anciennes principautés chinoises, depuis de longs siècles fondues dans l'unité de l'empire, prince de Thsin 晉王, prince de Weï 魏王 ou des titres encore plus vagues, mais non moins pompeux, de prince de la paix du nord 北平王, 北安王, de la paix de l'ouest 西平王, qui faisaient beaucoup d'effet à la cour de Daï-dou, mais qui ne risquaient pas de disloquer la monarchie, pas plus que ceux de comte d'Artois ou de comte de Provence qui furent portés par les frères de Louis XVI ²).

Les empereurs mongols ne tardèrent pas à se rendre compte de l'imprudence qu'avait commise le grand ancêtre en donnant d'immenses apanages aux lignées de Tchoutchi et de Tchaghataï; Ougédéï ne paraît pas y avoir pensé, et encore fut-il heureux qu'il se rendît aux raisons de Yé-liu-tchou-tsaï qui lui conseillait de mettre un terme à cette funeste politique, mais, à peine son fils Kouyouk fut-il monté sur le trône qu'il se mit en marche avec une puissante armée pour aller combattre Batou et lui enlever son *oulous*. La mort inopinée de Kouyouk épargna à la Russie les horreurs d'une troisième invasion mongole, et il semble bien que ce projet ne fut repris sérieusement par aucun des khaghans qui arrivèrent à la souveraineté après le fils d'Ougédéï.

Monkké, son successeur, avait des obligations particulières

¹) page ١٣٤.

²) Pé-phing, sous les Han, était le nom de Man-tchheng et de Wan-hien en Pao-ting-fou; sous les seconds Weï, de Yung-phing-fou en Thoung-tchéou, au Tchih-li; sous les Ming, Pé-phing-fou fut l'un des noms de Pé-king. Hsi-phing, fut sous les Han, le nom d'une localité du Ho-nan qui a conservé ce nom et d'autres localités.

à la famille de Batou qui l'avait, en somme, quand il n'était qu'un prince très éloigné du trône, imposé au choix de la nation mongole.

D'ailleurs, la guerre contre la dynastie des Soung, maîtresse de la Chine au dessous du Yang-tzeu-kiang, devait suffire à occuper son règne et une partie de celui de Koubilaï.

La reprise du pays de Toghmakh aux descendants de Tchoutchi, qui avaient asservi les principautés russes, n'était pas une question vitale pour les empereurs mongols qui régnèrent à Khan-baligh. La distance qui sépare le nord de la Chine des plaines de la Volga était tellement grande, et les steppes qu'il fallait traverser depuis la Grande Muraille jusqu'à l'Oural si inhospitalières et si sauvages, qu'il n'y avait que des rapports assez lointains entre la Cour du Nord et la Horde d'Or. La lecture de l'histoire chinoise tendrait à établir que, durant les 140 années qui s'écoulèrent depuis la mort de Tchinkkiz-khaghan jusqu'à l'heure où le Thaï-Tsou des Ming renversa la dynastie des Yuan et força Shun-ti à repasser la Grande Muraille, les événements tragiques qui se déroulèrent dans cette lointaine partie de l'empire furent très peu connus en Mongolie et en Chine, et que l'on ignorait même, à Kara-kouroum et à Daï-dou [1]), si l'on en

---

[1]) Bien qu'on ne trouve dans le *Youen-ssé* aucun renseignement sur l'histoire de l'*oulous* de Tchoutchi, de la Horde d'Or, bien que la descendance de Tchoutchi soit fort inexactement rapportée au chapitre 107 de cet ouvrage, il n'en faut pas conclure, à mon sens, que le khaghan de Daï-dou ne savait rien de ce qui se passait à Séraï, à Kazan, et qu'il ignorait le nom des princes ses vassaux, mais seulement que l'histoire chinoise est mal faite, ou, si l'on veut, que ses rédacteurs n'ont pas eu entre les mains tous les documents qui étaient conservés dans les archives des Yuan, ou peut-être qu'ils ont éliminé de parti pris des faits qui ne les intéressaient pas directement. Il est certain que les rapports entre les princes de la Horde d'Or et l'empereur chinois étaient beaucoup plus suivis qu'on ne serait tenté de le croire à la lecture du *Youen-ssé*; on sait, en effet, par Rashid, qu'en 1300, Nayan, souverain de l'*oulous* d'Oridé, soutenait depuis des années une guerre désastreuse contre Kaïdou

croit le *Youen-ssé*, les relations de parenté des princes qui régnaient à Séraï comme suzerains de la terre slave. Bien que les empereurs mongols n'aient jamais cessé de se consi-

et Dogha qui défendaient contre lui son cousin Kubilik; épuisé par cette lutte, il envoya des ambassadeurs à Témour-Kaan pour lui proposer d'attaquer simultanément par l'est et par l'ouest les princes rebelles. Or, il n'est pas plus question de Nayan que d'Oridé dans le *Youen-ssé* (voir la descendance des princes de la Horde d'après le *Youen-ssé*, page 九). L'auteur de l'*Histoire d'Oltchaïtou* (man. supp. persan 1419, folio 115 recto), et le continuateur de Rashid (man. supp. persan 209, folio 471 verso) racontent qu'Oltchaïtou Khorbanda, souverain de l'Iran et Uzbek-Oughoul, souverain de l'*oulous* de Tchoutchi, se querellèrent à propos de la révolution qui avait été fomentée par Baba-Oughoul, descendant de Tchoutchi Kassar, frère de Tchinkkiz-khaghan, et qu'ils échangèrent à plusieurs reprises des ambassadeurs. Quand Ésen-boukha-Oughoul, souverain du pays de Tchaghataï, apprit, en 715, ce qui se passait, il y vit une occasion inespérée d'essayer de pêcher en eau trouble et il envoya à Uzbek une lettre dans laquelle il lui disait: «Témour-Kaan a dit: «Est ce qu'Uzbek-khan est digne d'exercer la souveraineté du pays de Tchoutchi? Je vais donner cet *oulous* à un autre que lui». تیمور قاآن فرموده است که اوزبک چه لایق پادشاهی اولوس جوجی خان است من پادشاهی آن اولوس بدیگری می دهم. Cela montre d'une façon péremptoire que les empereurs de Khan-baligh ne se désintéressaient nullement de l'*oulous* de Tchoutchi, comme la lecture du *Youen-ssé* pourrait le faire croire; on verra un peu plus loin, qu'à une époque bien postérieure, l'empereur chinois s'occupait activement des affaires de la Perse.

On a vu (page 九 du texte) que, d'après les historiens de la Chine, Tchoutchi eut sept fils: Batou 爰都; Sartak 撒里荅; Monkké-Témour 忙哥帖木兒; Todé-Monkké 脫脫蒙哥; Tokhtogha 脫脫; Païghou 伯忽 et Yué-tsi-lié 月卽列, probablement Uzbek-khan, qui eut pour fils Tcha-ni-lié 扎尼列, qui doit être le khan Tchani-beg, le جانی بیک des chroniques persanes. En somme, si ces deux dernières identifications sont exactes, on voit que les historiens chinois ont connu tous les souverains de la Horde jusqu'en 1356, mais que, ne sachant pas quelles étaient leurs relations de famille, ils ont fait de tous ces personnages, jusqu'à Uzbek, les fils de Tchoutchi.

dérer comme les suzerains des khans du pays de Toghmakh et qu'ils leur aient fait parvenir leurs *yarlighs*, la Chine n'avait pas un intérêt politique immédiat à annexer à la Mongolie l'immense royaume de Batou et toutes les principautés russes que ses successeurs tenaient sous leur domination, mais seulement un intérêt de vanité, et les difficultés matérielles de l'entreprise étaient bien grandes en comparaison des avantages moraux qu'ils auraient tirés de cette conquête.

Il n'en allait pas de même pour le pays qui était aux mains des descendants de Tchaghataï et qui était en relations constantes avec l'empire chinois. Le pays turk était frontière de la Chine sur une immense étendue, et l'on passait de l'un des *oulous* dans l'autre sans aucune difficulté, presque sans s'en apercevoir.

En général, sauf Alighou, les princes de la lignée de Tchaghataï étaient profondément hostiles à l'*oulous* de Touloui et ils nourrissaient des desseins perfides, à la fois contre leur suzerain, le Fils du Ciel, et contre les gouverneurs mongols de la Perse auxquels ils cherchaient à enlever le Khorasan et le Mazendéran, tout prêts d'ailleurs à s'emparer de l'Iran entier, s'ils en trouvaient une occasion favorable. Cette hostilité remontait fort loin, aux origines mêmes de la dynastie : Ougédeï n'avait pas eu d'ennuis avec le pays turk parce que son souverain, le prince Tchaghataï, qui résidait à l'*ourdou* impérial, se montra toujours infiniment respectueux des volontés de Tchinkkiz et parce qu'il était, en somme, le sujet le plus loyalement fidèle d'Ougédeï. Tout changea quand Ougédeï et Kouyouk furent allés rejoindre Tchinkkiz dans le champ de repos du Bourkhan-Khaldoun, et la plupart des princes de l'*oulous* de Tchaghataï, traditionnellement loyalistes, firent alliance, assez peu adroitement d'ailleurs, avec les descendants d'Ougédeï contre la candidature de Monkké, et, durant tout le règne de Koubilaï et celui de Témour, le prince Dogha soutint de toutes ses forces le prince Kaïdou contre l'*oulous* de Toulouï ¹).

Cette effroyable lutte dans laquelle l'empire émiettait ses forces, et qui entrava à plusieurs reprises les grandes entreprises de Koubilaï, ne se termina qu'en 1301, sous le règne de Témour, par une bataille au cours de laquelle le vieux bogatir Kaïdou fut blessé mortellement et où Dogha, prince du pays de Tchaghataï, faillit être tué, mais les hostilités ne tardèrent pas à reprendre leur cours normal entre l'*oulous* de Tchaghataï et l'empire chinois.

Cette situation était intolérable parce qu'elle immobilisait une partie importante des forces de l'empire sur ses frontières du nord et de l'ouest, à un moment où Koubilaï était engagé dans des expéditions lointaines, et d'une utilité

---

¹) Kaïdou était le fils de Kashin qui aurait dû succéder à son père Ougédeï; il avait embrassé le parti d'Erik-Boké, quand ce prince fut allé se soumettre à Koubilaï, il se retira sur l'Emil où se trouvait sa résidence et, avec l'aide des princes de l'*oulous* de Tchoutchi, il parvint à se rendre maître des contrées qui avaient formé les domaines d'Ougédeï et de Kouyouk. Soutenu par Monkké-Témour, souverain de l'*oulous* de Tchoutchi, Kaïdou battit Borak, prince du pays de Tchaghataï, puis il lui imposa son alliance, de telle sorte que tout le pays turk passa sous la domination de Kaïdou. Nikpaï-Oughoul, petit-fils de Tchaghataï et successeur de Borak (1270), chercha à se débarrasser de ce suzerain gênant et périt en 1272; il fut remplacé sur le trône par Tougha-témour, à la mort duquel Kaïdou donna l'*oulous* de Tchaghataï à Dogha دوغا, fils de Borak; Dogha montra une inébranlable fidélité envers Kaïdou et combattit à ses côtés jusqu'à la dernière heure, avec une indomptable énergie, contre Koubilaï et contre Témour. Kaïdou mourut en 1301, après avoir été battu par les troupes de Témour, suivant le *Youen-ssé* et Rashid ed-Din, après avoir remporté une grande victoire sur elles, d'après Wassaf. Dogha mit sur le trône Tséber, fils de Kaïdou, qui, à ce que raconte Abd Allah el-Kashani, dans son *Histoire d'Oltchaïtou*, était faible d'esprit. Dogha profita de l'influence qu'il exerçait dans l'*oulous* de Kaïdou pour conseiller à Tséber de faire la paix avec Témour (1303), puis il dépouilla Tséber de la plus grande partie de ses états et rétablit l'ancien royaume de Tchaghataï que Kaïdou avait démembré.

d'ailleurs très contestée par les Chinois, contre le Japon, le Tong-king et les îles de la Sonde, mais surtout parce qu'elle coupait complétement la Chine de ses relations avec l'Iran. Depuis le jour où Monkké, las de l'anarchie qui se perpétuait dans l'Iran avec les gouverneurs militaires, Tchintémour, Keurgueuz, Kolbolod, qui y étaient entretenus par ses devanciers, envoya son frère Houlagou pour prendre en main la vice-royauté de ces immenses pays, la Perse, avec les contrées qui en dépendent, était devenue un prolongement politique de l'empire chinois.

Bien qu'il ne comptât en rien dans l'administration du Céleste Empire, telle qu'elle se trouve exposée dans le *Youen-ssé*, l'Iran était en quelque sorte, comme l'*oulous* de Tchoutchi, une marche frontière de l'Extrême-Occident, et plus encore, car le pays de Toghmakh et ses dépendances formaient une souveraineté vassale du trône de Khan-baligh, ce qu'en droit ne fut jamais la Perse. Les pays iraniens formaient un gouvernement militaire 軍, ou plutôt une «direction de pacification» 安撫司, dont les gouverneurs devaient reculer les frontières le plus loin qu'il leur serait possible, en absorbant la Syrie, l'Égypte et l'empire grec, le 大秦國 et le 拂菻國. Houlagou, Abagha et leurs successeurs n'étaient que des grands princes chinois 大王 [1]), gouverneurs à vie et héréditaires de cet immense prolongement de l'*oulous* de Touloui. Bien que l'histoire chinoise ne fasse pas plus mention de la Perse que des *oulous* de Tchoutchi et de Tchaghataï, il est certain que les empereurs de Daï-dou ne considérèrent jamais, même aux époques de Ghazan, d'Oltchaïtou et d'Abou Saïd, les princes de Perse comme des souverains indépendants, mais comme des gouverneurs d'un rang très supérieur à celui des généraux mongols et ouïghours qu'Ougédeï

---

[1]) *Youen-ssé*, chap. 107; page 9; *Li-taï-ki-ssé*, chap. 94, page 2.

et Kouyouk avaient envoyés dans l'Iran, investis d'une mission de confiance, avec lesquels ils devaient constamment rester en rapports d'affaires ¹) et auxquels, le cas échéant

---

¹) La liste des princes descendants d'Houlagou 旭烈兀 telle qu'elle se trouve donnée dans le *Youen-ssé*, chap. 107, page 9, présente des erreurs analogues à celles que l'on remarque dans la liste des descendants de Tchoutchi (voir page ۹۱), mais moins nombreuses, ce qui prouve que l'on connaissait mieux à Daï-dou les événements qui se passaient en Perse que ceux qui se déroulaient en Russie. D'après le *Youen-ssé*, Houlagou eut deux fils: le prince 王 Abagha 阿八哈 et le prince I-lin-tchenn Touo-eul-tcheu 亦憐眞朶兒只 soit, en tibétain, Rin-tchen (r)Do-rdjé, qui est la traduction du sanskrit रत्नवज्र et qui se trouve sur les monnaies de Geïkhatou sous la forme أرينجين تورجي ; en réalité, Geïkhatou, le 5ᵉ ilkhan de Perse, était fils d'Abagha, comme on le sait par la *Djami el-tévarikh* et par Haïthoum. Abagha eut pour fils le grand prince 大王 A-lou 阿魯, qui est Arghoun. Cette forme abrégée, pour 阿魯忽, avec la chute de l'*-n*, se retrouve dans le nom d'un descendant de Koubilaï (page ۳۰۹); Arghoun eut deux fils le premier, Ho-tsan, prince Tsing-yuen 靖遠王合贊 soit Ghazan, prince pacificateur des pays éloignés qui, d'après le chapitre des fiefs, reçut ce titre de l'empereur Koubilaï en la 27ᵉ année Tchih-yuen, soit en 1290 (chap. 108, page 7), sous le règne d'Arghoun, et Ho-eul-pan-ta, prince Kouang-phing 廣平王哈兒班荅, soit Khorbanda Oltchaïtou, successeur de Ghazan, qui fut gratifié de ce titre en la deuxième année Thian-li par l'empereur Tougha-Témour, soit en 1331 (chap. 108, page 7). D'après les Chinois, Khorbanda eut un fils, Tchhou-pé, prince de Pin 豳王出伯, qui fut nommé par l'empereur Khaïshang en la onzième année Ta-té, soit 1307 et qui, avant cette époque, était prince Weï-ou-hsi-ning 威武西寧王 «prince majestueux et brave de l'occident pacifié» (chap. 108, page 3), dignité à laquelle il avait été élevé par Témour qui l'avait en même temps gratifié du sceau d'or 金印 (*Youen-ssé*, chap. 21, page 17) en la 8ᵉ année Ta-té, soit 1304 (chap. 108, page 4, et 豳王出伯封威武西寧王四年武宗卽位改封, *Li-taï*, chap. 98, page 38). Ce person-

ils étaient en droit de demander aide et secours et une contribution militaire [1]). Rashid ed-Din nous apprend qu'après

nage était depuis fort longtemps au service des empereurs chinois: on le trouve cité dans la 28ᵉ année Tchih-yuen, soit en 1291, et durant tout le règne de Témour (*Youen-ssé*, chap. 16, p. 22; chap. 19, p. 6; chap. 20, p. 17 et 20; chap. 21, p. 12); apportant des présents (*ibid.*, chap. 19, pag. 7), des chevaux (chap. 21, p. 13), et la 1ᵉʳᵉ année Tchih-ta (1308), 615 livres de jade (chap. 22, p. 21); recevant des sommes d'argent (*ibid.*, chap. 20, pag. 8, 12, 13; chap. 21, p. 26; en la dixième année Ta-té (1306), il fut nommé gouverneur militaire du Kan-sou (chap. 21, p. 25). Il est rigoureusement impossible que ce prince, descendant d'Houlagou, comme l'affirment le *Youen-ssé* et le *Li-taï*, soit le fils de Khorbanda Oltchaïtou qui était né en 680 de l'hég. (1282 de J. C.). Il est à présumer que les auteurs chinois ont confondu le prince de Perse, Khorbanda, avec un prince du même nom qui se trouve cité dans le *Youen-ssé* à la fin de la dixième année Ta-té du règne de Témour sous la forme 合而班答 (*Youen-ssé*, chap. 21, pag. 27); il n'est d'ailleurs pas question dans le *Li-taï* de sa nomination posthume au titre de 廣平王 à la date de la seconde année Thian-li; Tchhou-pé eut un fils Nan-hou-li, prince de Pin 豳王喃忽里, qui fut nommé à ce titre par Ayourparibhadra en la 7ᵉ année Yen-yu, 1320 (chap. 108, page 3). Enfin, Rin-tchen (r)Do-rdjé eut un fils nommé 脱脱木兒 Tho-tho-mou-eul, soit توقتيمور, qui eut lui-même un petit-fils nommé I-lin-tchenn-pa-ti 亦憐眞八的, soit Rin-tchen-pati = en sanskrit रत्नपति.

[1]) De même que les empereurs de Daï-dou se considéraient comme liés envers eux par les mêmes obligations. On sait par Rashid, à la fin de l'histoire d'Houlagou (man. supp. persan 209, folio 294 verso), qu'un ambassadeur de ce prince dit à Bérékè, souverain de la Horde: «Koubilaï Kaan s'est assis sur le trône...., il a adressé à Houlagou-khan un *yarligh* par lequel il est souverain depuis le fleuve Amouyè jusqu'aux frontières les plus lointaines de l'Egypte et de la Syrie, et il lui a envoyé comme secours 30 000 cavaliers choisis parmi les jeunes gens mongols réputés pour leur bravoure»

قوبيلاى قاآن بر تخت نشستن .... و هولاكو خان را يرليغ شده كه از آب آمويه تا اقصى مصر و شام پادشاه است و سى هزار سوار از جوانان مغول نامدار بمدد او فرستاده اند

la ruine du Khalifat abbasside, quand le prince Houlagou fut retourné en Perse, le sultan du pays de Roum lui envoya dans l'Azerbeïdjan les trésors et les immenses sommes d'argent qui avaient été enlevés à Baghdad, par les soins de Mélik Nasir ed-Din, fils de Ala ed-Din, seigneur de Reï, ainsi que ceux qui provenaient des forteresses des Ismaïliens, du pays de Roum, de la Géorgie, de l'Arménie et du pays des Kurdes ..... Houlagou envoya une partie de ces trésors et de ces sommes au khaghan avec un bulletin relatant les victoires qu'il avait remportées et ses conquêtes, il lui apprit comment il s'était emparé de l'Iran et l'intention dans laquelle il était de marcher contre l'Égypte et la Syrie. L'émir Houlatchou partit pour cette mission et le khaghan se montra très joyeux de ces heureuses nouvelles [1]).

Les historiens chinois racontent en effet qu'au commencement de la 8e année de son règne (1258) [2]), Monkké reçut une ambassade par laquelle le prince Houlagou lui apprenait qu'il avait attaqué les pays occidentaux (Si-yu), qu'il avait soumis aux armes mongoles plus de dix royaumes du Khi-sheu-mi du Si-yu [3]), qu'il avait détrôné le khalife des Musul-

[1) سلطان روم به بندكى هولاكو خان خزاين و اموال وافرا كه از بغداد آورده بودند بر دست ملك ناصر الدين ابن علا الدين صاحب رى بجانب آذربايجان فرستاد و از ان قلاع ملاحده و روم و كرج و ارمن و لور و كرد همچنين .... و بعضى از ان تحف و اموالرا با بشارت فتح و ظفر بحضرت قاآن فرستاد و از صورت حال استخلاص ممالك ايران زمين و عزيمت توجّه بديار مصر و شام اعلام داد و بدان رسالت امير هولاچو رفته بود قاآن از ان بشارت بغايت خرّم گشت; man. supp. persan 209, folio 287 verso.

2) *Youen-ssé*, chap. 3, page 8; *Thoung-kian-kang-mou, Sou-pian*, chap. 20, page 90; *Li-taï-ki-ssé*, chap. 96, pag. 39.

3) 初蒙古遣宗王旭烈伐西域......前後平

mans 回回哈里發, et qu'il avait parcouru en combattant 10000 *li*; l'armée mongole avait ensuite, à l'occident, traversé la mer, elle avait pourchassé les Fou-lang فرنك et il s'était emparé de leur royaume, ce qui d'ailleurs était un mensonge. Houlagou reçut un avancement et fut confirmé dans [1]) la charge de gouverner les pays occidentaux; quand Koubilaï monta sur le trône, l'un de ses premiers soins fut de confirmer Houlagou dans sa charge et de lui envoyer un *yarligh* qui lui conférait la souveraineté de tous les pays qui s'étendent des rives du fleuve Amouyè jusqu'aux limites les plus lointaines de la Syrie et de l'Égypte [2]).

Quand les princes et les généraux mongols, réunis à Tchaghannaour چغان ناوور, élurent son fils Abagha, ce dernier prétexta qu'il ne pouvait s'asseoir sur le trône avant d'avoir été régulièrement nommé par son suzerain, Koubilaï-kaan [3]), et, bien qu'il fût considéré comme le souverain légitime de l'*oulous* de Perse, il ne s'assit que sur une simple chaise [4]) jusqu'au jour où les ambassadeurs de l'empereur chinois lui apportèrent le *yarligh* d'investiture, la couronne et les vêtements royaux, qui lui conféraient la souveraineté

西域乞石迷十餘國轉鬭萬里又西渡海收富浪國 … 旭烈遂留鎮西域

, disent le *Thoung-kian-kang-mou* et le *Li-taï-ki-ssé* qui ne mentionnent pas le khalife.

[1]) littéralement «garda».

[2]) قوبيلاى قاآن بر تخت نشست ...... و هولاكو خان را يرليغ شده كه از آب آمويه تا اقصى مصر و شام پادشاه است; man. supp. persan 209, folio 294 verso.

[3]) اقاى من قوبيلاى قاآن است بى فرمان او چگونه توان نشست; man. supp. persan 209, folio 297 verso.

[4]) و هر چند والى تاج و تخت بود تا كاه وصول ايلچيان از حضرت قوبيلاى قاآن و اوردن يرليغ بنام او بر صندلى نشستى; *ibid.*, f. 297 v.

de l'Iran; le mercredi 10 de Rabi second de l'année 669, à Tchaghatou, Abagha s'assit sur le trône en la présence des envoyés de son oncle [1]) «.... Abaga tint la seignorie Haloou, dit Haïthoum [2]), cestui Abaga vost que Cobila Can, l'empereor, son oncle, li confermas la seignorie; e Cobila Can, son oncle, fist ce molt volentiers». Si l'on en croit Haïthoum [3]), Koubilaï intervint directement contre Takoudar qui, après la mort d'Abagha, avait été élu ilkhan contre Arghoun: «cestui Tagodar estoit plus grant de jors que ses freres. Quant il estoit enfant, il fu baptizés, e fu appelé Nicole. Mais après ce que il fu fait seignor, il tint la compaignie des Sarazins, e se fist nomer Mahomet Can. Il mettoit tout son entendement à faire convertir les Tartars à la fause loi de Mahomet;... un frere de Mahomet Can e un sien neveu, qui avoit nom Argon,.... firent savoir à l'empereor Cobila Can com il contreignoit e amonestoit tous les Tartars à devenir Sarazins. Quant Cobila Can entendi ce, il manda commandement à Mahomet Can que deüst cescer de ces evres, ou il iroit contre lui».

Arghoun-khan, qui succéda à Takoudar, fut également investi par un *yarligh* venu de Daï-dou et qui fut apporté

[1] و هم در ان تاریخ ایلچیان از بندگی قاآن رسیده بودند و جهت اباقا خان یرلیغ و تاج و تشریف آورده تا بجای پدر نیکوی خویش خان ایران زمین باشد .... و روز چهارشنبه دهم ربیع الاخر سنه تسع و ستین و ستمایه موافق .... ای موریں ییل در موضع چغاتو دیکر بار بر وفق حکم یرلیغ قاآن بر تخت نشست; *ibid.*, folio 308 verso; l'origine mongole de ce passage ne fait aucun doute, car پدر نیکو est la traduction littérale du mongol ᠰᠠᠢᠨ ᠡᠴᠢᠭᠡ *saïn etchigé* «le bon père», qui se trouve dans la lettre d'Oltchaïtou à Philippe le Bel.

[2]) *Hist. arm.*, tome II, page 175; Haloon est une faute des copistes.

[3]) *ibid.*, page 185; Tangodar est une faute des copistes.

par un général nommé Urtu-khata, le 28 du mois de Zil-hidjdjé de l'année 684. Quelques semaines plus tôt, un ministre du grand conseil impérial 中書省, le tchheng-siang 丞相 Bolod (ou Poulad) پولاد, était arrivé en Perse, à Séraï-i Mansouriyyè de l'Arran, où il devait jouer, durant les règnes d'Arghoun, de Ghazan et d'Oltchaïtou, le rôle capital de résident chinois à la cour du gouverneur mongol de l'Iran [1]). Il était accompagné d'un officier interprète (*kalemtchi*) nommé Ali et de toute une mission [2]). Sans être aussi précis que Rashid ed-Din, Haïthoum dit, dans sa *Fleur des Histoires de la terre d'Orient* «e le grant empereor le conferma en la seignorie, e voust que il feüst apellez Can, e par ce Argon fu plus honorez que ses ancessors» [3]).

[1) و چون ارغون خان بسرای منصوریّه ارّان رسید امیر پولاد
چینکسانک و علی کلمچی و دیکر ایلچیان از بندکی قاآن برسیدند
.... و بیست و هشتم ذی الحجه سنه اربع و ثمانین اوردو قنا از
بندکی قاآن برسید و یرلیغ آورد که ارغون بجای پدر خان باشد]
man. supp. persan 209, folio 324 recto.

[2]) Bolod Tchheng-siang mourut le 28 Zil-hidjdjé de l'année 712; au commencement du mois de Djoumada second de l'année 712, dit Abd Allah el-Kashani dans son *Histoire d'Oltchaïtou*, le sultan Khorbanda Oltchaïtou partit avec une armée considérable dans l'intention d'aller faire une campagne en Syrie; Ésen-koutlough le suivit avec une armée et Bolod fut chargé de surveiller la frontière du Derbend, de l'Arran et les rives du fleuve Kour; man. supp. persan 1419, folios 95 et 96 recto; cf. la continuation de la *Djami el-tévarikh*, man. supp. persan 209, folio 469 verso.

[3]) Page 188 de l'édition in-folio de l'Académie des Inscriptions et Belles-Lettres (*Historiens arméniens*, tome II); presque toutes les bonnes leçons sont dans les variantes et les mauvaises dans le texte: c'est ainsi qu'on lit, page 188, l'inintelligible phrase: «Endementers que Argon estoit en cestui proposement, au quart an de sa seignorie, morust, si com plout à Dieu; e un sien frere, qui fu només Cagaton, fu fait seignor après lui», quand quatre manuscrits donnent la vraie leçon *Et endementres* et un, la forme exacte Kaïgato qui est une excellente transcription de کیخاتو avec l'équivalence $\underline{خ} = \dot{غ} = ق = 合$.

En la 27ᵉ année Tchih-yuen, soit en 1290, à la fin du règne d'Arghoun, le grand khan de Daï-dou nomma Ghazan prince pacificateur des pays lointains 靖遠王 [1]), alors qu'il était encore bouddhiste.

Le sceau carré d'Arghoun, tel qu'il se trouve sur la lettre qu'il adressa au roi de France, Philippe le Bel, et qui lui avait été envoyé de Daï-dou, portait la légende 輔國安民之寶 «sceau du prince qui soutient l'état [2]) et qui gouverne les peuples en paix». En somme, tous ces princes, depuis Houlagou jusqu'à Arghoun-khan, ne se considérèrent jamais que comme des lieutenants-généraux qui gouvernaient l'Iran au nom du khaghan یستنو تملوین, comme ils le faisaient graver sur leurs monnaies.

Ce fut probablement Bolod Tchheng-siang, résident chinois à la cour de Perse, qui donna l'investiture à Ghazan-khan et à Oltchaïtou qui avaient renoncé au Bouddhisme pour se faire musulmans.

Bien que Ghazan ait conservé de bonnes relations avec l'empereur de Daï-dou et qu'il ait continué l'exécution du programme de conquêtes qui avait été dicté à Houlagou par Monkké-khaghan, il est vraisemblable que la cour de Yen-king vit d'un assez mauvais œil la conversion du successeur d'Arghoun; si les empereurs chinois employaient de nombreux turks musulmans dans l'administration du Céleste Empire, tels que les deux اجلّ سیّد, les مبارك شاه et tant d'autres, ils ne voulaient pas que la religion des Houeï-Houeï 回回

---

[1]) *Youen-ssé*, chap. 16, page 1, et chap. 108, page 7; dans le chapitre 16, Ghazan, qui est correctement nommé 合贊 dans le chapitre des fiefs, est nommé 合帶 par suite d'une faute peu explicable.

[2]) 輔 *fou* «appui, second, officier en second», d'où pour 輔國 le sens latent de «qui gouverne l'*oulous* 國 (de Perse) comme lieutenant du khaghan».

fît des prosélytes dans leur famille, et l'on sait par Rashid ed-Din que Témour manda son cousin Ananda, prince du Tangghout, à la cour, pour lui reprocher de s'être converti à la foi musulmane.

Ce qui est certain, c'est que Ghazan renonça à faire graver sur ses monnaies la formule ܒܫܡ ܩܐܐܢ «au nom du khaghan», et qu'il la remplaça par ܛܢܓܪܝܝܢ ܟܘܚܘܢܕܘܪ «Par la puissance du Ciel», le *tégri* étant le 天 *thian* des Chinois, ce qui est aussi hétérodoxe au point de vue musulman [1]), qu'il voulut instituer une ère ilkhanienne pour remplacer le cycle mongol-chinois, et qu'il prit sur ses monnaies le titre de قآن qui est le même que celui de khaghan. C'est ce même titre de khaghan que l'on trouve, sous la forme de la traduction chinoise 皇帝 sur le sceau d'Oltchaïtou [2]) 眞命皇帝和順萬夷之寶 «sceau de l'empereur clairement décrété [3]) pour gouverner en paix tous les peuples étrangers».

Comme il est inadmissible que ce sceau chinois ait été gravé en Perse, et qu'il a été évidemment envoyé de Daïdou à Khorbanda, il en faut conclure que c'était avec l'agrément de la Cour du Nord que les gouverneurs de Perse, Ghazan et Oltchaïtou, avaient pris le titre d'empereur ܩܐܐܢ 皇帝. D'ailleurs, les relations diplomatiques ne cessèrent jamais entre les deux pays et elles se continuèrent jusqu'à

---

[1]) *Tégri-yin kutchun-dur* se retrouve d'ailleurs au commencement de la lettre d'Arghoun à Philippe le Bel: ܡܢܓܘ ܬܢܓܪܝ ܝܢ ܟܘܚܘܢܕܘܪ ܩܐܐܢܘ ܣܘ ܘ ܒܚܓ ܣܠܬܡܘܢ ܐܪܓܘܢ Par la puissance du Ciel éternel et par la grâce du khaghan. Parole de Moi, Arghoun.....»

[2]) Dans la lettre qu'il adressa à Philippe le Bel et qui est datée à l'aide du cycle mongol.

[3]) Par le Décret céleste 天命.

une époque très basse, alors que l'on croirait que les descendants de Koubilaï avaient renoncé à affirmer leur suzeraineté sur les *oulous* de l'ouest.

Le dix-septième jour du mois de Safar de l'année 704, on reçut à la cour de Perse des ambassadeurs envoyés par Témour Kaan, Tséber, fils de Kaïdou et Dogha, fils de Borak. L'ambassade était chargée d'annoncer que les princes Tséber et Dogha avaient enfin conclu la paix avec l'empereur de Daï-dou [1]).

En Shaaban 705 [2]) et en Djoumada second de l'année 714 [3]), des ambassades arrivèrent, envoyées par Témour Kaan, elles apportaient, suivant l'usage, de splendides cadeaux.

L'auteur de la continuation de l'histoire de Rashid ed-Din raconte que, lors de l'agression d'Ésen-boukha, prince du pays de Tchaghataï, contre les troupes du khaghan et contre le Khorasan (713—715), deux ambassades envoyées de Khanbaligh à Tauris eurent à souffrir d'inqualifiables violations du droit des gens. Ésen-boukha fit en effet arrêter [4]) toute

در روز هفدهم صفر سنه اربع و سبعمایه ایلچیان تیمور قاآن (1
چاپار پسر قایدو و دوا پسر براق رسیدند مضمون رسالت
مشتمل بر صلح و صلاح و اتفاق و مودّت و در زمان مبارک او
طریق بلغاق و فتنه و تشویش و اضطراب بکلّی مسدود شد ....
.... و مدّت دوازده سال عالمیان در امن و امان روزگار کذرانیدند

Continuation de la Djami el-tévarikh, man. supp. persan 209, fol. 447 verso; Abd Allah el-Kashani, *Histoire d'Oltchaïtou*, man. supp. persan 1419, fol. 21 verso. Sur l'ordre du khaghan, Khorbanda communiqua cette heureuse nouvelle au roi de France, Philippe le Bel, son allié.

[2]) Abd Allah el-Kashani, *Histoire d'Oltchaïtou*, fol. 34 verso.

[3]) Abd Allah el-Kashani, *Histoire d'Oltchaïtou*, fol. 110 verso; *cont. de la Djami el-tévarikh*, fol. 470 verso.

و ایلچیان قاآن که در ملک او بودند تمامترا بگرفت اوّل توقتیمور (4
جینکسانکرا که قاآن بر دست او خاتونی جهت الجایتو سلطان

une ambassade de Témour-khaghan qui se trouvait alors de passage dans ses états et dont le chef était le tchheng-siang Tougha-Témour; l'empereur lui avait confié une princesse du sang qu'il envoyait au sultan Oltchaïtou, en même temps que 1500 chevaux. Esen-boukha fit conduire les ambassadeurs chinois dans la province de Ferghana, dans la ville d'Endégan (Endidjan), où ils furent enchaînés. Il captura également d'autres ambassadeurs qui étaient venus de la Chine et qui apportaient à Oltchaïtou-Sultan des éperviers, des schonghars et d'autres objets précieux; il les envoya à Kashghar où il les fit emprisonner et charger de chaînes; un peu plus tard, une ambassade de Témour-khaghan, dont le chef était le tchheng-siang Bolod, accompagné de 70 personnes, s'en revenait de la cour d'Oltchaïtou-Sultan, auprès de qui elle avait rempli sa mission, dans l'intention de retourner à la cour de l'empereur de Chine, avec des présents et des raretés de la terre d'Iran; les ambassadeurs étant arrivés dans le royaume d'Esen-boukha, ce prince, voulant se venger sur eux des

می فرستاد بهزار و پانصد سر اولاغ ایشان‌را بولایت فرغانه بشهر اندکان بند کردانید و ایلچیان دیکر که از ختای رسیده بودند و جرغ و شنقار و دیکر ظرایف پیش الجایتو سلطان می آوردند بسند و .... ایلچیان‌را بکاشغر فرستاد و مقید و محبوس کرد ..... در اثنای این حالت ایلچیان قآن مقدّم ایشان فولاد چینکسانک با هفتاد نوکر از حضرت الجایتو سلطان باز کشته بودند بر عزیمت قآن با بیلکها و تنسوقهای ایران زمین بالوس ایسنبوقا رسیدند از غایت غضب و خشم ایشان‌را تمامت هلاك کرد و هر چه داشتند تمامت تاراج نمود; *Continuation de la Djami el-tévarikh*, man. supp. persan 209, folios 457 recto et verso; شنقار, avec la chute du *k*, est une transcription exacte de l'ouïghour ࠵࠵࠵࠵࠵࠵࠵, mongol ࠵࠵࠵࠵࠵࠵࠵, qui est en chinois 海青, le لاچین ࠵࠵࠵࠵࠵ étant 海東青.

défaites que leur maître lui avait infligées, les fit tous mettre à mort et s'empara de tous les objets qu'ils emportaient en Chine. Cette dernière ambassade est probablement celle qui était arrivée en Perse au mois de Djoumada second de l'année 714.

On voit que, bien que les princes de Perse se fussent faits musulmans, les empereurs chinois n'en avaient pas moins conservé avec eux d'excellentes relations, puisque Témour envoyait à son cousin Oltchaïtou une khatoun, c'est-à-dire une princesse de la lignée de Koubilaï, une 公主 qui aurait parfaitement pu se marier à l'empereur de Chine, et porter le titre souverain de 皇后 [1]; dans ces conditions, il n'y a pas l'ombre d'un doute que le titre de khaghan n'ait été conféré aux princes de Perse par les empereurs chinois [2].

Beaucoup plus tard, onze années après ces événements, sous le règne du sultan Abou Saïd Béhadour-Khan, l'empereur Yisoun-Témour envoya une ambassade au célèbre émir Tchoupan qui était, comme on le voit par la lecture du continuateur de Rashid, le véritable maître de l'Iran. En l'année 726 de l'hégire (1326 de J. C.), l'émir était arrivé à Hérat, venant de Baghdad où il s'était fâché avec le sultan à propos

---

[1] Le nom de la princesse qui fut envoyée à Khorbanda par Témour ne se trouve pas dans la liste des femmes de la cour mongole du *Youen-ssé*; Bolod n'est pas davantage cité dans la liste des grands officiers, les seuls tchheng-siang qui paraissent sous le règne de Témour sont 完澤 Oltchaï, 哈剌哈孫 Keurgueuz et 阿忽台 Oghoutaï; voir page ᠌ᠠᠢ᠌, note

[2] En somme, cette conception de l'empire mongol répond d'une façon singulièrement exacte à celle que Napoléon se faisait de l'empire français et de ses royaumes vassaux, comme le prouve le décret de 1811, d'après lequel «le royaume de Naples faisant partie du grand empire, les citoyens français sont de droit citoyens des Deux Siciles». En fait, Bolod était à la fois tchheng-siang à la Chine et commandait une armée sur la frontière de l'*oulous* de Tchoutchi. Beaucoup des généraux turks, comme Bayan, qui furent l'illustration du règne de Koubilaï, appartenaient à l'*oulous* de Tchaghataï.

de sa fille Baghdad Khatoun. L'ambassadeur de l'empereur vint trouver Tchoupan à Hérat, lui apportant une lettre de félicitations et des vêtements impériaux [1]). L'empereur de Chine conférait à l'émir Tchoupan la dignité d'émir des émirs des royaumes d'Iran et de Touran, et lui adressait de très grandes louanges pour son administration de la Perse. L'émir reçut l'ambassadeur avec les plus grandes marques d'honneur et lui fit des cadeaux, puis il envoya à l'empereur de Chine des présents et des objets rares, dignes de sa majesté. Aussi, un peu plus tard, quand l'émir Tchoupan fut abandonné par l'armée qu'il voulait conduire contre Abou Saïd, il se dirigea vers le Khorasan, dans l'intention d'aller demander à l'empereur chinois une armée pour conquérir l'Iran et en chasser Abou-Saïd [2]), comme l'avait fait jadis le fils du dernier Sassanide détrôné par les Arabes.

Cette ambassade, envoyée en 1326 par Yisoun Témour au véritable maître de la Perse, alors que les affaires de l'*oulous* de Chine allaient aussi mal que celles du royaume iranien, montre que, presque jusqu'à la dernière heure, les empereurs de Daï-dou entendirent garder leurs relations avec les pays de l'occident qu'ils considéraient comme une partie

1) قآن از تركستان ایلچی پیش امیر چوپان فرستاده بود با تشریف و خلع پادشاهانه بمقام هراة پیش امیر چوپان رسید قآن امیر الامرائی ممالك ایران و توران بر امیر چوپان مقرر داشته بود و اورا در امور مملكت داری تحسین بسیار فرموده امیر چوپان ایلچی را عزت داشت نمود و انعام فرمود و از بهر قآن بیلاكات و تنسوقات پادشاهانه روانه كردانيد; *Continuation de la Djami el-tévarikh*, man. supp. persan 209, fol. 508 verso. La collation de ce grade, qui semble l'équivalent du chinois 丞相, est naturellement restée inconnue au *Youen-ssé*, qui ne s'occupe uniquement que des affaires de Chine; par Turkestan, le continuateur de Rashid, très ignorant de la géographie, entend la Chine; *tansouk-at, bilek-at* sont des pluriels mongols en *-at*. ²) *ibid.*, folio 514 recto.

intégrante de leurs immenses domaines. Enfin, tout-à-fait dans la dernière période du règne malheureux d'Abou-Saïd, l'empereur Tougha-Témour donna, en 1331, à Khorbanda Oltchaïtou le titre posthume de prince Kouang-phing 廣平王 et il est vraisemblable qu'il envoya une ambassade pour le notifier au sultan de Perse, son fils, Abou-Saïd.

L'*oulous* de Tchaghataï, en plus de son hostilité constante contre la Chine et la Perse, tenait les deux grandes routes qui conduisaient de Daï-dou et de An-si-tchéou en Europe et en Perse, l'une qui avait été suivie par le cordelier Guillaume de Rübrück et par le frère Jean de Plan Carpin, l'autre qui avait vu passer l'armée d'Houlagou quand il était parti du grand Dersou pour aller ruiner la puissance du khalife de Baghdad [1]).

Les princes du Tchaghataï gardaient avec soin ces deux routes du Si-yu qui avaient une importance stratégique considérable, la seconde surtout, pour les empereurs de Daï-dou, puisqu'elles étaient les seules qui conduisaient du Céleste Empire dans les contrées de l'Occident. Ces princes se trouvaient, à la fin du XIIIe siècle, dans une situation identique, dans le même pays, à celle des Huns, qui, 1500 ans plus tôt, empêchaient les Fils du Ciel d'entretenir des relations suivies avec la Perse et la Transoxiane. Les empereurs chinois ne pouvaient tolérer cet isolement complet, ni laisser leurs ambassades qui se rendaient en Perse exposées aux violences des princes du Tchaghataï et de leur allié Kaïdou. Outré des difficultés

[1]) La première de ces routes, d'An-si-tchéou, la dernière ville du Kan-sou, passait par Khamil, où l'on parlait ouïghour, Tourfan (Kara-khotcho), Beshbaligh, Manas, Poulad, Almaligh, et gagnait les bords de la Volga par les «steppes de la faim» au nord du lac d'Aral et de la Caspienne; la seconde, à partir d'Almaligh, descendait vers Samarkand, le long du Thian-shan, en traversant des cités aujourd'hui disparues; une autre route, également au pouvoir des princes du Tchaghataï, passait par Tourfan, Karashar, Koutché, Aksou, Kashghar et Samarkand. Les princes de l'Oulough-Ef étaient donc maîtres d'isoler complètement l'empire chinois du reste du monde et ils y seraient certainement arrivés, sans l'anarchie qui régnait dans leur empire.

de tout genre qui lui étaient suscitées par les princes du pays turk, Koubilaï envoya, pour mettre fin à cet état de choses, avec, en sous-main, l'ordre de marcher ensuite contre l'*oulous* de Tchoutchi [1]), une armée commandée par le prince impérial Nomokhan, prince de la paix du nord 北平王, qui était nommé gouverneur d'Almaligh, avec un état-major dans lequel se trouvaient Hentoum-noyan et des princes de la famille impériale.

L'expédition se termina honteusement (1277) et le prince de la paix du nord ne pacifia rien, au contraire: les princes Tougha-Témour et Shiréki, qui étaient du parti de Kaïdou, se révoltèrent contre Koubilaï, se saisirent de Nomokhan et d'Hentoum et prirent la campagne en vrais chefs de bande qu'ils étaient; avant de commencer leurs opérations, ils eurent l'idée extravagante d'envoyer Nomokhan à Monkké-Témour, souverain de la Horde d'Or, et Hentoum à Kaïdou.

Le piteux échec de cette expédition qui fut suivie, comme on le verra dans le texte de Rashid, par une série d'événements extraordinaires en Mongolie, donna à réfléchir à l'empereur, qui jugea inutile de reprendre cette tentative. Il montrait que l'empire était menacé de la coalition de tous les princes tchinkkizides, que, aux premières hostilités, l'*oulous* de Tchoutchi était prêt à faire cause commune avec Kaïdou et les souverains du pays turk contre la Chine et la Perse, et que beaucoup des princes qui vivaient à Shang-tou des générosités du Fils du Ciel étaient des traîtres dont toutes les sympathies allaient à l'ennemi héréditaire. Réduit à ses seules forces, qui eussent d'ailleurs été invincibles s'il ne les eût par trop disséminées, l'empereur de Daï-dou entoura toute sa frontière, depuis la partie de la Mongolie qui faisait face aux domaines propres de Kaïdou jusqu'aux infranchissables montagnes du Tibet, d'un immense cordon de troupes de

---

[1]) Rashid ed-Din, *Histoire de Koubilaï*, page ۶۳۸

couverture, commandées par des officiers de toute sureté, entre lesquelles il était impossible de se glisser et dont Rashid a donné le détail.

Tel était, 50 ans après la mort du Conquérant du Monde, le résultat de l'imprudente politique de Tchinkkiz qui, en divisant son empire par parties égales entre ses quatre fils, avait préparé de ses mains ces événements qui atteignaient la dynastie mongole aux sources mêmes de son existence.

Cette expédition, mal commandée, aurait certainement eu des résultats tout autres si Koubilaï, au lieu de confier des commandements à des princes qui étaient de vrais malandrins, toujours en quête d'argent et de troubles, les eût donnés à quelques-uns de ces officiers d'origine turke, tels Bayan et le Seyyid-i Edjell, qui firent ses plus belles conquêtes et qui gouvernaient les douze provinces.

Témour-khaghan reprit en 1314, et en quelque sorte malgré lui, les desseins de son aïeul, quand le prince Esen-boukha, souverain du pays de Tchaghataï, eut attaqué Toghatchi Tchheng-siang qui commandait les troupes mongoles sur la frontière de l'empire chinois et de l'*oulous* de Tchaghataï. Le prince Esen-boukha, dit le continuateur de Rashid¹),

و بعد از ان با پنج تومان لشكر بقصد طوغاجى حركت كرد (¹
بر اميد آن كه شبيخون كند و ناكاه بر سر او رود شحنهٔ شهر
فولاد كه بجانب تركستان است قولچوق نام از قبل طوغاجى بر
ان واقف شد بكوبخت و پيش طوغاجى رفت و از ان حال اكاه
كرد طوغاجى در حال خانها و لشكر خود از آب ارديش بكذرانيد
و در پاى كوه سعرى كه در پيش آن رود خانه ايست عظيم در
ميان كوه بزرك هولـمـابـو نام با يك تومان لشكر مستعدّ باغى شد ....
لشكر ايسن بوقا منهزم شد و مراجعت نمود .... چون
بيرلـيغ قآن رفته بود كه طوغاجى لشكر ايسن بوقارا از يورت و

se mit en marche avec une armée de 50 000 hommes pour aller attaquer Toghatchi dans l'espérance de le surprendre à l'improviste; l'officier qui commandait, au nom de Toghatchi, la ville de Poulad, qui est du côté du Turkestan, un certain Koultchouk, ayant appris la marche d'Esen-boukha, partit en toute diligence et s'en alla trouver son chef qu'il mit au courant des intentions du prince du Tchaghataï; Toghatchi traversa immédiatement l'Irtisch et vint attendre l'ennemi au pied du mont Tengri, qui se trouve en face de ce fleuve et qui est un pic très élevé au milieu d'une grande chaîne de montagnes nommée Houltatou .....; l'armée d'Esen-boukha fut battue et rétrograda .... Quand le rescrit de Témour-khaghan arriva, ordonnant à Toghatchi de chasser l'armée d'Esen-boukha de ses stationnements et de s'emparer de ses campements d'été et de ses campements d'hiver, le général mongol l'avait refoulée sur une distance de trois mois de chemin et s'était rendu maître des endroits où ces gens résidaient, pénétrant ainsi dans l'*oulous* de Tchaghataï jusqu'à une faible distance de la frontière iranienne. Ce fut alors que le prince Esen-boukha tenta d'enlever le Khorasan à Oltchaïtou pour compenser les pertes qu'il venait de subir.

Malheureusement, les troupes de l'empereur de Chine et celles du prince de Perse agissaient indépendamment l'une de l'autre, sans aucun plan concerté, sans savoir même qu'elles luttaient pour la même cause et cela sauva l'*oulous* de Tchaghataï d'une ruine complète.

Il ne semble pas, d'après ce qu'on peut inférer de la lecture de l'histoire chinoise, que les successeurs de Témour-khaghan aient continué cette politique, quoique Khaïshang, avant d'arriver au trône, ait commandé en Mongolie et qu'il

علفخوار خود منع کند و ییلاق و قشلاق ایشان با تصرّف کیرد؛ طوغاجی ایشان را سه ماهۀ راه رانده بود و یورتها با تصرّف کرفته

Continuation de la Djami el-tévarikh, man. supp. persan 209, fol. 475—476.

ait vu de ses yeux les derniers épisodes de l'interminable guerre contre Kaïdou qui ne put résister aussi longtemps aux troupes de l'empereur chinois que parce qu'il disposait des ressources que lui fournissait le pays de Tchaghataï [1]).

La reprise des *oulous* de Tchaghataï et de Tchoutchi était une œuvre bien trop considérable pour ces princes qui, tout en se considérant de plus en plus comme des empereurs chinois, n'entendaient pas abandonner leur suzeraineté sur les contrées du Kiptchak et de l'Iran; mais la situation intérieure de l'empire n'était pas si brillante qu'elle permît des pensées aussi vastes et les Chinois, qui avaient ouvertement blâmé les entreprises coloniales de Koubilaï, auraient jeté les hauts cris s'il se fût agi de la conquête de Moscou ou de Samarkand; d'ailleurs, les *oulous* de l'ouest étaient eux-mêmes engagés sur la pente d'une irrémédiable décadence, et les temps étaient proches où ils allaient échapper au pouvoir des descendants du Conquérant du Monde.

[1]) Les princes de la lignée de Tchaghataï étaient d'ailleurs fort mal disposés, et on se demande pourquoi, contre le khaghan. L'un de ces princes, nommé Doura (ou Doré) 禿剌 (Thou-la), دورا, محملی, descendant à la 4ᵉ génération de Tchaghataï, qui vivait à la cour de Daï-dou, était entré secrètement dans la conspiration qui avait pour but, après la mort de Témour, de mettre la couronne sur la tête d'Ananda, prince du Tangghout. Furieux de l'échec de cette conspiration, Doura traita l'empereur Khaïshang avec une telle violence que ce dernier le fit périr en 1309. (*Thoung-kian-kang-mou*, *Sou-pian*, chap. 24, page 60).

Les empereurs Ming, successeurs légitimes des Yuan, revendiquèrent pour leur compte la suzeraineté des *oulous* mongols et l'on sait par un document conservé par Abd er-Rezzak Samarkandi dans le مطلع السّعدين, et dont l'authenticité ne fait aucun doute, que Témour Keurguen se soumit, quand il fut arrivé à la souveraineté du Tchaghataï, aux exigences, qui nous paraissent singulières, des empereurs Thaï-Tsou et Hui-Ti. En fait, Témour était, au moins d'après ce qu'il prétendait, un prince mongol issu d'Along-Goa et apparenté collatéralement aux descendants de Tchinkkiz-khaghan, au même titre que les princes de la postérité de Bilkoutaï Noyan, de Tchoutchi Kassar ou de Témouké Utchuguen, qui avaient loyalement servi à la cour de Daï-dou. Il régnait à peu près aussi légitimement sur l'*oulous* de Tchaghataï qu'Arpaï-Gaon, descendant d'Erik-Boké, ou Soleïman, mari de Shadi Beg, avaient régné sur l'*oulous* de Perse, et les empereurs Yuan n'auraient fait aucune difficulté pour le reconnaître comme leur vassal, souverain légitime du pays turk et de la Perse qu'il avait conquise, ce qui avait toujours été l'objectif politique des princes du Tchaghataï. Les Ming, qui avaient substitué leur autorité à celle des Yuan par la volonté du Ciel, et qui avaient hérité de tout leur empire, ne faisaient qu'affirmer les droits de la Chine en revendiquant la souveraineté des contrées qui avaient été les vassales de Tchoung-tou, et Témour Keurguen ne fit aucune difficulté pour les reconnaître. D'après le *Ming-ssé*, le souverain de Samarkand 撒馬兒罕 (Sa-ma-eul-han) envoya trois ambassades au Thaï-Tsou des Ming pour se reconnaître comme son tributaire 入貢, la première dans la 21ᵉ année Houng-wou (1388), la seconde dans la 24ᵉ (1391), la troisième au cours de la 27ᵉ (1394)[1]; dans la 24ᵉ année (1391), le 9ᵉ mois, l'empereur chinois envoya dans les pays de l'ouest 西域 (= ديار مغرب) une ambassade pour y faire connaître ses ordres[2]). L'ambassade envoyée par Témour en 1394 se trouve mentionnée avec un peu plus de détails dans le *Hoang-Ming-ta-ssé-ki*, dans les chapitres spécialement consacrés aux relations diplomatiques des Ming[3]): «La 27ᵉ année, le 9ᵉ mois, Fou-ma Témour de Samarkand envoya en ambassade le chef de barbares Tié-li-pi-sheu (Dervish درويش) et d'autres personnes qui présentèrent une lettre (adressée à l'empereur); ces gens obtinrent une audience et offrirent comme tribut 200 chevaux, la lettre disait le respect (que Témour avait pour l'empereur) et continuait». Ce passage du *Hoang-Ming-ta-ssé-ki* ne laisse pas de doutes sur la nature des rapports qui unirent le Thaï-Tsou et Témour-keurguen, jusqu'au moment où le prince du Tchaghataï, en 1404, songea à se rendre

---

[1]) *Ming-ssé*, chap. 3, pages 7, 10 et 12.

[2]) 遣使諭西域, chap. 3, page 9; Si-yu désignant aussi bien le Turkestan chinois que la Transoxiane et la Perse, on ne sait pas s'il s'agit ici d'une ambassade envoyée à Témour, ou à quelque prince de Besh-baligh, de Tourfan, ou d'Ili-baligh; la 24ᵉ année, Besh-baligh 別失八里 envoie également le tribut, *ibid.*, page 10; toutefois, il est probable que cette ambassade était envoyée dans la Transoxiane.

[3]) Chap. 13, page 27: 撒馬兒罕駙馬帖木兒遣酋長迭力必失等奉表來朝貢馬二百匹表曰恭惟; en chinois, Fou-ma désigne le gendre du souverain et est par conséquent la traduction littérale du mongol keurguen, كوركان en persan. Fou-ma Thié-mou-eul ne forme qu'un seul nom, comme on le voit par la lettre adressée à Shah Rokh, où ce nom est transcrit فوما تيمور et il ne faut pas comprendre Thié-mou-eul, Fou-ma de Samarkand. Le Tié-li-pi-sheu est le محمّد درويش بولاس du *Moezz el-ansab*, folio 96 verso.

indépendant de la Cour du Nord et à envahir le Céleste Empire, d'autant plus que, dans la lettre qu'il adressa à l'empereur chinois en réponse à son ambassade de 1412, Shah Rokh Béhadour invoqua l'amitié qui avait uni son père Témour et le Thaï-Tsou des Ming [1]). Ni Khalil Sultan, ni Shah Rokh ne continuèrent, et pour cause, la politique intransigeante et aggressive de Témour, et ils envoyèrent tous les deux des ambassadeurs au Fils du Ciel pour l'assurer de leur fidélité. L'histoire chinoise mentionne en effet, sous les années 6 et 7 Young-lé (1408—1409), deux ambassades de Samarkand [2]). Tout au commencement de Moharrem 815 (1412), Shah-Rokh Béhadour reçut une ambassade qui lui était envoyée de Pé-king par l'empereur Ming, avec une lettre dont voici la teneur, et dont la prose persane a très visiblement été pensée en chinois:

Daï-Ming, l'empereur auguste (داى مينك پادشاه معظّم =
大明皇帝), envoie cette lettre au pays de Samarkand à Shah Rokh Béhadour. Nous méditons que le

Dieu très haut a créé tous les êtres, tous ceux qui sont entre le ciel [3]) et la terre, pour que tous vivent dans le plaisir et dans la tranquillité. Par la grâce du Décret du

Dieu très haut, Nous sommes devenu le souverain des royaumes qui couvrent la surface de la terre, et Nous régnons sur les peuples du monde comme l'ordonne le

Décret céleste (حكم الهى = 天命); aussi ne faisons Nous aucune distinction entre ceux de Nos peuples qui vivent loin de Notre trône et ceux

---

[1]) Page 251, note, ligne 13; cf. la trad. de Quatremère, *Notices et Extraits*, tome XIV, page 221.

[2]) *Ming-ssé*, chap. 6, pages 7 et 9.

[3]) Quand le Ciel bleu en haut, quand la Terre noire en bas eurent été créés, entre les deux furent créés les fils des hommes, dit Bilgä-khaghan.

qui en sont rapprochés et Nous veillons à la sécurité de tous ¹). Avant cette date, Nous avons appris que tu es un prince très intelligent et très parfait, que tu domines tous les autres, que tu obéis aux ordres du Dieu très haut, que tu consacres tes soins au bonheur de tes sujets et à la puissance de tes armées et que tu répands sur tous tes grâces et tes bienfaits. Nous avons été très content de ces nouvelles et, pour t'en témoigner Notre satisfaction, Nous t'avons envoyé un ambassadeur pour te remettre des vêtements d'honneur de soie brochée d'or ²) et de soie rouge. Quand cet ambassadeur est arrivé à ta cour, tu as reçu Nos ordres avec la plus grande déférence, tu as témoigné le plus grand respect pour Notre personne, et tous (tes sujets), petits et grands, se sont réjouis (de cet heureux événement). Et, sur l'heure, tu as envoyé un ambassadeur pour Nous apporter tes hommages et un présent consistant en chevaux et en objets divers de ton pays, pour bien Nous montrer ton loyalisme. Nous avons vu par là que tu es digne de nos éloges et de notre faveur.

---

¹) Comme Fils du Ciel, souverain de toute la terre.

²) كيمخا ou كمخا est expliqué par Shakespeare «silk worked with gold or silver flowers», c'est une transcription du chinois 金花 *kim-houa* «étoffe brochée de fleurs d'or», le caractère 花 *houa* rendant *toujours* la syllabe *kha* dans les transcriptions des mots mongols, comme dans 不花 Pou-houa = بوخا *boukha*.

Avant ces événements, la dynastie des Mongols est arrivée à son terme; ton père, Témour Fou-ma (= Témour-keurguen تیمور كوركان), obéissant au décret du Dieu très haut, s'est reconnu le vassal de Thaï-Tsou (تای زوی = 太祖), notre sublime empereur; il n'a jamais cessé de lui envoyer des présents et des ambassadeurs; par cette conduite [1]), il a donné la paix aux hommes de ton lointain pays et il les a fait vivre dans la félicité. Nous avons vu que tu as suivi les intentions et que tu as imité la conduite de ton bon père. Maintenant, Nous avons envoyé Dou-tchi-tchoun-baï?, qui est l'un des habitants de Sou-tchéou et qui fait partie du corps de 1000 hommes de cette ville, et Dang (ou Wang) Tcheng du corps de 100 hommes de Soun-hwan-tzeu?[2]), avec une suite, porteurs (d'une lettre) de félicitations, de vêtements d'honneur en soie brochée d'or et des étoffes de soie rouge, ainsi que d'autres objets pour te témoigner la sincérité de Notre affection. Après ceci, Nous enverrons des gens pour qu'ils aillent (en Perse) et qu'ils en reviennent, de sorte que les communications (entre nous) ne soient pas interrompues et qu'ils puissent trafiquer et négocier tout à leur aise. Khalil Sultan est ton neveu, il

[1]) Il y a là une menace, à peine déguisée: si Témour n'avait pas fait acte de vassalité envers le Thaï-Tsou, l'empereur chinois attaquait l'Iran.

[2]) Ces noms sont tous douteux, car les manuscrits ont omis des points diacritiques et ceux qui y sont ne méritent qu'une confiance très limitée. Plusieurs localités portent le nom de Soung-tzeu 松滋 (Playfair, *The cities and towns of China*, page 315).

convient que tu le traites dignement, de façon à t'acquitter des devoirs qui t'incombent par le fait qu'il est le fils de ton frère; il faut aussi que tu Nous considères comme ton suzerain en toute sincérité et de ta propre volonté (sans que Nous ayons à intervenir pour t'y obliger). Ceci est ce que Nous avions à te faire savoir.

دايمينك ¹) پادشاه معظّم نامه ارسال ميفرمايد بديار سمرقند مر شاه رخ بهادررا فكر ميكنيم

خداوند تعالى جميع خلايق بيافريد آنچه در ميان آسمان و زمين است تا هر يكى براحت و رفاهيت باشند بتأييد امر

خداوند تعالى خداوند مماللك روى زمين كشته ايم بمتابعت حكم الهى جهاندارى ميكنيم سبب اين ميان دور و نزديك فرق نميكنيم همرا برابر و يكسان نكاه مى داريم پيش ازين شنيديم كه تو نيك عاقل و كاملى و از همكنان بلندترى بامر

خداوند تعالى اطاعت مى نمائى ورعايا و عساكررا پرورش داده در باره همكنان احسان و نيكوئى رسانيده سبب آن نيك شاد كشتيم على الخصوص ايلچى فرستاديم تا كمخا و ترقو خلعت رسانيد چونكه ايلچى آنجا رسيده تو نيك تعظيم امر ما نموده و مرحمت مارا نيك ظاهر كردانيده همه خرد و بزرك شاد كشته اند فى الحال ايلچى فرستادى تا خدمت و تحفه اسپان و متاعهاى آن ديار رسانيدند بجدّ صدق نمودن ترا ديديم كه

---

¹) *Matla es-saadeïn*, man. persan 106, fol. 56 recto; supp. persan 221, folio 61 verso. Cette lettre a déjà été traduite par Quatremère dans le tome XIV des *Notices et Extraits*, page 213.

شایستهٔ ستایش و نوازش باشی پیشتر دور مغول باخر
رسیدند پدر تو تیمور فوما بامر
خداوند تعالی اطاعت آورده
تا یزوی پادشاه اعلی مارا خدمت نموده تحفهٔ ایلچیان منقطع نکردانیده
سبب ایس مردمان آن دیاررا امان داده و همگنان را
دولتمند کردانیده دیدیم که تو بهمّت و روش پدر نیک
متابعت نموده اکنون دوچیچون بای از کسان و هزارهٔ سو
جو و دانك چیبنك [از] صدهٔ سون قونچی باجمعهم
فرستادیم با تهنیت و خلعت کمخا و ترغوها و غیرها تا
صدق ظاهر کرد بعد ازین کسان فرستیم تا آی و رَوْ
کنند تا راه منقطع نشود تا تجارت و کسب بمراد
خویش کنند خلیل سلطان برادر زادهٔ تست می
باید که ویرا نیکو تربیت نمائی تا حقّ برادر زادکی
خویش بجا آورده باشی تو می باید که بصدق و
رای متابعت ما نمائی اینست که اعلام کردانیده
می شود

La lettre est formelle et cette intrusion dans la politique intérieure de l'empire du Tchaghataï, ou plutôt dans les affaires de la famille qui régnait sur le pays turk et en Perse, car le pays ne comptait guère, montre que les empereurs chinois de la dynastie des Ming se considéraient, même à l'époque de Shah-Rokh, comme les suzerains des Timourides et que ceux-ci, malgré leur orgueil, étaient bien forcés, au moins en apparence, de se plier aux exigences de leurs puissants voisins. Khalil Sultan, petit-fils de Témour, s'était fait reconnaître comme souverain à Samarkand après la mort du conquérant, et une convention conclue avec Shah-Rokh lui avait assuré la souveraineté des contrées situées par delà le

Djihoun, Shah-Rokh proclama à plusieurs reprises, notamment en 810 de l'hégire, qu'il tiendrait toujours ses engagements envers lui, ce qui ne l'empêcha pas, l'année suivante, de dépouiller Mirza Khalil de ses états et de les donner à son fils Mirza Oulough Beg (811 = 1408). Le prince dépossédé fut obligé de faire contre mauvaise fortune bon cœur; il remercia Shah-Rokh de sa clémence et s'en alla recommencer sa vie dans l'Irak, où il mourut, à Réï, au mois de Redjeb 814. C'est évidemment à ces derniers événements, à la perte de la Transoxiane et à son départ pour les provinces occidentales de l'Iran, que l'empereur chinois fait allusion. La mort prématurée de Khalil Sultan dispensa Shah-Rokh Béhadour de donner au Fils du Ciel des explications sur l'indigne conduite qu'il avait tenue envers son neveu, et il se borna, au moins à ce que dit Abd er-Rezzak dans le *Matla el-saadeïn*, à lui envoyer un ambassadeur qui devait remettre deux lettres au monarque chinois; ces deux lettres, écrites l'une en arabe, l'autre en persan, ont été traduites par Quatremère dans son excellente notice sur l'ouvrage historique d'Abd er-Rezzak Samarkandi, elles contiennent une apologie de l'Islamisme que le souverain persan supplie l'empereur Ming d'embrasser, comme l'avaient fait, en Perse et en Russie, les descendants du Thaï-Tsou des Yuan [1]), et qui dut être accueillie d'une façon plus que sceptique par la Cour du Nord.

[1] بجناب دای منك پادشاه از شاه رخ سلطان سلام ما لا كلام چون خداوند تعالی بحكمت بالغه و قدرت كامله ادمرا علیه السلام بیافرید و بعضی فرزندان اورا پیغامبر و رسول گردانید و ایشان را بخلق فرستاد تا ادمیان را بحق دعوت كنند و باز بعضی ازین پیغمبران را چون ابراهیم و موسی و داود و محمد علیهم السلام كتاب داد و شریعت تعلیم كرد و خلق آن روزكار را فرمود تا بشریعت [ایشان] عمل كنند و بر دین ایشان باشند و مجموع این رسولان

Il est probable que Shah-Rokh envoya sous main, et sans en rien dire à personne, des lettres ayant une portée po-

مردم‌را بدین توحید و خدا پرستی دعوت کردند و از آفتاب و ماه و ستاره و سلطان و بت پرستیدن باز داشتند و هر کدام‌را از این رسولان شریعتی مخصوص بود اما همه بر توحید خدای متفق بودند و چون نوبت رسالت و پیغمبری برسول ما محمد مصطفی صلی الله علیه و سلم رسید شریعتهای دیگر منسوخ گشت و او رسول و پیغمبر آخر زمان شد و همه عالمیان امیر و سلطان و وزیر و غنی و فقیر و صغیر و کبیر‌را بشریعت او عمل می باید کرد و ترک ملت و شریعتهای گذشته می باید داد اعتقاد بحق و درست اینست و مسلمانی عبارت ازینست پیشتر ازین بچند سال جنگیز خان خروج کرد و بعضی فرزندان خود در آن ولایتها و مملکتها فرستاد جوچی خان‌را بحدود سرای و قرم و دشت قفچاق فرستاد در انجا نیز بعضی پادشاهان چون اوزبك و جانی خان و اُرُس خان بر سر اسلام و مسلمانی بودند و بشریعت محمد علیه السلام عمل میکردند هولاکو خان‌را ببلاد خراسان و عراق و نواحی آن مقرر گردانید پس از آن بعضی از فرزندان او که حاکم آن ممالك بودند چون آفتاب شریعت محمد بر دل ایشان [مشرق] بود همچنان بر سر اسلام و مسلمانی بودند و بسعادت اسلام مشرف گشته باخرت رفتند چون پادشاه راست کوی غازان و الجایتو سلطان و پادشاه سعید ابو سعید بهادر خان تا نوبت حکومت و فرمان روائی و سلطنت و کامرانی به پدر و مخدومم امیر تیمور کورکان طاب ثراه رسید ایشان نیز در جمیع ممالك بشریعت محمد علیه السلام عمل فرمودند و در ایام سلطنت و جهانداری ایشان اهل ایمان و اسلام‌را رونقی هر چه تمامتر بود اکنون بلطف و فضل

litique tout autre que celles qui furent copiées par Abd er-Rezzak, car les relations les plus cordiales continuèrent entre

خداوند تعالى اين ممالك خراسان و ما وراء النهر و عراق و غيرها در قبضهٔ تصرف ما امده در تمامت ممالك حكم بموجب شريعة مطهرهٔ نبويه ميكنند و امر معروف و نهى منكر كرده و يرغو و قواعد جنكيز خانى مرتفع است چون يقين و تحقيق شد كه خلاص و نجات در قيامت و سلطنت و دولت در دنيا بسبب ايمان و اسلام و عنايت خداوند تعالى است با رعيت بعدل و داد و انصاف زندكانى كردن واجب است اميد بموهبت و كرم خداوند تعالى آنست كه ايشان نيز در ان ممالك بشريعت محمد رسول الله عليه السلام عمل كنند و مسلمانى را قوّت دهند تا باشد كه پادشاهى چند روزهٔ دنيا بپادشاهى اخرت وَلَلْآخِرَةُ خَيْرٌ لَكَ مِنَ ٱلْأُولَىٰ متصل كردد دريـن وقت از ان طرف ايلچيان رسيدند و تحفها اوردند و خبر سلامتى ايشان و معمورى ان ممالك كفتند و دوستى كه ميان پدران بود بر موجب محبّة الآباء قرابة الابناء تازه كشت ما نيز ازين طرف محمد بخشى ايلچى فرستاديم تا خبر سلامتى رساند مقرر انست كه بعد ازين راهها كشاده باشد تا بازركانان بسلامت ايند و روند كه اين معنى سبب آبادانى مملكت و نيكو نامى دنيا و اخرتست توفيق رعايت اتحاد و مراقبت شرايط وداد رفيق اهل طريق باد تم *Matla el-saadeïn*, man. persan 106, folios 57 recto—58 recto; man. supp. persan 221, folios 62 verso—63 verso.

بسم ٱللّه ٱلرّحمن الرحيم

لا اله الا اللّه محمد رسول الله قال رسول ٱللّه محمّد عليه السلام لا يزال من أُمّتى امّةٌ قائمةٌ بامر ٱللّه لا ينصر من خذلهم ولا [يطاع] من خالفهم حتّى ياتى امر ٱللّه وهم على ذلك لمّا اراد ٱللّه تعالى ان

l'empereur chinois et Samarkand. En l'année 820 de l'hégire,

يخلق آدم وذرّيته قال كنت كنزًا مخفيًا فاحببت ان اعرف فخلقت الخلق لاعرف فعلم ان حكمته جلّت قدرته وعلت كلمته من خلق نوع الانسان ايثار [آثار] العرفان واعلا اعلام الهدى والايمان وارسل رسوله بالهدى ودين الحق ليظهره على الدين كله ولو كره المشركون ليعلّم الشرائع والاحكام وسنن الحلال والحرام واعطاه القران المجيد معجزة ليفحم به المنكرين ويقطع لسانهم عند المنازعة والخصام وابقى بعنايته الكاملة وهدايته الشاملة آثاره الى يوم القيام ونصب بقدرته فى كل حين وزمان وفرصة واوان فى اقطار العالمين من الشرق والغرب والصين ذا قدرة وامكان وصاحب جنود مجندة وسلطان لبروج اسواق العدل والاحسان ويبسط على رؤوس الخلائق اجنحة الامن والامان ويامرهم بالمعروف وينهيهم عن المنكر والطغيان ويرفع بينهم اعلام الشريعة الغرّا وازاح من بينهم الشرك والكفر بالنوحيد [فى الملة] الزهرا فوفقنا الله تعالى بسوابق لطفه ولواحق فضله ان نسعى فى اقامة قوانين الشريعة الطاهرة وادامة قواعد الطريقة الزاهرة وامرنا بحمد الله ان نفصل بين الخلائق والرعايا فى الوقائع والقضايا بالشريعة النبوية والاحكام المصطفوية ونبنى فى كل ناحية المساجد والمدارس ونعمر الخوانق والصوامع والمعابد ليلا يندرس اعلام العلوم ومعالمها وينطمس اثار الشريعة ومراسمها ولان بقا الدنيا الدنية وسلطنتها واستدامة اثار الحكومة وابالتنها باعانة الحق والصواب واماطة اذى الشرك والكفر عن وجه الارض لتوقع الخير والثواب فالمرجو والمامول من ذلك لجانب واركان دولته ان يوافقونا فى الامور المذكورة ويشاركونا فى تشييد قواعد الشريعة المعمورة ويراسلوا الرسل والقاصدين ويفتحوا المسالك للسائرين والناجرين ليتأكد اسباب المحبة والوداد ويتعاضد

(1417), dit l'auteur du *Matla es-saadeïn* ¹), Daï-Ming, empe-

وسائل المودة والاتحاد ويستريح طوائف البرايا فى اطراف البلاد وينتظم اسباب المعاش بين صنوف العبّاد والعبَاد والسلام على من اتبع الهدى والله رؤوف بالعباد; man. persan 109, folio 56 verso.

پادشاه خطا دایمینک خان باز ایلچیان فرستاده در ماه ربیع (¹ الاوّل سنه عشرین و ثمانمایه رسیدند کلانتران ایشان تـى باجین و تو باجین و چات باجین و تــنــق (man. تنف) باجین با سیصد سوار و تحفه و بیلاك بسیار و شنغار واطلس و کمخا و ترغو و آلات چینی و غیره رسانیدند و برای شاه زادكان و آغایان علی حده بیلاكات پادشاهانه آورده بودند و مکتوبی مشتمل بر معانى که طراز رسایل کذشته باشد و ذریعهٔ استعطاف اینده آید مضمون آنکه از جانبین رفع حجاب مغایرت و بیکانکی باید نمود و فتح باب موافقت ویکانکی فرمود تا رعایا و تجار بمراد خود ایند و روند و راهها ایمن باشد در کرّت اوّل که ایلچیان آمده بودند چون مراجعت نمودند امیر سیّد احمد ترخان اسپ بوزی جهت پادشاه روان داشته بود و در نظر پادشاه بغایت مستحسن نمود و برای او چیزی بسیار فرستاده بود و صورت آن اسپرا نقّاشان آنجا کشیده با دو اختاچی که عنان اسپرا از دو طرف کرفته بودند ارسال نمودند وایلچیان را مهمان داری کرده و مهمّات ساخته چنانچه کذشت روان داشتند و آنحضرت اردشیر تواچی را همراه ایلچیان بجانب خطای فرستاد; man. persan 106, folio 85 recto; man. supp. persan 221, folio 92 verso. La lecture du nom des ambassadeurs de l'empereur Ming est très douteuse et l'on sait qu'il est impossible, par suite de la quantité des homophones et de l'absence de l'indication du ton, de restituer en caractères des noms chinois dont on ne possède qu'une transcription; تاچین serait 大臣 *ta-tchenn* «ambassadeur», qui est une leçon possible,

reur de la Chine, envoya une nouvelle ambassade dont les chefs étaient Taï Pa-tchen, Tou Pa-tchen, Tchat Pa-tchen, Teng Pa-tchen, accompagnés de trois cents cavaliers; ils apportaient des présents et des cadeaux nombreux, des shonghars, du crêpe, de la soie brochée, de la soie rouge, des vases de porcelaine de Chine et d'autres objets; ils apportaient aussi des cadeaux royaux pour chacun des princes et des princesses. Ils étaient porteurs d'une lettre dans laquelle l'empereur rappelait les ambassades passées et exprimait le désir de voir des relations intimes s'établir désormais entre sa cour et celle des Timourides; il y disait que les deux monarques devaient, chacun de son côté, écarter tout ce qui pouvait les diviser et qu'il voulait entretenir les relations les plus étroites avec le souverain persan pour que ses sujets et les marchands pussent aller et venir à leur gré dans les deux empires et que les routes offrissent toute sécurité. Lors de la première ambassade, Shah-Rokh avait fait partir, pour accompagner les envoyés chinois dans leur voyage de retour, l'émir Seyyid Ahmed Terkhan avec un cheval gris qu'il destinait à l'empereur. Le Daï-Ming se montra enchanté de ce cheval et il envoya par sa seconde ambassade de nombreux cadeaux pour reconnaître ce présent; des peintres chinois firent le portrait de ce cheval flanqué de deux écuyers qui le tenaient de chaque côté par la bride et l'empereur l'envoya à Shah-Rokh. Le sultan hébergea l'ambassade, s'occupa avec ses membres des affaires qu'elle avait mission de traiter, puis elle se mit

mais il faut remarquer que le second élément de ces noms est écrit plus loin, page 255 note, ماچین, or *p* et *m* peuvent s'échanger, mais jamais *t* et *m*; ننق est peut-être 仰 Niang. تى peut être 臺 Thaï ou 戴 Taï, mais tout cela est fort douteux et n'a d'ailleurs qu'une importance secondaire; il est possible qu'il vaille mieux lire اسپ توری «un cheval rouge»; بیلاکان est, non le pluriel arabe, mais bien le pluriel mongol en -*at*, du mot *bilek* «cadeau».

en route pour retourner en Chine. Le sultan la fit accompagner par Ardéshir Touatchi.

En 822 (1419), des envoyés de l'empereur chinois arrivèrent à Hérat porteurs de lettres pour le souverain turk: «Avant cette date, dit Abd er-Rezzak [1]), dans le courant de

[1]) سابقًا در شهور سنه عشرين مذكور شد كه دايمينك خان پادشاه خطا ايلچيان بدرگاه همايون فرستاده و حضرت خاقان سعيد اردشير تواجى‌را همراه ايلچيان روان فرمود دربن ايّام اردشير باز آمده احوال آن ولايت و رسيدن ايلچيان بموقف عرض رسانيد و آخر رمضان ايلچيان تى ماچيين و خان ماچيين بهراة آمدند و پيشكش و بيلاك و مكتوب كذرانيدند و مكتوب پادشاه خطا بقاعدهٔ ايشان نقل كرده شد طريق خطاييان آن است كه در مكتوب نام پادشاه بر اوّل سطر نويسند و سطرها بمقدار اندك از ان فروتر كيرند و هر جا كه در اثناى مكتوب بنام خداى تعالى رسند بانجا كه رسيده باشند كذارند و باز نام اللّه تعالى از اوّل سطر كيرند و اكر چنانچه بذكر پادشاه رسند همين طريق مسلوك دارند و اين مكتوب كه درين تاريخ فرستادند بهمان طريق لفظ بلفظ نوشته شد .... و مكاتيب ايشان هر كرّت كه پيش حضرت سلطنت آورده اند سه مكتوب بوده و در هر مكتوبى سه نوع خطّ يكى بابن خطّ مشهور كه اين سواد نوشته شد بعبارت فارسى و ديكرى بخطّ مغولى كه خطّ ايغور است بزبان تركى و ديكرى بخطّ خطائى و زبان اهل خطا مضمون هر سه خطّ يكى و مكتوب ديكر كه هرچه فرستاده بودند از جانوران و تغوزات و هدايا درين مكتوب مفصّل ساخته همچنين بهر سه زبان و هر سه خطّ و يك مكتوب بمثال خطّ راه بهمين طريق بهر سه زبان و هر سه خطّ و تاريخ ماه و سال از ابتداى حكومت آن پادشاه نوشته باشد

l'année 820, il a été mentionné que l'empereur Daï-Ming, souverain de la Chine, avait envoyé des ambassadeurs à la Cour Auguste et que Sa Majesté l'empereur fortuné (Shah Rokh Béhadour) avait fait partir Ardéshir Touatchi pour accompagner les ambassadeurs (du Céleste Empire dans leur

man. persan 106, folios 91—92. C'est d'après les indications de ce passage du *Matla es-saadeïn* que j'ai restitué la disposition des deux lettres, la première étant écrite sans aucune solution de continuité, tout d'un trait, le texte de la seconde ayant été fortement brouillé par le copiste qui ne comprenait pas le sens de ces solutions de continuité et de ces surélévations de titres. Il est assez difficile de dire quelle était au juste la disposition des originaux envoyés par l'empereur de Chine, et cela pour deux raisons: la première que ce sont des lettres écrites par le Fils du Ciel à un vassal, la seconde que les formules protocolaires des empereurs Ming devaient différer sensiblement de celles qui sont actuellement en usage. Il y a aujourd'hui trois degrés de surélévation des caractères, la surélévation triple 三擡 *san-thaï*, quand le caractère à distinguer est placé à trois caractères au dessus du texte courant, la surélévation double 雙擡 *shouang-thaï*, la surélévation d'un caractère 單擡 *tan-thaï*, la graphie sans surélévation, ou élévation à niveau, étant nommée 平擡 *phing-thaï*. Dans l'état actuel, le protocole veut, pour une lettre écrite à un souverain indépendant, que le nom du Ciel (ici de Dieu), le 天命 ait la surélévation *triple*, celui de la dynastie (ici 大明) la *simple* (la *double* dans l'énonciation du début), le nom du destinataire la *double*, celle de son pays la *simple*, que le pronom impérial Tchenn = ما figure dans la ligne courante sans élévation ni blanc et que le nom du père du destinataire ait la surélévation *triple*, mais ces marques de respect ne peuvent être employées dans des lettres écrites à un vassal. D'après ce que dit Abd er-Rezzak, les mots خداوند تعالی et دایمبینك étaient placés à la même élévation, ce qui est, en somme, conforme à la disposition matérielle des lettres mongoles écrites par Arghoun et Oltchaïtou à Philippe le Bel. D'ailleurs, dans la préface de la Géographie de l'empire chinois composée sous les Ming, le 大明一統志, dans celle du recueil des lois des Ming, le 大明會典, imprimés sous les Ming, on ne trouve que l'élévation simple pour le mot 天 comme pour le nom de l'empereur, par contre, on trouve la double dans une inscription chinoise de Koubilaï, de 1294. تغوزات est le pluriel mongol en *-at* de تغوز «groupe de 9 objets offerts en cadeau».

voyage de retour). Dans le courant de 822, Ardéshir s'en revint de sa mission, il exposa (à Shah-Rokh) ce qui s'était passé à la Chine et lui annonça l'arrivée d'une ambassade. A la fin du mois de Ramadhan, des ambassadeurs chinois, Taï Ma-tchen et Khan Ma-tchen, arrivèrent à Hérat et remirent à Sa Majesté des présents, des cadeaux et des lettres. La lettre de l'empereur de la Chine était disposée نقل suivant l'usage constant de la chancellerie de cette monarchie. L'habitude des Chinois est que, dans leurs lettres, ils écrivent le nom de l'empereur tout au commencement d'une ligne et qu'ils tracent les autres lignes un peu en retrait de celle-ci. Toutes les fois que, dans le texte de la lettre, ils ont à écrire le nom de Dieu, ils abandonnent leur ligne au point même où ils sont arrivés et ils reportent le nom de Dieu tout au commencement de la ligne (suivante). S'il leur arrive (dans le texte de leur lettre) d'avoir à écrire le nom de l'empereur, ils suivent la même règle. Cette lettre, qui fut alors envoyée de Chine, a été copiée mot par mot (sur l'original), suivant ces principes . . . .

Leurs missives, toutes les fois qu'ils en apportèrent à Sa Majesté le sultan, comprenaient trois lettres et dans chaque lettre se trouvaient trois sortes d'écritures: l'une était écrite avec ce caractère que nous employons et dans lequel est écrit le document que nous reproduisons, autrement dit le caractère persan; une autre était écrite dans le caractère mongol, qui est le caractère ouïghour, en langue turke; la dernière en caractères chinois, et en langue chinoise. Le contenu de ces trois rédactions était identique [1]). Il y avait

[1]) Les Chinois possédaient des dictionnaires, ou plutôt des vocabulaires, ouïghour-chinois (Kao-tchhang-koan-tsuen-shou) et des vocabulaires persan-chinois (Hoeï-hoeï-koan-tsuen-shou), analogues ou identiques à ceux que le Père Jésuite Amiot envoya à Paris au XVIIIe siècle (Chinois 986); il existe egalement un dictionnaire de l'Asie centrale dans lequel les noms géographiques sont écrits en caractères chinois, mongols, mandchous, djoungares, tibétains et arabes (chinois 5111).

également un autre écrit dans lequel se trouvait exposé le détail de tout ce que l'empereur chinois envoyait par ses ambassadeurs, animaux, présents, cadeaux; cet écrit était également rédigé dans les trois langues et dans les trois écritures; il y avait aussi un écrit qui était rédigé sous forme de la carte de la route (que devaient suivre les ambassadeurs), également dans les trois langues et dans les trois écritures; la date du mois et de l'année était indiquée à partir du commencement du règne de cet empereur [1])».

Voici quelle était la teneur de la missive impériale: «Daï-Ming, empereur auguste, envoie cette lettre à Shah-Rokh Sultan. Nous méditons que le Dieu très haut, sage, intelligent et parfait, l'a créé pour gouverner le monde de l'Islam et, par cela, les hommes de ce lointain royaume ont trouvé le bonheur; (il est un) sultan au jugement lumineux, savant, parfait, intelligent, qui domine tous les sectateurs de l'Islam, qui s'est toujours acquitté de ses devoirs de vénération et d'obéissance envers la volonté du

---

[1]) L'histoire chinoise date en effet les événements, non d'après une ère fixe, mais d'après des noms donnés aux années du règne de chaque empereur 年號 *nien-hao*. Ces noms d'années portent sur une année entière, c'est ainsi que lorsque l'empereur mongol Témour mourut au commencement de la 11e année 大德 Ta-té, nom qu'il avait choisi en 1297, son successeur, Külük, termina cette 11e année Ta-té dont il data les premiers actes de son règne et il prit le nom d'année de 至大 Tchih-ta au commencement de l'année qui suivit la mort de son prédécesseur. L'empereur Ming dont le nom personnel était 棣 avait pris le nom d'année de 永樂 Young-lé et il reçut après sa mort le nom de temple de 成祖 Tchheng-Tsou. Les empereurs chinois peuvent prendre pendant la durée de leur règne autant de noms d'années qu'il leur plaît; Hui-Tsoung des Soung du nord (1101—1126) en eut sept, Li-Tsoung des Soung méridionaux (1225—1265) en eut huit.

Dieu très haut 天命, et qui a toujours glorifié ses commandements, grâce à l'

Aide céleste. A une époque antérieure, Nous avons envoyé des ambassadeurs, le général Soueï Li-da avec une suite; ils sont arrivés à la cour du sultan et, suivant les usages traditionnels, il leur a témoigné toutes sortes d'égards et de marques d'honneur. Quand Li-da et sa suite furent revenus, ils Nous exposèrent le résultat de leur mission et Nous comprîmes d'une façon claire et lumineuse ce qui s'était passé. (Le sultan de Perse) envoya des ambassadeurs, Bek-Boukha et d'autres personnes, avec Li-da et sa suite, pour les accompagner, et pour Nous apporter des cadeaux, un lion, des chevaux arabes[1]), de petites panthères,

---

[1]) Le tribut offert à l'empereur de Chine consistait très souvent en chevaux: la 9ᵉ année Houng-wou (1376), les royaumes de l'occident 西域 envoyèrent comme tribut de splendides chevaux 良馬 (*Hoang-Ming-ta-ssé-ki*, chap. 3, page 24 et chap. 3, page 33); la 5ᵉ année Hsuan-té (1430), Samarkand envoya des chevaux de grande taille 龍馬 (*ibid.*, chap. 12, page 8). Il est vraisemblable que l'on savait que les beaux chevaux étaient particulièrement estimés à la cour de Chine, car on sait par le *Youen-ssé* (chap. 40, page 14) que, le 7ᵉ mois de la 2ᵉ année Tchi-tching (1342), le dernier empereur mongol, Shun-Ti, reçut une ambassade du royaume des Francs (Fou-léang) qui lui apporta en présent des chevaux merveilleux 拂郎國貢異馬; cf. dans le *Li-taï* (chap. 99, pag. 44) 拂郎遣使進貢異馬; si ces chevaux, comme cela est fort probable, étaient des percherons envoyés par le roi de France, on comprend l'étonnement dont furent saisis les Chinois à la vue de ces immenses chevaux qui sont, en volume, à peu près trois fois un cheval chinois. Le père Gaubil dit que l'on conservait de son temps, dans le palais impérial, le portrait de Shun-Ti monté sur un beau cheval qui lui avait été offert par le souverain des Francs.

et encore d'autres choses. Ses ambassadeurs apportèrent tous ces objets dans Notre palais; Nous les considérâmes tous, la sincérité de l'amour qu'il Nous porte éclata à nos yeux, et Nous lui en fûmes très reconnaissant. Dans le pays de l'occident 西域, qui est la contrée dans laquelle règne l'Islam, (il y a toujours eu), depuis les jours lointains du passé, des hommes sages et des gens pieux, mais aucun d'eux ne s'est montré supérieur au sultan; il peut très bien donner la sécurité et la paix aux hommes de ce royaume, et cela causera une grande satisfaction à l'Être suprême, que son nom glorieux soit exalté! Comment le Dieu très haut ne serait-il pas content et satisfait? les vaillants héros vivent unis par les liens de l'amitié, leurs cœurs sont comme des miroirs dans lesquels se réfléchissent leurs pensées et, malgré l'immense distance qui les sépare, il semble qu'ils jouissent mutuellement de leur présence. La bienveillance et l'humanité sont plus précieuses que tout au monde, mais [1]), au dessous de ces vertus, il y a aussi des coutumes qui nous sont chères. L'objet spécial (de la présente lettre est de vous faire savoir que) l'on a envoyé Li-da et Tchang-hou et leur suite avec (vos) ambassadeurs, Bek-boukha et

---

[1]) Comme d'envoyer des présents à ses amis; le texte de la lettre porte ليكن qu'il faut traduire, suivant l'habitude, par «mais»; toutefois les Chinois entendaient également ليكن dans un tout autre sens; dans le *Vocabulaire persan-chinois* و ليكن est traduit 然 qui signifie «certainement, naturellement». 而然 signifie «et cependant».

les autres, pour les accompagner et pour apporter au sultan un présent consistant en songghors apprivoisés; Nous avons fait voler Nous-même tous ces songghors de Notre propre main; on a envoyé aussi des présents consistant en soie brochée d'or et en autres choses. Quoique les songghors ne se trouvent pas dans Notre empire de la Chine, on Nous en apporte constamment en présent des pays qui bordent la mer, et cela est cause que l'on n'en manque pas ici, (tandis que) dans votre pays on en trouve très peu. Nous avons envoyé ces songghors qui furent Notre propriété pour que ce présent soit un témoignage de la reconnaissance que nous inspirent les sentiments augustes du sultan. Quoique ce soient là des choses de peu de valeur, Nous espérons que le sultan les accueillera favorablement et qu'il y verra la preuve de Notre amitié. Désormais, il faut que nous resserrions les liens d'une sincère affection, que des ambassadeurs et des marchands aillent et viennent (entre les deux empires) et que ces relations ne cessent pas, de telle sorte que tous les hommes vivent dans la paix, dans la tranquillité et dans l'aisance. Que le Dieu très haut Nous comble de sa bonté et de sa miséricorde. Ceci est ce que Nous avions à vous faire savoir».

دايمينك پادشاه معظّم ارسال ميفرمايند به شاه رخ سلطان تامّل ميكنيم

خداوند تعالی دانا و عاقل و کامل بیافرید اورا تا مملکت
اسلام ضبط کند سبب آن مردمان آن مملکت
دولتمند گشته اند
سلطان روشن رای و دانا و کامل و خردمند
و از همه اسلامیان عالیتر و بامر
خداوند تعالی تعظیم و اطاعت بجا آورده و در کار او عزّت
داشت نموده که موافق
تأیید آسمانیست ما پیشتر ازین ایلچیان امیر سوای لبدا
باجمعهم فرستادیم بنزدیک
سلطان رسیده اند باداب رسوم اکرام و اعزاز
بسیار فرموده اند لبدا و اجمعهم بمراجعت
رسیده عرض نمودند بر ما همه روشن و
معلوم گشت و ایلچیان بیک بوقا و غیره
بلیدا و اجمعهم با هم برای ما هدایا شیر و
اسپان تازی و یوزان و چیزهای دیگر فرستادند
همه برین درگاه رسانیدند ما همه را نظر کردیم
صدق محبت ظاهر گردانیده اند ما بغایت
شاکر گشتیم [در] دیار مغرب که جای اسلامست
از قدیم دانایان و صالحان هیچکس از
سلطان عالیتر نبوده باشد و مردمان آن
مملکت را نیک می تواند امان و تسکین دادن
که بر وفق رضاء
حقّ است جلّ جلاله چگونه
خداوند تعالی راضی و خشنود نباشد مردانه مردان با همدیگر
بدوستی بودند دل بدل چو آیینه باشد

اکر چه بعد مسافت باشد کوییا در نظرستی همّت و مروّت از همه چیز عزیزتر است لیکن در تبع آن نیز چیزی عزیز شود اکنون علی الخصوص لیدا و جانکقو باجمعهم با ایلچیان بیك بوقا وغیره را با هم فرستاده شد که نزدیك سلطان هدایا سونکقوران هم دستست که برسانند این همه سونکقوران را ما بدست خود پرانیده ایم و نیز هدایا کمخا مع غیرهم فرستاده شد سونکقوران اکر چه در مملکت چین ما نمی شود لیکن علی الدوام از اطراف دریا برای ما تحفه می آرند سبب آن کمی نیست در ان جای شما کم یاب بوده است خاصّا به ارسال داشته شد تا مقابل همّت عالی

سلطان قرمچی باشد اکر چه اشیا کمینه است لیکن حوصلهٔ محبّت ما باشد بقبول سلطان وصول آید من بعد می باید که صدق محبّت زیاده شود و ایلچیان و تاجران پیوسته آمد شد کنند و منقطع نباشند تا مردمان همه بدولت امن و امان و رفاهیت باشند البتّه

خداوند تعالی لطف و مرحمت زیاده کرداند اینست که اعلام کرده شد[1])

---

[1]) man. persan 106, folio 91 recto et verso: supp. persan 221, folios 99 verso et 100 recto. Cette lettre, comme la précédente, a été traduite par Langlès, dans un ouvrage publié en 1788, sous le titre de *Ambassades réci-*

La disposition protocolaire de la lettre reçue par Shah Rokh en 1419 diffère considérablement de celle de la lettre de 1412: l'empereur chinois qui, dans celle-ci, s'adressait au roi de Perse en lui disant «tu» et «ton», comme à un simple général, le traite de sultan, c'est-à-dire de 王 *wang*, le Fils du Ciel étant l'«empereur suprême» 皇帝 [1]), en reportant ce titre au commencement d'une ligne [2]); il lui concède ainsi une situation protocolaire qu'il lui refusait lors de sa première ambassade, de même qu'elle est refusée à Témour par l'histoire chinoise qui nomme simplement le vainqueur de

proques d'un empereur de Chine et d'un roi de la Perse et des Indes; comme cet opuscule, que je n'ai pu me procurer, ne se trouve ni à la Nationale, ni à Sainte-Geneviève, ni à l'Arsenal, j'ai pensé qu'on pouvait les retraduire sans inconvénient, d'autant plus que cet indélicat personnage, qui savait aussi peu de persan que de mandchou, en a copié la traduction dans la version abrégée du *Matla es-saadeïn* par Galland dont il existe deux copies manuscrites dans le fonds français, n°s 6084—6085 ; 6086—6087. Le nom de سراى ليدا est certainement corrompu, سراى étant impossible en chinois; il faut lire, soit 崔 Tsouï, soit 水 Shoeï, en transcription arabe سواى ou شواى qui sont deux noms de famille connus; on voit que, suivant une habitude très chinoise, le Fils du Ciel, après avoir donné le nom complet de Soueï Li-da, ne le désigne plus que par son petit nom, Li-da. قرمـچـى est le کم یافتن کم یاب de mongol یسلیکتن *kharamtchi* «témoignage de reconnaissance». [در] ديار دانايان و صالحان .... مغرب, la restitution de در est sûre, car ce mot ne peut manquer en chinois, tandis que l'absence du verbe à la fin de cette phrase est tout à fait chinoise.

[1]) Sur l'équivalence سلطان = 王 *wang*, voir page ۹۱, note, du texte.

[2]) Cette coupure est certaine, quoique les copistes des deux manuscrits, n'en comprenant pas le sens, l'aient quelquefois supprimée. Ils se sont ainsi conformés, évidemment sans s'en douter, à l'usage des Chinois qui suppriment toutes ces marques protocolaires de respect après l'extinction d'une dynastie ou quand ils recopient une lettre qui ne passera plus sous les yeux de son destinataire.

Bayézid 撒馬兒罕駙馬帖木兒 Fou-ma Témour de Samarkand. En lui donnant ce titre de 王 *wang*, l'empereur chinois l'assimilait à un prince du sang, investi d'un grand commandement militaire, comme l'avaient été, à l'époque des Yuan, Ananda, prince du Tangghout 安西王 ou Ukétchi, prince du Yun-nan 雲南王; il en faut conclure que le fils de Témour-keurguen n'avait pas hésité, comme le lui demandait l'empereur Ming, «à le considérer comme son suzerain en toute sincérité et de sa propre volonté» [1]).

Le 16 du mois de Zoulkaada 822 (4 Déc. 1419), une ambassade quitta Hérat pour se rendre à la Chine, elle comprenait les envoyés de Shah-Rokh, ceux de Mirza Baïsonghor et ceux de Mirza Siyourghatmish; ceux de Mirza Oulough Beg, gouverneur de la Transoxiane, étaient partis de Samarkand quelque peu auparavant [2]); ils arrivèrent à Pé-king, le 8 Zoulhidjdja 823 (14 Déc. 1420), restèrent dans cette capitale jusqu'au 15 Djoumada 1er 824 (18 Mai 1421) et s'en revinrent à Hérat le 11 Ramadhan 825 (29 Août 1422).

Les historiens chinois nous ont conservé la mention de nombreuses ambassades envoyées par les princes timourides aux Fils du Ciel, par Shah-Rokh, les princes ses vassaux, et les souverains qui régnèrent après Oulough Beg dans la Transoxiane [3]). La 13e année Young-lé (1415) [4]), Samarkand

---

[1]) voir page 247.

[2]) *Notices et Extraits*, tome XIV, pages 387—388.

[3]) D'après le *Ming-ssé*, un souverain, nommé le «roi de l'occident» 西王, envoya des ambassadeurs à Tchheng-Tsou, les années 1, 11, 13 Young-lé (1403, 1413, 1415), chap. 6, pages 2, 12, chap. 7, page 3; ce terme extrêmement vague ne désigne pas un souverain du Turkestan 西域, dont les villes, Besh-baligh 別失八里, Khamil 哈密, Tourfan 土魯番, Ho-tchéou 火州, Ili-baligh 亦力把里, sont toujours nommées explicitement dans le texte, ni de la Perse que les Chinois font entrer dans le Si-yu

et Shiraz 失剌思 (Shi-la-sseu) envoient des ambassades et le tribut; la 15ᵉ et la 16ᵉ années (1417—1418)¹), Samarkand, la 17ᵉ (1419), Shiraz et Isfahan 亦思弗罕 (I-sseu-fo-han)²), la 20ᵉ (1422), Boukhara 卜花兒 (Pou-houa-eul)³); la 21ᵉ (1423)⁴), Shiraz. Sous le règne de Hsuan-Tsoung, Samarkand, c'est-à-dire Oulough-Beg et probablement, au moins à plusieurs reprises, Shah-Rokh, envoie le tribut, la 1ʳᵉ année Hsuan-té (1426)⁵), la 2ᵉ (1427)⁶), les 3ᵉ, 4ᵉ et 5ᵉ (1428, 1429, 1430)⁷), la 8ᵉ (1433)⁸); sous le règne de Ying-Tsoung, Samarkand envoie le tribut, les 2ᵉ, 10ᵉ et 11ᵉ années Tcheng-thoung (1437, 1445, 1446)⁹); durant la dernière année Tcheng-thoung (1449), Tching-Ti reçut de Samarkand une ambassade qui fut probablement la dernière qu'ait envoyée Oulough-Beg¹⁰); la septième année Tching-thaï (1456)¹¹), il reçut une ambassade du sultan Abou-Saïd, fils de Mohammed, fils de Miranshah; la 12ᵉ année Tchheng-houa (1476), une

et dont ils citent d'ailleurs les villes de Shiraz et d'Isfahan comme ayant envoyé le tribut, ni de l'empire osmanli de Roum que les Chinois nommeraient 大秦國, le royaume de Ta-Thsin ou de Fou-lin 拂菻國 et il est possible que ce roi de l'occident soit le souverain de la Horde d'Or ou le kniaz de Moscou. Les Ming entretenaient des relations diplomatiques avec tous les rois de l'Asie, on trouve cités dans les historiens chinois, parmi leurs tributaires, les royaumes de l'Indo-Chine et de l'Insulinde, le Sampoutchéa, Bornéo et Sumatra; l'Inde musulmane n'avait pas échappé à leur action, car on trouve, en la 12ᵉ année Young-lé (1414), la mention d'une ambassade envoyée par Saïf ud-Din 賽弗丁 (Saï-fut-ting), roi du Bengale 榜葛剌國 (Pang-ko-la koué) [*Hoang-Ming-ta-ssé-ki*, chapitre 9, page 12].

⁴) *Ming-ssé*, chap. 7, page 3.

¹) *ibid.*, pages 4 et 5.
²) *ibid.*, page 6.
³) *ibid.*, page 9.
⁴) *ibid.* page 11
⁵) *ibid.*, chap. 9, page 3.
⁶) *ibid.*, page 4.
⁷) *ibid.*, pages 5, 6, 7.
⁸) *ibid.*, page 9.
⁹) *ibid.*, chap. 10, pages 3, 8, 9.
¹⁰) *ibid.*, chap. 11, page 3.
¹¹) *ibid.*, page 9.

ambassade, envoyée de Samarkand par le sultan Ahmed, fils d'Abou-Saïd, arriva à Pé-king [1]), ce prince entretint des relations suivies avec l'empereur chinois, car on trouve dans le *Ming-ssé* la mention de six ambassades qui vinrent apporter à la Cour du Nord le tribut de Samarkand, les 14e (1478), 16e (1480), 19e (1483) années Tchheng-houa [2]) de Hsien-Tsoung, les 1ère (1488), 2e (1489), 3e (1490) années Houng-tchih de Hsiao-Tsoung [3]); Sultan Ali Mirza, qui fut assassiné en 906 (1500) par Mohammed Khan Sheïbanï, envoya à Pé-king une ambassade qui y arriva dans le courant de la 12e année Houng-tchih (1499) [4]) et les relations entre la capitale de la Transoxiane et les Fils du Ciel continuèrent [5]), aussi fréquentes sous le règne des Sheïbanides, descendants de Tchinkkiz par Shibaghan, fils de Tchoutchi, qui avaient dépossédé les descendants de Témour et contraint Zahir ed-Din Mohammed Baber à aller chercher fortune dans l'Inde. Mohammed Sheïbani envoya cinq ambassades à Pé-king, les 16e (1503) et 17e (1504) années Houng-tchih [6]), les 3e (1508), 4e (1509) et 5e (1510) années Tcheng-té de Wou-Tsoung [7]); son successeur, Keushkuntchi, adressa quatre fois le tribut de vassalité au Fils du Ciel, les 10e (1515) et 14e (1519) années Tcheng-té [8]) et les 2e (1523) et 8e (1529) années Kia-tching de l'empereur Shih-Tsoung [9]), et l'histoire chinoise continue indéfiniment la mention de ces ambassades: l'une d'elles, envoyée par Sultan Iskender, arriva à Pé-king la 9e année Wan-li (1581) de Shen-Tsoung [10]); une autre ambas-

---

1) *ibid.*, chap. 14, page 1.
2) *ibid.*, chap. 14, pages 2, 3, 5.   3) *ibid.*, chap. 15, pages 2, 3.
4) *ibid.*, chap. 15, page 8.
5) Ces relations entre le Céleste Empire et l'Iran expliquent l'influence chinoise qui se remarque dans les peintures persanes, et que j'ai étudiée dans un article paru en 1905 dans la *Gazette des Beaux-Arts*.
6) *ibid.*, chap. 15, pages 10 et 11.
7) *ibid.*, chap. 16, pages 3 et 4.   8) *ibid.*, chap. 16, pages 8 et 11.
9) *ibid.*, chap. 17, pages 4 et 8.   10) *ibid.*, chap. 20, page 5.

sade de Samarkand, bien postérieure à la chute des Sheïbanides, vint, au cours de la 46e année Wan-li (1618) [1]), présenter les hommages du prince djanide Imam-Kouli à l'empereur de Chine.

Tous les historiens officiels des Timourides, sauf Abd er-Razzak el-Samarkandi, qui ne voulait se plier à aucune complaisance pour ses souverains, ont fait le silence le plus absolu sur ces rapports de la terre d'Iran et du Céleste Empire, dans l'espérance que la postérité n'en retrouverait jamais l'humiliant souvenir; c'est seulement par de brèves mentions de l'histoire chinoise que l'on connaît l'existence de cette singulière féodalité, qui s'étendit un instant à la plus grande partie de l'ancien monde, dans laquelle l'empereur de la Chine était le suzerain de Témour le boiteux, dont le vassal, le prince de la Horde d'Or, était le suzerain du kniaz de Moscou, qui, au fond du térem, méditait de culbuter les unes sur les autres toutes ces monarchies dont le joug menaçait d'écraser la Russie. Il est évident que, sans les pouvoir dissimuler complétement, les princes timourides ne devaient pas se vanter des relations un peu forcées qu'ils entretenaient avec les souverains qui avaient chassé du Céleste Empire leurs parents, les descendants de Tchinkkiz, et qu'ils ne publiaient pas, à Hérat ou à Samarkand, les mandements des Fils du Ciel. Il est probable que ce fut pour donner le change à ses sujets que Shah-Rokh fit écrire, par un historiographe à sa solde, le *Mountékheb el-tévarikh* [2]), suivant lequel le fondateur de la dynastie des Ming était un émir mongol, peut-être même un prince musulman de la lignée de Tchaghataï, qui, de la Transoxiane, s'en était allé à la Chine où il avait assassiné le dernier descendant de Koubilaï pour s'emparer de son trône. C'était une obligation historique pour les princes des *oulous* de Tchoutchi et de Tchaghataï que de reconnaître

---

[1]) *ibid.*, chap. 21, page 11.   [2]) voir pages 74 et ssq.

la suzeraineté de l'empereur mongol de Khanbaligh et l'honneur était sauf du moment où l'on racontait au peuple noir que le Daï-Ming de la Cour du Nord était un Mongol du Tchaghataï qui avait remplacé dans la souveraineté de la Chine les princes du Tangghout qui, depuis Ananda, régnaient sur le Céleste Empire, et que celui-ci, occupe à gagner sa misérable vie, n'avait pas les moyens de faire la preuve du contraire.

On trouvera dans les notes des divergences fâcheuses dans la transcription des noms mongols [1]; elles étaient difficiles à éviter dans un ouvrage de cette étendue, rédigé et imprimé feuille par feuille, dans des conditions de travail qui n'eurent rien d'idéal et qui ne rappellent que trop celles dont Attar s'est plaint dans le *Khosrav-namèh* [2]:

مصیبت نامه کاندوه جهان است الهی نامه کاسرار عیان است
بدارو خانه کردم هر دو آغاز چکویم زود رستم زین و آن باز
بدارو خانه پانصد شاخص بودند که در هر روز نبضم می نمودند
میان همه کفت و شنیدم سخن را به ازین روی ندیدم

Une faute qui m'incombe directement est d'avoir voulu transcrire les noms mongols d'après l'harmonie vocalique qui régit aujourd'hui la prononciation de cette langue; c'est ainsi que j'ai transcrit منكسار Monkéser, tandis que le chinois 忙可撒兒 Mang-kho-sa-eul indique une prononciation Mankousar, اوریانكقدای Ouryanghédeï, que le chinois prononce 兀良合台 Ou-leang-ho-thaï, soit Ouryankghadaï, اریق بوكا

[1] Je n'ai pas cru devoir adopter pour l'arabe et le persan les transcriptions compliquées qui sont de mode aujourd'hui, parce qu'elles ne disent rien aux personnes qui ne sont pas au courant de ces langues et que celles qui les connaissent suffisamment, n'en ont pas besoin pour reconnaître les noms propres transcrits d'après leur prononciation.

[2] Préface au *Tezkéret el-aulia* par Mirza Mohammed ibn Abd el-Vahhab el-Kazwini, page ز.

Érik Boké, en chinois 阿里不哥 A-li Pou-ko transcrivant Arikh Boka que Guillaume de Rübrück a entendu Arabuccha [1]), اوکتای Ougédeï, en chinois 窩闊台 Wo-khouo-thaï, soit Okodaï, dans Jean de Plan Carpin Occoday [2]), مونککا Monkké, dont la transcription chinoise 蒙哥 Mong-ko indique une prononciation Monkka, tandis que Guillaume de Rübrück a entendu, à la cour de ce khaghan, Mangou, qu'il écrit très régulièrement Mangu [3]). Toutefois, la question est beaucoup moins simple qu'elle le paraît à première vue, car les manuscrits les plus anciens de la *Djami el-tévarikh*, du commencement du XIVe siècle, donnent la forme مونککا Monkka [4]) qui est très exactement représentée par le chinois 蒙哥 Mong-ko qui est sur la voie de la prononciation actuelle Munkké ou Mungké de ᠮᠥᠩᠬᠡ, tandis que les manuscrits plus récents de l'histoire de Rashid, et ceux du *Djihan-kouchaï* qui a été écrit un peu avant la *Djami el-tévarikh*, ont la forme منکو Mangou qui est identiquement celle qui a été entendue par Guillaume de Rübrück. C'est de même que le nom de l'impératrice توراکینا qu'on lit généralement Tourakina est transcrit par les Chinois 脫列哥那 Thouo-lié-ko-na, soit Torékana, forme aujourd'hui impossible et qui est sur le chemin de la prononciation Turékéné qu'indique la présence du *k* dans ce mot, que هولاکو, qu'on lit Houlagou, est en chinois 旭烈兀 Hiu-lié-ou, soit Hulé[k]ou, quand il faudrait, en mongol moderne, lire ᠬᠦᠯᠡᠭᠦ Höléko ou Huléku. En somme, il semble que l'harmonie vocalique et les phénomènes consonnantiques qui l'accompagnent, n'existaient pas dans le mongol de la fin

---

[1]) en particulier, page 349. [2]) en particulier, page 665.
[3]) passim, en particulier page 297.
[4]) qui peut aussi se lire Monkké, l'*élif* n'indiquant pas forcément un *a* dans ces noms mongols.

du XIIIe siècle, quoique leurs premiers effets commençassent déjà à se faire sentir; ces phénomènes linguistiques ne sont d'ailleurs pas davantage primitifs dans le turk, et un mot comme درت *deurt* «4» le prouve suffisamment, car il faudrait soit ترت, تورت *tourt* comme en tchaghataï, soit درد *deurd* ou *durd*, mais pas درت *deurt*. Ce n'est pas ici le lieu de m'étendre plus longuement sur cette question qui demanderait des développements considérables pour être traitée dans son ensemble.

Il me reste en terminant à remercier les Trustees du Gibb Memorial, et particulièrement mon excellent ami, M. Amedroz, d'avoir accepté pour leur collection cette page d'une des époques les plus étranges de l'histoire du monde: celle où un frère cordelier, envoyé du bon roi saint Louis, alla solliciter l'alliance de l'empereur jaune, dans cette même tente d'or où s'étaient coudoyés, sur les bords de la Mer Verte, le prince Bérékè, le° futur allié du sultan d'Égypte Beïbars, qui chargea si rudement les Francs de Louis IX à la Mansoura, Koubilaï qui allait régner sur le plus vaste empire que le soleil ait jamais éclairé, des rives de la mer du Japon aux frontières du Saint-Empire, le grand prince de Russie, Yaroslav, le père de saint Alexandre Newski, qui ramena dans Novgorod, chargés de fers, les chevaliers Porte-Glaives, les sultans seldjoukides d'Iconium et l'ambassadeur du khalife de Baghdad. La tâche a souvent dépassé mes forces, mais il n'est pas besoin d'espérer pour entreprendre, ni de réussir pour persévérer.

Mars 1908.

APPENDICE

HISTOIRE DES ORIGINES DE LA DYNASTIE DES MONGOLS D'APRÈS LE YUAN-SHAO-PI-SHEU [1].

L'origine de la dynastie des Mongols 元 fut un loup de couleur [2] grisâtre accouplé avec une biche de couleur blan-

---

[1] Chapitre Ier, pages 1 à 11 recto; le *Yuan-shao-pi-sheu*, ou histoire secrète de la dynastie mongole, contient dans son premier chapitre l'histoire des Mongols, depuis les origines légendaires de la race jusqu'à la mort de Yisoukeï-Béhadour; les autres chapitres sont consacrés à l'histoire de Tchinkkiz-khaghan 太祖. Le premier chapitre a été remis en mongol par M. Pozdnéief, de St. Pétersbourg, mais ce travail est devenu extrêmement rare et, dans l'attente d'une nouvelle édition, il est impossible de s'en procurer un exemplaire. M. Ivanof et M. Rosenberg ont bien voulu faire exécuter pour moi une copie, en caractères russes, de ce travail qu'il m'eût été impossible de connaître sans leur extrême obligeance. Je n'ai pas marqué les endroits où j'adopte, pour la restitution des noms mongols transcrits en chinois, une autre forme que celle qui a été admise par M. Pozdnéief, car cela n'intéresserait que les spécialistes qui sont bien deux ou trois au delà du Niémen et qui d'ailleurs sauront bien trouver, et juger, ces divergences. J'ai quelquefois indiqué les raisons qui me portent à modifier certaines des formes restituées par le savant professeur de Saint-Pétersbourg; mais je crois que, dans la majorité des cas, quand on ne possède pas en même temps la transcription chinoise qui donne la charpente du mot, et la transcription en lettres arabes qui, elle, a conservé les articulations que le chinois a laissé tomber, ou a profondément altérées, il est assez difficile d'arriver à une certitude absolue, à moins d'être guidé par l'analogie de formes bien connues et dûment établies.

[2] Burté Tchino, en mongol بورتا چينو

châtre ¹). Tous les deux, ayant traversé le cours d'eau nommé Theng-ki-sséu 騰吉思 ²) (Tenkkis), s'en vinrent auprès de la source de la rivière nommée Wo-nan 斡難 (Onon) ³) et s'installèrent devant la montagne Pou-eul-han 不兒罕 (Bourkhan) ⁴). Là, ils donnèrent naissance à un homme appelé Pa-tha-tchheu-han 巴塔赤罕 (Batatchi Khan). Pa-tha-tchheu-han engendra Tha-ma-tchha 塔馬察 (Tamatcha); Tha-ma-tchha engendra Ho-li-tchha-eul Mié-eul-kan 豁里察兒篾兒干 (Khoritchar Mergen); Ho-li-tchha-eul Mié-eul-kan engendra A-ou-tchen Pou-lo-wenn 阿兀站孛羅温 (Aghoutchim Boroghon) ⁵); A-ou-tchen Pou-lo-wenn engendra Sa-li Ho-tchha-ou 撒里合察兀 (Sali Khal-tchaghou) ⁶); Sa-li Ho-tchha-ou engendra Yé-kho Ni-touen 也客你敦 (Yéké Nidoun); Yé-kho Ni-touen engendra Sin-souo-tchheu 擖鎖赤 (Sinsoutchi); Sin-souo-tchheu engendra Ho-eul-tchhou 合尓出 (Khortchi) ⁷). Le fils de Ho-

---

¹) Goa Maral ܓܘܐ ܡܪܠ «la jolie biche», en mongol.

²) En ouïghour *tenkkis*, *deniz* کز en turc osmanli, *dalaï* en mongol.

³) انان, اونان dans les historiens musulmans, très souvent mis en rapport avec le Kéroulen dans Rashid.

⁴) بورقان قالدون dans Rashid ed-Din; dans le *Yuan-shao-pi-sheu* 不兒罕山 rend toujours le Bourkhan-Khaldoun de Rashid.

⁵) ܐܘܚܢ ܒܘܪܘܠ «la grande pluie» plutôt que: ܣܠܝ ܚܠܛܫܐܘ; Aoutchan Boroul suivant la restitution de Pozdnéief; des officiers turks ont porté le nom de Yaghmour یغمور «pluie».

⁶) ܣܠܝ ܚܛܫܐܘ dans Sanang; Sali Khatchaou dans Pozdnéief.

⁷) Khartchou dans Sanang; Khortchi correspond à قورچی et donne une

eul-tchhou se nomma Pou-eul-tchi-ki-taï Mié-eul-kan 孛兒只吉歹篾兒干 (Bourtchikitaï Mergen); la femme de Pou-eul-tchi-ki-taï Mié-eul-kan, nommée Mong-ho-lé-tchenn Ho-a 忙豁勒真豁阿 (Monggholtchin Goa), mit au monde un fils nommé Thouo-lo-ho-lé-tchenn Pé-yen 脫羅豁勒真伯顏 (Torghaltchin Bayan). La femme de Thouo-lo-ho-lé-tchenn Pé-yen, nommée Pou-lo-hé-tchhenn Ho-a 孛羅黑臣豁阿 (Borokhtchin Goa), avait un jeune serviteur nommé Pou-lo-lé-taï Sou-ya-lé-pi 孛羅勒歹速牙勒必 (Bouroltaï Souyalbi) et deux bons chevaux hongres, l'un Ta-i-eul 苔驛兒 (Daïr), l'autre 孛羅 Pou-lo (Boro) ¹).

Thouo-lo-ho-lé-tchenn engendra deux fils, l'un nommé Tou-wa Souo-ho-eul 都蛙鎖豁兒 (Douwa Sokhor) ²), le second Touo-penn Mié-eul-kan 朵奔篾兒干 (Doboun Mergen) ³).

Tou-wa Souo-ho-eul n'avait qu'un œil au milieu du front et il pouvait discerner les objets à une distance de trois étapes de pays. Un jour, Tou-wa Souo-ho-eul, accompagné de son frère, monta sur le mont Pou-eul-han (Bourkhan). Là, il vit, du côté du fleuve Thoung-ké-li 統格黎 (Tounggélik), une

---

forme excellente, mais, à côté de la lecture *eul* 尔 a le son *ni*, d'où Kho-nitchi «le berger», qui se trouve en transcription musulmane sous la forme قونیجی.

¹) «L'un le cheval Daïr, l'autre le cheval Boro» dit le texte chinois 一箇苔驛兒馬一箇孛羅馬; *boro-ma* signifie proprement «le cheval gris» et *daïr* est certainement ici le nom d'une couleur; on trouve en mongol Daïr-ousoun qui correspond soit à اقسو, soit à قراسو en turk

²) Douwa, ou plutôt Doua دوا en transcription arabe, est l'aboutissement du mongol Dogha qui est le nom d'un célèbre prince du Tchaghataï

³) Doboun le sage; دوبون باین Doboun Bayan dans Rashid.

troupe d'hommes qui s'avançait en suivant le cours du fleuve.

Tou-wa Souo-ho-eul dit à son frère: «Il y a dans cette bande un char de couleur noire devant lequel se trouve une jolie jeune fille. Si elle n'est pas encore mariée, je vais la demander en mariage pour toi», et il envoya Touo-penn Mié-eul-kan pour la voir. Touo-penn Mié-eul-kan fit ce que son frère lui avait ordonné, et il trouva que cette jeune fille, qui se nommait A-lan Ho-a 阿蘭豁阿 (Alan Goa)¹), et qui n'était pas encore mariée, était très jolie.

Cette bande d'hommes appartenait à la famille de Ho-li-la-eul-thaï Mié-eul-kan 豁里剌兒台篾兒干 (Khorlartaï Mergen)²). Dans les temps passés, un seigneur du pays de Khouo-lé-pa-eul-hou-tchenn 闊勒巴兒忽真(Kul Barghoutchin³), nommé Pa-eul-hou-taï Mié-eul-kan 巴爾忽歹篾兒干 (Barghoutaï Mergen), avait une fille nommée Pa-eul-hou-tchenn Ho-a 巴兒忽真豁阿 (Barghoutchin Goa), qui était mariée à Ho-li-la-eul-thaï Mié-eul-kan (Khorlartaï Mergen), chef de la tribu des Ho-li-[la]-thou-ma-touenn 豁里[剌]禿馬敦 (Khorlartou Madoun)⁴). Ho-li-la-eul-

---

¹) En mongol, dans Sanang Setchen, Along Goa, قوا الان Alan Goa dans Rashid; la forme Along Goa diffère des formes chinoise et persane par la transmutation du second *a* en *o* sous l'influence de l'*o* de Goa. Les formes persane et chinoise ont enregistré une forme mongole dans laquelle le *g* final était tombé, ce qui est un fait de phonétique courant dans cette langue.

²) Suivant Rashid, Alan Goa appartenait à la tribu des Khorlas قورلاس. Khorlar-taï est formé, par l'adjonction du suffixe adjectival *-taï*, du nom de la tribu des Khorlar, voir page 276, note 1, comme Tchélaïr-taï جلايرتاى est formé du nom de la tribu des Tchélaïr جلاير.

³) ᠬᠥᠯ en mongol signifie «pied», mais *kol* كول en turk a le sens de «gris», l'équivalent de ᠬᠥᠬᠡ, comme on le voit par كوبلات qui est l'équivalent de ᠬᠥᠬᠡ ᠬᠥᠯ.

⁴) Khartou (Ho-li-thou) ne correspond à rien, et le nom de ce clan ne

thaï Mié-eul-kan a engendré cette fille A-lan Ho-a dans le pays de A-li-hé Ou-souenn 阿里黑兀孫 (Arikh Ousoun).

La cause de la migration des Ho-li-la-eul-thaï Mié-eul-kan était la suivante; on avait interdit de chasser les zibelines, hermines et autres animaux sauvages, aussi, mécontents de cette interdiction et apprenant qu'il se trouvait beaucoup de gibier dans les environs du mont Pou-eul-han, toute la famille se mit en route et s'en vint trouver le seigneur de la montagne Pou-eul-han, Shen-tchheu Pé-yen 哂赤伯顏 (Shentchi Bayan). De là, elle prit le nom de Ho-li-la-eul 豁里剌兒 (Khorlar) ¹). Ce fut ainsi que Touo-penn Mié-eul-kan épousa A-lan Ho-a.

Quand elle fut mariée à Touo-penn Mié-eul-kan, A-lan Ho-a mit au monde deux fils, Pou-kou-nou-thaï 不古訥台 (Boukounoutaï) ²) et Pié-lé-kou-nou-thaï 別勒古訥台 (Belkounoutaï) ³).

Tou-wa Souo-ho-eul, frère de Touo-penn Mié-eul-kan, eut quatre fils pendant qu'ils vivaient encore ensemble; Tou-wa Souo-ho-eul mourut et ses quatre fils ne respectèrent plus Touo-penn Mié-eul-kan comme leur oncle, ils l'abandonnèrent

---

paraît pas dans Rashid ed-Din; il faut probablement corriger la forme donnée par l'ouvrage chinois en 豁里剌禿馬敦 Ho-li-la-thou Ma-touenn; Ho-li-la-tou = Khorla(r)-tou étant un adjectif dérivé, par la suffixation de -tou, du mot Khorlar, qui est un autre nom de la tribu des Khorlas, voir la note suivante.

¹) Khorla-r est une forme plurale en -r, comme Tchélaï-r جلاير qui correspond à une autre forme plurale Tchélaï-d; Khorla-r est donc l'équivalent de Khorla-s qui est le pluriel en -s du même thème Khorla- qui se trouve dans Khorla-r.

²) بوكونوت Boukounout dans Rashid, ce qui est plutôt le nom de la tribu issue de cet homme; l'harmonie vocalique actuelle exigerait Bukunut.

³) بولكونوت Boulkounout dans Rashid, ce qui est plutôt le nom de la tribu issue de lui; ce nom serait aujourd'hui Bulkunut.

et s'en allèrent dans une autre contrée, où ils prirent le nom de Touo-eul-pien 朶兒邊 (Dorben) ¹).

Quelques jours plus tard, Touo-penn Mié-eul-kan s'en alla chasser sur la montagne de Thouo-ho-tchha-hé Wenn-tou-eul 脫豁察黑溫都兒 (Tokhatchakh Oundour); en traversant une forêt, il rencontra des gens de la tribu des Ou-leang-ho 兀艮哈 (Ouryankgha) qui faisaient rôtir les côtes et les entrailles d'un cerf qu'ils avaient tué. Touo-penn Mié-eul-kan leur demanda de la viande de ce cerf; les Ou-leang-ho gardèrent la tête et les poumons et donnèrent tout le reste à Touo-penn Mié-eul-kan.

Celui-ci prit la viande qu'ils lui avaient donnée et s'en retourna chez lui, la portant sur son dos. Sur sa route, il rencontra un pauvre homme qui venait au devant de lui, accompagné d'un enfant: «Qui es-tu? lui demanda Touo-penn Mié-eul-kan. — Je suis de la tribu Ma-a-li-hé Pé-ya-ou-taï 馬阿里黑伯牙兀歹 (Makharikh Bayaoutaï) ²), répondit-il, maintenant, je suis pauvre. Donne-moi ton cerf et je te donnerai mon fils». Touo-penn Mié-eul·kan lui donna la jambe de derrière du cerf et emmena l'enfant chez lui pour en faire son serviteur.

Après la mort de Touo-penn Mié-eul-kan, sa femme, A-

---

¹) «La tribu des quatre», دوربان dans Rashid.

²) Maalikboyaoudaï d'après la restitution de Pozdneïef, forme douteuse; Rashid cite deux clans des Bayaout بایاوت: les جدی بایاوت et les کهرون بایاوت; il est bien possible qu'il y en avait d'autres. L'hiatus ma-a 馬阿 a de grandes chances d'indiquer la chute d'une gutturale, dans ce cas, ma-a-li-hé est pour makharikh ou magharikh; dans le cas contraire, pour marikh ou marigh, mais ce mot ne représente certainement pas le mongol Mélik, en chinois 篾里, Mié-li, qui fut le nom d'un fils d'Ougédeï (mének «imbécile»?, avec l = n, ou mélékéi «grenouille»).

lan Ho-a donna encore naissance à trois enfants, le premier nommé Pou-hou Ho-tha-ki 不忽合塔吉 (Boughou Khataghi) [1]), le second, Pou-ho-thou Sa-lé-tchi 不合禿撒勒只 (Boughoutou Saltchigh) [2]) et le dernier Pou-touan-tchha-eul 不端察兒 (Bodontchar) [3]).

Les deux autres fils qu'elle avait eus du vivant de son mari Touo-penn Mié-eul-kan, Pou-kou-nou-thaï et Pié-lé-kou-nou-thaï, se dirent: «Notre mère n'a pas de relations avec les membres de sa famille [4]), elle n'a pas de mari, comment a-t-elle eu ces trois fils? Dans notre maison, il n'y a qu'un seul domestique, Ma-a-li-hé Pé-ya-ou-taï, ne serait-ce pas lui qui les aurait engendrés?» Leur mère entendit ces paroles.

Un jour, au printemps, A-lan Ho-a, ayant fait cuire du mouton conservé, appela ses cinq fils auprès d'elle, elle les fit asseoir en ordre, leur donna à chacun une flèche et leur dit de les briser dans leurs mains. Chacun des fils brisa la sienne sans aucune difficulté. A-lan Ho-a prit ensuite cinq autres flèches, les lia ensemble et ordonna à ses fils de briser le faisceau ainsi formé. Aucun d'eux n'y put réussir.

Alors A-lan Ho-a leur dit: «Vous, mes deux fils, Pié-lé-kou-nou-thaï et Pou-kou-nou-thaï, vous doutez qui a engendré mes trois autres enfants et, certes, vous avez raison de le faire. Mais vous ne savez pas que, toutes les nuits, un homme de couleur jaunâtre, descendant du Ciel, entrait dans ma

---

[1]) بوقون قتغى Boughoun Khataghi dans Rashid, la forme chinoise dérivant de la forme mongole par la chute de l'-n, ce qui est un phénomène courant; ce personnage est l'ancêtre des tribus Khataghin قتقين

[2]) بوغو سالچى Boughou Saltchi dans Rashid, l'ancêtre des Saltchighout سالچيوت; boughou-tou est l'adjectif dérivé par -tou de boughou.

[3]) بوزنچر Bozontchar pour بوزنذچر, avec ن = د à l'époque mongole, soit Bodontchar.

[4]) 兄弟, les اقا و اينى de Rashid.

tente par la lucarne et frottait la peau de mon ventre dans lequel des lumières pénétraient. Il partait à la lumière du soleil et de la lune en rampant comme un chien jaune. Ne jugez pas témérairement; si l'on en juge par cela, ils sont des fils du Ciel et on ne peut les comparer aux hommes ordinaires. Qui sait s'ils ne deviendront pas plus tard empereurs ou rois? C'est alors que vous reconnaîtrez la véracité de mon récit».

A-lan Ho-a donna ensuite cette admonition à ses cinq fils, leur disant: «Vous, mes cinq fils qui êtes tous sortis de mes entrailles, vous êtes semblables aux cinq flèches que nous venons de voir tout à l'heure; chaque flèche séparée des autres, n'importe qui peut la briser facilement; mais, si vous êtes unis par le cœur, vous serez comme le faisceau des cinq flèches liées ensemble, qui pourrait les briser à sa volonté?» Peu de temps après cela, A-lan Ho-a mourut.

Après la mort d'A-lan Ho-a, l'héritage des cinq frères fut divisé entre quatre d'entre eux, Pié-lé-kou-nou-thaï, Pou-kou-nou-thaï, Pou-ho-thou Sa-lé-tchi et Pou-hou Ho-tha-ki. Comme Pou-touan-tchha-eul était peu intelligent et faible, les autres ne le traitèrent pas comme leur frère et ne lui donnèrent rien de l'héritage de leur mère.

Pou-touan-tchha-eul, se voyant traité d'une manière indigne par ses frères, se dit: «Pourquoi resterais-je ici? Je m'en vais ailleurs; que je vive ou que je meure, je m'abandonne entièrement à mon destin». Il monta sur un cheval grisâtre qui avait la partie supérieure du nez cassée et dont la queue était dépourvue de poils, et il s'en alla le long du fleuve Wo-nan au pays Pa-lé-tchouenn A-la 巴勒諄阿剌 (Baltchoun Aral [1]); il s'y construisit une hutte et s'y établit.

---

[1]) Suivant la restitution de M. Pozdneïef: Rashid ed-Din connaît une rivière qu'il nomme Baltchiouna بالچيونه et Baltchouna بالچونه sur les bords de laquelle Tchinkkiz livra bataille à Wang-Khan (Bérézine, *Préface*,

Pou-touan-tchha-eul venait de se fixer dans ce pays quand il vit un petit aigle jaune ¹) qui capturait un faisan. Il s'imagina d'arracher quelques poils de la queue de son cheval et d'en faire un lacet. Il attrapa ainsi l'aigle et le nourrit (pour l'apprivoiser).

Pou-touan-tchha-eul, manquant de vivres, tuait à coups de flèches les animaux qu'il voyait attaqués par les loups sur le bord escarpé de la montagne. Il ramassait aussi les débris des proies laissés par les loups, il s'en nourrissait et les donnait également à manger à son aigle. Il passa l'hiver de cette façon.

Au printemps, il vint des oies et des canards en grand nombre; Pou-touan-tchha-eul lança contre eux son aigle jaune qui était affamé, et il en prit ainsi un grand nombre; comme il lui était impossible de manger le tout, il les accrochait aux branches des arbres desséchés et les laissait pourrir.

Derrière la montagne Tou-i-lien 都亦連 (Touïlen) ²), vivait une tribu qui était venue dans cet endroit en suivant le cours de la rivière Thoung-ké-li. Tous les jours, Pou-touan-tchha-eul faisait voler son aigle et allait demander à cette tribu du lait de jument pour le boire; à la tombée du jour, il se retirait dans sa hutte et il y passait la nuit. Les gens de cette tribu lui demandèrent son aigle jaune, mais il ne le leur donna pas. Sans se demander mutuellement leurs noms, ils continuèrent ainsi à se fréquenter.

Peu de temps après cela, Pou-hou Ho-tha-ki vint le long de la rivière Wo-nan pour chercher son frère; quand il fut arrivé au bord de la rivière Thoung-ké-li, il rencontra cette tribu: «Est-ce qu'il est venu par ici, leur demanda-t-il, un

---

pages 135 et 232), mais j'ignore dans quel rapport est le pays de Pa-lé-tchouenn A-la avec cette rivière.

¹) Dans ce texte, le songghor est nommé 海青.
²) Ou Touïren, Duilen suivant Pozdneïeff

homme fait de telle et telle sorte, monté sur un cheval de telle et telle façon?» Ces gens lui répondirent: «Oui, nous connaissons bien, en effet, un homme qui répond à ce signalement, monté sur un tel cheval, et tout en lui correspond à ce que tu demandes, sauf qu'il possède en plus un aigle jaune dressé pour la chasse. Dans la journée, il vient nous demander du lait de jument pour le boire, mais nous ne savons pas où il passe la nuit. Nous voyons seulement, quand le vent du nord-ouest se lève, les plumes des oies et des canards s'envoler vers nous comme des flocons de neige. Il nous semble que c'est bien par là qu'il demeure; d'ailleurs, c'est maintenant l'instant où il vient chez nous chaque jour, attends donc un moment».

Quelques instants plus tard, on vit s'avancer un homme, c'était bien Pou-touan-tchha-eul, son frère le reconnut aussitôt et le ramena dans sa famille. Pou-touan-tchha-eul, monté sur son cheval, suivit son frère, et il dit: «A un corps humain, il faut une tête, de même qu'à un vêtement, il faut un collet». Son frère ne lui répondit rien; quand Pou-touan-tchha-eul eut répété plusieurs fois cette phrase, son frère lui dit: «Tu ne fais que répéter ces paroles. Quelle en est donc la signification?» Pou-touan-tchha-eul lui répondit: «Là, tout près, près de la rivière Thoung-ké-li, cette tribu n'a pas de chef qui la commande, sans distinction de petits et de grands. Il est facile de nous rendre maîtres d'eux et nous pouvons les prendre par la force».

Son frère lui répondit: «S'il en est ainsi, nous allons en délibérer à la maison avec nos frères et nous reviendrons soumettre cette tribu».

Arrivés à leur maison, ils consultèrent leurs autres frères, et ils choisirent Pou-touan-tchha-eul pour être le chef de l'expédition. Pou-touan-tchha-eul se rendit avec sa troupe dans ce pays; il se saisit d'une femme de cette tribu, qui était enceinte, et lui demanda: «D'où êtes-vous?» La femme lui répondit: «Je suis de la tribu Tcha-eul-tchheu-ou-thi A-tang-han Ou-léang-ho-tchenn 札兒赤兀惕阿當罕兀良合眞 (Tchartchighout Atangkhan Ouryankghatchin).

Les cinq frères capturèrent toute cette tribu et ainsi, ils eurent des domestiques pour leur servir le thé et leurs repas.

Cette femme enceinte épousée par Pou-touan-tchha-eul mit au monde un fils nommé Tcha-tchi-la-taï 札只剌歹 (Tchatchirataï) [1] qui fut plus tard l'ancêtre des Tcha-ta-la 札荅剌 [2]. Le fils de ce Tcha-tchi-la-taï s'appela Thou-kou-ou-taï 土古兀歹 (Toukoukoutaï) [3]; le fils de Thou-kou-ou-taï s'appela Pou-li-pou-lé-tchheu-lou 不里不勒赤魯 (Bouri Boultchirou) [4]; le fils de Pou-li-pou-lé-tchheu-lou s'appela Ho-la Ho-ta-'an 合剌合荅安 (Kara Khadaghan) [5] et le fils de Ho-la Ho-ta-'an s'appela Tcha-mou-ho 札木合 (Tchamoukha) [6]. Ses descendants ont formé la tribu des Tcha-ta-lan 札荅闌 (Tchataran).

Cette femme, des œuvres de Pou-touan-tchha-eul, enfanta encore un autre fils, nommé Pa-a-li-taï 巴阿里歹 (Baghari-taï) [7], lequel fut par la suite l'ancêtre des Pa-a-lin 巴阿鄰

---

[1]) Tchadarataï d'après la restitution de M. Pozdnéïef; بوقا Boukha dans Rashid, qui eut pour fils دوتوم منن Doutoum Minin.

[2]) Peut-être à changer en 札只剌 Tcha-tchi-la ou 札赤剌 Tcha-tchheu-la, les Tchatchirat جاجيرات de Rashid, s'il n'y a pas ici une alternance $t = tch$ dont il y a des exemples.

[3]) Ou, avec l'harmonie actuelle, Tukugudeï.

[4]) Bouriboultchirou suivant la lecture de Pozdneïef.

[5]) Qui serait قرا قدان ou قرا قداغان en transcription arabe.

[6]) Ce nom se retrouve dans l'onomastique de Rashid sous la forme جاموقه.

[7]) Bagharitaï Khan Itchaghortou dans Sanang; بوقتای Boughoutaï dans Rashid, qui eut pour fils ناجين Natchin.

(Bagharin)¹). Le fils de Pa-a-li-taï s'appela Tchheu-tou-hou-lé Pou-khouo 赤都忽勒字闊 (Tchitoukhoul Buké)²). Tchheu-tou-hou-lé Pou-khouo eut beaucoup de femmes et de nombreux enfants, qui, par la suite, sous le nom de Mié-gnien Pa-a-lin 篾年巴阿鄰 (Ménen Bagharin), formèrent une tribu à part.

Pié-lé-kou-nou-thaï forma la tribu des Pié-lé-kou-nou-thi 別勒古訥惕 (Belkounout)³); Pou-kou-nou-ou-thaï forma la tribu des Pou-kou-nou-ou-thi 不古訥兀惕 (Boukounout)⁴). Pou-hou Ho-tha-ki forma la tribu des Ho-tha-kin 合塔斤 (Khataghin)⁵). Pou-ho-thou Sa-lé-tchi forma la famille des Sa-lé-tchi-ou-thi 撒勒只兀惕 (Saltchighout)⁶). Pou-touan-tchha-eul forma la famille des Pou-eul-tchi-kin 字兒只斤 (Bourtchiguen)⁷).

Pou-touan-tchha-eul épousa encore une autre femme et engendra un autre fils, nommé Pa-lin Sheu-i-la-thou Ho-pi-tchheu 巴林失亦剌禿合必赤 (Barin Shiratou Khapitchi⁸).

¹) Les بارين de Rashid ed-Din; Bagharitaï est l'adjectif en -taï formé du nom de la tribu des Bagharin avec la disparition régulière de l'-n final.

²) Tchidoukhoul boko, suivant M. Pozdneïef; Buké est le mongol مودربس «lutteur, athlète» qui se trouve transcrit en arabe sous la forme بوكا et dans le *Youen-ssé* 不哥 Pou-ko, dans le nom d'Érik Buké بوكا اريق; Tchitoukhoul Buké signifie le «puissant athlète». L'harmonie vocalique de ce nom était toute différente au XIIIe siècle de ce qu'elle est aujourd'hui.

³) بولكونوت Boulkounout dans Rashid.

⁴) بوكونوت Boukounout dans Rashid.

⁵) قتـقين Khataghin dans Rashid.

⁶) Les سالجيوت de Rashid ed-Din.

⁷) Les بورجغن et بورجقين des Musulmans.

⁸) Khapitchi se retrouve en mongol sous la forme وسوحن, dans

La mère de ce Ho-pi-tchheu avait amené avec elle une servante; Pou-touan-tchha-eul la prit comme maîtresse et en eut un fils nommé Tchao-ou-lié-taï 沿兀列歹 (Tchaghourataï) [1]. Pendant sa vie, Pou-touan-tchha-eul le traita comme son fils, et il le faisait assister aux sacrifices qu'il offrait.

Mais, dès que Pou-touan-tchha-eul fut mort, Pa-lin Sheu-i-la-thou Ho-pi-tchheu ne regarda plus Tchao-ou-lié-taï comme son frère et dit: «Il y avait toujours un individu de la tribu de A-tang-ho-ou-léang-ho-taï 阿當合兀艮合歹 (Atangkha Ouryankghadaï) [2] qui fréquentait notre maison. Tchao-ou-lié-taï ne serait-il pas le fils de cet homme?» Il le chassa dans un sacrifice. La tribu issue de Tchao-ou-lié-taï fut

Rashid قاپىپىچو Khapitchou avec l'équivalence $i = ou$. Je pense que *shira-tou* est un dérivé adjectival de *shira* «jaune», comme l'est *khara-taï* de *khara* «noir», si *kharatou* n'est pas ܟܗܪܓܗܬܘ *kharaghatou* «subordonné», ou ܫܝܓܪܝܬܘ *shigérétou* «qui a une jambe»; dans Rashid باريم شرتو قاپىپىچو, fils de Touména.

[1]) Ce nom pourrait être ܬܫܓܗܘܪܬܝ *tchaghourataï* «qui est intermédiaire, entre deux» auquel on comparera ܕܣܓܗܘܪܬܘ, aujourd'hui *dsaghouratou* (anciennement *tchaghouratou*), qui traduit le sanskrit *antara*, de ܕܣܓܗܘܪܐ *dsaghoura*, anciennement *tchaghoura* «entre, parmi». 列 *lié* peut rendre *la*, comme dans 旭列兀 Hiu-lié-ou qui, en transcription persane est هولاكو, certainement Houlahou; on comparera encore ܕܣܓܗܘܪܝܬܘ *dsaghouritou*, anciennement *tchaghouritou*, qui a le même sens que *dsaghouratou*. Tchaourataï dérive de Tchaghourataï par la chute de la gutturale, ce qui est un fait de phonétique courant en mongol. Je doute fort que Tchao-ou-lié-taï, restitué en Tchaoulétaï, soit le correspondant de l'ethnique Tchélaïr-taï جلايرتاى du nom de la tribu des Tchélaïrs.

[2]) Cf. les Tchartchighout Atangkhan 阿當罕 Ouryankghatchin de la page 282.

nommée Tchao-ou-lié-i-thi 沼兀列亦惕 (Tchaghouriet) ¹).

Le fils de Ho-pi-tchheu se nomma Mié-gnien Thou-touenn 篾年土敦 (Ménen Toudoun) ²); Mié-gnien Thou-touenn engendra sept fils ³): le premier nommé Ho-tchheu Khiu-lou-khé 合赤曲魯克 (Khatchi Külük) ⁴), le deuxième, Ho-tchhenn 合臣 (Khatchin); le troisième, Ho-tchheu-ou 合赤兀 (Ghatchighou) ⁵), le quatrième, Ho-tchhou-la 合出剌 (Ghatchoula) ⁶); le cinquième, Ho-tchheu-wenn 合赤温 (Ghatchighoun) ⁷); le sixième, Ho-lan-taï 合蘭歹 (Kharam-taï) ⁸); le septième, Na-tchhenn Pa-a-thou-eul 納臣把阿禿兒 (Natchin Baghatour) ⁹).

Le fils de Ho-tchheu Khiu-lou-khé se nomma Haï-tou 海都 (Khaïdou) ¹⁰), et la mère de Haï-tou s'appelait No-mouo-liun

---

¹) Tchaoireït dans la restitution de Pozdneïef; il ne me semble pas que l'on ait ici le nom de la tribu des Tchélaïd, Tchélaïr en transcription arabe, avec les deux pluriels en -d et en -r; je pense plutôt qu'il s'agit ici de la tribu des جوریات Tchaouriet, quoique Rashid dise (Bérézine, *Préface*, page 266) que cette tribu est issue de Dour Bayan, septième fils de Touména et qu'elle est la même que celle qu'on appelle Tchatchirat جاجیرات.

²) دوتوم منن Doutoum (= Toudoum)-ménen dans Rashid avec l'alternance $m = n$.

³) D'après Rashid, Doutoum-ménen eut neuf enfants, mais il ne connaît que le nom de Khaïdou, dont il fait le fils, et non le petit-fils, de Doutoum-ménen.

⁴) ᠬᠠᠲᠴᠢᠨ; *khatchi* et *khatchin* (mandchou *khatchoun*) signifient «fourbe, rusé».

⁵) ᠭᠠᠴᠢᠭᠤ *ghatchighou* «qui est de travers, faux», avec la chute de la gutturale.

⁶) Ou Ghatchoulaï; en transcription arabe sous la forme قاجولی Ghatchoulaï.

⁷) En transcription arabe قاجغون et قاجبیون.

⁸) Cf. le mongol ᠬᠠᠷᠠᠮᠲᠤ *kharam-tou* «avare, envieux».

⁹) ᠨᠠᠴᠢᠨ *natchin*, sorte de vautour.   ¹⁰) قایدو Khaïdou dans Rashid.

那莫侖 (Nomouloun)¹). Le fils de Ho-tchenn se nomma No-ya-ki-taï 那牙吉歹 (Noyakhtaï)²), parce qu'il aimait à se conduire comme les officiers, et sa famille fut nommée No-ya-lé 那牙勒 (Noyar)³). Le fils de Ho-tchheu-ou se nomma Pa-lou-la-thaï 巴魯剌台 (Baroulataï), parce qu'il était corpulent et qu'il mangeait beaucoup; on donna à sa famille le nom de Pa-lou-la-sseu 巴魯剌思 (Baroulas)⁴). Le fils de Ho-tchhou-la mangeait et buvait aussi beaucoup, et on l'appelait le grand Baroula⁵) 大巴魯剌, le petit Baroula⁶) 小巴魯剌, E-eul-tien-thou Pa-lou-la 額兒點圖巴魯剌 (Erdemtou Baroula)⁷), Tho-touo-yen Pa-

¹) مونولون Mounouloun dans Rashid, femme de دوتوم منن Doutoum-ménen, mère de Khaïdou قايدو et de sept autres fils. Cette forme est curieuse parce qu'elle montre un renversement des syllabes du mot mongol autour d'un *l*.

²) Le caractère 那 a à la fois les valeurs *na* et *no*; No-ya-ki-taï, avec l'interprétation donnée par l'auteur du *Yuan-shao-pi-sheu*, ne peut être que ᠨᠣᠶᠠᠬᠲᠠᠢ *noyakhtaï* « chef, commandant »; quoique la transcription de ᠬ *kh* par 吉 soit tout à fait insolite.

³) Rien de semblable ne se trouvant dans Rashid, la forme exacte du nom de cette tribu est difficile à fixer; M. Pozdneïeff restitue Nayali, je serais plutôt tenté d'y voir une forme plurale dialectale Noya-r, en face du pluriel ordinaire Noya-t de Noyan, avec l'alternance du pluriel en -*r* et du pluriel en -*t* ou -*s* dont j'ai déjà parlé à propos des noms des Khorlar et des Tchélaïr.

⁴) Baroula-s est le pluriel mongol en -*s* de Baroula dont Baroula-taï est l'adjectif régulièrement dérivé.

⁵) En mongol Yéké Baroula.   ⁶) en mongol Utchuguen Baroula.

⁷) L'étymologie de ce nom est certaine: Erdemtou, ou Erdemtu, avec l'harmonie vocalique, est ᠡᠷᠳᠡᠮᠲᠦ *erdemtu* « capable, qui a du mérite », de *erdem* « habileté, sagesse » qui traduit le sanskrit *gouṇa*. Cet Erdemtou Baroula est le personnage que les Musulmans nomment بروﻻ ايرنمچى avec l'équivalence *tch = d*, qui paraît dans l'inscription du sarcophage de Témour (voir page 61); أردم جو برولہ Erdemtchou Baroula dans Rashid, père de Todan, père de Tchoutchia جوجيہ, père de Bouloughan-kalatch.

lou-la 脫朶顏巴魯剌 (Todan Baroula ¹) et ces quatre noms ont été transmis à ses descendants. Le fils de Ho-lan-taï se querellait avec tout le monde pour avoir de la nourriture, sans aucun respect des convenances, et c'est pour cette raison qu'on a donné à ses descendants le nom de Pou-ta-'an-thi 不荅安惕 (Boudaghalt) ²). Le fils de Ho-tchheu-wenn se nomma A-ta-eul-taï 阿荅兒歹 (Adar[ki]-taï) ³), à cause de sa mauvaise intelligence avec ses parents ⁴); ses descendants reçurent le nom de 阿荅兒斤 A-ta-eul-kin (Adarkin) ⁵). Na-tchenn Pa-a-thou-eul engendra deux

---

¹) Tho-touo-yen est certainement la transcription du mongol *todan*, comme on le voit par un passage où Tho-touo-yen correspond d'une façon indubitable à تودان ; voir page 291.

²) Boudaali dans la transcription du *Yuan-shao-pi-sheu*, ce qui est probablement une faute du copiste pour Boudaalti, 安 *an* transcrivant régulièrement *al*; je ne connais rien de pareil dans Rashid ed-Din; ce mot est évidemment en relation avec بوداغا *boudagha* «nourriture» et بوداغالاخو *boudaghalakhou* «manger»; il semble qu'il est une forme de gérondif, tel le moderne *boudaghala-khat*.

³) Адаркитай dans la restitution de Pozdneïef = Adarkitaï; il y a très vraisemblablement un caractère chinois oublié dans le texte du *Yuan-shao-pi-sheu* et il faut sans doute restituer 阿荅兒吉歹 A-ta-eul-ki-taï, Adarkitaï étant l'ethnique tiré par dérivation régulière du nom de la tribu des Adarkin.

⁴) 兄弟, les اقا و ابنى de Rashid ed-Din.

⁵) Malgré la différence de la première voyelle, je crois qu'il faut rapprocher ces noms du mongol ايدركك *iderkek* «insolent» et la tribu des 阿荅兒斤 A-ta-eul-kin est certainement celle à laquelle Rashid donne le nom de هيدركين, avec l'équivalence certaine *Hi = i* dont j'ai donné des exemples suffisants dans les notes du texte. La coexistence des deux formes Hiderkin et Atarkin (en chinois) montre quelle était, au XIIIᵉ siècle, l'incertitude des lois de l'harmonie vocalique que j'ai déjà signalée, page 269. D'après Rashid, le fils de Ghatchighoun se nommait ادار مركان Adar Mergen سلدس.

fils, nommés, l'un Ou-lou-ou-taï 兀魯兀歹 (Ouroughoutaï) [1]), l'autre Mang-hou-thaï 忙忽台 (Mangghoutaï). Les familles qui naquirent d'eux furent respectivement nommées Ou-lou-ou-thi 兀魯兀惕 (Ouroughout)[2]) et Mang-hou-thi 忙忽惕 (Mangghout)[3]); Na-tchenn Pa-a-thou-eul épousa une autre femme et eut encore deux fils, l'un nommé Shi-tchou-ou-taï 失主兀歹 (Shitchoughoutaï), l'autre Touo-ho-la-taï 朶豁剌歹 (Toughourataï)[4]).

Haï-tou engendra trois fils: Pé-sheng-ho-eul Touo-hé-shenn 伯升豁兒多黑申 (Baï-shingghor Dokhshin)[5]), Tchha-

---

[1]) L'hiatus qui se trouve dans Ou-lou-ou-taï est l'indice presque certain de la chute d'une gutturale intervocalique; ce nom est à rapprocher de celui qu'on trouve dans l'histoire chinoise sous les formes 忽魯帶 Hou-lou-taï et 斡魯台 Wo-lou-thaï (avec la chute de l'aspirée, cf. هوكتای, اوکتای) appliqué à des personnages différents et qui est Ouroughoutaï, أوروقتای dans Rashid, pages ۴۳۴, ۴۳v note, ce nom étant ‎ «qui est en bas», de ‎ ouroughou «le bas»; ouroughtaï serait dérivé de ourough «clan, famille».

[2]) Ouroughout, par affaiblissement, Ourouout, pluriel en -t d'un thème ouroughou, ourouou, dont Ouroughou-taï, Ourouou-taï est le dérivé adjectival; cette tribu est celle des أوروت Ourout de Rashid (Bérézine, Préface, page 250) qui, d'après Rashid, descend, comme les Mangghout et les Nokhakhin نوقاقین de Tchaghasou جاقسو, fils aîné de Touména-khan; il ne faut pas confondre cette tribu avec celle des Ouryaout أوریاوت (ibid., page 211) proches parents des Aroulad أرلات, ni avec celle des أویرات Ouïrat, Euïreuth, ni avec les أورویوت Ourouyout qui sont les mêmes que les Merkit (ibid. page 90).

[3]) Les منكقوت Mangghout de Rashid.

[4]) En mongol ‎ «qui a des parements».

[5]) ‎ بای سنكقور Baï-songghor dans Rashid, ‎ Shingkhor Dokhshin, dans Sanang Setchen.

la-haï Ling-hou 察剌孩領忽 (Tcharakhaï Ling-khou(n) [1]) et Tchhao-tchenn Ho-eul-thié-kaï 抄真豁兒帖該 (Tchakhotchin Khortéghaï) [2]. Pé-sheng-ho-eul Touo-hé-shenn engendra un fils nommé Thouenn-pi-naï Sié-shen 屯必乃薛禪 (Toumbinaï Setchen) [3]. Le fils de Tchha-la-haï Ling-hou se nommait Siang-kouenn Pi-lé-ké 想昆必勒格 (Siangkoun Bilgé) [4]. Le fils de Siang-kouenn Pi-lé-ké se nomma An-pa-haï 俺巴孩 (Anbaghaï) [5] et sa famille se nomma Thaï-i-tchheu-ou-thi 泰亦赤兀惕 (Taïtchighout) [6]. Tchha-la-haï Ling-hou, ayant épousé la femme de son frère, engendra encore un fils nommé Pié-sou-thaï 別速台 (Bésoutaï) [7] de qui descendit la tribu des Pié-sou-thi 別速惕 (Bésout) [8]. Tchhao-tchenn Ho-eul-thié-kaï engendra six fils: le premier

[1]) چرقه لينكقوم Tcharakha Ling-khoum dans Rashid avec $m = n$, et chute de l'*n* dans la forme chinoise, voir sur Ling-koum page 183 note.

[2]) «La vieille entremetteuse», جاوچين هوركوز Tchaotchin Hurkuz dans Rashid; le second élément est قورتغا des lexiques turks qui lui donnent le sens de «vieille femme».

[3]) تومنه Touména dans Rashid, Toumbaghaï dans Sanang Setchen معبوىتس évidemment une faute pour معبوىتس Toumbanaï.

[4]) Siang-kouenn est-il une retranscription de la transcription mongole de 相官 siang-kouan?; سورقدو لوچنه Sourkhodou Loutchino dans Rashid; mongol *sourkhodou* = turk *bilgä* = 聖.

[5]) همبقای Hambaghaï dans Rashid, avec la chute de l'initiale en mongol.

[6]) Les تايچيبوت de Rashid.

[7]) Qui, en transcription musulmane, serait بيسوتای.

[8]) Rashid (Bérézine, *Préface*, page 275) connaît une tribu des Yisout بيسوت dont la lecture est certaine et qui n'a pas de rapports avec celle dont il est parlé dans le *Yuan-shao-pi-sheu*; elle était issue du neuvième fils de Touménaï, Tchinotaï چنتای.

Wo-lo-na-eul 斡羅納兒 (Olonar), le deuxième Houang-ho-than 晃豁壇 (Khongghotan)[1]), le troisième A-lou-la-thi 阿魯剌惕 (Aroulad)[2]); le quatrième 雪你惕 Siué-ni-thi (Sounit)[3]); le cinquième Ho-pou-thou-eul-ho-hou 合卜禿兒合忽 (Khaboudour Khaghou); le sixième Ké-ni-ké-sseu 格泥格思 (Kénikès)[4]). De ces six frères descendirent six familles qui portèrent leurs noms.

Thouenn-pi-naï Sié-shen engendra deux fils, l'un nommé Ho-pou-lé Ho-han 合不勒合罕 (Khaboul Khaghan)[5]), l'autre Sin-sié-tchheu-lié 撏薛赤列 (Sinsitcher)[6]). Le fils de Sin-sié-tchheu-lié s'appela Pou-lé-thié-tchhou Pa-a-thou-eul 不勒帖出把阿禿兒 (Boultétchi Baghatour)[7]). Ho-pou-lé engendra sept fils; le premier nommé Wo-khin Pa-eul-ho-hé 斡勤巴兒合黑 (Ugin Barkhokh)[8]); le second, Pa-

---

[1]) En transcription musulmane قونكقتنان qui, dans Rashid (*ibid.*, page 211), est le nom d'un homme souche de la tribu du même nom.

[2]) Les ارلات de Rashid issus (*ibid.*) d'un frère de Khongghotan.

[3]) Les سونيت de Rashid (*ibid.*, page 56).

[4]) Probablement les كينكبت de Rashid; *kénikè-s* est le pluriel en *-s*, *kénike-t* le pluriel en *-t*, d'un thème *kéniké*.

[5]) قبل خان Khaboul Khan dans Rashid.

[6]) Il y a de fortes différences entre Rashid et le texte du *Yuan-shao-pi-sheu*; d'après Rashid, Touména, en plus de Khaboul, eut huit fils: Tchaghasou چاقسو, Barim shiratou khapitchi باريم شرتو قاپيچو (voir page 283), Ghatchoulaï, Ghatchighoun, Bat-kéléki بات كلكى, Oudour Bayan, Bozontchar et Khataghotaï; de plus, le *Yuan-shao-pi-sheu* fait de Ghatchoulaï et de Ghatchighoun les fils de Ménen Toudoun. Je ne crois pas que dans Sin-sié-tchheu-lié, tchheu-lié soit le mongol چيريك *tchirik* «armée»; peut-être سرس سد.

[7]) وهيمتـسر *boultatchi* signifie «paresseux».

[8]) اوكين برقان, voir page 180 note; je me demande par quel phénomène

eul-than Pa-a-thou-eul 把兒壇把阿禿兒 (Bartan Baghatour)¹); le troisième, Hou-thou-hé-thou Moung-kou-eul 忽禿黑禿蒙古兒 (Khoutoukhtou Moungkour)²); le quatrième, Hou-thou-la Ho-han 忽圖剌合罕 (Khoutoula Khaghan)³); le cinquième, Hou-lan 忽闌 (Khoulan); le sixième, Ho-ta-'an 合荅安 (Khadaghan)⁴); le septième, Tho-touo-yen Wo-thi-tchheu-kin 脫朵延幹惕赤斤 (Todan Uttchuguen)⁵). Le fils de Wo-khin Pa-eul-ho-hé s'appela Hou-thou-hé-thou Tchou-eul-khi 忽禿黑禿主兒乞 (Khoutoukhtou Tchurki)⁶). Hou-thou-hé-thou Tchou-eul-khi engendra deux fils, l'un nommé Sié-tchhé Pié-khi 薛扯別乞 (Setchen Béki), l'autre nommé Thaï-tchhou 台出 (Taïtchou)⁷) de qui est issue la tribu des Tchou-eul-khi 主兒乞 (Tchurki).

Pa-eul-than Pa-a-thou-eul engendra quatre fils, le premier nommé Mong-ké-thou Khi-yen 忙格禿乞顏 (Monggédou

بورخسر Bourkhan 不兒罕 a pu être changé en 巴兒合黑 qui transcrit Barkhokh برقوق, nom porté par un sultan mamlouk d'Égypte.

¹) برتان بهادر Bartan Béhadour dans Rashid.
²) قوتوقتو مونکر Khoutoukhtou Mounkour (Munkur) dans Rashid.
³) قوتولە قاآن Khoutoula Kaan dans Rashid, le cinquième fils d'après lui.
⁴) قدآن بهادر Khadan Béhadour dans Rashid, le quatrième fils suivant lui, la forme primitive est Khadaghan, d'où Khadaan, puis Khadan.
⁵) تودان اوتچکین Todan Uttchuguen dans Rashid, qui omet Khoulan قولان qui est le mongol خولان *khoulan* «cheval rouan».
⁶) سورقاقتو یورکی Sourghakhtou Yurki dans Rashid; Tchurki correspond à Yurki avec l'équivalence constante $y = tch$, et Sourghakhtou «qui a reçu la science» correspond à peu de chose près à Khoutoukhtou.
⁷) Retranscription du chinois 太祖 Thaï-Tsou.

Kiyan¹); le second, Gnié-khouenn Thaï-tzeu 揑坤太子 (Nikoun Thaï-tzeu)²); le troisième, Yé-sou-kaï Pa-a-thou-eul 也速該把阿禿兒 (Yisoukeï Baghatour)³); le dernier, Ta-li-thaï Wo-tchheu-kin 荅里台斡赤斤 (Daritaï Utchuguen)⁴).

Hou-thou-hé-thou Moung-kou-eul engendra un fils nommé Pou-li Pou-khouo 不里孛闊 (Boro Bouké)⁵), et ce fut ce personnage qui, au cours d'un festin, sur les bords du fleuve Wo-nan, fracassa d'un coup de hache l'épaule d'un des frères de l'empereur Thaï-Tsou⁶), nommé Pié-lé-kou-thaï 別勒古台 (Belkoutaï).

Hou-thou-la Ho-han engendra trois fils, l'un nommé Tchouo-tchheu 拙赤 (Tchoutchi)⁷), le second, Ki-eul-ma-ou 吉兒馬兀 (Kir Maghou)⁸) et le dernier, A-lé-than 阿勒壇 (Altan)⁹).

Le fils de Hou-lan Pa-a-thou-eul 忽闌把阿禿兒 (Khoulan Baghatour), nommé Yé-kho Tchouo-lien 也客拙運 (Yéké Tchourem)¹⁰), avait deux servantes, l'une se nommait Pa-taï 把歹 (Badaï), l'autre Khi-sheu-li-hé 乞失黎黑

---

¹) مونكدو قيان dans Rashid.

²) نكون تايشى Nikoun (ou plutôt Nigueun) Taïshi; Taïshi étant la transcription de 太子 thaï-tzeu.

³) ييسوكاى بهادر Yisoukéï Béhadour dans Rashid.

⁴) داريتى اوتچكين Daritaï Utchuguen dans Rashid.

⁵) Ce personnage, dit Rashid, eut beaucoup de fils, mais celui qui hérita de son clan fut Tchingsout چينكسوت.

⁶) Tchinkkiz-khaghan dans la terminologie mongole.

⁷) جوجى dans Rashid.

⁸) بردحل بستو «le mauvais qui agit en sourdine».

⁹) النان dans Rashid.

¹⁰) سرب ܥܡܠܚܡ Yéké Tchurum «la grande mare», avec l'équivalence $m = n$ et une harmonie vocalique toute différente de celle d'aujourd'hui.

(Kishligh). Plus tard, sous le règne de l'empereur Thaï-Tsou, ces personnages jouissaient de la dignité de ta-la-eul-han 荅刺兒罕 (tarkhan)¹). Ho-ta-'an et Tho-touo-yen n'eurent pas d'enfants.

Quand Ho-pou-lé Ho-han eut soumis les Tatars (達達 Ta-ta), bien qu'il eût sept enfants, il ne nomma aucun d'eux pour les gouverner, mais il confia cette charge au fils de Siang-kouenn Pi-lé-ké, nommé An-pa-haï.

Entre les deux lacs Pou-yu-eul 捕魚兒 (Bouïour)²) et Khouo-lien 闊連 (Kolen)³), coule un fleuve nommé Ou-eul-sheu-wen 兀兒失温 (Ourshioun)⁴), près duquel habitait une peuplade de Tatars (塔塔兒 Tha-tha-eul). An-pa-haï avait fiancé sa fille à un homme de cette tribu. En conduisant la jeune fille à son futur mari, il fut capturé par les Tatars qui l'emmenèrent à la cour des Grands Kin 大金. Au moment où il allait partir (pour la Chine), Pa-la-ho-tchheu 巴剌合赤 (Baraghatchi⁵) de la tribu des Pié-sou 別速 allait s'en retourner chez lui; An-pa-haï lui dit: «Je m'en vais partir (pour la Chine), dis à un des sept fils de Ho-pou-lé Ho-han⁶), Hou-thou-la⁷), et à un de mes dix fils, nommé Ho-ta-'an Thaï-tzeu 合荅安太子(Khadaghan Thaï-tzeu)⁸), que je suis le chef de la nation. En conduisant ma fille à son

---

¹) ترخان en persan.   ²) Le Bouïour naghour.
³) Le Kolen naghour, *naghour* a été traduit en chinois par 海子
⁴) Ourshighoun, aujourd'hui Ourshon.
⁵) dans Rashid بولغچی et بولغاچی: Pa-la-ho-tchheu est en mongol ویستبی «marchand».
⁶) 合不勒皇帝.   ⁷) Khoutoula.
⁸) قدان تایشی Khadan Taïshi dans Rashid; il eut pour fils بود, plutôt تودا Todé.

mari, j'ai été capturé par les autres. Ne faites pas comme moi. Frottez les ongles de vos cinq doigts jusqu'à même déchirer vos dix doigts et souvenez-vous de la vengeance que vous devez tirer de ces gens!».

En ce temps-là, le père de l'empereur Thaï-Tsou, Yé-sou-kaï Pa-a-thou-eul, lançait son aigle sur le fleuve Wo-nan. Il vit venir vers lui un homme de la tribu des Mié-eul-khi 篾兒乞 (Merkit)¹), nommé Yé-kho Tchheu-lié-tou 也客赤列都 (Yéké Tchiraïtou)²), qui conduisait sa femme originaire de la tribu des Wo-lé-hou-nou 斡勒忽訥 (Olkhounout)³). Yé-sou-kaï, voyant que cette femme était belle, alla chercher son frère ainé, Gnié-khouenn Thaï-tzeu, et son frère cadet, Ta-li-thaï Wo-tchheu-kin.

Yé-kho Tchheu-lié-tou, les voyant venir, fut très effrayé, il frappa son cheval et s'enfuit au galop. Ayant passé une colline et un coin de la montagne, il revint auprès du chariot de sa femme. Celle-ci lui dit: «Ces trois hommes ont l'air méchant, ils te tueront certainement. Sauve-toi rapidement; si tu arrives à conserver ta vie, tu trouveras beaucoup de femmes semblables à moi. Si tu penses à moi, tu en prendras une et tu lui donneras mon nom». Elle dit, retira sa robe et la donna à son mari en souvenir d'elle. A peine Yé-kho Tchheu-lié-tou eut-il reçu la robe sur son cheval qu'il vit venir à lui Yé-sou-kaï et ses deux frères; il frappa son cheval et s'enfuit en remontant le cours du fleuve Wo-nan.

¹) Les مركبيت de Rashid.

²) Probablement ڛڛ عڛڛڛكو, *tchiraïtou*, de *tchiraï* «figure», signifiant «qui a un visage», plutôt que ڛڛ عڛڛڛ مى *Yéké Tchiriktou*.

³) Les اولقونوت de Rashid, ainsi nommés, d'après lui (Bérézine, *Préface*, page 203), d'Olkhounout, deuxième fils de Khabaï Shira, dont l'autre fils, Ikiras ایكراس, est l'ancêtre éponyme de la tribu des Ikiras.

Yé-sou-kaï Pa-a-thou-eul et ses deux frères se mirent à la poursuite de Yé-kho Tchheu-lié-tou, ils franchirent sept collines, mais ils ne purent l'atteindre. Ils s'en revinrent alors, ligottèrent la femme et l'emmenèrent sur son char. Yé-sou-kaï Pa-a-thou-eul traînait le char, Gnié-khouenn Thaï-tzeu montrait la route et Ta-li-thaï marchait à côté du timon.

Elle se nommait Ho-é-liun 訶額侖 (Khogélun)¹); elle disait en pleurant: «O mon époux! tes cheveux n'ont jamais été dispersés par le vent, ton estomac n'a jamais souffert de la faim, et maintenant tu dois t'enfuir! D'où viennent toutes ces calamités?» Elle pleurait, sa voix remuait les ondes du fleuve Wo-nan et elle faisait frissonner les arbres de la forêt. Ta-li-thaï Wo-tchheu-kin lui dit: «Ton mari a déjà passé plusieurs collines et plusieurs fleuves, toutes tes larmes ne le feront pas revenir et on ne retrouvera pas ses traces. Tais-toi et ne pleures plus!». Ils regagnèrent leur habitation et Yé-sou-kaï Pa-a-thou-eul épousa cette femme.

Au moment où il avait été capturé²), An-pa-haï Ho-han avait mentionné les noms de Ho-ta-'an et de Ho-thou-la,

---

¹) اولـون ایكـه Ulun Éké dans Rashid ed-Din; ᠤᠯᠦᠭᠡᠯᠦᠨ dans Sanang, Ugélen Éké, avec la réduction complète de l'aspirée initiale pour laquelle on comparera les formes coexistantes هوكناى et اوكناى; l'harmonie vocalique de ce mot était toute différente de ce qu'elle est aujourd'hui.

²) Dans son histoire des Mongols (Bérézine, *Préface*, page 243), Rashid raconte que la grande tribu des Taïtchighod est issue du second fils de Khaïdou, Tcharakha Ling-khoum, son frère aîné ayant été le chef de la tribu de Tchinkkiz et leur frère cadet, Tchaotchin, l'ancêtre des Ériken اریكبین et des Santchiout سناجیبوت. Il se fait également l'écho d'une autre tradition d'après laquelle les Taïtchighod seraient issus du deuxième fils de Doutoum Ménen, Natchin Baghatour, mais, dans l'*Altan Depter*, c'était la première de ces traditions qui était rapportée. Tcharakha Ling-khoum épousa la femme de son frère défunt, Baï-songhor, et il en eut deux fils, Guendu-tchino كندو جینه et Ulikétchin-tchino اولكجین جینه.

aussi les Tatars Taïtchighout (達達泰亦赤兀 sic) [1] s'assemblèrent dans le pays de Ho-eul-ho-na-tchhouen 豁兒 豁納川地 (Khorkhanatchoun) et choisirent Hou-thou-la pour leur khaghan; ils firent un banquet sous un grand arbre. Les Tatars [2] se réjouirent et dansèrent autour de

[1] Le texte de Pozdneïef a Монгол Тайичуут онанно Хорхонахгжудир хурилагжоу. D'après Rashid, Ambaghaï était le souverain des Taïtchighod تايجيبوت, et il s'était rendu chez les Tatars تاتار pour choisir une de leurs filles en mariage. Les Tatars le firent prisonnier et l'envoyèrent chez le souverain Kin, qui le fit empaler. Au moment où il était conduit au lieu de son supplice, il envoya un de ses serviteurs, Boulghatchi (voir note 5, page 293), dire à l'Altan Khan qu'il allait, par son meurtre, s'attirer la haine de Khadan Taïshi, de Khoutoula Kaan قوبله قاآن (lire قوتله قاآن), de Todé et des fils de Yisoukeï Béhadour, qui était alors le chef de beaucoup des tribus mongoles. Boulghatchi fut renvoyé en Mongolie et apprit à ses compatriotes la mort ignominieuse d'Ambaghaï. Quand Yisoukeï et les autres chefs apprirent ce qui s'était passé, ils choisirent Khoutoula Khaghan قوبله قاآن (à corriger en قوتله قاآن d'après le *Yuan-shao-pi-sheu*) et marchèrent contre le Khitaï; ils battirent l'armée de l'Altan Khan et, après avoir pillé le nord du Céleste Empire, ils s'en revinrent dans leurs steppes, chargés de butin. Khoutoula s'en retournait seul, quand les Deurben دوربان, profitant de cette occasion, tombèrent sur son escorte et la dispersèrent. Il parvint à prendre la fuite et, après des péripéties telles qu'il en arrive souvent dans ces steppes inhospitalières, il parvint à regagner sa yourte, sain et sauf. Ses gens l'avaient cru mort et en avaient apporté la nouvelle dans les oïmaks mongols. Les amis d'Ambaghaï et les Taïtchighod se réunirent pour venger sa mort et, après quelques difficultés, ils demandèrent à Dotoghor Bilgé تودوور بيلكى, var. بلكشى (تودوو پلکسی, تردور مكسى) quel était son avis sur cette question, celui-ci déclara s'en rapporter à l'opinion de Targhoutaï Kharaltough باروبیای قریلىوق, تارغوتای قرتلنوق, يارقوتای قرتلنوق etc.) qui s'en remit à Adal Khan ادال خان, qui s'en remit à Modokon Setchen منوكون ساچان, lequel déclara se rallier à l'avis de Kentchések كنچيسك; mais, malgré tous leurs efforts, ils ne parvinrent pas à s'entendre; cependant, il semble que les Taïtchighod finirent par choisir comme chef Targhoutaï Kharaltough, fils d'Adal Khan.

[2] 達達.

l'arbre; frappé à coups de pieds, le sol devint comme un fossé profond.

Hou-thou-la étant devenu khaghan, partit avec Ho-ta-'an Thaï-tzeu chez les Tatars 塔塔兒 pour en tirer vengeance. Ils se battirent treize fois avec les tribus de Khouo-thouan Pa-la-ho 闊湍巴剌合 (Godan Baragha)¹) et Tcha-li Pou-houa 扎里不花 (Tchalik Boukha)²), sans pouvoir remporter un avantage décisif.

Pendant qu'ils combattaient ainsi contre les Tatars, Yé-sou-kaï Pa-a-thou-eul captura Thié-mou-tchenn Ou-ko 帖木真兀格 (Témoutchin Uké) ³), Ho-li-pou-houa 豁里不花 (Khorbogha) ⁴), et d'autres de cette tribu. Sur ces entrefaites, Ho-é-liun, l'épouse de Yé-sou-kaï Pa-a-thou-eul, était enceinte; elle mit au monde le Thaï-Tsou, au pied de la montagne Tié-li-wenn Pou-lé-ta-hé 迭里温孛勒荅黑 (Déligun Bouldagh), près de la rivière Wo-nan. Quand il vint au monde, le Thaï-Tsou tenait dans sa main droite un caillot de sang qui avait la forme d'une pierre; comme il était né à l'époque à laquelle fut capturé Thié-mou-tchenn Ou-ko, on lui donna le nom de Thié-mou-tchenn 帖木真 (Témou-tchin).

¹) Cette restitution est presque certaine; 闊端 Khouo-touan, nom de l'un des fils d'Ougédeï dans le *Youen-ssé*, étant Godan کوتان dans Rashid.

²) ⵙⵍⴷⴷ ⵡⴻⵙⵎ, ou plutôt ⵙⵎⴻⵙ Tchalik Boukha; le «taureau d'acier», forme analogue à Altan Boukha; *tchalik* a été emprunté par le turk au mongol sous la forme جليك *tchélik*; cf. turc تنكه, تيمور, النون et probablement قورشون (mongol ᠬᠤᠷᠴᠢᠨ) qui sont des emprunts au mongol.

³) تموجين اوكه dans Rashid ed-Din; Ou-ko représente Ouka, avec une harmonie vocalique toute différente de celle d'aujourd'hui.

⁴) ᠬᠣᠷᠴᠢᠨ, قوربقا, قوربغا en mongol «le crapaud», قوربوقا dans Rashid.

Ho-é-liun eut quatre fils: le premier, Thié-mou-tchenn; le second, Ho-sa-eul 合撒兒 (Khassar)[1]; le troisième, Ho-tchhou-wenn 合出温 (Ghatchighoun)[2]; le quatrième, Thié-mou-ké 帖木格 (Témouké)[3]; elle eut également une fille nommée Thié-mou-liun 帖木倫 (Témoulun). Quand Thié-mou-tchenn avait neuf ans, Ho-sa-eul avait sept ans, Ho-tchhou-wenn en avait cinq, Thié-mou-ké en avait trois et la fille, Thié-mou-liun, était encore au berceau.

[1]) قسار, plus connu sous le nom de جوجى قسار Tchoutchi Kassar.

[2]) قاجيون.

[3]) تموكه اوتچكين Témouké Utchuguen dans Rashid.

ADDITIONS ET CORRECTIONS.

page 64 note. Toughaï Agha, Toughaï Boukha, peut-être vaut-il mieux lire Toghaï Agha, Toghaï Boukha.

page 78 note. Tougha-témour, lire Togha-Témour, محتنم مسيحن, forme apocopée pour محتنم مسيحن.

page 79 note. Le prétendu empereur chinois Païghou est probablement le même que le prince Païghou de la Horde d'Or (voir page 221 note) dont le nom ne paraît pas dans le *Moezz el-ansab* et dont on aura fait un souverain de la Chine.

page 116. Le manuscrit désigné dans les notes par la sigle La a été copié sur le manuscrit autographe de Rashid; on lit en effet, au cours de la description du palais bâti à Daïdou par Koubilaï (page ۴٥٧, note *m*), ونمودار آن بر نسخهٔ اصل که بنام پادشاه غازان منقش کرده بودند اینجا اختصار رفت, phrase dont l'interprétation n'est pas douteuse.

page 119 note. Toughaï, il vaut mieux lire Toghaï.

page 133. Urtu-khata, lire Ourtou Khata «le grand rocher».

page 135 note. Le chiffre du budget de l'empire mongol de l'Iran pourra paraître monstrueux à beaucoup de personnes; il n'en est rien, et déjà, à l'époque sassanide, les revenus de l'Iran atteignaient une somme considérable: l'auteur du *Tédjarib el-oumem*, Abou Ali Ahmed Miskavaïh, nous apprend que, sous le règne du roi Khosroès Perviz, le budget annuel s'élevait à 600 millions (de pièces d'argent), chacune de ces pièces, que l'on trouve encore aisément aujourd'hui, valant sensiblement 1 franc (fac-simile des Gibb Series, page 262); d'après le même historien, Khosroès Perviz laissa 4 millions de بدرة, c'est-à-dire 4 millions de fois 1000 pièces d'argent (voir Lane, *Arabic English Lexicon*, page 166), soit 4 milliards de ces mêmes pièces d'argent (*Tédjarib el-oumem*, page 264). Cette interprétation de la valeur du بدرة me paraît confirmée par ce fait, qu'après les premières défaites de la dynastie sassanide, les Musulmans, entrés en vainqueurs dans Médaïn, trouvèrent dans le trésor du roi des rois, en plus des objets précieux, 3 milliards ثلثة الف الف الف de ces mêmes pièces (*ibid.*, page 389). On ne s'étonnera pas de voir l'historien arabe estimer les revenus de la Perse sassanide en pièces d'argent, et non en pièces d'or, car les pièces en or n'existaient pour ainsi dire pas sous le règne des descendants de Bâbek et les très rares exemplaires que l'on en possède sont bien plutôt des médailles que des pièces de monnaie destinées aux transactions. D'autre part, ses assertions sont conformes aux probabilités historiques, et la différence d'un milliard de pièces entre les deux évaluations provient très vraisemblablement des dépenses énormes que dut coûter la guerre contre les Musulmans, et aussi du gaspillage qui ne pouvait manquer de se produire au cours de la période d'anarchie qui s'écoula entre la mort de Khosroès Perviz et l'avènement du roi Yezdégerd.

On a vu que, d'après les identifications données par l'auteur du *Mésalik el-absar*, le budget de l'empire mongol s'élevait à 1400 millions de francs, en chiffres ronds, en admettant que le toman valait 10 000 dinars de 8 grammes 50, c'est-à-dire un double dinar ordinaire; si, au contraire, on admet, malgré l'assertion d'Aboul-Théna, que le toman valait 10 000 dinars de 4 grammes 25, soit 10 000 dinars ordinaires, le budget des souverains mongols de l'Iran se trouve ramené à 700 millions de francs, plus ou moins, ce qui concorde singulièrement avec ce qu'on lit dans l'histoire d'Abou Ali Ahmed Miskavaïh.

page 170 note. Tougha-Témour, lire Togha-Témour.

page 180 note. قوبلا Koubila est à corriger en قوتلا Khoutoula, ce personnage étant nommé dans le *Yuan-shao-pi-sheu* 忽圖剌 Hou-thou-la, ce qui en fixe la lecture d'une façon indubitable.

page 181 note. L'empereur Théodose le Jeune donna à Attila le titre de général des armées romaines, qu'Alaric avait d'ailleurs porté avant lui, avec des appointements considérables qui en faisaient un tribut énorme; c'est de même que le souverain des Kin envoya un diplôme conférant la souveraineté au chef mongol Ao-lo-pou-ki-lié.

page 186. Tout comme les khaghans mongols descendants de Bozontchar, les rois barbares cherchaient plutôt à imposer leur domination à l'empire romain qu'à se substituer entièrement à lui: «Il ne faut pas croire que ce fut par modération qu'Attila laissa subsister les Romains; il suivait les mœurs de sa nation, qui le portaient à soumettre les peuples, et non pas à les conquérir» (Montesquieu, *Considérations sur les causes de la grandeur des Romains et de leur décadence*, chapitre XIX).

page 207 note. L'historien arabe Abou Ali Ahmed Miskavaïh a coupé en deux l'histoire de cette lointaine invasion des Proto-Arabes dans l'Extrême Orient. D'après lui (fac-simile, pages 59—60), sous le règne de Bishtasf, roi de Perse, le tobba Tibban Asaad Abou Karib ibn Malikikarib اسعد ابو كرب بن مليكيكرب ..... ibn Abraha envahit l'Azerbeïdjan (lire Khorasan), il y rencontra les Turks, les mit en fuite et resta quelque temps dans ce pays où il reçut une ambassade du roi des Indes qui l'incita à aller faire la conquête de la Chine. Beaucoup plus tard, à la fin du règne de Kobad, père d'Anoushirvan, Hassan fut envoyé par son père, Tibban Asaad, contre le Soghd de Samarkand (pages 173—176); Shamir, cousin de Hassan, reçut également l'ordre d'aller soumettre ce pays. Il attaqua Samarkand, s'en empara et se mit en route pour la Chine; il rencontra sur sa route l'armée des Turks et l'écrasa, puis il arriva à la Chine où il trouva Hassan Tobba, qui l'y avait précédé de trois années. Suivant quelques auteurs, ils restèrent dans ce pays jusqu'à leur mort, ou seulement pendant 21 ans. D'autres disaient que le tobba qui était allé en Extrême Orient était Tibban Asaad. On voit qu'il s'agit bien ici d'une seule et même expédition, dédoublée, on ne sait pourquoi, car on ne voit pas ce qui, à la fin du règne de Kobad, a pu donner naissance à cette légende de l'invasion de l'Iran et de la Chine par les Yéménites. En tout cas, il est inconcevable de voir un auteur sérieux faire de Hassan, sous le règne de Kobad le Sassanide, le fils d'Asaad Abou Karib qui vécut à l'époque de Kaï-Vishtasp, avec un intervalle de plus de 1000 ans.

page 212 note. نوبهار nau-béhār est *nava-vihāra «le nouveau temple» et non «le nouveau printemps»; le sanskrit vihāra «temple bouddhique» signifiant «temple» en général dans le Turkestan.

page 221 note. Sur Païghou, prince de la Horde, voir la note de la page 79.

pages 223 note, 225 note, 226 note. Tougha-témour, lire Togha-témour.

page 230. Urtu khata, lire Ourtou Khata.

page 228. صندلی est le mongol سندلی sandali, «siège, fauteuil».

page 230. Quand Arghoun monta sur le trône de Perse, Koubilaï envoya à Boukha, qui avait succédé à Shems ed-Din Djouveïni comme ministre d'état, le titre de tchheng-siang جینک سانک (*Djami el-tévarikh*, man. supp. persan 209, fol. 324 v°); cela montre mieux que tout que les empereurs chinois considéraient l'Iran comme une contrée gouvernée par une délégation spéciale 行省 à la tête de laquelle était le tchheng-siang 丞相, le prince de ce pays étant le chef de la délégation militaire 行阮. Cela est d'autant plus important qu'il n'y avait de tchheng-siang qu'à Daï-dou et qu'il n'y en avait jamais dans les provinces chinoises.

page 234. Tougha-témour, lire Togha-témour.

page 236. La nomination de Boukha au titre chinois de tchheng-siang (voir l'add. à la page 230) rend tout à fait vraisemblable la conjecture suivant laquelle le titre d'Émir des Émirs est la traduction de tchheng-siang. Il ne faut évidemment pas voir dans ce titre l'équivalence de celui de thaï-fou 太傅, car Rashid ed-Din (page ۴v.) en fait lui-même un titre très inférieur à celui de tchheng-siang و هو چند بزرک باشد رجوع بچینک سانک کند et d'ailleurs, comme on le verra par l'appendice au volume du texte, ce titre de thaï-fou n'a été introduit dans la liste des titres des dignitaires du conseil de l'empire que par suite d'une faute assez curieuse de Rashid. Il ne paraît pas dans l'histoire persane que ni Saad ed-Din, ni Rashid ed-Din, ni Tadj ed-Din Ali-Shah, successeurs de Boukha dans les fonctions ministérielles, ne reçurent de la cour de Daï-dou le titre de tchheng-siang et cela n'est pas étonnant, car l'on sait par les listes d'officiers qui se trouvent dans le *Youen-ssé* que le titre de tchheng-siang était réservé d'une façon presque exclusive aux Mongols.

pages 237 et 238. Tougha-témour, lire Togha-témour.

page 270. Le nom du prince nommé A-li Pou-ko (Arik Bouka) par les Chinois, Arabuccha par Guillaume de Rübrück, est ܐܪܝܟ ܒܘܟܐ dans Sanang Setchen, ce qui, d'après les règles actuelles de l'harmonie vocalique, ne peut se lire qu'Erik Böké et ne peut avoir une autre valeur phonétique; j'ajouterai qu'il est assez peu vraisemblable qu'il y ait là une faute de copiste, reproduite par Schmidt dans son édition, pour ܐܪܝܟ ܒܘܟܐ Arikh Böké. Bien que cette hypothèse soit parfaitement recevable, il convient de remarquer que les erreurs de ce genre sont assez rares dans l'édition de Schmidt et par conséquent dans l'original mongol qu'il a suivi de très près, ou plutôt qu'il a reproduit tel quel. Cela montre la divergence absolue qui existe entre l'harmonie vocalique du XIIIᵉ siècle et celle de nos jours.

page 283. C'est probablement au nom des Saltchighout ܣܠܬܫܝܓܗܘܬ qu'il faut rattacher le nom de Saltchouk, Saldjouk, سلجوق, l'ancêtre de la dynastie, ou plutôt des trois dynasties, des Saldjoukides. Saltchighout est le pluriel en -t d'un thème Saltchigh ܣܠܬܫܝܓ dont l'étymologie ne m'est point connue, à moins qu'il ne se rattache à l'un des deux mots ܣܢܬܫܝܓܗܐ santchigha (et ܣܢܬܫܝܠܓܗܐ santchilgha) «ornements, rubans», ou ܣܢܬܫܝܓ santchigh «touffe de cheveux sur le côté de la tête» avec l'équivalence possible $l = n$, comme dans ܡܠܟܝ mélékeï «grenouille», à côté de ܡܢܟܝ ménékeï. Quoiqu'il en soit, et quelle qu'en ait été sa signification, Saltchigh est un nom d'homme, et sa transcription par Saltchough سلجوق est très possible; cf. le turc osmanli زيتون zeïtin, بورغى bourghou, ترشيلق tourshoulouk, قورى kourou.

page 287. On a vu plusieurs fois, dans le cours de ce travail, des noms de tribus mongoles terminés en -n, tels les Bagharin, les باريں de Rashid, les Khataghin, قتنقين dans Rashid; j'ai admis dans les notes que des noms comme بهاريتاى Bahari-taï sont des adjectifs formés par la suffixation de -taï à un thème Baharin (= Bagharin, avec l'adoucissement de gh en h, puis sa disparition complète dans la forme Barin باريں de Rashid) avec la chute de l'-n final. Bien que ceci soit phonétiquement possible et que l'n n'ait pas eu une grande stabilité en mongol, il se peut que le processus soit différent et que ces formes, telles que Bagharin, Khataghin soient des pluriels en -n de thèmes Baghari, Khataghi, dont le premier se trouve dans Baghari-taï (page 282), le second dans Khataghi (page 277). Cela se trouve confirmé par ce fait que la tribu mongole à laquelle Rashid ed-Din donne le nom d' اوريانکقت Ouryangkhat ou Ouryangkhout), les 兀 㒟 合 Ou-leang-ho (page 277) du *Yuan-shao-pi-sheu*), ᠤᠷᠢᠶᠠᠩᠬᠠᠨ ou ᠤᠷᠢᠶᠠᠩᠬᠠᠨ en mongol, est nommée ᠤᠷᠢᠶᠠᠩᠬᠠᠨ Ouryankkhan dans le texte de Sanang Setchen; cela, mieux que tout raisonnement, montre d'une façon indubitable l'existence d'un pluriel ancien en -n, correspondant au pluriel en -t, et qui se trouve conservé dans des noms propres. Ce fait a quelque importance, car il explique la formation du pluriel mongol en ᠨᠠᠷ -nar, qui, avec l'échange n = l, est identique au pluriel ouïghour en ᠯᠠᠷ lar, لر dans les dialectes tchaghataïs et لر lar, ler dans le turc osmanli. Ce pluriel en -nar est formé des deux affixes du pluriel -n et -r, ce dernier se trouvant également cristallisé dans des noms de tribus, tels les Tchélaï-r et les Noya-r (voir page 286, note). Cette composition qui ne s'explique que par le mongol montre que le suffixe turk en -lar est un emprunt au mongol, dont le nom original Mongkho-l, pourrait bien être, avec l'équivalence $l = n$, le pluriel d'un thème Mongkho-, le même dont on trouve, dans les livres historiques de la Chine, un autre pluriel sous la forme Mongkhou-s (voir page 179, note). Il est très possible d'ailleurs que ces pluriels en *-r*, *-l*, *-n* ne soient que des variantes d'une même forme plurale.

INDEX.

A.

Abaga, nom donné à Abagha par Haïthoum, 229.
Abagha, en chinois A-pa-ho, fils d'Houlagou, prince mongol de Perse, 43, 139, 142, 154, 224, 225 note, 228, 229.
Abbaye de Saint-Denis, près Paris, 186.
Abd Allah Hatéfi, neveu de Djami, auteur du *Témour-namèh*, histoire en vers de Témour Keurguen, 61 note, 108, 109, 112.
Abd Allah el-Kashani, contemporain de Rashid ed-Din et vraisemblablement l'auteur de la *Djami el-tévarikh*, auteur d'une vie d'Oltchaïtou et d'une histoire générale du monde, 8, 8 note, 18, 19, 19 note, 20, 22—25, 28, 29, 29 note, 30, 33, 45, 69, 72, 96, 96 note, 113, 132, 132 note, 133, 135, 135 note, 136, 139—141, 144, 144 note, 145, 148—157, 207 note, 221 note, 223 note, 230 note, 233 note.
Abd er-Rezzak el-Samarkandi, voir Kémal ed-Din Abd er-Rezzak ibn Ishak el-Samarkandi.
Abish-Khatoun, princesse atabek du Fars, 165.
Abou Ali Ahmed Miskavaïh, historien arabe, 299—301.
Abou Aswad ed-Dauli, poète arabe, 26.
Abou Bekr Agha, chef des officiers d'ordonnance de l'émir Tchoupan, 48.
Abou Bekr ibn Roustem ibn Ahmed el-Shirvani, collectionneur de livres, 119 note.
Aboul-Ghazi Béhadour Khan, sultan de Kharizm, auteur d'une histoire des Mongols, 5.
Aboul-Ghazi Sultan Hoseïn, sultan timouride de l'Iran, 85.
Aboul-Hawa el-Himyari, poète arabe, 212 note.
Aboul-Kasem Abd Allah ibn Ali el-Kashani, voir Abd Allah el-Kashani.

Aboul-Mahasen Ibn-Taghribirdi, auteur du *el-Nodjoum el-zahirèh* et du *el-Manhel el-safi*, 51 note, 52, 52 note, 128.

Aboul-Théna Mahmoud ibn Aboul-Kasem el-Isfahani, sheïkh persan, 134 note, 300.

Abou Saïd Béhadour Khan, fils d'Oltchaïtou, gouverneur du Khorasan, puis sultan mongol de Perse, 1, 2, 34, 41, 45, 46, 49 note, 50, 50 note, 55, 56, 56 note, 59, 61 note, 66, 70, 72 note, 85, 91, 96 note, 108, 113, 149, 224, 235—237, 250 note.

Abou Saïd, fils de Mohammed, fils de Miranshah, prince timouride, envoie une ambassade à la Chine, 266.

Abou Soleïman el-Bénakéti, auteur d'une histoire générale en persan, 98, 101, 113.

Abraham, 249 note.

Adaï, prétendu empereur chinois, 78 note.

Adal Khan, chef mongol, 296 note.

Adam, 62, 139, 142, 249 note.

Adarkin, en chinois A-ta-eul-kin, en transcription persane Hiderkin, tribu mongole, 287, 287 note.

Adarkitaï, en chinois A-ta-eul-(ki)-taï, chef mongol, 287, 287 note.

Adar Mergen, fils de Ghatchighoun, 287 note.

Âder, divinité zoroastrienne, voir Âtar, 211 note.

Adil Sultan, fille de Toughaï Boukha, 64 note.

Adites, personnifiés par Zohak, 208 note, 209 note.

Afrasiab, chef des tribus turkes d'au delà de l'Oxus, envahit l'Iran, 205 et ssq.; voir Frāsyāp.

Aghoutchim Boroghon, en chinois A-ou-tchen Pou-lo-wenn, chef mongol, 273, 273 note.

Aghoutchim Boughouroul, 273 note.

Ahmed, khan de la horde d'Or, 200.

Ahmed, fils d'Abou Saïd, sultan timouride de Samarkand, envoie des ambassades à l'empereur Ming, 267.

Ahmed Féléki (Emir), 42.

Ahmed Terkhan (Seyyid), ambassadeur de Shah Rokh à la cour de Chine, 254.

Ahura-Mazda, en pehlvi Aūhrmazd, 211 note.

Aigles de montagne, 69.

Airya, fils de Thraētaona, en persan Iridj, 205.

Ak-boukha, ambassadeur en Perse du souverain de la Horde d'Or, 92 note.

Akhshounvar, fausse lecture dans le texte de Tabari du nom de Khoshnavatch = Khoshnavaz, 214 note.

Aksou, «l'eau blanche», ville du Turkestan chinois, autrefois dans le pays de Tchaghataï, 237 note.

Ala ed-Daulèh, sheïkh soufi, 29 note.

Ala ed-Din, souverain de Dehli, 151.

Ala ed-Din Ali Koushtchi, astronome au service d'Oulough Beg, 89 note.

Ala ed-Din Ata Mélik el-Djouveïni, *sahib* et auteur du *Djihan-koushaï*, 18, 58, 66, 115, 117—119, 132, 160.

Ala ed-Din Hindou, peut-être le même personnage qu'Ala ed-Din Mohammed, fonctionnaire du divan, 48.

Ala ed-Din Mohammed Mostaufi, coadjuteur de Rashid, fils de Imad ed-Din, grand mostaufi, 15, 41—43.

Alamout, citadelle des Ismaïliens de Perse, 18, 162, 163.

Alan-Goa, transcription persane du nom d'Along-Goa, 275 note.

A-lan Ho-a, transcription chinoise du nom d'Along-Goa, 275, 275 note, 276—279.

Alaric, 300.

A-la-tho-hou-la-ou, transcription chinoise du nom d'une localité où se tint la diète d'élection de Monkké, 170 note.

Alem Sheïkh, frère de Témour Keurguen, 64 note.

A-lé-than, transcription chinoise du nom mongol Altan, 292.

Alexandre, 208 note; héros de l'*Iskender namèh* de Nizami, voir Iskender.

Saint Alexandre Newski, grand prince de Novgorod et de Kief, 197, 271.

Alexandre Polyhistor, 208 note, 209 note.

Alexis Dmitriéwitch, grand prince de Moscou, 198 note.

Ali, fils d'Abou-Talib, prétendu père ou ancêtre de Bozontchar, ancêtre de Tchinkkiz-Khaghan et de Témour Keurguen, 60 note.

Ali, officier interprète au service de l'empereur de Chine, 230.

Ali, descendant d'Ilenguir, 64 note.

Alighou, prince de l'*oulous* de Tchaghataï, transcrit par les Chinois A-lou-hou, 120, 121; voir Aloughou et Nalighou.

A-li-hé Ou-souenn, transcription chinoise du nom mongol Arikh Ousoun, 276.

Ali Mirza, souverain timouride de Samarkand, envoie une ambassade à l'empereur Ming, 267.

A-li Pou-ko, transcription chinoise du nom du prince mongol Érik Boké, anciennement Arikh Bouka, 170 note, 270, 303.

Ali Shir Névaï, vizir de Sultan Hoseïn ibn Baïkara, 106.

Alitchar, général mongol qui complota d'assassiner Monkké-Khaghan, 174 note.

Almageste, 89 note.

Almaligh, la principale ville du pays de Tchaghataï, 182 note, 237 note, 238; inscriptions chrétiennes trouvées à Almaligh, 182 note.

Along-Goa, en chinois A-lan Ho-a, ancêtre de Tchinkkiz et de Tamerlan, 1, 60 note, 71, 86, 94, 130, 139, 181, 185, 202 note, 211 note, 242, 275, 275 note, 276—279.

A-lou, transcription chinoise du nom du prince mongol de Perse Arghoun, pour A-lou-hou, 225 note.

Aloughou, prince de l'oulous de Tchaghataï, transcrit par les Chinois A-lou-hou, 120, 121, 222; voir Alighou et Nalighou.

A-lou-hou, transcription chinoise de Aloughou, ou Alighou, nom d'un prince du pays de Tchaghataï, 121.

A-lou-la-thi, transcription du nom mongol Aroulad, 290.

Altan, en chinois A-lé-than, chef mongol, 292, 292 note.

Altan Boukha, nom mongol, 297 note.

Altan depter, histoire des Mongols en mongol utilisée par Rashid ed-Din, 97, 98 note, 120, 129, 180 note, 202 note, 295 note.

Altan-Khaghan, voir Kin.

Altan Khodogho, «la cruche d'or», ancêtre des Kounghourat, 122, 154, 211 note.

Altan toptchi, histoire légendaire bouddhique des Mongols en mongol, 98 note, 202 note.

Altountash, nom turk, 117.

Ambaghaï-Khaghan, souverain des Taïtchighod, voir Anbaghaï.

Ambassades envoyées par Témour Keurguen, Shah Rokh etc., aux empereurs de Chine et réciproquement, voir Relations diplomatiques.

Amedroz, orientaliste anglais, 271.
Amiot, Père Jésuite, envoie des livres chinois à Paris, 257.
Ammien Marcellin, *Histoires*, 214 note.
Amouyè, fleuve, 226 note, 228.
Ananda, cousin du Bouddha, 121.
Ananda Kaan, fils de Mangala, fils de Koubilaï, prince du Tangghout, mis à mort après la mort de Témour, prétendu empereur chinois, 74, 74 note, 75, 79 note, 80, 121, 122, 179 note, 218, 232, 241 note, 265, 269.
Anbaghaï-Khaghan, en chinois An-pa-haï Ho-han, en transcription persane Hambaghaï (= Ambaghaï), souverain des Taïtchighod, livré par les Tatars à l'empereur Kin qui le fait empaler, 180 note, 289, 289 note, 293, 295, 296 note; voir Ambaghaï.
Ancêtres de Tchinkkiz, vassaux des Kin, 178, 178 note.
André Alexandrowitch, fils d'Alexandre Newski, prince russe, 198 note.
André Bogolioubowski, prince de Sousdalie, 195, 196.
André de Gorodetz, prince russe, 198 note.
Anīrān, les pays turks dans les textes pehlvis, 209.
Année ouïghoure, 133 note, 134 note.
Anoushirvan, voir Khosrav Anoushirvan.
Anoushirvan ibn Dara, prétendu empereur mongol, 78 note, 79 note.
An-pa-haï Ho-han, transcription chinoise du nom mongol Anbakhaï-Khaghan, 289, 293, 295.
An-si-tchéou, ville du Kan-sou, 237, 237 note.
An-tchi-taï, transcription chinoise du nom du prince mongol Eltchideï, 170 note.
Ao-lo-pou-ki-lié, transcription du nom d'un chef mongol qui se proclama indépendant des Kin sous le titre de Tsou-Yuan-Hoang-ti, 179 note, 180 note, 300.
Aoutchan Boroul, voir Aghoutchim Boroghon, 273 note.
A-ou-tchen Pou-lo-wenn, transcription chinoise du nom mongol Aghoutchim Boroghon, 273.
A-pa-ho, transcription chinoise du nom d'Abagha, 225 note.
Apanages constitués par Tchinkkiz en faveur de ses fils, tentatives de reprise par les khaghans mongols, 173.
Appendice à la Djami el-tévarikh, 13 note, 17, 19, 19 note,

26, 28, 29, 29 note, 31, 33, 39 note, 45, 46, 46 note, 47 note, 49 note, 54, 54 note, 56, 56 note, 66, 70—72, 72 note, 92 note, 96, 96 note, 97 note, 113, 132 note, 151, 221 note, 230 note, 233, 233 note, 234 note, 235, 236 note, 239, 240 note.

Arabes préhistoriques, 206, 206 note, 208 note, 300.

Arabuccha, forme donnée par Guillaume de Rübrück au nom d'Erik Boké, en chinois A-li Pou-ko, 270, 303.

Aral (lac d'), 237 note.

Aram, fils de Sam, 207 note.

Ara-Oughoul = Arya-oughoul?, surnom d'une princesse mongole, nommée Sara, 181 note.

Araououl, surnom d'une princesse mongole nommée Sara, voir Ara-Oughoul et Éré-Oughoul, 181 note.

Araxe, fleuve de Perse, 210.

Ardébil, ville de l'Azerbeïdjan, 115.

Ardéshir, fils de Bâbek, fondateur de la dynastie sassanide, 214 note.

Ardéshir Touatchi, ambassadeur de Shah Rokh à la cour de Chine, 255—257.

Ardjāsp, en zend Arejāṭ-aspa, roi des Huns, 209, 210, 211 note, 212.

Arejāṭ-aspa, nom zend du roi des Huns, voir Ardjāsp.

Arghoun, en chinois A-lou, prince mongol de la Perse, 45, 139, 142, 225 note, 229, 230, 231, 232 note, 256 note, 302.

Argon, nom du précédent dans Haïthoum, 229, 230, 230 note.

ᶜAriba, Arabes de la première race, 208 note, 300.

Arikh Bouka, voir Érik Boké, 270.

Arikh Ousoun, en chinois A-li-hé Ou-souenn, nom d'un pays en Mongolie, 276.

Aristote, 134 note.

Aristote Fioraventi de Bologne, fond des canons pour Ivan III, 200.

Armée mongole, son organisation, 195 note.

Armée russe, son organisation, 195 note.

Arménie, 227, 227 note.

Aroulat, en chinois A-lou-la-thi, chef mongol, 290.

Aroulat, Aroulad, en chinois A-lou-la-thi, tribu mongole, 203, 288 note, 289, 290 note.

Arpaï Gaon, descendant d'Érik Boké, sultan mongol de Perse, 50 note, 70, 242.

Arphakhshad, 207 note.

Arran, 17, 41, 230, 230 note.

Arsacides, 208 note.

Art chinois, son influence sur l'art persan et surtout sur celui des écoles timourides, 267 note.

Arya-Oughoul, nom mongol, 181 note.

Asar, général mongol qui complota d'assassiner Monkké-Khaghan, 174 note.

Ashkanides ou Arsacides, 144.

Asil ed-Din, fils de Nasir ed-Din el-Tousi, 18.

Asses, tribu du Caucase, ennemie des Mongols, 198 note.

A-ta-eul-kin, transcription chinoise du nom mongol Adarkin, 287, 287 note.

A-ta-eul-taï, transcription chinoise du mongol Adar(ki)taï, 287, 287 note.

A-tang-ho-ou-léang-ho-taï, transcription chinoise du nom mongol Atangkha Ouryankghadaï, 284.

Atangkha Ouryankghadaï, voir le précédent, nom d'un pays et d'une tribu mongole, 284, 284 note.

Âtar, en persan Âzer, Âder, divinité avestique, 211 note.

Ataulf, roi des Goths, 187, 188.

Attar, voir Férid ed-Din Attar.

Attestations de l'orthodoxie des ouvrages de Rashid ed-Din, 123.

Attila, 185, 189, 203, 300.

Aūhrmazd, en perse Ahura-mazda, en persan Ormazd, 209, 211 note.

Aurvat-aspa, roi kéanide de l'Iran, en pehlvi Lōhrāsp, en persan Lohrāsp, 213.

Avesta, traduit par Darmesteter, 205, 206 note, 210, 211 note, 214 note.

Ayourparibhadra, khaghan de Mongolie et empereur de la Chine, surnommé en chinois Jin-Tsoung, 78 note, 79 note, 226 note.

Ayourshiridhara, prince impérial mongol, 167.

Azd, tribu arabe à laquelle appartenait Zohak, 208 note.

Âzer, divinité zoroastrienne, voir Âtar, 211 note.

Azerbeïdjan, 40, 130, 178, 212 note, 227, 227 note, 301.

B.

Baatu, forme du nom de Batou dans la *Relation* de Guillaume de Rübrück, voir Batou.

Baba Oughoul, prince mongol descendant de Tchoutchi Kassar, cause la brouille entre Uzbek et Oltchaïtou, 92 note, 221 note.

Bâbek, père d'Ardéshir I, 214 note, 299.

Baber, empereur timouride de l'Indoustan, 267.

Badaï, en chinois Pa-taï, nom d'une femme mongole, 292.

Bagaputhra, titre perse qui traduit le chinois Thian-tzeu, 76 note.

Bagharin, en chinois Pa-a-lin, tribu mongole, aujourd'hui les Barin, 282, 283, 283 note, 303, 304.

Bagharitaï, en chinois Pa-a-li-taï, chef mongol, 282, 283, 283 note, 304.

Bagharitaï Khan Itchaghortou, chef mongol, le même que le précédent, 282 note.

Baghatour-Noyan, fils de Moukouli Kao-yang, général de Koubilaï, 131.

Baghdad, 16—18, 41, 44, 57, 124, 125, 163, 192, 227, 227 note, 235, 237, 271.

Baghdad Khatoun, fille de l'émir Tchoupan et femme du sultan Abou Saïd Béhadour Khan, 236.

Baghpour, voir faghfour, 76 note.

Baharitaï, nom propre mongol, 304.

Bahman, fils d'Isfendiar, roi de Perse, 207 note.

Bahram Gour, roi sassanide de Perse, 212 note.

Baïbars, voir Bekbars, 92 note.

Baï-Boukha, ambassadeur en Perse du khan de la Horde d'Or, 92 note.

Baï-Shingghor Dokhshin, en chinois Pé-sheng-ho-eul Touo-héshenn, en persan Baï-Songghor, ancêtre de Tchinkkiz, 288, 288 note, 289, 295 note.

Baï-Songghor, voir le précédent, 288 note.

Baïsonghor, ancêtre de Tchinkkiz, 60 note, voir le précédent.

Baïsonghor, «le songhor blanc», Béhadour Khan, prince timouride, auteur d'une préface au *Livre des Rois*, 58, 65, 66, 67, 67 note, 73, 114, 265; autographe de ce prince, 114; envoie une ambassade à la Chine, 265.

Bakht Sultan, fille de Toughaï Boukha, 64 note.
Bala, ministre d'Ougédeï et de Kouyouk, 171.
Balkh, ville de l'Iran, 212 note, 213; Mazdéïsme à Balkh, 212 note.
Balta, oncle de Témour Keurguen, 64 note.
Baltchiouna, Baltchouna, nom d'une rivière en Mongolie, 279 note.
Baltchoun Aral, en chinois Pa-lé-tchouenn A-la, nom d'un pays en Mongolie, 279, 279 note.
Baraghatchi, en chinois Pa-la-ho-tchheu, nom mongol, 293, 293 note.
Barakh, voir Borak.
Barghout, en chinois Pa-la-hou, tribu mongole soumise par Natchin, 178 note.
Barghoutaï Mergen, en chinois Pa-eul-hou-taï Mié-eul-kan, chef mongol, 275.
Barghoutchin Goa, en chinois Pa-eul-hou-tchenn Ho-a, fille du précédent, 275.
Barim Shiratou Khapitchou, voir Barin Shiratou Khapitchi, 284 note, 290 note.
Barin, en chinois Pa-a-lin et Pa-lin, tribu mongole, voir Bagharin, 282, 283, 283 note, 303, 304.
Barin Shiratou Khapitchi, en chinois Pa-lin Sheu-i-la-thou Ho-pi-tchheu, chef mongol, 283, 284, 284 note, 285.
Barkhokh, en chinois Pa-eul-ho-hé, en transcription arabe Barkok (Barkhokh), nom mongol, 291 note.
Barkok (el-Mélik el-Zaher), sultan mamlouk d'Égypte, 291 note.
Baroulas, en chinois Pa-lou-la-sseu, tribu mongole, 286, 286 note.
Baroulataï, en chinois Pa-lou-la-thaï, chef mongol, 286, 286 note.
Bars-baï, explication de ce nom, 92 note.
Bars Khotan, ville de Mongolie, 78 note, 169.
Bartal Béhadour, grand-père de Tchinkkiz, voir le suivant.
Bartan Baghatour, en chinois Pa-li-tan, Pa-eul-than, Pa-a-thoueul, en persan Bartan Béhadour, Bartal Béhadour, grand-père de Tchinkkiz, délivre les Mongols du joug des empereurs chinois, 60 note, 178 note, 291, 291 note.
Bashkirtscheff (Maria), 153.
Batatchi Khan, en chinois Pa-tha-tchheu-han, chef mongol, fils de Burté-Tchino et de Goa Maral, 273.
Bati, nom de Batou dans la *Relation* de Jean de Plan Carpin, 171 note.

Bat-kéléki, fils de Touménaï Khan, 290 note.

Batou, fils de Tchoutchi, souverain de la Horde d'Or, en chinois Pa-tou, surnommé Saïn-Noyan, «le bon prince», 92, 161, 165, 166, 170 note, 171—173, 173 note, 174, 174 note, 175, 176, 186, 194, 197 note, 219, 220, 221 note, 222.

Batra, voir Ayourparibhadra.

Bayan, fils de Karatchar, 64 note.

Bayan, général de Koubilaï, 235 note, 239.

Bayan Agha, cousine de Témour Keurguen, 64 note.

Bayaout (Bayaghout), en chinois Pé-ya-ou-thi, nom d'une tribu mongole, 277 note.

Bayézid, sultan ottoman, vaincu par Tamerlan, 265.

Bédi el-Zéman Mirza, le dernier souverain timouride de l'Iran, 86, 119 note.

Beg Dabakha, «la montagne blanche», fils de Karatchar, 64 note.

Béïbars, voir Bekbars.

Beïdhawi, auteur du *Nizam el-tévarikh*, 58, 149.

Bekbars, «le lion blanc», ou Béïbars el-Bondokdari, sultan d'Égypte, 53, 92 note, 197 note, 271.

Bek-boukha, «le taureau blanc», ambassadeur de Shah Rokh à la cour de Chine, 259, 261.

Béklékeï, 64 note.

Bek-poulad, explication de ce nom, 92 note.

Bektémour, officier de Rashid ed-Din, 43; explication de ce nom, 92 note.

Belkounout, en chinois Pié-lé-kou-nou-thi, nom d'une tribu mongole, 283, 283 note.

Belkounoutaï, en chinois Pié-lé-kou-nou-thaï, Boulkounout dans Rashid, fils d'Along-Goa, 276, 278, 279, 283.

Bénakéti, voir Abou Soleïman el-Bénakéti.

Bengale, en chinois Pang-ko-la, envoie un ambassadeur à l'empereur Ming, 266 note.

Bérékè, en transcription chinoise Pié-eul-ko, prince mongol de l'*oulous* de Tchoutchi, 170 note, 175 note, 197 note, 226 note, 271.

Bérézine, éditeur et traducteur d'une partie de l'*Histoire des Mongols* de Rashid ed-Din, 1, 279 note, 280 note, 285 note, 288 note, 289 note, 294 note, 295 note.

Besh-baligh, aujourd'hui Ouroumtsi, en chinois Ou-tchheng et transcrit Pié-sheu-pa-li, ville capitale du pays des Ouïghours, 175 note, 212 note, 213 note, 237 note, 243 note, 265 note.

Bésout, en chinois Pié-sou, Pié-sou-thi, tribu mongole, 289, 289 note, 293.

Bésoutaï, en chinois Pié-sou-thaï, chef mongol, 289, 289 note.

Béthléem, 187.

Biélozersk, ville russe, 198 note.

Bilgä-khaghan, traduction du chinois shing-ti, souverain des Ouïghours, 162, 183, 183 note, 212 note.

Biliktou, surnom de Thaï-zeu (ou Batra), ou de Toktogha, en mongol «le savant», 78 note, 79 note.

Bilkoutaï ou Belgoutaï, en chinois Pié-li-kou-taï, prince mongol, intronise Monkké, 170 note, 242, 292.

Bishtasp, Bishtasf (= Vishtasp), roi de Perse, 207 note, 301.

Biverasp, fils d'Arvandasp, fils de Zaïnigav, le même que Zohak, 207 note.

Bodontchar, voir Bozontchar.

Bogolioubovo, résidence du grand prince André Bogoliou-bowski, 196.

Bolod Tchheng-siang, voir Poulad Tchheng-siang.

Borak (ou plutôt Baräkh), prince du pays de Tchaghataï, 223 note, 233.

Boris (le tsar), voir Godounof.

Boris de Rostof, prince russe, 198 note.

Bornéo, envoie une ambassade à l'empereur Ming, 266 note.

Boro, en chinois Pou-lo, nom d'un cheval, 274, 274 note.

Boro Boulat, nom mongol, 275 note.

Boro Buké, en chinois Pou-li Pou-khouo, chef mongol, 292.

Borokhtchin Goa, en chinois Pou-lo-hé-tchenn Ho-a, femme de Torghaltchin Bayan, 274.

Boudaali, voir le suivant.

Boudaghalt, en chinois Pou-ta-'an-thi, tribu mongole, 287, 287 note.

Bouddha, 121; sacrifices au Bouddha, 4 note.

Bouddha Oundour, «le Bouddha élevé», chaîne de montagnes en Mongolie, autrement nommée Bourkhan-Khaldoun, 176.

Bouddhisme des princes mongols de Perse, 231.

Boughou Khataghi, en chinois Pou-hou Ho-tha-ki, fils d'Along-Goa, 278—280, 283.

Boughoun Khataghi, le même que le précédent, 278 note.

Boughou Saltchi, le même que Boughoutou Saltchigh, 278 note.

Boughoutaï, chef mongol, 282 note.

Boughoutou Saltchigh, en chinois Pou-ho-thou Sa-lé-tchi, fils d'Along-Goa, 278, 278 note, 279, 283.

Bouïour (en chinois Pou-yu-eul) naghour, nom d'un lac en Mongolie, 293, 293 note.

Boukha, ancêtre de Tchinkkiz, 60 note, 282 note.

Boukha, tchheng-siang, 18, 302.

Boukhara, en chinois Pou-houa-eul, 212 note, 214, 266; Mazdéïsme à Boukhara, 212 note.

Boukounout, en chinois Pou-kou-nou-ou-thi, tribu mongole, 283, 283 note.

Boukounoutaï, en chinois Pou-kou-nou-thaï, Boukounout dans Rashid, fils d'Along-Goa, 276, 278, 279.

Boulghatchi, officier d'Ambaghaï, 293 note, 296 note.

Boulkounout, fils d'Along-Goa, voir Belkounoutaï, 276 note, 283 note.

Bouloughan-kalatch, «l'hermine qui a perdu son poil», 64 note, 286 note.

Boultétchi Baghatour, en chinois Pou-lé-thié-tchhou Pa-a-touo-eul, chef mongol, 290, 290 note.

Boundehesh (Grand), traité pehlvi sur la cosmologie et l'histoire iraniennes, 205, 206 note, 207 note, 210, 211, 211 note, 213.

Bouralghi, général mongol, 119 note.

Bouri, en chinois Pou-li, prince mongol qui complota contre Monkké et qui fut exilé dans le pays de Mou-tho-tchhi, 175 note.

Bouri Boultchirou, en chinois Pou-li-pou-lé-tchheu-lou, chef mongol, 282.

Bourkhan, en chinois Pou-eul-han, nom propre mongol, 291 note.

Bourkhan-Khaldoun, en chinois Pou-eul-han, Pou-eul-han-shan, «le grand Bouddha», montagne en Mongolie, 222, 273, 273 note, 274, 276.

Bouroltaï Souyalbi, en chinois Pou-lo-lé-taï Sou-ya-lé-pi, nom d'un Mongol, 274.

Bourtchiguènes, en chinois Pou-eul-tchi-kin, nom du clan auquel appartenait Tchinkkiz, 176, 283, 283 note.
Bourtchikitaï Mergen, en chinois Pou-eul-tchi-ki-taï Mié-eul-kan, chef mongol, 274.
Bourté-Tchino (Burté-Tchino), ancêtre mythique des Mongols, 202 note, 272 note.
Bouyantou-khaghan, titre d'Ayourparibhadra d'après le *Medjma el-tévarikh*, 79 note.
Bozontchar, en mongol Bodontchar, en chinois Pou-touan-tchha-eul, fils d'Along-Goa et ancêtre de Tchinkkiz, 60 note, 176, 185, 278, 278 note, 279—281, 283, 284, 300.
Bozontchar, fils de Touménaï Khan, 290 note.
Brest, ville de Russie, 199.
Browne, éditeur de Dauletshah, 30 note.
Budget de l'empire sassanide, 299, 300.
Budget de l'empire mongol de la Perse, 135 note, 299, 300.
Buké, nom mongol, 283 note.
Bulek, prétendu empereur chinois, 79 note.
Burkel, grand-père de Témour Keurguen, 60 note, 64 note.
Burté-Tchino, voir Bourté-Tchino, 272 note.
Byzance (Césars de), en lutte contre les Sassanides, 214 note.

C.

Cagaton, voir Geïkhatou.
Caire; les sultans du Caire en relations avec les princes de la Horde d'Or, 80 note.
Caspienne, 132, 205, 237 note.
Caucase, 198 note.
Césars de Byzance, luttent contre les Sassanides, 214 note.
César Auguste, 188.
César romain, 184, 185.
Chaldéens Nabatéens, 208 note.
Chamus (= Chaimis), nom que Guillaume de Rübrück donne à (Oughoul)-Ghaïmish, voir Oughoul-Ghaïmish.
Charlemagne, 184.
Charles XII, roi de Suède, 200.
Chasse (oiseaux de proie employés à la —), 69.
Chevaliers Teutoniques, 199.

Chevaux offerts en présent à l'empereur de Chine, 259, 259 note, 260, 260 note.
Chevaux du Hedjaz, 69.
Chiens arabes, 69.
Chine, 74—78, 78 note, 79 note, 80, 87, 87 note, 91, 100, 158, 159, 159 note, 167, 176—178, 180 note, 181, 187, 189, 190, 192, 200—202, 204, 207 note, 209 note, 212 note, 217, 218, 220, 222, 224, 234, 235, 236, 236 note, 237, 238, 240, 242, 254—256, 256 note, 257, 259 note, 261, 265, 268, 269, 298, 301.
Chionitae, transcription du nom des Huns, Hyaonas en zend, 210, 214 note.
Chronique de Tabari, 66, 95, 126—128, 212 note, 214 note.
Ciel, divinité des Turks et des Chinois, 182, 182 note, 232.
Civilisation des tribus turkes, 183.
Cobila Can, forme donnée par Haïthoum au nom de Koubilaï-Kaan, 229.
Constantinople, 113, 119 note.
Continuateur de la *Djami el-tévarikh*, voir *Appendice à la Djami el-tévarikh*.
Continuateur de Sakaï, 29 note, 30, 30 note, 50, 53.
Copistes sachant le persan, l'arabe, le turk et le mongol, 117.
Corée, 57, 167.
Ctésiphon, capitale des Khosroès, 192.
Culte des ancêtres chez les Indo-européens et chez les peuples altaïques, 182 note.
Cyrus, roi achéménide de Perse, 210.

D.

Daï-dou, nom chinois de la capitale de l'empire chinois sous le règne des Yuan, en mongol Khan-baligh, résidence d'hiver des empereurs mongols, 77 note, 83, 131, 163, 164, 167, 168, 176, 177, 179 note, 188, 218, 219, 220, 220 note, 224, 225 note, 226 note, 229, 231, 232, 233, 236—238, 241 note, 242, 298, 302.
Daï-Ming, titre que prend l'empereur de Chine dans ses lettres à Shah-Rokh, 244, 249 note, 253 note, 254, 256, 256 note, 258.
Daï-Ming, les grands Ming, voir Ming, 76.

Daï-Ming Khan, fondateur de la dynastie des Ming d'après le *Medjma el-tévarikh*, 79 note.
Daï-Ming Khan, titre donné par les Persans aux empereurs de la dynastie des Ming, voir Ming.
Daïr, en chinois Ta-i-eul, nom d'un cheval, 274, 274 note.
Dalitaï, prétendu empereur chinois, 78 note.
Dang Tcheng, ambassadeur chinois, 246.
Daoud, prophète des Musulmans, 249 note.
Daoud Shah, 17.
Dara, prétendu prince mongol, 78 note.
Daritaï Utchuguen, en chinois Ta-li-thaï Wo-tchheu-kin, chef mongol, 292, 292 note, 294, 295.
Darmesteter, traducteur du *Zend-Avesta*, 206 note, 214 note.
Dauletshah, auteur du *Tezkéret el-shoara*, 30, 30 note.
Daulet Sultan, fille de Toughaï Boukha, 64 note.
David, 249 note.
David, prince de Smolensk, 196.
Décadence littéraire de la Perse à la fin de l'empire mongol, 73.
Dédiakof, ville du Caucase, capitale des Asses, 198 note.
Dehli, ville de l'Inde, 151.
Déligun Bouldagh, en chinois Tié-li-wenn Pou-lé-ta-hé, nom d'une montagne en Mongolie, 297.
Derbend, ville de l'Iran, aujourd'hui dans la province de Daghestan, 230 note.
Dersou (le grand), le pays de Tharse d'Haïthoum, 237.
Dervish, en transcription chinoise Tié-li-pi-sheu, voir Mohammed Dervish Baroulas, 243, 243 note.
Deunggheuz, le même personnage que Tounghouz, 76.
Deurben, tribu mongole, voir Dorben.
Dharmapala, prince mongol, fils de Tchinkim, 78 note, 79 note.
Dharma-shirin, transcription du sanskrit Dharma-shri, en chinois Ta-li-ma-sheu-li, prince du pays de Tchaghataï, 122.
Dharma-shri, nom sanskrit, voir le précédent.
Diar Bekr, 40.
Diar Rébia, 40.
Dictionnaire hexaglotte de l'Asie Centrale, 257 note, 258 note.
Dimeshk Khvadjèh, vizir d'Abou Saïd Béhadour Khan, 108.

Divan de Férid ed-Din Attar, 128.

Divinités mazdéennes sur les monnaies des Turks Indo-Scythes, 211 note.

Djami, oncle de Hatéfi, 108.

Djami el-tésanif el-Réshidi, par Rashid ed-Din, voir *el-Medjmouat el-Réshidiyyè*.

Djami el-tévarikh, histoire générale du monde, comprenant l'histoire des Mongols, qu'el-Kashani accuse Rashid ed-Din de lui avoir volée et pour la rédaction de laquelle Rashid recevait huit tomans par an, complétée par le *Matla el-saadeïn*, 2, 5, 25, 29, 44, 56, 58, 59, 65—68, 70, 72—74, 81, 85, 86, 87 note, 91, 93—95, 96 note, 97, 97 note, 98, 100, 102, 104, 105, 107, 108, 113, 114—117, 118 note, 119, 119 note, 121, 122, 125—130, 130 note, 131 note, 134, 134 note, 143, 145, 148—157, 203, 208 note, 223 note, 225 note, 227 note, 228 note, 229 note, 230 note, 238, 238 note, 270, 273 note, 275 note, 276 note, 277 note, 278 note, 279 note, 282 note, 283 note, 284 note, 285 note, 286 note, 287 note, 288 note, 289 note, 290 note, 291 note, 292 note, 293 note, 294 note, 295 note, 296 note, 297 note, 298 note, 302.

Djami el-tévarikh, revendiquée par Abd Allah el-Kashani, 137, 139, 140, 143, 144.

Djami-i Réshidi, le même ouvrage que la *Djami el-tévarikh*.

Djanides, dynastie de princes mongols qui régnèrent à Samarkand, 268.

Djatakas, récits édifiants en sanskrit sur la vie du Bouddha, 121.

Djauhéri, favori d'Oltchaïtou, fils d'un changeur juif de Tébriz, 22, 24, 27, 29, 31, 31 note.

Djéhoudek, fonctionnaire persan d'origine juive, 21—25, 28, 29.

Djélal ed-Din, fils de Rashid ed-Din, 36 note, 43, 44, 153.

Djélal ed-Din ibn el-Harran, médecin d'Oltchaïtou, 52.

Djélal ed-Din Siyourghatmish, souverain du Kirman, mari de Kurdutchin, petite-fille d'Houlagou, 119 note.

Djélal ed-Din Tabari, 18.

Djemshid, en zend Yima-khshaêta, roi pishdadien de la Perse, 207 note, 208 note.

Djihan-koushaï, histoire des Mongols par Ala ed-Din Ata

Mélik el-Djouveïni, 18, 58, 66, 86, 115, 117—119, 132, 149, 160, 270.

Djihoun, fleuve frontière entre Iran et Touran, 62 note, 249.

Dji-pem, transcription persane de Dji-pen, nom chinois du Japon, 137 note.

Dji-pen, nom chinois du Japon, 137 note.

Djouveïni, voir Ala ed-Din Ata Mélik el-Djouveïni.

el-Djouzadjani, auteur du *Tabakat-i Nasiri*, 58.

Dmitri Alexandrowitch, fils d'Alexandre Newski, 197 note, 198 note.

Dmitri Donskoï, grand prince de Moscou, bat le khan de la Horde à Koulikovo, 198 note, 199 note.

Dmitri Mikhaïlowitch, grand prince de Moscou, 198 note.

Dniepr, fleuve de Russie, 164, 195.

Doboun Bayan, chef mongol, voir le suivant, 274 note.

Doboun Mergen, en chinois Touo-penn Mié-eul-kan, chef mongol, 274, 274 note, 275—278.

Dogha, Dougha, prince mongol, souverain de l'*oulous* de Tchaghataï, voir Doua.

Dorben, Deurben, en chinois Touo-eul-pien, nom d'une tribu mongole, 277, 277 note, 296 note.

Doré, nom d'un prince de l'*oulous* de Tchaghataï, voir Doura.

Dorpat (Youriéf), ville de Livonie, 197 note.

Dotoghor (Todoor) Bilké, chef mongol, 296 note.

Doua (Dougha), prince mongol, fils de Borak (Barakh), souverain de l'*oulous* de Tchaghataï, allié de Kaïdou, 161, 221 note, 223, 223 note, 233, 274 note.

Doura, en chinois Thou-la, prince de l'*oulous* de Tchaghataï au service de l'empereur de Chine, 241 note.

Dour Bayan, fils de Touménaï, 285 note.

Dou-tchi-tchoun-baï, ambassadeur chinois, 246.

Doutouminin, Doutoum-Minin (Ménen), en chinois Miégnien Thou-touen, ancêtre de Tchinkkiz, voir Ménen Toudoun, 60 note, 180 note, 282 note, 285 note, 286 note, 290 note, 295 note.

Douwa Sokhor (Dougha Sokhor), en chinois Tou-wa Souoho-eul, chef mongol, 274, 274 note, 275, 276.

Dozy, auteur du *Supplément aux Dictionnaires arabes*, 51 note.

Drouin, auteur d'un *Mémoire sur les Huns Ephthalites dans leurs rapports avec les rois perses Sassanides*, 214 note.

Ducaurroy, collectionneur de manuscrits musulmans, 118 note.

Duilen, voir Touilen, 280 note.

Dzil-i Djami el-tévarikh, voir *Appendice à la Djami el-tévarikh*.

E.

É-eul-tien-thou Pa-lou-la, transcription chinoise du nom mongol Erdemtou Baroula, 286, 286 note.

Égypte, 61 note, 80 note, 138, 207 note, 208 note, 224, 226 note, 227, 227 note, 228.

Eltchideï, en chinois An-tchi-taï, prince mongol qui intronise Monkké, 170 note.

Eltchikédeï (= Iltchikadaï), général mongol qui complota d'assassiner Monkké-Khaghan, 174 note.

Eltchi Témour Kaan, prétendu empereur chinois, se réfugie à la cour de Témour Keurguen, 78 note.

Émil, fleuve de Mongolie, 223 note.

Émin ed-Din Nasr, grand-père d'Hamd Allah Mostaufi, 106.

Émir Mohammed, voir Mohammed.

Empire grec, 224.

Empire mongol fondé en 1147, avant Tchinkkiz, 179 note, 180 note.

Empire osmanli de Roum, 266 note.

Endégan, ville du pays de Tchaghataï, 234.

Endidjan, voir Endégan.

Envar el-mévaïz wel-hikem fi akhbar moulouk el-Adjem, histoire de la Perse, 58.

Envéri, 102, 105, 109, 111.

Éperviers d'Europe, 69.

Ephthalites, nom d'une tribu turke, en chinois Yé-tha-i-li-to et Yé-ta, Houna en sanskrit, détruite par les Sassanides, 201, 201 note, 211, 211 note, 212 note, 213, 214, 214 note.

Erdemtchou Baroula, transcription persane du nom mongol Erdemtou Baroula, 286 note.

Erdemtou Baroula, en chinois É-eul-tien-thou Pa-lou-la, en transcription persane Irzamtchi Baroula et Erdemtchou Baroula, chef mongol, ancêtre de Témour Keurguen, 60 note, 64 note, 286.

Eré-Oughoul, surnom d'une princesse mongole nommée Sara, 181 note.

Érik Boké (Arikh Boka), fils de Toulouï, en chinois A-li Pou-ko, 50 note, 78 note, 117, 163, 170 note, 176, 177, 223 note, 242, 270, 283 note, 303.

Ériken, tribu mongole, 295 note.

Erkiné-ghoun, séjour antéhistorique de la race mongole, 159, 204.

Ésen Boukha, prince de l'*oulous* de Tchaghataï, 151, 221 note, 233, 234, 239, 240.

Ésen Boukha Khan, prétendu prince du Tangghout, puis empereur chinois, le dernier de la dynastie mongole, 74—76.

Ésen-koutlough, général mongol, 230 note.

Euïreudeï (Ouïrataï), émir égyptien, 151.

Euïreuth, tribu mongole, dépossède de leur empire les successeurs de Tchinkkiz, 77 note, 79 note, 288 note.

Eul-ya, ouvrage chinois, 201.

Eusèbe, 208 note.

Évangéliaire syriaque écrit pour un prince mongol, 181 note.

Exode, 29.

F.

Fadl Allah Rashid ed-Din, voir Rashid ed-Din.

Fadl ibn Yahya el-Barméki, restaure le Naubéhar de Balkh, 212 note.

Faghfour, titre des empereurs chinois, 76, 76 note.

Fakhr ed-Din Ahmed, 42.

Fars, 23, 23 note, 40; princesse atabek du Fars, 165; princes timourides du Fars, 73.

Fatima Sultan, fille de Toughaï Boukha, 64 note.

Faucons employés à la chasse, 69.

Feï Ho Khoshang, auteur d'un précis de l'histoire de la Chine, 100, 101.

Féodor de Yaroslavl, prince de Russie, 198 note.

Ferghana, province de la Transoxiane, 234.

Férid ed-Din Attar, 128, 269.

Féridoun, en zend Thraêtaona, roi pishdadien, 216.

Feth Ali Khan, en poésie, Sabaï-i Kashani, gouverneur de

Koum et de Kashan, poète lauréat de Feth Ali Shah, auteur du *Shahanshah namèh*, du *Khodavend namèh*, du *Ibret namèh* et du *Goulshen-i séba*, 112.

Feth Ali Shah Kadjar, roi de Perse, 112, 115.

Firdousi, 94, 102, 105, 110—112, 164, 205, 212 note.

Firouz, roi sassanide de Perse, voir Pirouz.

Fleur des Histoires de la terre d'Orient, histoire des Mongols par Haïthoum, voir Haïthoum.

Fo Hien Khoshang, auteur d'un précis de l'histoire de la Chine, 100, 101.

Fong-tchéou, district de l'empire des Soung, 189 note.

Fou-kian, province chinoise de l'empire des Soung, 189 note.

Fou-lang, transcription chinoise du nom des Francs, 228, 259 note.

Fou-lin, l'empire grec, 224, 266 note.

Fou-ma, en chinois gendre, 243 note.

Fou-ma Témour = Témour Keurguen, nom donné par les Chinois à Tamerlan, 243, 243 note, 265.

Fragmenta historicorum graecorum, éd. Didot, 208 note.

Francs, en chinois Fou-lang, 97 note; leur roi envoie des chevaux à Shun-Ti, 259 note, 260 note.

Frańhrasyan, chef des tribus turkes d'au delà de l'Oxus, en pehlvi Frāsyāp, en persan Afrasiab, voir Frāsyāp, 205.

Frāsyāp, en zend Frańhrasyan, en persan Afrasiab, chef des tribus turkes d'au delà de l'Oxus, envahit l'Iran, 205, 206, 208—210, 213.

G.

Galland, traduit d'une manière abrégée le *Matla el-saadeïn*, 264 note.

Gantou..., surnom d'un chef mongol chrétien, 181 note.

Garde du palais des empereurs chinois, 75, 76.

Gaubil, *Histoire des Mongous*, 175 note, 260 note.

Gédimine, prince de Lithuanie, 199.

Geïkhatou, fils d'Abagha, Kaïgato dans Haïthoum, souverain mongol de la Perse, surnommé Irintchen Dordjé, 225 note, 230 note.

Geïkhatou, ambassadeur en Perse du khan de la Horde d'Or, 92 note.

Georges II, prince de Sousdalie, tué par les Mongols, 197 note

Georges Danilowitch, prince russe, épouse Kontchaka, sœur d'Uzbek, souverain de la Horde d'Or, 198 note.

Georges, roi des Chrétiens, roi des Ouyangéens (Ouryang-ghit), 181 note.

Géorgie, le pays des Kurdjs, 227.

Gé-tchi, tribu turke, voir Yué-tchi, 201, 201 note.

Gètes, tribu turke, transcrit en chinois Gé-tchi (Yué-tchi) 201, 201 note.

Ghatchighou, en chinois Ho-tchheu-ou, chef mongol, 285, 285 note, 286.

Ghatchighoun, en chinois Ho-tchheu-wenn, en transcription persane Ghatchighoun (Katchighoun), Ghatchioun (Katchioun), chef mongol, 285, 285 note, 287, 287 note, 290 note.

Ghatchighoun, en chinois Ho-tchhou-wenn, frère de Tchinkkiz, 298, 298 note.

Ghatchoula, en chinois Ho-tchhou-la, en transcription persane Katchoulaï (= Ghatchoulaï), chef mongol, 58, 60 note, 285, 285 note, 286, 290 note.

Ghazan, voir Mahmoud Ghazan.

Ghazna, 110.

Ghaznévides, 190.

Ghiyas ed-Din Djemshid Kashani, astronome au service d'Oulough Beg, 89 note.

Ghiyas ed-Din Mohammed, fils de Rashid ed-Din, vizir d'Abou-Saïd, 49 note, 50 note, 107, 108.

Ghiyas el-Hakk wel-Dounia wel-Din wel-Daulèh Oltchaïtou Sultan Mohammed Khorbanda, voir Oltchaïtou.

Ghorbanda, adjectif numéral mongol, «le troisième», voir Khorbanda.

Glèbe de Biélozersk, prince russe, 198 note.

Gnié-khouenn Thaï-tzeu, transcription chinoise du nom mongol Nikoun Thaï-tzeu, 292, 294, 295.

Goa Maral, ancêtre de Tchinkkiz, 273 note.

Gobi, désert, 164.

Godan, en chinois Ho-toun, Khouo-touan, fils d'Ougedeï, 175 note, 297 note.

Godan Baragha, en mongol Khouo-thouan Pa-la-ho, chef tatar, 297, 297 note.

Godounof (Boris), tsar de Russie, 191.
Gorodetz, ville de Russie, 198 note.
Goths, 187, 188.
Goulshen-i séba, poème par Feth Ali Khan, 112.
Grande Muraille de Chine, 201, 220.
Grodno, ville de Russie, 199.
Guendu-tchino, chef mongol, 295 note.
Gueuk Témour Keurguen, ambassadeur en Perse du khan de la Horde d'Or, 92 note.
Guillaume de Rübrück, envoyé de saint Louis à l'empereur Monkké, 166, 171, 173 note, 174, 175, 175 note, 186, 237, 270, 271, 302.

H.

Hadjiabad (inscription chaldéo-pehlvie d'), 212 note.
Hadji-Khalifa, 97 note, 148, 149.
Hafiz Abrou, historien et géographe persan de l'époque timouride, 4, 57, 57 note, 58, 59, 61, 65, 66, 70, 71, 72 note, 73, 85—87, 113, 156, 157.
Haïder ibn Ali Hoseïni Razi, auteur d'une histoire universelle intitulée *Medjma el-tévarikh*, 78 note.
Haï-ling, nom d'un pays où les Mongols battent les troupes des Kin, 179 note.
Haïthoum, historien arménien, auteur de la *Fleur des Histoires de la Terre d'Orient*, 225 note, 229, 229 note, 230, 230 note.
Haï-tou, transcription chinoise du nom mongol Khaïdou, en transcription persane Kaïdou, 175 note, 178 note, 285, 285 note, 288.
Haï-ya-lé, transcription chinoise du nom d'un pays, 175 note.
Haloou, forme donnée par Haïthoum au nom d'Houlagou, 229.
Hambaghaï-Khaghan, voir Ambaghaï-Khaghan.
Hamd Allah ibn Abi Bekr ibn Ahmed ibn Nasr el-Mostaufi el-Kazwini, auteur du *Tarikh-i Gouzidè*, d'une histoire des Mongols en vers, intitulée *Zafer namèh*; éditeur du *Livre des Rois*, 58, 106—108, 112, 113.
Hamd Allah Mostaufi Kazwini, voir Hamd Allah ibn Abi Bekr ibn Ahmed ibn Nasr el-Mostaufi el-Kazwini.
Hamza, descendant d'Ilenguir, 64 note.

Hamza, voir Seyyid Hamza, 15.

Han, (fils de-), les Chinois, 164, 218; dynastie d'empereurs chinois, 187, 219 note; terre de Han, la Chine, 185.

Hāoūn, nom pehlvi des Huns, voir Hyaonas, 211, 211 note.

Harmonie vocalique en mongol et en turk, 269—271, 283 note, 287, 292 note, 295 note, 297 note.

Hasan-i Sabbah, prince ismaïlien d'Alamout, 163.

Hassan, fils de Tibban Asaad Abou Karib, souverain du Yémen, 301.

Hatéfi, voir Abd Allah Hatéfi.

Hébib el-siyer, histoire générale par Khondémir, 31, 32 note, 85, 96 note.

Hedjaz, 69.

Henri Ier, roi de France, 191.

Hentoum-noyan, général mongol, 238.

Hérat, ville de l'Iran, 235, 236, 255, 257, 265, 268.

Hérodote, 210 note.

Hézarèh Mohammed, 14.

Hiderkin, en chinois A-ta-eul-kin, en mongol Atarkin, tribu mongole, 287 note.

Hillèh, ville de l'Irak-i Arabi, 41.

Hiller, *Anthologia lyrica*, 182 note.

Hioung-nou, transcription chinoise du nom des Huns, 201, 201 note, 202, 210.

Histoire de la Chine par de Mailla, 2 note, 101 note, 179 note, 190 note.

Histoire de la Chine par Rashid ed-Din, 95.

Histoire chinoise contée d'une façon fantaisiste par les chroniqueurs persans de l'époque timouride, 74, 74 note, 75—77, 77 note, 78, 78 note, 79, 79 note, 90, 91, 268, 269.

Histoire chinoise contée d'une façon fantaisiste par les souverains de la Horde d'Or, 80 note.

Histoire chinoise contée d'une façon fantaisiste par Nowaïri, 80 note.

Histoire générale de la Chine par Fo Hien Khoshang, Feï Ho Khoshang et Shang Houan, utilisée par Rashid pour la rédaction de la *Djami el-tévarikh*, 100.

Histoire générale du monde, de la création à la chute du Khalifat, par Abd Allah el-Kashani, voir *Zoubdet el-tévarikh*.

Histoire des Francs par Rashid ed-Din, 96 note.
Histoire d'Ibn Saad, 143.
Histoire de l'Inde par Rashid ed-Din, 95.
Histoire des Ismaïliens par Rashid ed-Din, 95.
Histoire des Kadjars en vers persans, par Feth Ali Khan, voir *Shahanshah namèh*.
Histoire des Mongols en vers persans par Shems ed-Din Kashani, 94, 95, 101, 102, 104—106; — en vers persans par Hamd Allah Mostaufi Kazwini, intitulée *Zafer namèh*, 106—108.
Histoire des Mongols par Wassaf Firouzabadi, 58, 113, 149, 223 note; — par l'arménien Haïthoum, la *Fleur des Histoires de la Terre d'Orient*, voir Haïthoum.
Histoire des Mongols formée de la *Djami el-tévarikh*, du *Matla es-saadeïn*, du 7e volume du *Rauzet el-séfa* et du troisième volume du *Hébib el-siyer*, 85.
Histoire des Mongols, en mongol, par Sanang Setchen, éditée par Schmidt, 39 note, 77 note, 202 note, 273 note, 275 note, 282 note, 288 note, 289 note, 295 note, 303, 304.
Histoire des Mongols par d'Ohsson, 6.
Histoire des Mongols de la Perse, comprenant l'édition et la traduction de la vie d'Houlagou par Quatremère, 6, 30, 46, 124 note, 125 note.
Histoire des Prophètes par Nishapouri, 58, 66.
Histoire du sultan Oltchaïtou, par Abd Allah el-Kashani, 7—9, 13 note, 18, 19 note, 20, 22, 23 note, 25, 29 note, 31, 33, 36 note, 45, 70 note, 72, 92 note, 96, 96 note, 113, 132, 132 note, 133, 133 note, 136, 144, 149, 150, 153, 155, 221 note, 223 note, 230 note, 233 note.
Histoire de Témour Keurguen, par l'auteur de l'*Appendice à la Djami el-tévarikh*, intitulée *Tarikh-i houmayoun-i Hazret-i Émir Sahib-i Kiran* et *Tarikh-i Hazret-i Sahib-i Kirani*, 72 note.
Histoires de Témour Keurguen, en turk et en persan, sources du *Zafer-namèh*, 81—84.
Hiu Heng, traduit en mongol un précis de l'histoire de la Chine, 101 note.
Hiu-lié-ou, transcription chinoise du nom du prince mongol Houlagou, 225 note, 270, 284 note.

Hoang-héou, titre impérial des épouses de l'empereur de Chine, équivalent du mongol khatoun, 235.

Hoang-Ming-ta-ssé-ki, histoire des empereurs chinois de la dynastie des Ming, 243, 259 note, 266 note.

Hoang-ti, titre impérial des souverains chinois, équivalent au mongol khaghan, 232, 244, 264.

Hoeï-hoeï-koan-tsuen-shou, dictionnaire persan-chinois, 257 note.

Ho-é-liun, transcription chinoise du nom mongol Khogélun, 295, 295 note, 297, 298.

Ho-eul-ho-na-tchhouen, transcription chinoise du nom mongol Khorkhanatchoun, 296.

Ho-eul-pan-ta, transcription chinoise du nom de Khorbanda Oltchaïtou, souverain mongol de la Perse, 51 note, 225 note; d'un prince mongol de Chine, 225 note, 226 note.

Ho-eul-tchhou, transcription chinoise du nom mongol Khortchi, 273.

Ho-la-ho-suenn, transcription chinoise du nom ouïghour Keurgueuz, 235.

Ho-la Ho-ta-'an, transcription chinoise du nom Kara Khadaghan, 282.

Ho-lan-taï, transcription chinoise du nom mongol Kharamtaï, 285 note, 287.

Ho-li-la-eul, transcription chinoise du nom mongol Khorlar, 276.

Ho-li-la-eul-thaï Mié-eul-kan, transcription chinoise du nom mongol Khorlartaï Mergen, 275, 276.

Ho-li-[la]-thou-ma-touenn, transcription chinoise du nom mongol Khorlartou Madoun, 275, 276 note.

Ho-li-pou-houa, transcription chinoise du nom mongol Khourbogha, 297, 297 note.

Ho-li-tchha-eul Mié-eul-kan, transcription chinoise du nom mongol Khoritchar Mergen, 273.

Holwan, ville de l'Irak-i Arabi, 208 note.

Ho-mi, transcription chinoise du nom de la ville de Khamil, voir Khamil.

Ho-nan, province de l'empire chinois, 219 note.

Ho-pou-lé Ho-han, transcription chinoise du nom mongol Khaboul Khaghan, 290, 293, 293 note.

Ho-pou-thou-eul-ho-hou, transcription chinoise du nom mongol Khaboudour Khagou, 290.

Horde d'Or, 80 note, 91, 92, 151, 171, 172, 176, 197, 197 note, 198 note, 199, 199 note, 200, 220, 220 note, 221, 221 note, 226 note, 238, 266 note, 268, 298; suzeraine des principautés russes, 197, 197 note, 198, 198 note, 199, 199 note, 200, 221, 268; ses souverains inventent une histoire mensongère de la Chine, 80 note; ses relations avec l'Égypte, 80 note; ses relations avec le khaghan de Mongolie, 176.

Ho-sa-eul, transcription chinoise du nom mongol Khassar, 298.

Hoseïn ibn Baïkara Mirza (Émir), voir Sultan Hoseïn.

Hoseïn Keurguen, émir mongol de Perse, 92 note.

Ho-shang, nom chinois des prêtres bouddhistes, transcrit en persan khoshang, 99 note, 100.

Hosheng, fils de Farvâl, roi pishdadien de la Perse, frère de Tâz, ancêtre mythique des Arabes, 207 note.

Ho-ta-'an Thaï-Tzeu, transcription chinoise du nom mongol Khadaghan (= Khadan) Thaï-Tzeu, 291, 293, 295, 297.

Ho-tan, transcription du nom mongol Khadan (= Khadaghan), voir Kadan, Khadaghan.

Ho-tchenn, transcription chinoise du nom mongol Khatchin, 285, 286.

Ho-tchéou, ville du Turkestan chinois, en turk Tourfan, 212 note, 265 note.

Ho-tchéou, ville de Chine devant laquelle mourut Monkké Khaghan, 132, 163, 176.

Ho-tchheu Khiu-lou-khé, transcription chinoise du nom mongol Khatchi Külük, 285.

Ho-tchheu-ou, transcription chinoise du nom mongol Ghatchighou, 285, 286.

Ho-tchheu-wenn, transcription chinoise du nom mongol Ghatchighoun, 285, 285 note, 287.

Ho-tchhou-la, transcription chinoise du nom mongol Ghatchoula, 285, 286.

Ho-tchhou-wenn, transcription chinoise du nom mongol Ghatchighoun, 298, 298 note.

Ho-tha-kin, transcription chinoise du nom mongol Khataghin, 283, 283 note.

Ho-toun, transcription chinoise du nom de Godan, fils d'Ougédeï, 175 note.

Ho-tsan, transcription chinoise du nom du sultan mongol de Perse Ghazan, 225 note.

Houang-ho-than, transcription chinoise du nom mongol Khongghotan, 290.

Houlagou, en chinois Hiu-lié-ou, prince mongol de la Perse, 1, 2, 5, 43, 66, 87, 92, 100, 119 note, 139, 142, 154, 156, 162, 163, 165, 176, 178, 192, 224, 225 note, 226 note, 227, 227 note, 228, 228 note, 229, 231, 237, 250 note, 270, 284 note.

Hou-lan Pa-a-thou-eul, transcription chinoise du nom mongol Khoulan Baghatour, 291, 292.

Houlatchou, général mongol envoyé par Houlagou à Monkké, 227, 227 note.

Houlatchou, 64 note.

Hou-lou-thaï, transcription chinoise de Ouroughoutaï, Ourough-taï, ou de Khouroukhtaï, 288 note.

Houltatou, chaîne de montagnes, 240.

Hou-nan, province chinoise, 189 note.

Hounas, nom sanskrit des Ephthalites, 211, 211 note.

Houng-siang-i-eul, transcription chinoise du nom du pays de Khounsangir, 161 note.

Houo-tchéou, district de l'empire des Soung, 189 note.

Houo-thié-ou-a-lan, transcription chinoise du nom d'une localité où se tint la diète d'élection de Monkké, 170 note.

Hou-pé, province chinoise, 189 note.

Hourr ibn Yézid Riyahi, ancêtre de la famille des Mostaufis de Kazwin, 106.

Hou-sha-hou (Khoushakhou) général des Kin, fait une expédition contre les Mongols, 179 note.

Hou-thou-hé-thou Moung-kou-eul, transcription chinoise du nom mongol Khoutoukhtou Moungkour, 291, 292.

Hou-thou-la Ho-han, transcription chinoise du nom mongol Khoutoula Khaghan, 291—293, 296, 297, 300.

Hou-touo-hé-touo Tchou-eul-ki, transcription chinoise du nom mongol Khoutoukhtou Tchurki, 291, 291 note.

Hsi-an-fou, capitale de la Chine sous les Thang, 200, 202.

Hsiang-yang-fou, préfecture chinoise de l'empire des Soung, 189 note.

Hsiao-Tsoung, titre d'un empereur chinois de la dynastie des Ming, 267.

Hsien-Tsoung, titre chinois de Monkké, voir ce nom.

Hsien-Tsoung, titre d'un empereur chinois de la dynastie des Ming, 267.

Hsien-yang, ancienne capitale de la Chine, 202.

Hsi-phing, localité en Chine, 219 note.

Hsi-phing, (prince de-), titre porté par un prince mongol, 219.

Hsi-phing-ho, nom d'un fleuve en Chine, 179 note.

Hsi-yu (Si-yu), les contrées occidentales par rapport à la Chine, 218, 227, 227 note.

Hsuan-Tsoung, titre d'un empereur chinois de la dynastie des Ming, 266.

Hugo, *Les Orientales*, 168 note.

Hui-Ti, titre d'un empereur chinois de la dynastie des Ming, 242.

Hui-Tsoung, titre d'un empereur chinois de la dynastie des Soung du Nord, 258 note.

Hukétchi, voir Ukétchi.

Huns, leur nom transcrit en chinois Hioung-nou, Hyaona en zend, Hāoūn et Hyoūn en pehlvi, Houna en sanskrit, Ounnoi en grec, 201, 201 note, 204, 210, 211, 211 note, 213, 214 note, 237.

Huns blancs, les Ephthalites, 211, 211 note.

Hwaï, province chinoise de l'empire des Soung, 189 note.

Hwaï-ho, fleuve de Chine, 189 note.

Hyaona, nom des Huns dans l'Avesta, en pehlvi Hāoūn et Hyoūn, voir Huns, 210, 211, 211 note, 213, 214 note.

Hyoūn, forme pehlvie du nom des Huns, Hyaona en zend, 211 note.

I.

Iblis, 21, 24.

Ibn el-Athir el-Djézéri, auteur du *Kamil fil-tévarikh*, 58, 66, 95, 114, 126, 128, 143, 207 note.

Ibn Khaldoun, 209 note.

Ibn Saad, le katib de Wakidi, 143.

Ibn Taghribirdi, voir Aboul-Mahasen.

Ibrahim Sultan Mirza, fils de Shah Rokh, fait composer le *Zafer namèh*, 81—85.

Ibrahim, prophète des Musulmans, 249 note.

Ibret-namèh, poème par Feth Ali Khan, 112.

Iconium (Koniya), Seldjoukides d'Iconium, 271.

I-eul-ti-sheu, transcription chinoise du nom du fleuve Irtish, voir Irtish, 175 note.

Ikiras, chef mongol, 294 note.

Ikiras, tribu mongole, 294 note.

Il, fils de Karatchar, 64 note.

Ilakho Tchheng-siang, ministre de l'empereur mongol Toghon Témour, 168.

Ilbeg Kaan, prétendu empereur chinois, 78 note, 79 note.

Il Dabakha, «la grande montagne», fils de Karatchar, 64 note.

Ilenguir, arrière-grand-père de Témour Keurguen, 60 note, 64 note.

Ili-baligh, en chinois I-li-pa-li, ville de l'*oulous* de Tchaghataï, sur le fleuve Ili, 243 note, 265 note.

I-lin-tchenn, transcription chinoise du nom tibétain-mongol Irintchen = Rintchen, 39 note.

I-lin-tchenn-pa-ti, transcription chinoise du nom tibétain-mongol Irintchen-pati = Rintchen-pati, 226 note.

I-lin-tchenn Touo-eul-tcheu, transcription chinoise du tibétain Rintchen (r)Dordjé, surnom de Geïkhatou, 225 note.

I-li-pa-li, transcription chinoise du nom de la ville d'Ili-baligh, 265 note.

Iluder, fils de Karatchar Noyan, 64 note.

Imad ed-Din, grand mostaufi, 15, 41.

Imad ed-Din, fils d'Émir Ahmed Féléki, 42.

Imam-Kouli, prince djanide de Samarkand, envoie une ambassade à la Chine, 268.

Inde, 97 note, 211 note, 301; princes timourides de l'Inde, 73; princes de l'Inde, envoient des ambassades à l'empereur Ming, 266 note.

Indo-Chine, 186; princes de l'Indo-Chine vassaux des Ming, 266 note.

Indo-Scythes, iranisés, 211 note.

Indra, en mongol Khormousda, 211 note.

Ing-tchang, ville au N. E. de Shang-tou, 77 note.

Ing-Tsoung, empereur de Chine de la dynastie mongole, 78 note.
Inostrantsef, *Turkestanskié Ossouarii y astodani*, 212 note.
Inscriptions funéraires de Mongols chrétiens, 182 note.
Insulinde, princes de l'Insulinde vassaux des Ming, 266 note.
Irak-i Adjem, 40, 106, 207 note, 209 note, 249, 250 note, 251 note.
Irak-i Arabi, 192.
Iran, 32, 50 note, 60, 62 note, 72, 85, 129, 160, 162, 189, 190 note, 193, 205, 205 note, 206, 206 note, 208 note, 209, 210, 211 note, 212, 213, 214 note, 221 note, 222, 224, 225, 227, 227 note, 229—231, 234—236, 241, 269, 299, 301, 302.
Irbil, ville de Mésopotamie, 151.
Iredj, fils de Féridoun, 216.
Irintchen, général mongol, 13, 39 note, 42, 43.
Irintchen Dordjé, surnom tibétain de Geïkhatou, 225 note.
Irintchenpati, forme mongole de Rintchen-pati, prince mongol, fils de Toughatémour, 226 note.
Irtish, nom d'un fleuve de Mongolie et de Sibérie, 175 note, 240.
Irzamtchi Baroula, ancêtre de Témour Keurguen, 60 note, 64 note, voir Erdemtou Baroula.
I-sseu-fo-han, transcription chinoise du nom de la ville d'Isfahan, 266.
Isfahan, en chinois I-sseu-fo-han, ville de Perse, 209, 266, 266 note.
Iskender, fils de Philippe, 109, 110, 134 note.
Iskender, sultan sheïbanide de Samarkand, envoie une ambassade à la Chine, 267.
Iskender namèh, par Nizami, 108, 109.
Islam en Chine d'après les histoires mensongères des Persans, 74 note, 75, 77 note, 79 note, 80; cause de son triomphe en Perse et dans l'empire byzantin, 214 note.
Ismaïl ibn Mohammed Koutchek Tchélébi Zadèh, collectionneur de livres, 119 note.
Ismaïliens, (forteresses des-), 227, 227 note.
I-suenn-ko, transcription chinoise du nom du prince mongol Yisounkké, 170 note.
Itchil Noyan, ancêtre de Témour Keurguen, 60 note, 64 note.
Ivan III, tsar de Moscou, 200.

Ivan IV, tsar de Russie, 195 note.
Ivanof, professeur à Saint-Pétersbourg, 272 note.
Izz ed-Din Kouhédi, coadjuteur de Tadj ed-Din Ali-Shah, 41, 42, 48.

J.

Japon, 137 note, 138, 138 note, 192, 224, 271.
Jean de Plan Carpin, 171 note, 237, 270.
Jin-Tsoung, titre chinois de l'empereur Ayourparibhadra, 78 note.
Jouan-jouan, transcription du nom d'une tribu turke, peut-être les Tchourtchés, 201, 201 note.
Jouï-Tsoung, titre chinois de Touloui, fils de Tchinkkiz, voir Touloui.
Juifs, leur conversion en Perse, 19.

K.

Kaboul Khaghan, ancêtre de Tchinkkiz, voir Khaboul Khaghan.
Kadan (= Khadaghan) Béhadour, chef mongol, 291 note.
Kadan (= Khadaghan), en chinois Ho-tan, fils d'Ougédeï, 172; déporté à Besh-baligh, 175 note.
Kadan (= Khadaghan), fils de Karatchar, 64 note.
Kadjars, prétendent descendre de Tchinkkiz, 57, 65 note; leur histoire en vers persans, voir *Shahanshah namèh*.
Kahil?, (cimetière de-), à Tauris, 38.
Kaïdou, nom porté par les Mongols et les Timourides, 122.
Kaïdou-khan, en chinois Haï-tou, en mongol Khaïdou, ancêtre de Tchinkkiz, 60 note, 178 note, 180 note, 285, 285 note, 286 note.
Kaïdou, fils de Kashin, fils d'Ougédeï, 154, 161, 165, 166, 172, 175 note, 220 note, 223, 223 note, 233, 237, 238, 241; déporté dans le pays de Haï-ya-lé par Monkké, 175 note.
Kaïgato, forme donnée par Haïthoum au nom du prince Geïkhatou, 230 note.
Kaï-Kāous, en zend Kavi-Ousa, roi pishdadien de Perse, 111, 208, 209.
Kaï-Khōsrav, souverain kéanide de la Perse, 209.
Kaï-Syāvūkhsh, prince kéanide, 209.
Kaïtémour, prétendu empereur chinois, 78 note.
Kaï-Vishtasp, voir Vishtasp.

Kalka, rivière de la Russie du sud, 196.
Kalmak, ville de Chine d'après les historiens persans, 77 note, 79 note.
Kaménetz, ville de Russie, 199.
Kamil fil-tévarikh, histoire générale par Ibn el-Athir el-Djézéri, 58, 66, 95, 114, 126, 128, 143.
Kams, sorciers mongols, 165.
Kam-tchéou, capitale de la province de Kan-sou, 99 note.
Kang-diz, ville du pays de Boukhara, 209.
Kan-sou, province de l'empire chinois, 57, 99 note, 226 note, 237 note.
Kan-tchéou, ville dans le département de Si-an-fou, 99 note.
Kao-tchhang-koan-tsuen-shou, dictionnaire ouïghour-chinois, 257 note.
Kao-Tsoung, titre d'un empereur chinois de la dynastie des Soung, 189 note, 190 note.
Kaous, souverain kéanide de l'Iran, voir Kaï-Kāous.
Kara Houlagou, petit-fils de Tchaghataï, intronisé par Karatchar Noyan, 62 note.
Kara Khadaghan, en chinois Ho-la Ho-ta-an, chef mongol, 282, 282 note.
Kara-Khotcho, ville du Turkestan, Ho-tchéou en chinois, aujourd'hui Tourfan, 212 note, 237 note.
Kara-kouroum, capitale des Mongols en Mongolie, 77 note, 79 note, 83, 159, 162, 163, 166, 176, 186, 192, 197 note, 220; abandonnée par Koubilaï pour Daï-dou, 176.
Karashar, probablement «la ville noire», ville du pays de Tchaghataï, 237 note.
Karatchar, fils d'Ougédeï, 65 note.
Karatchar Noyan, ancêtre de Témour Keurguen dont le rôle a été amplifié par les historiens timourides, 60 note, 61 note, 62 note, 64 note, 65 note, 84, 86.
Karoun, 40.
Kashan, ville de Perse, 89 note, 112, 149 note, 150 note.
Kashani, *nisba* tirée du nom de la ville de Kashan, appliquée principalement aux hommes, 149 note, 150 note.
Kashghar, ville du pays de Tchaghataï, 234, 237 note.
Kashi, *nisba* tirée du nom de la ville de Kashan, appliquée surtout aux objets matériels, 149 note, 150 note.

Kashin, fils d'Ougédeï, 223 note.

Kashmir, 97 note.

Kassar (= Kaçar), voir Tchoutchi Kassar et Khassar.

Katchighoun, Katchioun, voir Ghatchighoun.

Katchoulaï, en chinois Ho-tchhou-la (Ghatchoula), fils de Touménaï-Khan, ancêtre de Témour Keurgueñ, 58, 60 note, 285, 285 note, 286, 290 note; voir Ghatchoula.

Katib-i Tchélébi, voir Hadji-Khalifa, 148.

Katib de Wakidi, 143.

Kavāt, roi sassanide de Perse, en persan Kobad, 211 note.

Kazan, ville de Russie, 220 note.

Kazwin, ville de Perse, 106.

Kéanides, dynastie antéislamique de la Perse, 111, 144, 208 note.

Kéhérun (Kégérun) Bayaout, nom d'un clan mongol, 277 note.

Kehrem, fils de Lohrasp, 213 note.

Kémal ed-Din Abd er-Rezzak ibn Ishak el-Samarkandi, auteur d'une histoire des Timourides intitulée *Matla es-saadeïn wé medjma el-bahreïn*, 71, 85, 118, 242, 249, 251, 255, 256 note, 268.

Kem-kemtchighod, aujourd'hui Kem-kemdjyout, nom d'un fleuve en Mongolie, 163.

Kénikès, voir le suivant, en persan Kéniket, nom d'un chef mongol et d'une tribu mongole, 290, 290 note.

Ké-ni-ké-sseu, transcription du nom mongol Kénikès, 290, 290 note.

Kentchések, chef mongol, 296 note.

Kéraïtes, nom d'une tribu mongole, 179 note.

Kérim ed-Din, 17.

Kéroulen, fleuve de Mongolie, 3, 78 note, 169, 177, 180 note, 182, 273 note.

Keshf el-zounoun, par Hadji-Khalifa, 97 note, 148.

Keu, forme donnée par Guillaume de Rübrück au nom de Kouyouk (Keu = Kuiuc), 173 note, 174 note.

Keurgueuz, gouverneur militaire de l'Iran, 224.

Keurgueuz, en chinois Ho-la-ho-suenn, tchheng-siang de Témour Oltchaïtou, 235 note.

Keushkuntchi, souverain sheïbanide de Samarkand, envoie des ambassades à la Chine, 267.

Khabaï Shira, chef mongol, 294 note.

Khaboudour Khaghou, en chinois Ho-pou-thou-eul-ho-hou, nom d'un chef mongol et d'une tribu mongole, 290.

Khaboul Khaghan, en chinois Ho-pou-lé Ho-han, en persan Kaboul-Khan, ancêtre de Tchinkkiz, 60 note, 180 note, 290, 290 note, 293, 293 note.

Khadaghan, Khadan, voir Kadan, Kara Khadaghan.

Khadaghan Thaï-Tzeu, en chinois Ho-ta-'an Thaï-Tzeu, en persan Kadan (Khadan) Taïshi, chef mongol, 291, 291 note, 293, 295, 296 note, 297.

Khaghan, titre des souverains mongols, traduit *hoang-ti* en chinois, conféré au prince de Perse, 235.

Khaïdou, en chinois Haï-tou, en persan Kaïdou, chef mongol, 60 note, 178 note, 180 note, 285, 285 note, 288, 295 note.

Khaï-phing-fou, résidence d'été des souverains mongols de la Chine, en chinois Shang-tou, en mongol Shang-tou Kaïboung kurdu-balghassoun, 77 note, 167, 238.

Khaïshang, khaghan de Mongolie et empereur de la Chine, surnommé Külük en mongol et Wou-Tsoung en chinois, 75, 78 note, 79 note, 218, 225 note, 240, 241.

Khalifes de Baghdad, 57, 163, 190, 192, 227, 237, 271.

Khalil Sultan, petit-fils de Témour Keurguen, souverain de Samarkand, dépouillé de ses états par Shah Rokh, vassal de l'empereur chinois, 244, 246, 248, 249.

Khamil, ou Khamul, en chinois Ho-mi, ville de l'Ouïghourie, 237 note, 265 note.

Khan-baligh, «la ville impériale», nom mongol de Daï-dou, capitale des empereurs mongols de la Chine, aujourd'hui Pé-king, 4 note, 74 note, 75, 220, 221 note, 224, 233, 269.

Khan Birdi Kaan, fils de Tulek, prétendu empereur chinois, 79 note.

Khan Ma-tchen, ambassadeur chinois à la cour de Shah Rokh, 297

Khapitchi, chef mongol, en persan Khapitchou, 283 note, 284 note.

Kharamtaï, en chinois Ho-lan-taï, chef mongol, 285, 285 note, 287.

Kharizm, la moderne Khiva, 5.

Khashli Kaan, fils de Dharmapala, prétendu empereur chinois, 79 note.

Khassar, en chinois Ho-sa-eul, frère de Tchinkkiz, 221 note, 242, 298, 298 note.

Khataghin, en chinois Ho-tha-ki, tribu mongole, 278, 283, 283 note, 303, 304.

Khataktaï, fils de Touménaï-Khan, 290 note.

Khatchi Külük, en chinois Ho-tchheu Khiu-lou-khé, chef mongol, 285, 285 note.

Khatchin, en chinois Ho-tchenn, chef mongol, 285, 285 note, 286.

Khatoun, titre des souveraines mongoles, traduit en chinois *hoang-héou*, 235.

Khilaset el-akhbar, histoire générale du monde en persan par Khondémir, 77 note, 78 note, 79 note, 87 note, 92.

Khi-sheu-li-hé, transcription chinoise du nom ouïghour Kishligh, 292, 293.

Khita, Khitaï, la Chine du Nord, des Kin, par opposition à Man-tzi, la Chine du Sud, 80 note, 97 note, 296 note.

Khiu-eul-tchi, transcription chinoise du nom des Kurdjs, la Géorgie, 175 note.

Khi-yo-wen, transcription chinoise de Kiyan, nom de la tribu de Tchinkkiz-khaghan, 57 note.

Khi-yo-wen Thié-mou-tchenn, transcription chinoise du nom mongol Kiyan Témoutchin, 57 note.

Khodabendèh, altération du nom de Khorbanda, 97 note, 134 note.

Khodavend namèh, poème par Feth Ali Khan, 112.

Khogélun, en chinois Ho-é-liun, en mongol Ugélen Éké, en persan Ulun Éké, mère de Tchinkkiz, 295, 295 note, 297, 298.

Khondémir, auteur du *Hébib el-siyer* et du *Khilaset el-akhbar*, 31, 58, 77 note, 78 note, 87 note, 91, 96 note.

Khongghotan, en chinois Houang-ho-than, chef mongol et tribu mongole, 290, 290 note.

Khonitchi, nom mongol, 274 note.

Khorasan, 33, 40, 45, 108, 130, 133, 205 note, 222, 233, 236, 240, 250 note, 251 note, 301 ; princes timourides du Khorasan, 73, 110.

Khorbanda, en mongol ancien et dans le dialecte des Ordos, «le troisième», nom porté par Oltchaïtou avant son avénément, transcrit en chinois Ho-eul-pan-ta, voir Oltchaïtou, 51 note, 138 note.

Khorbanda, prince mongol de Chine confondu avec Khorbanda Oltchaïtou, 226 note.

Khorbanda Oltchaïtou, voir Oltchaïtou.

Khorbogha, en chinois Ho-li-pou-houa, chef tatar, 297, 297 note.

Khorbogha Agha, tante de Témour Keurguen, 64 note.

Khoritchar Mergen, en chinois Ho-li-tchha-eul Mié-eul-kan, chef mongol, 273.

Khorkhanatchoun, en chinois Ho-eul-ho-na-tchouenn, nom d'un lieu en Mongolie, 296.

Khorlar, en chinois Ho-li-la-eul, nom d'une tribu mongole, voir Khorlas, 275 note, 276, 276 note, 286 note.

Khorlartaï Mergen, en chinois Ho-li-la-eul-thaï Mié-eul-kan, nom d'un chef mongol, 275, 276.

Khorlartou Madoun, en chinois Ho-li-[la]-thou-ma-touenn, nom d'une tribu mongole, 275.

Khorlas, nom d'une tribu mongole, 275 note, 276 note.

Khormousda, l'Indra bouddhique en mongol, 211 note.

Khortchi, en chinois Ho-eul-tchhou, chef mongol, 273, 273 note, 274.

Khoshnavātch, roi des Ephthalites dans le *Boundehesh*, faussement lu Akhshounvar par Nöldeke dans Tabari, 214, 214 note.

Khōsrav Anōshak-ravān = Khosrav Anoushirvan, 211 note.

Khosrav Anoushirvan, roi sassanide, 211 note, 214, 301.

Khosrav-namèh, mesnévi par Férid ed-Din Attar, 269.

Khosroès, rois de Perse de la dynastie des Sassanides, 192.

Khosroès Perviz, roi sassanide, 299.

Khoueï-kho, transcription persane de Hwaï-ho, nom d'un fleuve de la Chine, 131.

Khoulan Baghatour, en chinois Hou-lan Pa-a-thou-eul, chef mongol, 291, 291 note, 292.

Khounsangir, en chinois Houng-siang-i-eul, nom du pays où mourut Kouyouk, 161, 161 note.

Khouo-lé-pa-eul-hou-tchenn, transcription du nom mongol Kul Barghoutchin, 275.

Khouo-lien, transcription chinoise du nom mongol Kolen, 293.

Khouo-thié-ou-a-lan, transcription chinoise du nom du pays ou Monkké fut élevé à l'empire, 170 note.

Khouo-thouan Pa-la-ho, transcription chinoise du nom mongol Godan Baragha, 297, 297 note.

Khouo-touan, transcription chinoise du nom mongol Godan, 297 note.

Khourshah, prince ismaïlien d'Alamout, 18.

Khoushakhou, voir Hou-sha-hou, 179 note.

Khoushala, fils de Khaïshang, fils de Dharmapala, succède à Témour comme empereur de la Chine d'après Khondémir, 78 note, 79 note.

Khoutoukhtou Moungkour, en chinois Hou-thou-hé-thou Moung-kou-eul, chef mongol, 291, 291 note, 292.

Khoutoukhtou Tchurki, en chinois Hou-touo-hé-touo Tchou-eul-khi, en persan Sourkhakhtou Yurki, chef mongol, 291, 291 note.

Khoutoula Khaghan, en mongol Hou-thou-la Ho-han, chef mongol qui, du temps de Yisoukeï, ravagea le nord de la Chine, 180 note, 291, 291 note, 292, 293, 293 note, 296, 296 note, 297, 300.

Khshathra Vairya, en persan Shehriver, divinité avestique, 211 note.

Khvarizmshah (le), souverain en Perse, 192.

Kiaï-tchéou, district de l'empire des Soung, 189 note.

Kiang-hsi, province chinoise, 189 note.

Kiang-toung, province chinoise, 189 note.

Kia-tzeu-hoeï-ki, abrégé de l'histoire de la Chine par Sié Ying-khi, 101.

Kian-wen-ti, empereur chinois de la dynastie des Ming, 78 note.

Kief, capitale du grand-duché de Kief, 164, 172, 186, 194, 196, 197 note, 198, 199, 199 note.

Ki-eul-ma-ou, transcription chinoise du nom mongol Kir Maghou, 292.

Ki-li-ki-hou-thié-ni, transcription chinoise du nom Kirk khou-téni? d'une épouse d'Ougédeï exilée par Monkké, 175 note.

Kin, dynastie de souverains chinois dépossédés par les Mongols, 80 note, 122, 159, 160, 167, 176, 178 note, 179,

179 note, 180 note, 181 note, 186, 187, 189, 189 note, 190, 218, 293, 296 note, 300; suzerains des Mongols, 167, 178 note, 179 note, 180 note, 181 note, 190, 293, 296 note, 300; établissent cinq capitales dans leur empire, 190 note.

Kiptchak, en chinois Kin-tchha (= Kim-tchhak), empire de la Horde d'Or, 91, 171, 241, 250 note.

Kirghizes, tribu turke, 163, 203.

Kir Maghou (Kégir Maghou), en chinois Ki-eul-ma-ou, chef mongol, 292, 292 note.

Kirman, province iranienne, 40, 119 note.

Ki-sheu-mi du Si-yu, transcription chinoise du nom d'une contrée de l'Asie occidentale, 227, 228 note.

Kishk, domestique mongol qui découvrit un complot tramé contre Monkké par les princes des *oulous* d'Ougédeï et de Tchaghataï, 174, 174 note.

Kishligh, en chinois Khi-sheu-li-hé, nom d'une femme ouïghoure, 293.

Kitab el-mounkidh fil-iman fi-akhbar moulouk el-Yaman, histoire du Yémen par el-Mofadjdjaʿ, 207 note.

Kiyan, Mongol de la préhistoire, 204; le pluriel Kiyat est le nom d'une tribu mongole.

Kiyan Agha, tante de Témour Keurguen, 64 note.

Kiyat, tribu mongole, pluriel de Kiyan, 92 note.

Kobad, roi sassanide de Perse, en pehlvi Kavāt, 211 note, 301.

Kokovzof, orientaliste russe, dans *Mémoires de la Société Archéologique de Saint-Pétersbourg*, 182 note.

Kolbolod, «l'acier gris», gouverneur militaire de l'Iran, 224, 275 note.

Kolen (en chinois Khouo-lien) naghour, lac de Mongolie, 293, 293 note.

Konghourat, tribu mongole, 154, 203,

Kong-kirang, prince mongol de l'*oulous* de Tchoutchi, 175.

Kontchaka, sœur d'Uzbek, mariée au prince russe Georges Danilowitch, 198 note.

Kontchek Témour, «l'aiguière de fer», nom mongol, 122.

Koran, 123; commentaires du Koran, 58.

Korbogha Agha, tante de Témour Keurguen, voir Khorbogha.

Kouang-hsi, province chinoise de l'empire des Soung, 189 note.

Kouang-toung, province chinoise de l'empire des Soung, 189 note.

Kouang-Tsoung, titre d'un empereur chinois de la dynastie des Soung, transcrit en persan Kvan-zoun, 122.

Koubila-Khaghan, faute pour Koutoula-Khaghan, voir Khoutoula Khaghan.

Koubilaï, fils de Toulouï, fils de Tchinkkiz, khaghan des Mongols et empereur de la Chine, 2, 2 note, 3, 74, 79 note, 80 note, 91, 101 note, 120, 121, 131, 132, 139, 160, 161, 163, 164, 166—168, 175 note, 176—178, 179 note, 186, 192, 200, 201, 218—220, 222, 223, 223 note, 225 note, 226 note, 228, 229, 233, 235, 235 note, 238, 239, 241, 268, 271, 298.

Koufa, ville de l'Irak-i Arabi, 41.

Koulikovo, victoire remportée par Dmitri Donskoï sur le khan de la Horde d'Or, 199 note.

Koultchouk, officier mongol au service de Témour Khaghan, 240.

Koum, ville de Perse, 112.

Koun-sing-thaï, «la tour pour observer les étoiles», observatoire bâti à Daï-dou par ordre de Koubilaï, 163.

Koung-toung, nom des tribus turkes dans le *Eul-ya*, 201.

Kour, fleuve du Caucase, 230 note.

Kour Khan, prétendu empereur chinois, 79 note.

Koutché, ville du Turkestan chinois, anciennement dans le pays de Tchaghataï, 237 note.

Koutch Hoseïn, émir tué par Soleïman Khan, 72 note.

Koutlough, général mongol qui complota d'assassiner Monkké Khaghan, 174 note.

Koutlough Boukha, secrétaire de Rashid ed-Din, 22, 24, 27, 28.

Koutlough Kia (ou Khata), fils d'Itchil Noyan, 64 note.

Koutlough Tchaghan, fille de Kaïdou, 154, 165.

Koutlough Turken Agha, sœur de Témour Keurguen, 64 note.

Kouyouk, petit-fils de Tchinkkiz, khaghan des Mongols, 2—4, 4 note, 62 note, 91, 160, 161, 164—166, 170—173, 173 note, 174 note, 197 note, 219, 222, 223 note, 225.

Krim, en chinois Hé-lin, ville de l'*oulous* de Tchoutchi, 250 note.

Kubilik, ou Kumélek, «le papillon», prince mongol de l'*oulous* de Tchoutchi, 221 note, voir Kumilik.

Kul Barghoutchin, en chinois Khouo-lé-pa-eul-hou-tchenn, nom d'un pays, 275.

Kul-tégin, «le prince gris», chef ouïghour, frère de Bilgä-Khaghan, 162.

Külük, Külük Khaghan, titre mongol de Khaïshang, 78 note, 79 note, 258 note.

Kumilik, ou Kumélek, «le papillon», fils de Koubilaï, 80 note, voir Kubilik.

Kurdes, (pays des-), 227, 227 note.

Kurdjs, nom que les historiens musulmans donnent aux Géorgiens, transcrit en chinois Khiu-eul-tchi, 175 note, 227 note.

Kurdu, «disque», équivalent du sanskrit *tchakra*, 119 note.

Kurduntchin, princesse mongole, voir Kurdutchin.

Kurdutchin, traduction du sanskrit *tchakravartī* ou *tchakrī*, princesse mongole, petite-fille d'Houlagou, 119 note.

Kurdutu, nom mongol, traduction du sanskrit *tchakravartin* ou *tchakrin*, 119 note.

Kvan-zoun, nom persan de l'empereur chinois Kouang-Tsoung, 122.

L.

Laal, descendant d'Ilengir, émir de Témour Keurguen, 64 note.

Lala, fils de Karatchar Noyan, 64 note.

Lamas tibétains, donnent des noms sanskrits aux princes mongols, 167.

Lane, *Arabic-English Lexicon*, 299.

Langlès, *Ambassades réciproques d'un empereur de Chine et d'un roi de la Perse et des Indes*, 263 note, 264 note.

Lao-kien, ville de la Chine, 100.

Léon Ier, empereur byzantin, 214 note.

Léthayef el-hakayek, traité de théologie par Rashid ed-Din, 123.

Lettres écrites par les souverains mongols de l'Iran, leur protocole, 256 note.

Lettre écrite par Tamerlan à l'empereur chinois, 243; par l'empereur chinois à Shah Rokh, 77 note, 244, 245 et ssq., 254, 255, 257, 258, 259 et ssq.; par Shah Rokh à l'empereur chinois, 249, 249 note, 250, 250 note, 251, 251 note, 252, 252 note, 253 note.; protocole usité dans les lettres écrites par l'empereur de la Chine, 256 note, 257, 258, 264, 264 note, 265.

Liao, dynastie chinoise suzeraine des Mongols, 178 note.

Liao-toung, province de l'empire chinois, 160.

Li Chouang, lettré chinois de la cour de Koubilaï, 164.

Li-da, voir Soueï Li-da.

Lieou Phing-tchang, bonze qui donne à la dynastie mongole de Chine le nom de Yuan, 2, 164.

Lié-Tsou, titre chinois de Yisoukeï-Béhadour, père de Tchinkkiz, voir Yisoukeï-Béhadour.

Ling-pé, nom chinois donné dans l'administration des Yuan à la Mongolie, 177.

Ling Ti-tchi, auteur d'une liste des empereurs chinois, 101.

Liou Kou, ambassadeur chinois, porte de la part de l'empereur Kin les insignes de la souveraineté à l'empereur Soung, 190 note.

Li-taï-ki-ssé, précis de l'histoire de la Chine, des origines à la fin de la dynastie mongole, formé du *Thoung-kian-kang-mou* disposé en tableaux synoptiques, 2 note, 4 note, 57 note, 179 note, 190 note, 224 note, 226 note, 227 note, 228 note, 259 note.

Li-taï-shi-piao, abrégé de l'histoire de la Chine par Wan Seu-thong, 101.

Li-taï-ti-wang-sing-hi-thong-phou, liste généalogique des empereurs et des princes chinois compilée d'après les listes des histoires dynastiques par Ling Ti-tchi, 101.

Li Ta-tzeu, savant chinois qui apprend à Rashid ed-Din l'histoire de la Chine, 100.

Lithuaniens, ennemis de la Russie, 199, 199 note.

Li-Tsoung, titre d'un empereur chinois de la dynastie des Soung méridionaux, 5, 258 note.

Livres des conquêtes (*koutoub el-foutouh*), 143.

Livre des Rois, par Firdousi, 58, 94, 101, 106, 109, 110, 128,

205, 210, 212 note, 213 note; préface par Baïsonghor 58; édité par Hamd Allah Mostaufi Kazwini, 106.

Lōhrāsp, en zend Aurvaṭ aspa, souverain kéanide de la Perse, 209, 213.

Saint Louis, Louis IX, roi de France, envoie Guillaume de Rübrück en qualité d'ambassadeur à Monkké, 271.

Loulou, officier de la cour d'Oltchaïtou, 22, 24.

Lour-i Bouzourg, province de la Perse, 40.

Lour-i Koutchek, province de la Perse, 40.

M.

Ma-a-li-hé Pé-ya-ou-taï, transcription chinoise du nom mongol Makharikh Bayaoutaï, 277, 278.

Maalikboyaoudaï, voir Makharikh Bayaoutaï.

Māh, divinité zoroastrienne, voir Māoṅha, 211 note.

Mahdi, 61 note.

Mahmoud Abad Gaobari, village de Perse, 44.

Mahmoud Ghazan, en chinois Ho-tsan, sultan mongol de la Perse, prince Tsing-yuen, 1, 2, 4, 6, 29, 36 note, 43, 44, 50, 50 note, 58, 66, 68, 69, 91, 93—95, 96 note, 97 note, 98, 100—107, 128, 132, 139, 148, 152, 203, 224, 225 note, 230, 231, 231 note, 232, 250 note.

Mahmoud le Ghaznévide, fils de Sébouktégin, 110.

Mahmoud Kadjar, prince persan, fils du roi Feth Ali Shah Kadjar, 115, 115 note.

Mahmoud Tarabi, 62 note.

Mahomet, 66, 144, 214, 229, 249 note, 250 note; ancêtre prétendu des Tchinkkizides et des Timourides, 61 note.

Mahomet Can, nom de Takoudar dans Haïthoum, 229.

Mailla (de), père de la Compagnie de Jésus, auteur d'une *Histoire de la Chine* traduite du *Thoung-kian-kang-mou*, 2 note, 101 note, 179 note, 190 note.

Maïtoughan, fils de Tchaghataï, 62 note.

Makharikh Bayaoutaï (Bayaghoutaï), en chinois Ma-a-li-hé Pé-ya-ou-taï, nom d'une tribu mongole, 277, 277 note, 278.

Makrizi, auteur du *Solouk*, 29 note, 52, 52 note, 128.

Mamaï, souverain de la Horde d'Or, tué par Tokhtamish, 199 note.

Manas, ville du pays de Tchaghataï, 237 note.

Mandchous, voir Taï-Thsing.

Mangala, fils de Koubilaï Khaghan, gouverneur du Tangghout, 74, 79 note, 122, 218.

Mangghout, en chinois Mang-hou-thi, nom d'une tribu mongole, 288, 288 note.

Mangghoutaï, en chinois Mang-hou-thaï, chef mongol, 288.

Mang-hou-thaï, transcription chinoise du nom mongol Mangghoutaï, 288.

Mang-hou-thi, transcription chinoise du nom mongol Mangghout, 288.

Mang-kho-sa-eul, transcription du nom mongol Monkéser (= Mankousar), 269.

Mangou, voir Mangu, Monkké.

Mangu, forme donnée par Guillaume de Rübrück au nom de Monkké, 174 note, 270.

el-Manhel el-safi, dictionnaire biographique par Aboul-Mahasen, 51 note, 53.

Mani, 213 note.

Manichéens, les Zendiks, 213 note.

Manichéens (textes-), à Besh-baligh et à Tourfan, 212 note.

Mankousar, voir Monkéser.

Mansoura (la), localité en Égypte, 271.

Mansouri, traité de médecine arabe, 51 note.

Man-tchheng, ville de Chine, 219 note.

Man-tzeu, en persan *Manzistan*, la Chine du sud, l'empire des Soung, 174 note, 192.

Manuscrits mongols, 181 note.

Māoṅha, en persan Māh, divinité avestique, 211 note.

Maragha, ville de Perse où Houlagou fait bâtir un observatoire, 163.

Marco Polo, 164, 166.

Maredin, ville de Mésopotamie, 117.

Marie, mère d'Isa, 111.

Masoudi, auteur des *Prairies d'or* et du *Tenbih*, 58, 208 note.

Massagètes, adorateurs du Soleil, 210.

Matchin, la Chine du sud, 97 note.

Matla es-saadeïn wé medjma el-bahreïn, histoire des Timourides par Kémal ed-Din Abd er-Rezzak ibn Ishak el-

Samarkandi, de 704 à 875, 71, 85, 87 note, 118, 122, 242, 244 note, 246 note, 247 note, 249, 251 note, 253, 253 note, 256 note; ses sources, 85; suite de la *Djami el-tévarikh*, 85; notice par Quatremère, 244 note, 246 note, 247 note, 249; traduction abrégée par Galland, 264 note.

Ma Touan-lin, écrivain chinois, 202.

Ma-véra-an-nahr, voir Transoxiane.

Mazdéïsme chez les tribus turkes, 211 note, 212 note, 213 note; transporté dans le Turkestan chinois, 212 note.

Mazendéran, contrée de l'Iran, 205, 205 note, 222.

Médaïn, capitale des Sassanides, 299.

el-Médinet el-sultaniyyèh, voir Sultaniyyèh.

Medjma el-fouséha, tezkérè par Riza Kouli Khan, 112, 112 note.

Medjma el-tévarikh, histoire générale en persan par Haïder ibn Ali Hoseïni Razi, 79 note, 87 note.

el-medjmouat el-Reshidiyyè, recueil des œuvres mineures de Rashid ed-Din, 123—128.

Mélik, en chinois Mié-li, fils d'Ougédeï, déporté sur l'Irtish, 175 note, 277 note.

el-Mélik el-Nasir, fils de Kélaoun, sultan d'Égypte, 151.

Mélik Nasir ed-Din, fils de Ala ed-Din, seigneur de Reï, 227, 227 note.

Mélik Témour, prince mongol, 78 note.

Ménen Bagharin, en chinois Mié-gnien Pa-a-lin, nom d'une tribu mongole, 283.

Ménen Toudoun, en chinois Mié-gnien Thou-touenn, en persan Doutoum Ménen (ou Minin), chef mongol, 60 note, 180 note, 282 note, 285, 285 note, 286 note, 290 note.

Mer Verte, en chinois Thsing-haï, le lac Keuké-nor, en Mongolie, 271.

Mère du Livre = le Koran, 111.

Merkit, en chinois Mié-eul-khi, tribu mongole, 288 note, 294, 294 note.

Mérovingiens, 193.

Merv, ville du Turkestan, 210, 212 note.

Mésalik el-absar, encyclopédie arabe par Shihab ed-Din el-Omari, 29 note, 134 note, 300.

Mésopotamie, 208 note.

Mé-thé, tan-jou des Huns, 202.

Michel de Tver, prince russe, nommé par Tokhtogha grand prince de Moscou, 198 note.

Mié-eul-khi, transcription chinoise du nom mongol Merkit, 294.

Mié-gnien Pa-a-lin, transcription chinoise du nom mongol Ménen Bagharin, 283.

Mié-gnien Thou-touenn, transcription chinoise du nom mongol Ménen Toudoun, 285.

Mié-li, transcription chinoise du nom du prince Mélik, voir Mélik, 175 note, 277 note.

Miftah el-téfasir, lettres sur le Koran par Rashid ed-Din, 123.

Mihir, voir Mithra, 211 note.

Mihirakoula, roi des Hounas, 211 note.

Ming, dynastie d'empereurs chinois qui succéda à celle des Yuan et qui fut renversée par les Taï-Thsing, 75, 76, 77 note, 78, 78 note, 87, 89, 101, 130, 167, 184, 192, 201, 219 note, 220, 242, 243 note, 244, 249, 253 note, 256 note, 258 note, 265, 266 note; suzerains des Timourides, 242—269; suzerains des Sheïbanides, 267; suzerains des Djanides, 268; suzerains des princes de l'Inde et de l'Insulinde, 266 note.

Ming-ssé, histoire de la dynastie des Ming, 91, 242, 243 note, 244 note, 265 note, 266 note, 267, 267 note, 268 note.

Mir Ali, fils de Karatchar, 64 note.

Miranshah, fils de Témour Keurguen, 30.

Mirat el-advar wé merkat el-akhbar, histoire générale en persan par Mohammed Mouslih ed-Din el-Lari el-Ansari, 149.

Mirkhond, auteur du *Rauzet el-séfa*, 32, 32 note, 58, 77 note, 91.

Mithra, persan Mihir, divinité avestique, 211 note.

Miyanèh (rivière de-), dans l'Azerbeïdjan, 40.

el-Moadjdjem fi athar moulouk el-Adjem, histoire de Perse, 58.

Modjem el-bouldan de Yakout el-Hamavi, 23 note, 206 note, 213 note.

Modokhon Setchen, chef mongol, 296 note.

Moezz el-ansab, recueil de tableaux généalogiques des Tchinkkizides et des Timourides, 64 note, 86, 119 note, 243 note, 298.

el-Mofadjdja[c], auteur du *Kitab el-mounkidh fil-iman fi akhbar moulouk el-Yaman*, 206 note, 207 note.

Moghalak, ville dans le pays de Tchaghataï, 76.

Mohammed (Émir), secrétaire du vizir Saad ed-Din, 22, 23, 27—29.

Mohammed ibn Abd el-Wahhab el-Kazwini, auteur d'une préface au *Tezkéret el-aulia*, 269 note.

Mohammed Bakhshi, ambassadeur envoyé par Shah Rokh à la cour de Chine, 251 note.

Mohammed Dervish Baroulas, en chinois Tié-li-mi-sheu, général de Tamerlan, ambassadeur en Chine, 243, 243 note.

Mohammed el-Émin, surnommé Zoud-nivis el-Baghdadi, copiste d'un manuscrit des œuvres théologiques de Rashid ed-Din, 125.

Mohammed ibn Hamza, copiste de manuscrits, porte le titre de «récitateur du texte de Rashid», 116.

Mohammed Khan Sheïbani, souverain sheïbanide de Samarkand, détrone Ali Mirza, envoie des ambassades à la Chine, 267.

Mohammed Mouslih ed-Din el-Lari el-Ansari, auteur d'une histoire générale intitulée *Mirat el-advar*, 149.

Mohammed Nershakhi, auteur. d'une *Histoire de Boukhara* éditée par Schefer, 212 note.

Mohammed ibn Omar ibn Hasan ibn Mahmoud Abd el-Ghaffour el-Samarkandi, copiste qui savait le persan, l'arabe, le turk et le mongol, 117.

Mohammed Sheïbani, voir Mohammed Khan Sheïbani.

Mohilef, ville de Russie, 199.

Moïn ed-Din Kashani, astronome au service d'Oulough Beg, 89 note.

Mois ouïghours employés par les Mongols, 133 note, 134 note.

Moïse, 249 note.

Mojaïsk, ville de Russie, 199 note.

Mongédou, prince mongol de la descendance d'Ougédeï, exilé par Monkké, 175 note.

Monggédou Kiyan, en chinois Mong-ké-thou Khi-yen, chef mongol, 291, 292, 292 note.

Monggholtchin Goa, femme de Bourtchikitaï Mergen, voir le suivant, 274.

Mong-ho-lé-tchenn Ho-a, transcription chinoise du nom Monggholtchin Goa, 274.

Mong-ké-thou Khi-yen, transcription chinoise du nom mongol Monggédou Kiyan, 291.

Mong-ko, transcription chinoise du nom mongol Monkké, 270.

Mong-ko Thié-mou-eul, transcription de Monkké Témour, nom d'un souverain de la Horde d'Or, 221 note.

Mong-ko-tou, transcription chinoise du nom du prince Mongédou, voir Mongédou.

Mongol ne tolérant pas les mots commencant par un R, 39 note.

Mongolie, 77 note, 78 note, 159, 162, 163, 166, 176, 177, 180 note, 181 note, 186, 218, 220, 222, 238, 240, 296 note.

Mongols, en chinois Moung-ou, Moung-vou, Moung-kou, Moung-kou-sseu, tribu turke, 201—204; anéantis par les tribus turkes, 204; se rattachant à la famille de Mahomet, 61 note; leur histoire avant Tchinkkiz d'après le *Yuan-shao-pi-sheu*, 272 et ssq.; vassaux des Liao, 178 note; vassaux des Kin, 167, 178 note, 179 note, 181 note, 190; s'emparent d'une partie de l'empire des Kin, 179 note, 180 note; détruisent la dynastie des Kin, 80 note, 179 note; leur dynastie en Chine, 87, 91, 201, 246; idiotisme des Mongols pour désigner leur roi, 154, 155; leur barbarie jusqu'à la fin du règne de Tchinkkiz, 159 note, 217; convertis au Nestorianisme, 181, 181 note.

Monkéser (Mankousar), en chinois Mang-kho-sa-eul, général mongol, 269.

Monkka, voir Monkké.

Monkké (Monkka) Khaghan, en chinois Mong-ko, khaghan des Mongols, 2—4, 4 note, 91, 131, 132, 139, 159, 161—165, 170, 170 note, 171—174, 174 note, 175 note, 176, 177, 187, 192, 219, 222, 224, 227, 227 note, 231, 270.

Monkké, fils de Karatchar, 64 note.

Monkké Témour, en chinois Mong-ko Thié-mou-eul, souverain de la Horde d'Or, 80 note, 198 note, 221 note, 223 note, 238; soutient Kaïdou contre le khaghan, 223 note, 238.

Monkké Témour, fils d'Houlagou, 119 note.

Montesquieu, *Considérations sur les causes de la grandeur des Romains et de leur décadence*, 300.

Moscou, capitale de la grande principauté de Moscou, 92, 170, 186, 195—197, 198 note, 199 note, 200, 217; tsarat de Moscou, 195.

Moskova, rivière de Russie, 196.

Mostaasem, le dernier khalife abbasside, 144.

Mostaufis, famille de Kazwin à laquelle appartenait l'historien Hamd Allah Mostaufi, 106.

Moubarek Shah, général musulman au service de l'empereur de Chine, 231.

Moubarek Shah Savi, 14, 17, 18.

Moughan, ville de l'Azerbeïdjan, 40.

Mouké, prince mongol, en chinois Mou-ko, 132, 170 note, 171.

Mou-ko, transcription chinoise du nom du prince mongol Mouké, 170 note.

Moukouli Kao-yang, général mongol, 131.

Moung-kou, transcription chinoise du nom des Mongols, 179 note.

Moung-ou, ibid., 179 note.

Moung-kou-sseu, ibid., 179 note, 305.

Moung-vou, ibid., 179 note.

Mounouloun (Mounoloun), en chinois No-mouo-liun, femme de Doutoum-Minin, d'après Rashid, 180 note, 285, 286, 286 note.

Mountékheb el-tévarikh-i Moïni, histoire générale du monde par un auteur inconnu, 73, 74, 74 note, 75—77, 78 note, 80, 268.

Mourad IV, sultan ottoman, 193.

Mourom, ville de Russie, 196, 197, 198 note.

Mousa, prophète des Musulmans, voir Moïse, 249 note.

Mousa, sultan mongol de Perse, 70.

Mou-tho-tchhi, transcription chinoise de Moutotchi, nom d'un pays, 175 note.

Mstislaf, nom russe, 119.

Mstislaf Andrééwitch, fils d'André Bogolioubowski, prince de Sousdalie, 119; s'empare de Kief, 195, 196.

Mstislaf le Brave, prince de Smolensk, 196.

Mstislaf le Téméraire, prince de Galitch, tué à la Kalka, 196.

Müller, *Eine Hermas-Stelle in manichäischer Version*, 212 note.

Musulmans en Chine d'après l'histoire mensongère du *Mountékheb el-tévarikh*, 74 note.

N.

Nadir Shah, roi de Perse, 193.

Naghour ghourough, sépulture de Toda Monkké, 74 note.

Nakhsheb, ville de la Transoxiane, 214.

Nalighou, souverain de l'*oulous* de Tchaghataï, transcrit par les Chinois Na-li-hou, voir Alighou et Aloughou, 120, 121.

Na-li-hou, transcription chinoise de Nalighou, nom d'un souverain de l'*oulous* de Tchaghataï, 121.

Nangiyas, (les Chinois du sud), 131; fleuve des Nangiyas, le Hwaï-ho, 131.

Nan Hien, auteur du précis d'histoire chinoise intitulé *Thoung-kian-kang-mou*, 101.

Nan-hou-li, transcription chinoise du nom d'un prince mongol, 226 note.

Nan-king, l'une des capitales des Kin, différente de la ville qui porte actuellement ce nom, 159, 164, 177.

Naples, royaume de Naples, 235 note.

Napoléon, 235 note.

Narbonne, 187.

Nasir ed-Din (Mélik), fils de Ala ed-Din, seigneur de Reï, 227, 227 note.

Nasir ed-Din el-Tousi, 18, 90 note, 100, 162, 163; apprend l'astronomie chinoise d'un astronome chinois, 100.

Nasir ed-Din Yahya, fils de Djélal ed-Din Tabari, 17.

Na-tchhenn Pa-a-thou-eul et Na-tchenn, transcription chinoise du nom du chef mongol Natchin Baghatour, 178 note, 285, 287, 288.

Natchin Baghatour, en chinois Na-tchhenn Pa-a-thou-eul, oncle de Khaïdou Khaghan, soumet les Barghout, 178 note, 282 note, 285, 285 note, 287, 288, 295 note.

Naubéhar, temple du feu à Balkh, 212 note, 301.

Nayali, voir Noyar.

Nayan, souverain de l'*oulous* d'Oridé, 220 note, 221 note.

Nedjdi (Sheïkh), 21, 24.

Nédjib ed-Daulèh, fonctionnaire persan d'origine juive, gouverneur de Noubendégan, 18, 21—26, 28, 29.

Nestorianisme en Mongolie, 166, 181, 181 note, 182 note, 183, 200; en Chine, 212 note.

Nicole, nom primitif de Takoudar, prince de Perse, 229.

Nien-hao, noms d'années des empereurs chinois, 258 note.

Nijni-Novgorod, ville de Russie, 197.

Nigueun Taïshi, voir Nikoun Taïshi.

Nikeuz, mongol de la préhistoire, 204.
Nikoun Taïshi, voir le suivant.
Nikoun Thaï-tzeu, en chinois Gnié-khouenn Thaï-tzeu, en persan Nikoun (Nigueun) Taïshi, chef mongol, 292, 292 note, 294, 295.
Nikpaï Oughoul, prince du pays de Tchaghataï, 223 note.
Ning-Tsoung, titre d'un empereur chinois de la dynastie des Soung, transcrit en persan Ning-zoun, 57, 122.
Ning-zoun, nom persan de l'empereur chinois Ning-Tsoung, 122.
Nishapour, ville de Perse, 185.
Nishapouri, auteur d'une histoire des Prophètes, 58.
Niu-tché, Niu-tchenn, tribu de souche mandchoue qui fournit à la Chine la dynastie des Kin, 80 note, 179 note, 201, 201 note.
Nizam ed-Din Abd el-Wasi^c Shami, auteur d'une histoire de Témour Keurguen, intitulée *Zafer namèh*, 71, 81.
Nizam ed-Din Abd el-Wasi^c Shéneb-i Ghazani, voir le précédent.
Nizam el-tévarikh, histoire générale par le kadi Beïdhawi, 58, 149.
Nizam-i Shami, voir Nizam ed-Din Abd el-Wasi^c Shami.
Nizami, poète persan, 108, 110.
el-Nodjoum el-zahirèh, histoire d'Égypte par Aboul Mahasen, 51 note, 128.
Nokhakin, nom d'une tribu mongole, 288 note.
Nomokhan, fils de Koubilaï, 80 note, 238.
Nomouloun, en chinois No-mouo-liun, femme de Khatchi Külük, Mounouloun (Mounoloun) en persan, voir Mounouloun, 180 note, 285, 286, 286 note.
No-mouo-liun, transcription chinoise du nom mongol Nomouloun, 285, 286.
Noms d'années (nien-hao) des empereurs chinois, 258 note.
Notices et extraits des manuscrits de la Bibliothèque Royale, 244 note, 246 note, 247 note, 265 note.
Noubendégan et Noubendédjan, ville du Fars, 23, 23 note.
Nour ed-Din Loutf Allah Hafiz Abrou, voir Hafiz Abrou.
Noushirvan, souverain mongol de l'Iran, 72.
Novgorod (République de), 191, 196, 271 ; (principauté de), 197, 197 note, 199.
Novgorod-Siéversk, ville de Russie, 199.

Nowaïri, historien égyptien, 79 note.

No-ya-ki-taï, transcription chinoise du nom mongol Noyakhtaï, 286, 286 note.

Noyakhtaï, voir le précédent, nom d'un chef mongol, 286, 286 note.

No-ya-lé, transcription chinoise du nom mongol Noyar, 286, 286 note.

Noyar, en chinois No-ya-lé, nom d'une tribu mongole, 286, 286 note, 304.

Nuguer Sultan, fille de Toughaï Boukha, 64 note.

O.

Observatoire construit par Houlagou à Maragha, 163; à Daïdou par Koubilaï, 163.

Occoday, forme donnée par Jean de Plan Carpin au nom d'Ougédeï, 270.

Oghoutaï, en transcription chinoise O-hou-thaï, tchheng-siang de Témour Oltchaïtou, 235 note.

O-hou-thaï, transcription chinoise de Oghoutaï, 235 note.

Ohsson (d'), auteur d'une *Histoire des Mongols*, 6.

Oka, rivière de Russie, 200.

Okhotsk (mer d'), 203.

Okodaï, voir Ougédeï.

Olgerd, fils de Gédimine, prince de Lithuanie, 199.

Olkhounout, nom d'un chef mongol, fils de Khabaï Shira, 294 note.

Olkhounout, en chinois Wo-lé-hou-nou, tribu mongole, 294, 294 note.

Olonar, en chinois O-lo-na-eul, chef mongol et tribu mongole, 290.

Oltchaï, en chinois Wan-tché, tchheng-siang de Témour Oltchaïtou, 235 note.

Oltchaï-Khatoun, Oltchaï-Koutlough, Oltchaï-Sultan, fille de Mahmoud Ghazan, 36 note, 43.

Oltchaïtou Khorbanda, sultan mongol de la Perse, 1, 7, 8, 13, 16, 17, 19, 24, 25, 27—29, 31—33, 35, 40—43, 45, 50, 50 note, 52, 53, 59, 66, 69, 70, 72, 91, 92 note, 93—95, 96 note, 97 note, 98, 101, 113, 116, 128, 134 note, 135 note, 142, 143, 148, 152, 155, 221 note, 224, 225 note,

226 note, 229 note, 230, 230 note, 231, 232, 233 note, 234, 235, 235 note, 237, 240, 250 note, 256 note.

Oltchaïtou Témour Khaghan, voir Témour.

Oltchaï Yaboghan, «le piéton fortuné», nom mongol, 122.

Olvan, frère de Sheddâd, fils de ʿAd, père de Zohak, 207 note.

Omeyyades, 144.

Ong-Khan, en chinois Wang-han, souverain de la tribu des Kéraïtes, voir Wang-Khan.

Ongkin, fleuve de Mongolie sur les bords duquel Ougédeï avait un campement, 160.

Onkélos, auteur du *Targoum*, 29.

Onon ou Onan (en chinois Wo-nan), fleuve de Mongolie, 3, 57, 182, 189, 273, 273 note, 279, 280, 292, 294, 297.

Ordos, (dialecte des-), 51 note.

Oridé, prince mongol de l'*oulous* de Tchoutchi, 220 note, 221 note.

Oridé, prétendu empereur chinois, 78 note.

Orkhon, fleuve de Mongolie, 162, 177, 183, 211 note, 217.

Ormektou, nom d'une résidence d'Ougédeï, 160.

Orok Témour, prétendu empereur chinois, 78 note.

Orose (Paul), *Histoires*, 187, 187 note, 188.

Osmanlis, (titre royal des-), 188 note.

Otbi, auteur du *Tarikh-i Yémini*, 58.

O-tchéou, ville chinoise assiégée par Koubilaï, 131.

Oudour Bayan, fils de Touménaï Khan, 290 note.

Ou-eul-sheu-wenn, transcription chinoise du nom mongol Ourshighoun, Ourshioun, 293.

Ougédeï, (Okodaï), en chinois Wo-khouo-thaï, fils de Tchinkkiz, khaghan des Mongols, 2, 3, 4, 4 note, 62 note, 91, 154, 158—162, 164, 166, 171, 172, 174, 175, 192, 197 note, 217—219, 222, 223 note, 224, 270, 277 note, 295 note, 297 note; ses descendants écartés du trône par Batou, 170—176; ses descendants mis à mort par Monkké, 161.

Oughoul-Ghaïmish-Khatoun, épouse de Kouyouk, mise à mort par ordre de Monkké, 161, 165, 170, 171, 175 note.

Oughouz, fondateur mythique de la race turke, 185.

Ouïghours, tribus turkes, 97 note, 212 note, 213 note.

Ouïrat, tribu mongole, 288 note.

Ouïrataï, voir Euïreudeï.

Oulaï, nom pehlvi d'une rivière de Perse, 208.

Ou-leang-ho, transcription chinoise du nom mòngol Ouryankgha, 277, 304.

Ou-leang-ho-thaï, transcription chinoise du nom du général mongol Ouryankghédeï, prononcé anciennement Ouryankghadaï, 170 note, 269.

Oulough Beg, petit-fils de Témour, souverain de la Transoxiane, historien et astronome, 4, 64 note, 78 note, 79 note, 86, 87, 87 note, 89 note, 90 note, 92, 163, 249, 265, 266; dépouille Khalil Sultan de ses états, 249; fait construire l'observatoire de Samarkand, 89 note; envoie une ambassade à la Chine, 265, 266.

Oulough Ef, «la grande maison», l'une des résidences des princes du Tchaghataï, 237 note.

Oulough Yourt, la capitale mongole des successeurs de Tchinkkiz, soit Karakouroum, 77 note, 78 note.

Ou-lou-ou-taï, transcription chinoise du nom mongol Ouroughoutaï, 288, 288 note.

Ou-lou-ou-thi, transcription chinoise du nom mongol Ouroughout, 288, 288 note.

Oulous, en mongol «royaume», nom donné aux apanages des fils de Tchinkkiz, 6 et passim.

Ounnoï, nom grec des Huns, voir Huns.

Oural, 203, 220.

Ourdou, transcrit en chinois ou-eul-tou, en mongol, le campement d'un prince; les quatre grands ourdous de Tchinkkiz, 3, 3 note, 177.

Ourdou Baligh, résidence d'Ougédeï, 78 note, 160, 162.

Ouroughout (Ourouout), en chinois Ou-lou-ou-thi, en transcription persane Ourout, tribu mongole, 288, 288 note.

Ouroughoutaï, en chinois Ou-lou-ou-taï, chef mongol, 288, 288 note.

Ouroughtaï, nom mongol, 288 note.

Ouroumtsi, ville du Turkestan chinois, l'ancienne Besh-baligh, 212 note, 213 note.

Ourouout, tribu mongole, voir Ouroughout, 288 note.

Ourououtaï, voir Ouroughoutaï, 288 note.

Ourous-Khan, souverain de la Horde d'Or, 250 note.

Ourouyout, tribu mongole, 288 note.

Ourshighoun, voir Ourshioun.

Ourshioun, en chinois Ou-eul-sheu-wenn, nom d'un fleuve en Mongolie, 293, 293 note.

Ourshon, nom d'un fleuve en Mongolie, 293 note.

Ourtou-Khata, général mongol, 133, 299.

Ourtou-Khata, général mongol, apporte un yarligh à Arghoun, 230, 301.

Ouryangiya, forme syriaque du nom de la tribu mongole des Ouryankgha, Ouryankghit, 181 note.

Ouryankgha, en chinois Ou-léang-ho, Ouryankkhan en mongol, nom d'une tribu mongole, 277, 304.

Ouryankghadaï, voir Ouryankghédeï.

Ouryankghat, Ouryankghod, voir Ouryankgha, 304.

Ouryanghédeï, (Ouryankghadaï), en chinois Ou-léang-ho-thaï, général mongol, 170 note, 171, 269.

Ouryankghit, tribu mongole, voir Ouryankghat, 182 note.

Ouryaout, tribu mongole, 288 note.

Outchou, voir Ou-tchou.

Ou-tchou, (Outchou), général de l'empereur Kin, battu par les Mongols, 179 note.

Ouyangéens, (Ouyangia), voir Ouryangiya, 181 note.

P.

Pa-a-lin, transcription du nom mongol Bagharin, 283.

Pa-a-li-taï, transcription chinoise du nom mongol Bagharitaï, 282, 283.

Pa-eul-ho-hé, transcription du nom mongol Barkhokh, 291 note.

Pa-eul-hou-taï Mié-eul-kan, transcription chinoise du nom mongol Barghoutaï Mergen, 275.

Pa-eul-hou-tchenn Ho-a, transcription chinoise du nom mongol Barghoutchin Goa, 275.

Pa-eul-than Pa-a-thou-eul, transcription chinoise du nom mongol Bartan Baghatour, 291.

Païghou, en transcription chinoise Pé-hou, nom d'un prince de la Horde d'Or, 221 note, 298, 301.

Païghou, prétendu empereur chinois, 79 note, 298.

Pa-la-ho-tchheu, transcription chinoise du nom mongol Baraghatchi, 293, 293 note.

Pa-la-hou, transcription chinoise du nom de la tribu mongole des Barghou, Barghout, 178 note.

Pa-lé-tchouenn A-la, transcription chinoise du nom mongol Baltchoun Aral, 279, 280 note.

Pa-lin Sheu-i-la-thou Ho-pi-tchheu, transcription chinoise du mongol Barin Shiratou Khapitchi, 283, 284, 284 note, 285.

Pa-li-tan, transcription chinoise du nom de Bartal, grand-père de Tchinkkiz, 178 note.

Pa-lou-la-sseu, transcription chinoise du nom mongol Baroulas, 286.

Pa-lou-la-thaï, transcription chinoise du nom mongol Baroulataï, 286.

Pang-ko-la Koué, transcription chinoise du nom du Bengale, 266 note.

Pao-ting-fou, ville de Chine, 219 note.

Papier de Baghdad, 124, 125.

Pari Bhadhra, voir Ayourparibhadra.

Pa-taï, transcription chinoise du nom mongol Badaï, 292.

Patchiman, chef turk capturé par les Mongols dans une île de la Caspienne, 132.

Pa-tha-tchheu-han, transcription chinoise du nom mongol Batatchi Khan, 273.

Pa-tou, transcription chinoise du nom de Batou, 170 note, 221 note.

Pé-an (prince de), titre porté par Nomokhan, fils de Koubilaï, 219.

Pé-hou, transcription chinoise de Païghou, nom d'un prince de la Horde d'Or, 221 note.

Pé-king, capitale de la Chine des Ming, voir Pé-phing-fou, 88, 121, 130, 219 note, 244, 265, 267.

Pé-phing, nom de plusieurs localités en Chine, 219 note.

Pé-phing (prince de), titre porté par Nomokhan, fils de Koubilaï, 219, 238.

Pé-phing-fou, nom de Pé-king, sous les Ming, 219 note.

Péréyaslav, ville de Russie, 198 note.

Perse, 71—73, 77 note, 78, 87, 91, 92, 100, 122, 176, 177, 182 note, 186, 193, 200, 205, 207 note, 209 note, 210, 212 note, 215, 217, 222, 224, 225 note, 228, 231, 232, 235—238, 240, 242, 243 note, 248, 249, 264, 265 note, 267 note, 299, 302;

vassale de l'empire chinois, 224 et ssq., 228, 231 et ssq., 264, 267 note, 299, 302.

Pertsch, *Catalogue des manuscrits persans de la Bibliothèque Royale de Berlin*, 140, 140 note.

Pé-sheng-ho-eul Touo-hé-shenn, transcription chinoise du nom mongol Baï-Shingghor Dokhshin, 288, 289.

Pharaons, rois d'Égypte, 208 note.

Philippe Auguste, roi de France, 191.

Philippe le Bel, roi de France, reçoit une lettre d'Arghoun, 231, 232 note, 256 note; d'Oltchaïtou, 229 note, 233 note, 256 note.

Pié-eul-kò, transcription chinoise du nom du prince mongol Béréké, envoyé par Monkké dans le pays des Kurdjs (Géorgie), 170 note, 175 note.

Pié-lé-kou-nou-thaï, transcription chinoise du nom mongol Belkounoutaï, 276, 278, 279, 283.

Pié-lé-kou-nou-thi, transcription chinoise du nom mongol Belkounout, 283.

Pié-lé-kou-taï et Pié-li-kou-thaï, transcription chinoise du nom du prince mongol Bilkoutaï, 170 note, 292.

Pierre le Grand, empereur de Russie, 200.

Pié-sheu Pa-li, transcription chinoise du nom turk Besh-baligh, voir Besh-baligh.

Pié-sou, transcription chinoise du nom mongol Bésout, 293.

Pié-sou-thaï, transcription chinoise du nom mongol Bésoutaï, 289.

Pié-sou-thi, transcription chinoise du nom mongol Bésout, 289.

Pin (prince de), 225 note, 226 note.

Pinsk, ville de Russie, 199.

Pir Mohammed, descendant d'Ilenguir, 64 note.

Pirouz, en persan moderne Firouz, «l'éclatant», le Pérozès des Byzantins, roi sassanide de Perse, 214, 214 note.

Pishdadiens, rois antéhistoriques de l'Iran, 144.

Playfair, *The cities and towns of China*, 246 note.

Pluriel mongol, ses différentes formes, 275 note, 276 note, 285 note, 286 note, 303—305.

Plutarque, *Moralia*, 182 note, 183 note.

Podolie, province de Russie, 199.

Pognon, *Inscriptions sémitiques*, 181 note.

362

Polonais, ennemis de la Russie, 199 note, 200.

Polotsk, ville de Russie, 196, 199.

Polovtsi, tribus turkes ennemies des Russes, 192.

Poltava, ville de Russie, 200.

Porte-Glaives (Chevaliers), ou Frères de la Milice du Christ, ordre de chevalerie allemand, 197, 199, 271.

Pou-eul-han, transcription chinoise du nom mongol du mont Bourkhan, 273, 274, 276.

Pou-eul-tchi-kin, transcription chinoise du nom de la tribu mongole des Bourtchiguènes, 283.

Pou-eul-tchi-ki-taï Mié-eul-kan, transcription chinoise du nom mongol Bourtchikitaï Mergen, 274.

Pou-ho-thou Sa-lé-tchi, transcription chinoise du nom mongol Boughoutou Saltchigh, 278, 279, 283.

Pou-houa-eul, transcription chinoise du nom de la ville de Boukhara, 266.

Pou-hou Ho-tha-ki, transcription chinoise du nom mongol Boughou Khataghi, 278—280, 283.

Pou-kou-nou-ou-thaï, voir Pou-kou-nou-thaï.

Pou-kou-nou-ou-thi, transcription du nom mongol Boukounout.

Pou-kou-nou-thaï, transcription chinoise du nom mongol Boukounoutaï, 276, 278, 279.

Poulad, ville du pays de Tchaghataï, 237 note, 240.

Poulad Tchheng-siang, ambassadeur de Koubilaï et résident chinois en Perse, 94, 95, 230, 230 note, 231, 235 note.

Poulad Tchheng-siang, ambassadeur de Koubilaï à la cour de Perse, massacré dans le pays de Tchaghataï avec sa mission, 234, 235, 235 note.

Pou-lé-thié-tchhou Pa-a-touo-eul, transcription chinoise du nom mongol Boultétchi Baghatour, 290, 290 note.

Pou-li, transcription chinoise du nom du prince mongol Bouri, voir Bouri.

Pou li Pou-khouo, transcription chinoise du nom mongol Boro Buké, 292.

Pou-li-pou-lé-tchheu-lou, transcription chinoise d'un nom mongol, 282.

Pou-lo, transcription chinoise du nom mongol Boro, 274, 274 note.

Pou-lo-hé-tchenn Ho-a, transcription chinoise du nom mongol Borokhtchin Goa, 274.

Pou-lo-lé-taï Sou-ya-lé-pi, transcription chinoise du nom mongol Bouroltaï Souyalbi, 274.

Pou-ta-'an-ti, transcription chinoise du nom mongol Boudaghalt, 287, 287 note.

Pou-touan-tchha-eul, transcription chinoise du nom mongol Bodontchar, 278—284.

Pou-yu-eul, transcription chinoise du nom mongol Bouïour, 293.

Pozdneïef, professeur à Saint-Pétersbourg, 272 note, 273 note, 277 note, 279 note, 280 note, 282 note, 283 note, 285 note, 286 note, 296 note.

Prairies d'Or, de Masoudi, 58.

Prêtres Nestoriens en Mongolie, 166.

Procope, 211.

Protocole usité dans les lettres écrites par les souverains mongols, 256 note; par l'empereur de Chine, 256 note, 257, 258, 264.

Provinces baltiques, 199.

Prussiens, ennemis de la Russie, 199.

Pskof (République de), 191.

Ptolémée, astronome grec, 91 note.

Q.

Quatremère, éditeur et traducteur de la vie d'Houlagou, extraite de l'*Histoire des Mongols*, 1, 5, 30, 46, 50, 120, 124 note, 125 note; auteur d'une notice sur le *Matla el-saadeïn*, 244 note, 246 note, 247 note, 249.

R.

Raba-i Réshidi, quartier construit à Tébriz par Rashid ed-Din, 30, 56, 59, 105, 116, 123, 124, 124 note, 125, 126.

Rahet el-soudour, histoire des Seldjoukides écrite en persan par Ravendi, l'une des sources de la *Djami el-tévarikh*, 66, 95, 114.

Rashid ed-Daulèh, nom qu'Abd Allah el-Kashani donne à Rashid ed-Din, voir ce nom.

Rashid ed-Din, auteur de la *Djami el-tévarikh*, ministre de Ghazan et d'Oltchaïtou, 1—6, 8, 9, 14—19, 19 note, 21—29,

29 note, 30—32, 36, 36 note, 40—46, 48, 49, 49 note, 50, 51 note, 52—56, 58, 59, 61 note, 65, 66, 68, 72, 80, 85, 86, 87 note, 93—95, 96 note, 97, 97 note, 98, 100—102, 104—107, 113, 114, 116, 117, 118 note, 119, 119 note, 120, 122—124, 124 note, 125—130, 130 note, 131 note, 132, 133, 134 note, 135, 136, 138 note, 145, 149—160, 164—166, 170—172, 173 note, 174, 174 note, 178 note, 180 note, 181 note, 183, 185, 202, 202 note, 203, 204, 205 note, 208 note, 219, 220 note, 223 note, 226, 226 note, 230, 230 note, 232, 238, 238 note, 239, 270, 273 note, 274 note, 275 note, 276 note, 277 note, 278 note, 279 note, 282 note, 283 note, 284 note, 285 note, 286 note, 287 note, 288 note, 289 note, 290 note, 291 note, 292 note, 293 note, 294 note, 295 note, 296 note, 297 note, 298, 298 note, 302—304.

Rashid el-Khvafi, copiste, 118.

Rashid-Khvan, «récitateur du texte de Rashid», 116.

Ratna, mot sanskrit, en tibétain Rin-tchen, 39 note.

Ratnapāla = Rintchen-pāl, 39 note.

Rauzet el-séfa, histoire générale du monde par Mirkhond, 32, 32 note, 77 note, 85, 104.

Ravendi, auteur du *Rahet el-soudour*, 66, 95, 114.

«Récitateur du texte de Rashid», titre porté par un copiste, 116.

Reï, ville de Perse, 227, 227 note, 249.

Relations diplomatiques entre la Chine et la Perse, 79 note, 87, 226—237, 242, 243, 243 note, 244, 245 et ssq., 257 et ssq., 267 note; entre la Chine et les princes timourides, 265—267, 267 note; entre la Chine et les Sheïbanides, 267, 268; entre la Chine et les Djanides, 268; entre la Chine et les princes de l'Inde et de l'Insulinde, 266 note; entre la Horde d'Or et la Perse, 92 note; entre la Horde d'Or et l'empereur de Chine, 176, 221 note, 222, 224; entre la Horde d'Or et les sultans d'Égypte, 80 note; entre les Mongols de Perse et la France, voir Philippe le Bel.

Rémusat (Abel), sinologue français, 202.

Renaissance des lettres et des sciences à l'époque timouride, 73.

Riazan, principauté et ville de Russie, 196, 197, 200.

Rieu, *Catalogue of persian manuscripts in British Museum*, 78 note, 87 note, 96 note, 106 note, 114.

Rin-tchen, équivalent tibétain du sanskrit Ratna, transcrit en mongol Irintchen, 39 note.

Rintchen-pāl, empereur mongol de la Chine, 39 note.

Rintchen-pati, prince mongol, 225 note.

Rin-tchen (r)Do-rdjé, en chinois I-lin-tchenn Touo-eul-tcheu = Ratnavadjra, nom tibétain de Geïkhatou, 225 note, 226 note.

Riza Kouli Khan, poète lauréat de la cour de Perse, auteur du *Medjma el-fouséha*, 112, 112 note.

Rodrigue, roi d'Espagne, 168 note.

Rois d'Or = Altan Khaghan = Kin-tchou, voir Kin.

Rome, 185.

Rosen (von), *Les manuscrits persans de l'Institut des Langues Orientales*, 65 note, 67 note.

Rosenberg, conservateur du Musée Asiatique à Saint-Pétersbourg, 272 note.

Rostislav, nom russe, 119.

Rostof, nom d'une ville russe, 197 note, 198 note.

Roum (pays de), 61 note, 72 note, 227, 227 note; empire osmanli de Roum, 266 note.

Rourik, prince de Smolensk, 196.

Roustem, émir et parent de Témour Keurguen, 64 note.

Routes qui conduisaient de Chine en Europe et en Perse, 237, 237 note.

Russie, 171—173, 186, 189, 191, 193—195, 197, 249, 268, 271; vassale de la Horde d'Or, 91, 197, 197 note, 198, 198 note, 199, 199 note, 200, 219, 221, 225 note, 249, 268.

Rūstahm, en persan Roustem, le héros de la geste seïstanaise dans le *Livre des Rois*, 207.

S.

Saad ed-Din, vizir d'Oltchaïtou, 8—10, 13, 13 note, 14—18, 20, 22—25, 27, 28, 30, 31, 43, 54, 55, 152, 302; femme de Saad ed-Din, 18, 20,' 22, 24, 25.

Saad el-Moulk, frère du vizir Saad ed-Din, 16, 17.

Sabaï-i Kashani, surnom poètique de Feth Ali Khan, 112.

Sadi, 105.

Sahib-i Kiran (le premier), titre persan donné à Témour Keurguen, 64 note, 81, 85.

Saïf ud-Din, roi du Bengale, envoie une ambassade à l'empereur Ming, 266 note.

Saï-fut-ting, transcription chinoise du nom arabe Saïf ud-Din, 266 note.

Saïn-Noyan, «le bon prince», titre donné à Batou, voir Batou.

Sainte Sophie de Constantinople, 113.

Saint Jérôme, 187.

Sairima, fils de Thraētaona, en persan Salm, 205.

Sakaï, auteur d'une continuation d'Ibn Khallikan, 29 note, 30, 50, 53.

Sakyamouni, le Bouddha, 121.

Salah ed-Din Mousa Kazi-zadèh-i Roumi, astronome au service d'Oulough Beg, 89 note.

Salar, émir égyptien, 151.

Salatis, forme grecque du nom de Sheddâd, 209 note.

Saldjouk, voir Saltchouk.

Saleman, *Manichaeica* et *Manichaeische Studien*, 212 note.

Sa-lé-tchi-ou-thi, transcription chinoise du nom mongol Saltchighout, 283, 283 note.

Sa-li-ho-tchha-ou, transcription chinoise du nom mongol Sarigh Khatchaghou, 273.

Sali Khatchaou, voir Sarigh Khatchaghou, 273 note.

Sa-li-ta, transcription chinoise du nom de Sartak, 221 note.

Salm, fils de Féridoun, 216.

Saltchighout, Saltchiout, en chinois Sa-lé-tchi-ou-thi, nom d'une tribu mongole, 278 note, 283, 283 note.

Saltchouk, ancêtre de la dynastie des Seldjoukides, 303.

Sa-ma-eul-han, transcription chinoise du nom de Samarkand, 242, 243 note.

Samanides, 190.

Samarkand, en chinois Sa-ma-eul-han, 89 note, 163, 207 note, 210, 212 note, 214, 237 note, 241—244, 248, 252, 259 note, 265—268, 301.

Sampoutchéa, royaume de l'Insulinde, vassal des Ming, 266 note.

Sanang Setchen, auteur d'une histoire des Mongols, en langue mongole, 39 note, 77 note, 202 note, 275 note, 282 note, 288 note, 289 note, 295 note, 303, 304.

San-kouan (la grande porte), limite entre l'empire des Soung et celui des Kin, 189 note.

San-koué, les Trois Royaumes, 190.

Santchiout, tribu mongole, 295 note.

Sara, princesse mongole chrétienne, 181 note.

Sarigh Khatchaghou, en chinois Sa-li-ho-tchha-ou, chef mongol, 273.

Sartaghol, le pays turk, apanage du prince Tchaghataï, 3.

Sartak, en chinois Sa-li-ta, souverain de l'*oulous* de Tchoutchi, 221 note.

Sassanides, 57, 138 note, 191—193, 211, 212 note, 213, 299, 301 ; luttent à la fois contre les Turks et contre l'empire grec, 214 note; Firouz, le dernier Sassanide, se réfugie à la cour de Chine, 202, 236.

Satelmish ibn Aïbek ibn Abd Allah el-Malaki, possesseur d'un manuscrit du *Djihan-koushaï*, 118 note, 119 note.

Satelmish, fils de Bouralghi, gendre de Monkké-Témour, 119 note.

Sbichan, nom donné par Guillaume de Rübrück au prince Sheïban (Shibaghan), 173 note.

Sceaux chinois des princes mongols de la Perse, 231, 231 note, 232, 232 note.

Schefer (Charles), orientaliste français, 113.

Schmidt, éditeur de l'*Histoire des Mongols* de Sanang Setchen, 303

Séfévis, perdent Baghdad, 193.

Seïstan, province de la Perse, 40.

Seldjouk-namèh, histoire des Seldjoukides par Zahiri, 58.

Seldjoukides, origine de leur nom, 303.

Sélinga, fleuve de Mongolie, 217.

Sémiramis, 208 note.

Seng, titre chinois, dérivé du sanskrit *sangha*, et donné aux prêtres bouddhiques, 4 note.

Sépulture de Tchinkkiz et de ses fils sur le Bouddha Oundour, 176.

Séraï, capitale de la Horde d'Or, 92, 186, 194, 197 note, 220 note, 221, 250.

Séraï-i Mansouriyyè, localité en Perse, 230.

Seroctan, nom de Siyourkhokhataïtaï-béïgi dans Jean de Plan Carpin, 171 note.

Setchen Béki, en chinois Sié-tchhé Pié-khi, chef mongol, 291.

Seyyid Ahmed Terkhan, ambassadeur de Shah Rokh à la cour de Chine, 254.

Seyyid Hamza, 15.

Seyyid-i Edjell, titre de deux officiers musulmans au service de l'empereur de Chine, 231, 239.

Shadi Beg, sultane mongole de l'Iran, 242.

Shahnamèh, par Firdousi, voir *Livre des Rois*.

Shahanshah namèh, histoire en vers de la dynastie Kadjare par Feth Ali Khan, 112.

Shahpour II, roi de Perse de la dynastie des Sassanides, 214 note.

Shah Rokh Béhadour, Shah Rokh Sultan, fils de Témour, souverain de la Transoxiane et de l'Iran, 1, 57, 65, 66, 70, 71, 73, 77 note, 78, 80, 81, 86, 87, 107, 114, 116, 121, 122, 126, 128, 156, 243 note, 244, 248, 249, 249 note, 250, 254, 256—258, 264—266, 268; vassal de l'empereur chinois, 244 et ssq., 258 et ssq. 266.

Shakespeare, *Hindustani and English Dictionary*, 245 note.

Shambarān (pays de), en pehlvi le Yémen, 207.

Shamir (pays de), voir le précédent, 207.

Shamir, neveu de Tibban Asaad, souverain du Yémen, 301.

Shamir ibn Ifrikis ibn Abraha, souverain préhistorique du Yémen, 207 note.

Shang, principauté chinoise cédée par l'empereur Soung aux Kin, 189 note.

Shang Houan, auteur d'un précis de l'histoire de la Chine, 100, 101.

Shang-tou, nom chinois de la résidence d'été des empereurs mongols de Chine, voir Khaï-phing-fou.

Shang-tou Keïboung Kurdu balghasoun, nom mongol de la résidence d'été des empereurs chinois de la dynastie des Yuan, voir Khaï-phing-fou.

Shash, ville de la Transoxiane, 214.

Shébankarèh, 40,

Sheddâd, fils de ʿAd, souverain adite de la préhistoire, 207 note, 209 note.

Shehriver, divinité zoroastrienne, voir Khshathra-vairya, 211 note.

Sheïban, Shaïban, fils de Tchoutchi, voir Shibaghan.

Sheïbanides, dynastie de princes mongols descendants de Shibaghan, souverains à Samarkand, envoient des ambassades à la Chine, 267, 268.

Sheïkh Hasan, gouverneur du pays de Roum, plus tard souverain en Perse, 72 note.

Shems ed-Din el-Djouveïni, *sahib-i divan*, père d'Ata Mélik el-Djouveïni, 18, 302.

Shems ed-Din Kashani, auteur d'une histoire des Mongols en vers, 94, 95, 97, 98, 101, 102, 104—108, 112, 113.

Shems-i Kashani, voir Shems ed-Din Kashani.

Sheng Seng, «le saint prêtre», en chinois «celui qui est arrivé à la bodhi», 99 note, 100.

Shen-hsi, province chinoise, 189 note, 212 note.

Shen-tchheu Pé-yen, transcription chinoise du nom mongol Shentchi Bayan, 276.

Shentchi Bayan, chef mongol, voir le précédent, 276.

Shen-Tsoung, titre d'un empereur chinois de la dynastie des Ming, 267.

Shéref ed-Din Ali Yezdi, auteur du *Zafer-namèh*, histoire de Témour Keurguen, 4, 61 note, 70, 71, 72 note, 81, 84, 85, 87 note, 109.

Shibaghan, en persan Sheïban, fils de Tchoutchi, ancêtre de la dynastie des Sheïbanides, 173 note, 267.

Shihab ed-Din el-Omari, auteur du *Mésalik el-absar*, 134 note, 135 note, 300.

Shi-lié-men, transcription chinoise du nom du prince Shirémeun, 175 note.

Shih-Tsou, titre chinois de Koubilaï, voir Koubilaï.

Shih-Tsoung, titre d'un empereur chinois de la dynastie des Kin, transcrit en persan Shi-zoun, 122.

Shih-Tsoung, titre d'un empereur chinois de la dynastie des Ming, 267.

Shi-la-sseu, transcription chinoise du nom de la ville de Shiraz, 266.

Shingkhor Dokhshin, ancêtre de Tchinkkiz, voir Baï-shingghor Dokhshin, 288 note.

Shinkoum, fils de Siyoutchar, prétendu prince du Tangghout, puis empereur chinois, 74, 74 note, 75.

Shiraz, en chinois Shi-la-sseu, ville de Perse, 23 note, 266, 266 note.

Shiréki, prince mongol, 238.

Shirémeun, en chinois Shi-lié-men, petit-fils d'Ougédeï, écarté du trône par Batou, 170, 170 note, 171, 174, 174 note; exilé dans le pays de Mou-tho-tchhi, 175 note; sa mère condamnée à mort par Monkké, 175 note.

Shirémeun, fils de Koubilaï, prétendu empereur chinois, 80 note.

Shirémeun, ministre de Toghon Témour, 167.

Shirga, fils de Karatchar, 64 note.

Shirin Beg Agha, sœur de Témour Keurguen, 64 note.

Shitchoughoutaï, voir le suivant, chef mongol, 288.

Shi-tchou-ou-taï, transcription chinoise du nom mongol Shitchoughoutaï, 288.

Shi-zoun, nom persan de l'empereur chinois Shih-Tsoung, 122.

Shou, (les quatre provinces de Shou), le Sseu-tchouen, 189 note.

Shun-ti, titre chinois du dernier empereur mongol de la Chine, Toghon Témour, voir Toghon Témour.

Siang-kouenn Pi-lé-ké, transcription chinoise du nom mongol Siangkoun Bilké, 289, 289 note, 293.

Siangkoun Bilké, voir le précédent, chef mongol, 289, 289 note, 293.

Siao Pa-lou-la, transcription chinoise du nom mongol Utchuguen Baroula, 286, 286 note.

Sibérie, 161, 178, 182 note, 201—203; inscriptions mongoles chrétiennes trouvées en Sibérie, 182 note.

Sibi Agha (ou Bibi Agha), cousine de Témour Keurguen, 64 note.

Sibir, tribu turke, nom transcrit par les Chinois Sien-pi, donne son nom à la Sibérie, 201, 201 note.

Sien-pi, transcription chinoise du nom des Sibir, 201, 201 note.

Sié-tchhé Pié-khi, transcription chinoise du nom mongol Setchen Béki, 291.

Sié Ying-khi, auteur d'un précis de l'histoire de la Chine, 101.

Sindjar (Aboul Haris Sultan), sultan seldjoukide de l'Iran, 111.
Sindjarides, 111.
Sin-sié-tchheu-lié, transcription chinoise du nom mongol Sinsitcher, 290, 290 note.
Sinsitcher, voir le précédent, chef mongol, 290, 290 note.
Sin-souo-tchheu, transcription chinoise du nom mongol Sinsoutchi, 273.
Sinsoutchi, voir le précédent, chef mongol, 273.
Siremon, forme donnée par Guillaume de Rübrück au nom du prince Shirémeun, 174 note.
Site (la), rivière de Russie sur les bords de laquelle les Mongols battent les Russes, 197 note.
Siué-ni-thi, transcription chinoise du nom mongol Sounit d'un chef et d'une tribu, 290.
Siventch Boukha, 64 note.
Siyourghatmish, frère de Témour Keurguen, 64 note.
Siyourghatmish, prince timouride, envoie une ambassade à la Chine, 265.
Siyourkhokhataïtaï beïgi, femme de Touloui-Khan et mère des princes Monkké, Koubilaï et Houlagou, 165, 166, 170, 171, 173; ses titres chinois, 165.
Siyoutchar, fils de Toda Monkké, prétendu prince du Tangghout, puis empereur chinois, 74, 74 note, 75.
Si-yu (Hsi-yu), les contrées occidentales par rapport à la Chine, 218, 227, 227 note, 237, 243, 243 note, 265 note.
Smolensk, ville de Russie, 196, 199, 200.
Soghd de Samarkand, 301.
Soleil Levant (empire du-), voir Japon.
Soleïman Khan, sultan mongol de la Perse, 72 note, 242.
Solon, 182 note.
Solouk, histoire d'Égypte par Makrizi, 29 note, 52 note, 128.
Sonde (îles de la), 224.
Soubéghédeï (Soubaghataï), général mongol, de la tribu des Ouryangkhat, 158.
Soueï Li-da, ambassadeur chinois à la cour de Shah Rokh, 259, 261, 264 note.
Soughoushtchan, ancêtre de Témour Keurguen, voir Soughoutchitchin.

Soughoutchitchin, ancêtre de Témour Keurguen, nommé Sou-ghoushtchan dans le *Moëzz*, 60 note, 64 note.

Souldous, tribu mongole, 61 note.

Soung (Pé-Soung), les Soung septentrionaux, dynastie d'empereurs chinois, 258 note.

Soung (Nan-Soung), les Soung méridionaux, dynastie chinoise, dépossédée d'une partie de son empire par les Kin et qui fut renversée par les Mongols, 3, 57, 101, 122, 131, 158, 163, 167, 176, 177, 186, 187, 189, 189 note, 190, 220, 258 note.

Soung-tzeu, nom de plusieurs localités en Chine, 246 note.

Soun-hwan-tzeu, localité en Chine, 246.

Sounit, en chinois Siué-ni-thi, nom d'un chef mongol, 290.

Sounit, en chinois Siué-ni-thi, nom d'une tribu mongole, 290, 290 note.

Sounitaï, en chinois Sou-ni-taï, général mongol, 170 note.

Sou-ni-taï, transcription chinoise du nom du général mongol Sounitaï, 170 note.

Source mongole commune de la *Djami el-tévarikh* et du *Youen-ssé*, 121.

Sourghakhtou Yurki, chef mongol, le même personnage que Khoutoukhtou Tchurki, 291 note.

Sourkhodou Loutchino, chef mongol, 289 note.

Sousdal, ville de Russie, 196, 197 note.

Sousdalie, principauté russe, 194, 195, 197, 197 note, 198, 198 note, 199 note.

Sou-tchéou, ville de Chine, 246.

Soutouktaï, en chinois So-ï-ko-thou, nom d'un prince mongol de la lignée de Toulouï, 170 note.

Soyouti, historien et polygraphe égyptien, 128.

Sseu-tchouen, province chinoise, 189 note, 218.

Steppes de la faim, au nord du lac d'Aral et de la Caspienne, 237 note.

Suédois, vaincus par saint Alexandre Newski, 197 note.

Sultan Ali Mirza, voir Ali Mirza, 267.

Sultan Hoseïn Mirza ibn Baıkara Mirza, sultan timouride du Khorasan, 106, 108, 118 note.

Sultan Iskender, voir Iskender.

el-Sultaniyyèh, traité de théologie par Rashid ed-Din, 123.

Sultaniyyèh, ville de Perse, 19, 52.
Sumatra, envoie une ambassade à l'empereur Ming, 266 note.
Supplément aux Dictionnaires arabes, par Dozy, 51 note.
Surélévation de mots dans les lettres écrites par les souverains mongols, 256 note.
Surélévation (*thaï*) des caractères dans les lettres écrites par l'empereur de Chine, 256 note, 257 et sqq.
Sūtāpak, en persan Soudabè, reine de Perse, 209.
Suzeraineté des empereurs chinois des dynasties des Yuan et des Ming sur les royaumes de l'Asie, voir Relations diplomatiques.
Sviatopolk, nom russe, 119.
Syāvūkhsh, voir Kaï-Syāvūkhsh.
Syrie, 61 note, 138, 209 note, 224, 226 note, 227, 227 note, 228, 230 note.

T.

Tabakat-i Nasiri, histoire générale par el-Djouzadjani, 58, 149.
Tabari, 66, 95, 126—128, 207 note, 212 note, 214 note.
Tabaristan, contrée de l'Iran, 205.
Tables ilkhaniennes de Nasir ed-Din el-Tousi, voir *Zidj-i djédid-i Ilkhani*.
Tablettes portant les noms des souverains de la dynastie mongole, pendues dans le Thaï-Miao, 4 note, 167.
Tadj ed-Din Ali Shah, vizir d'Oltchaïtou, dont les intrigues causèrent la mort de Saad ed-Din et de Rashid ed-Din, 8, 9, 14, 17, 24, 31, 32, 36 note, 39, 41—48, 50, 53—55, 302.
Tadj ed-Din Avedji, 15.
Tagodar, forme donnée par Haïthoum au nom de Takoudar, 229.
Ta-i-eul, transcription chinoise du nom mongol Daïr, 274, 274 note.
Taï Ma-tchen, ambassadeur chinois à la cour de Shah Rokh, 257.
Taï-Ming, dynastie d'empereurs chinois dont le fondateur détrôna les Mongols, voir Ming.
Taï-Ming-hoeï-tien, recueil des lois des empereurs Ming, 256 note.

Taï-Ming-yi-thoung-tchi, géographie de l'empire des Ming, 256 note.

Taï Pa-lou-la, transcription chinoise du nom mongol Yéké Baroula, 286, 286 note.

Taï Pa-tchen, ambassadeur chinois à la cour de Shah Rokh, 254.

Taïshi, transcription mongole du titre chinois Thaï-tzeu, 292, 292 note, 293 note.

Taïtchighod, Taïtchighout, tribu mongole, en chinois Thaï-i-tchheu-ou-thi, en transcription persane Taïtchiout, 180 note, 289, 289 note, 295 note, 296 note.

Taïtchiout, tribu mongole, voir le précédent.

Taïtchou, transcription mongole du chinois Thaï-Tsou, transcrit en chinois Thaï-tchhou, chef mongol, 291, 291 note.

Taï-Thsing, nom de la dynastie mandchoue actuellement régnante en Chine, voir Mandchous, 80 note, 101, 184, 192, 201.

Taï-ting-ti, empereur de la Chine de la dynastie des Mongols, 78 note.

Taï-Yuan, nom chinois de la dynastie mongole, voir Yuan.

Taï-zeu, (peut-être à lire Batra, voir Ayourparibhadra), fils de Tulek, surnommé Biliktou, empereur chinois d'après Khondémir, 78 note.

Taï-zeu Oghlan, prétendu empereur mongol de la Chine, 77 note.

Taï-zouï, transcription persane du nom du Thaï-Tsou des Ming, qui, d'après Mirkhond, se réfugia à la cour de Témour Keurguen, 77 note, 246.

Takoudar, prince mongol de Perse, 229.

Ta-la-eul-han, transcription chinoise du titre mongol tarkhan, 293, 293 note.

Talas, ville du pays de Tchaghataï, 209 note.

Ta-li-thaï Wo-tchheu-kin, transcription chinoise du nom mongol Daritaï Utchuguen, 292, 294, 295.

Tamatcha, en chinois Tha-ma-tchha, chef mongol, 273.

Tamerlan, voir Témour Keurguen.

Tangghout, contrée de l'occident de la Chine, apanage des princes Mangala et Ananda, 75, 121, 159 note, 218, 232, 241 note, 265, 269.

Tan-lo-sseu, transcription chinoise du nom de la ville de Talas ou de Taraz, 209 note.

Taraghaï, père de Témour Keurguen, 60 note, 64 note.

Taraz, ville du Turkestan, aujourd'hui Turkestan, 209 note.

Tarbaghataï, partie occidentale de la Mongolie, 183.

Targhoutaï Kharaltough, chef mongol, 296 note.

Targoum d'Onkélos, 29.

Tarikh-i Djihanguir, préface du *Zafer-namèh* de Shéref ed-Din Ali Yezdi, 81, 84, 87 note.

Tarikh-i Djihan-koushaï, voir *Djihan-koushaï*, 149.

Tarikh-i gouzidèh, histoire générale de la Perse par Hamd Allah Mostaufi Kazwini, 58, 59, 104, 107, 108, 113, 149.

Tarikh-i hazret-i Sahib-i kirani, voir histoire de Témour, 72 note.

Tarikh-i houmayoun-i hazret-i Émir Sahib-i kiran, voir histoire de Témour, 72 note.

Tarikh-i moubarek-i Ghazani, l'histoire des Mongols entreprise sur les ordres de Mahmoud Ghazan par Rashid ed-Din, voir *Djami el-tévarikh*, 1, 65, 95, 96, 96 note, 97 note, 100, 102, 148—150, 155.

Tarikh-i oulous arbaa-i Tchinkkizi, histoire des Mongols compilée par Oulough Beg, petit-fils de Tamerlan, 5, 78 note, 79 note, 86, 91, 92; son abrégé, 78 note, 86 note, 87 note, 92.

Tarikh-i padishah-i saïd Ghiyas ed-Dounia wed-Din Oltchaïtou Sultan Mohammed, voir histoire du sultan Oltchaïtou.

Tarikh-i padishah-i saïd Oltchaïtou Sultan, voir histoire du sultan Oltchaïtou.

Tarikh-i Yémini, histoire des Ghaznévides par Otbi, 58.

Tarkhan, en chinois ta-eul-han, dignité chez les Mongols, 293.

Tarma-shirin, voir Dharma-shirin.

Tartares Mandchous, voir Taï-Thsing et Mandchous.

Tartars, les Mongols dans les auteurs occidentaux, 229.

Tashkent, ville du Turkestan, 212 note.

Ta-ta, transcription chinoise du nom des Tatars, 293, 296 note.

Tatars, en chinois Tha-tha-eul, Ta-ta, tribu mongole, sujette des empereurs Kin, puis soumise par Yisoukéï-Béhadour, 178 note, 180 note, 203, 293, 296, 296 note, 297.

Tatarshtchina, époque de la domination mongole en Russie, 196, 197 note, 199 note.

Tatar Taïtchighout, 296.

Ta-tchenn, titre donné aux ambassadeurs chinois, 254 note.

Tathagata, le Bouddha, 121.

Ta-Thsin, l'empire grec, 224, 266 note.

el-Taudhihat, traité des sciences koraniques et des traditions par Rashid ed-Din, 123.

Tauris, ville de Perse, 23, 27, 29, 30, 30 note, 31, 40, 44, 52, 56, 59, 105, 116, 118 note, 121—124, 124 note, 130, 131, 233.

Tâz, fils de Farvâl, ancêtre mythique des Arabes, 207 note.

Tchadarataï, voir Tchatchirataï.

Tchadi-Bayaout, nom d'un clan mongol, 277 note.

Tcha-eul-tchheu-ou-thi A-tang-han Ou-léang-ho-tchenn, transcription chinoise du nom mongol Tchartchighout Atangkhan Ouryankghatchin, 282.

Tchaghan-naour, localité de Perse où Abagha fut proclamé souverain, 228.

Tchaghasou, fils de Touména, 288 note, 290 note.

Tchaghataï, fils de Tchinkkiz, 3, 4, 4 note, 62 note, 92, 120, 161, 166, 173, 177, 199 note, 205 note, 210, 218, 219, 221 note, 222, 223, 223 note, 224, 233, 235 note, 237, 237 note, 239, 240, 241, 241 note, 243, 268; ses descendants mis à mort par Monkké, 161; *oulous* de-, 61 note, 74 note, 76, 80, 81, 85, 118, 120, 122, 151, 161, 173, 177, 205 note, 210, 218, 219, 221 note, 222, 223, 223 note, 224, 233, 235 note, 237, 237 note, 239—241, 241 note, 242, 268, 269, 274 note; hostilité de ses princes contre la Chine et la Perse, 222, 234, 235, 237, 237 note, 238—241, 241 note; au pouvoir de Témour Keurguen, 199 note, 242, 243; au pouvoir des Timourides, 248.

Tchaghatou, localité en Perse, voisine de Taghatou, proche de Miyan-do-ab, 229.

Tchaghourataï, en chinois Tchao-ou-lié-taï, fils de Bozontchar, 284, 284 note.

Tchaghouriet, en chinois Tchao-ou-lié-i-thi, tribu mongole, 285.

Tchaharkas, émir égyptien, 151.

Tchakhoutchin Khortéghaï, en chinois Tchhao-tchenn Ho-eul-thié-kaï, en persan Tchaotchin Hurkuz, chef mongol, 289, 289 note, 295 note.

Tchakravartin, nom sanskrit, 119 note.

Tchakrin, nom sanskrit, 119 note.

Tchalaïr, voir Tchélaïrs.

Tcha-li Pou-houa, transcription chinoise du nom mongol Tcharik Boukha ou Tchalik Boukha, 297, 297 note.

Tchalik Boukha, «le taureau d'acier», voir le précédent, 297, 297 note.

Tchamish, 64 note.

Tcha-mou-ho, transcription chinoise du nom mongol Tchamoukha, 282.

Tchamoukha, en chinois Tcha-mou-ho, chef mongol, 282, 282 note.

Tchang-hou, ambassadeur chinois à la cour de Shah Rokh, 261.

Tchang-Tsoung, titre d'un empereur chinois de la dynastie des Kin, transcrit en persan Tchan-zoun, sous le règne duquel Tchinkkiz se déclare indépendant, 122, 180 note.

Tchani-beg, en transcription chinoise Tcha-ni-lié, prince de la Horde d'Or, 221 note, 250 note.

Tcha-ni-lié, transcription chinoise de Tchani-beg, nom d'un prince de la Horde d'Or, 221 note.

Tchankki, général mongol qui complota d'assassiner Monkké-Khaghan, 174 note.

Tchan-zoun, nom persan d'un empereur chinois, 122.

Tchaoireit, voir Tchaghouriet.

Tchao-ou-lié-i-thi, transcription chinoise du nom mongol Tchaghouriet, 285, 285 note.

Tchao-ou-lié-taï, transcription chinoise du nom mongol Tchaghourataï, 284, 284 note.

Tchaotchin Hurkuz, chef mongol, voir Tchakhoutchin Khortéghaï, 289 note.

Tchaoulétaï, voir Tchaghourataï, 284 note.

Tchaourataï, voir Tchaghourataï, 284 note.

Tchaouriet, tribu mongole, voir Tchaghouriet, 285 note.

Tchapar, voir Tséber.

Tcharakha Ling-khoum, transcription persane du nom suivant.

Tcharakhaï Ling-khou(n), en chinois Tchha-la-haï Ling-hou, chef mongol, 289, 289 note, 296 note.

Tcharik Boukha, «le taureau puissant», en chinois Tcha-li Pou-houa, voir Tchalik Boukha, 297, 297 note.

Tchartchighout Atangkhan Ouryankghatchin, en chinois Tcha-eul-tchheu-ou-thi A-tang-han Ou-léang-ho-tchenn, nom d'une tribu mongole, 282, 284 note.

Tchash, ville dans le pays de Tchaghataï, 76.

Tchashniguir, émir égyptien, 151.

Tcha-ta-la, transcription chinoise du nom de la tribu mongole des Tchatchirat, 282, 282 note.

Tcha-ta-lan, transcription chinoise du nom mongol Tchataran, 282.

Tchataran, en chinois Tcha-ta-lan, nom d'une tribu mongole, 282.

Tcha-tchheu-la, Tcha-tchi-la, voir Tcha-ta-la.

Tcha-tchi-la-taï, transcription chinoise du nom mongol Tchatchirataï, 282.

Tchatchirat, nom d'une tribu mongole, 282, 282 note, 285 note.

Tchatchirataï, en chinois Tcha-tchi-la-taï, chef mongol, 282.

Tchat Pa-tchen, ambassadeur chinois à la cour de Shah Rokh, 254.

Tché-kiang, province de l'empire chinois, 57, 189 note, 218.

Tchélaïd (Tchalaïd), tribu mongole, la même que celle qui est nommée Tchélaïr au XIIIᵉ siècle, 276 note.

Tchélaïrs (Tchalaïr), en chinois Ya-la-i-eul, en mongol Tchalaïd, nom d'une tribu mongole soumise par Kaïdou, ancêtre de Tchinkkiz, 178 note, 180 note, 203, 275 note, 276 note, 284 note, 285 note, 286 note, 304.

Tchélaïrtaï, ethnique du nom de la tribu des Tchélairs, 275 note, 284 note.

Tchérik Boukha, voir Tcharik Boukha.

Tchha-la-haï Ling-hou, transcription chinoise du nom mongol Tcharakhaï Ling-khou(n), 289.

Tchhao-tchenn Ho-eul-thié-kaï, transcription chinoise du nom mongol Tchakhoutchin Khortéghaï, 289.

Tchheng-siang, titre ministériel chinois, 18, 94, 95, 168, 230, 234, 235 note, 236 note, 239, 302; son équivalence persane, 236 note, 302

Tchheng-Tsou, titre d'un empereur chinois de la dynastie des Ming, 258 note, 265 note.

Tchheng-Tsoung, titre chinois d'Oltchaïtou Témour Khaghan, voir Témour.

Tchheu-tou-hou-lé Pou-khouo, transcription chinoise du nom mongol Tchitoukhoul Buké, 283.

Tchhou-pé, transcription chinoise du nom d'un prince mongol, fils de Khorbanda et prince de Pin, 225 note, 226 note.

Tchidoukhoul boko, voir Tchitoukhoul Buké.

Tchih-li, province de l'empire chinois, 219 note.

Tchingsout, chef mongol, 292 note.

Tching-tchéou, district de l'empire des Soung, 189 note.

Tching-Témour, voir Tchintémour.

Tching-Ti, titre d'un empereur chinois de la dynastie des Ming, 266.

Tching-tsoung-wen-ti, empereur chinois de la dynastie des Ming, 78 note.

Tchinkim, prince mongol, fils de Koubilaï, 79 note.

Tchinkkiz, Tchinkkiz-Khaghan, titre que prit Témoutchin quand il se proclama khaghan ou empereur des Mongols, 1—4, 4 note, 5, 57, 57 note, 58, 60 note, 61 note, 62 note, 70, 77, 80, 84, 87 note, 91, 92, 92 note, 96 note, 102, 137, 139, 142, 158, 159, 159 note, 161, 162, 167, 171—178, 178 note, 180 note, 181, 181 note, 185, 186, 189, 195 note, 197 note, 200, 202 note, 204, 205, 214, 216—220, 221 note, 222, 239, 242, 249, 250 note, 251 note, 267, 268, 272 note, 279 note, 292—294, 295 note, 297, 298; vassal des Kin, 178, 181 note.

Tchinotaï, chef mongol, 289 note.

Tchintémour, ou Tching-Témour, gouverneur militaire de l'Iran, 224.

Tchita, descendant d'Ilenguir, 64 note.

Tchitoukhoul Buké, en chinois Tchheu-tou-hou-lé Pou-khouo, chef mongol, 283.

Tchong-heï, titre d'un souverain chinois de la dynastie des Kin, 181 note.

Tchou-eul-khi, transcription chinoise du mongol Tchurki, 291.

Tchoulpan, 64 note.

Tchoumantchou, frère de Tounghouz, prétendu empereur chinois de la dynastie des Ming, 76.

Tchoung-tou, la ville impériale, nom de Pé-king à l'époque des Mongols, 242.

Tchountchou, fils de Tounghouz, prétendu empereur chinois, 76.

Tchouo-tchheu, transcription chinoise du nom mongol Tchoutchi, 292.

Tchoupan, émir mongol, général d'Abou Saïd Béhadour Khan, 17, 29 note, 42, 43, 46, 48—50, 52, 53, 61 note, 235, 236; fils de Tchoupan, 72 note.

Tchoupan, cousin de Témour Keurguen, 64 note.

Tchouran, fils de Karatchar, 64 note.

Tchourtchés, tribus mandchoues qui donnent à la Chine la dynastie des Kin, 201, 201 note.

Tchoutchi, en chinois Tchouo-tchheu, fils de Khoutoula Khaghan, 292, 292 note.

Tchoutchi, fils de Tchinkkiz, souverain de Toghmakh, 2, 4, 4 note, 91, 92, 159, 166, 176, 177, 195, 199, 217—220, 221 note, 223 note, 224, 225 note, 235 note, 238, 241, 250 note, 267, 268; *oulous* de —, 74 note, 91, 177, 195, 199, 217—220, 220 note, 221 note, 223 note, 224, 235 note, 238, 241, 268; ses relations de vassalité avec les khaghans de Mongolie, 176, 221 note; allié de Kaïdou, 223 note.

Tchoutchi Kassar (Khassar), frère de Tchinkkiz, voir Khassar.

Tchoutchia, probablement Tchoutchi, fils d'Erdemtou Baroula, 64 note, 286 note.

Tchuké-Noyan, nom mongol du Thaï-Tsou des Ming qui renversa l'empereur mongol Toghon Témour, 168.

Tchuki (ou Tchuké), frère de Témour Keurguen, 64 note, 122.

Tchurki, en chinois Tchou-eul-khi, tribu mongole, 291.

Tébriz, ville de Perse, voir Tauris.

Tédjarib el-oumem, histoire en arabe par Abou Ali Ahmed Miskavaïh, 299—301.

Témim ibn Bahr el-Moutavvaï, voyageur arabe qui visita le pays des Turks, 213 note.

Témouder, en chinois Thié-mou-tié-eul, général mongol, 170 note.

Témouké Utchuguen, en chinois Thié-mou-ké, «le petit Témouké», frère de Tchinkkiz, 242, 298, 298 note.

Témoulun, en chinois Thié-mou-liun, sœur de Tchinkkiz, 298.
Témour Boukha, nom mongol, 117.
Témour Boukha, prince mongol, régent de l'empire après l'abdication de Toghon Témour, 77 note.
Témour Fouma, nom donné en persan par les Chinois à Tamerlan, 243 note, 246.
Témour Kaan, prétendu empereur chinois, 79 note.
Témour Keurguen, en chinois Fou-ma Thié-mou-eul, souverain de Samarkand et de la Perse, 4, 30, 57—60, 60 note, 61 note, 64 note, 66, 70—72, 72 note, 73, 77 note, 78 note, 81, 83—85, 107—110, 126, 156, 163, 185, 199 note, 200, 210, 218, 242, 243, 243 note, 244, 246, 248, 250 note, 264, 265, 267, 268; sa famille, 64 note; suzerain de Tokhtamish, suzerain de la grande principauté de Moscou, 199 note, 269; divise ses états entre ses fils, 218; vassal de l'empereur chinois, 242, 243, 243 note, 244, 264, 265, 269.
Témour-namèh, histoire de Témour en vers persans par Hatéfi, également nommée *Zafer-namèh*, dédiée à Sultan Hoseïn et composée sur le modèle de l'*Iskender-namèh* de Nizami, 61 note, 108.
Témour Oltchaïtou Khaghan, petit-fils de Koubilaï, empereur de la Chine, 2, 5, 74, 75, 77 note, 78, 78 note, 79 note, 86, 130, 151, 161, 166, 221 note, 222, 223, 223 note, 226 note, 232—235, 235 note, 239—241, 258 note; envoie une princesse mongole au sultan de Perse, 234, 235, 235 note.
Témourtash, fils de Tchoupan, gouverneur du pays de Roum, se prétend le Mahdi, 61 note.
Témoutchin, en chinois Thié-mou-tchenn, chef de la tribu des Tatars, capturé par Yisoukeï-Béhadour, voir Témoutchin Uké, 178 note.
Témoutchin, nom porté par Tchinkkiz avant qu'il ne se proclamât souverain des Mongols, voir Tchinkkiz.
Témoutchin Uké, en chinois Thié-mou-tchenn Ou-ko, chef de la tribu des Tatars, capturé par Yisoukeï, 297, 297 note.
Temple des Ancêtres, voir Thaï-Miao.
Tenbih, traité historique et géographique par Masoudi, 208 note.
Teng, principauté chinoise cédée par l'empereur Soung aux Kin, 189 note.

Tengiz, «la mer» (= Tenkkis), fils de Karatchar, 64 note.

Teng Pa-tchen, ambassadeur de Chine à la cour de Shah Rokh, 254.

Tengri, montagne, 240.

Tenkkis, «la mer», en chinois Theng-ki-sseu, nom d'un lac de Mongolie, 273.

Téou Mé, lettré chinois de la cour de Koubilaï, 164.

Terre, divinité des Turks et des Chinois, 182.

Tezkéret el-aulia, histoire des Mystiques célèbres, par Férid ed-Din Attar, 269 note.

Thaï-fou, titre chinois, 302.

Thaï-ghan-tchéou, ville de Chine, 100.

Thaï-i-tchheu-ou-thi, transcription chinoise du nom de la tribu mongole des Taïtchighout, 289.

Thaï-Miao, temple des Ancêtres de la dynastie mongole, construit par ordre de Koubilaï à Yen-king, 4 note, 167.

Thaï-tchhou, transcription du nom mongol Taïtchou, 291, 291 note.

Thaï-Tsou, titre impérial chinois, transcrit Taïtchou en mongol, 291, 291 note.

Thaï-Tsou des Yuan, titre chinois de Tchinkkiz, voir ce nom.

Thaï-Tsou des Ming, nommé Taï-zouï dans une lettre à Shah Rokh, 77 note, 78 note, 130, 167, 220, 242—244, 246; fait raser les palais élevés à Daï-dou par les Mongols, 167.

Thaï-Tsoung, titre chinois d'Ougédeï, voir ce nom.

Tha-ma-tchha, transcription chinoise du nom mongol Tamatcha, 273.

Thang, principauté chinoise cédée par l'empereur Soung aux Kin, 189 note.

Thang, dynastie d'empereurs chinois, 179 note, 202.

Tha-tchha-eul, transcription chinoise du nom du prince mongol Toghatchar, 170 note.

Tha-tha-eul, transcription chinoise du nom de la tribu mongole des Tatars, 178 note, 293, 297.

Theng-ki-sseu, transcription chinoise du nom d'un lac de Mongolie, voir Tenkkis, 273.

Théodose II, dit le Jeune, empereur d'Orient, 187, 300.

Thian-hing, nom de règne pris par le chef mongol Ao-lo-pou-ki-lié, 180 note.

Thian-shan, les Monts Célestes, 237 note.

Thié-mou-ké, transcription chinoise du nom mongol Témouké, 298, 298 note.

Thié-mou-liun, transcription chinoise du nom mongol Témoulun, 298.

Thié-mou-tchenn, transcription chinoise du nom mongol Témoutchin, 57, 178 note, 297, 297 note.

Thié-mou-tchenn Ou-ko, transcription chinoise du nom mongol Témoutchin Uké, 297, 297 note.

Thié-mou-tié-eul, transcription chinoise du nom du général mongol Témouder, 170 note.

Thierry (Augustin), *Lettres sur l'histoire de France*, 187 note.

Tho-ho Thié-mou-eul, transcription chinoise du nom mongol Tougha Témour, 170 note.

Tho-tho, transcription chinoise du nom du prince Totok, voir Totok, 175 note.

Tho-tho, transcription chinoise de Tokhtogha, nom d'un prince de la Horde d'Or, 221 note.

Tho-tho-mou-eul, transcription chinoise du nom du prince Tougha Témour, 226 note.

Tho-tho Moung-ko, transcription chinoise de Todé-Monkké, nom d'un prince de la Horde d'Or, 221 note.

Tho-touo-yen Pa-lou-la, transcription chinoise du nom mongol Todan Baroula, 286, 287, 287 note.

Tho-touo-yen Wo-thi-tchheu-kin, transcription chinoise du nom mongol Todan Uttchuguen, 291, 293.

Thouenn-pi-naï Sié-shen, transcription chinoise du nom mongol Toumbinaï Setchen, 289, 290.

Thou-kou-ou-taï, transcription chinoise du nom mongol Toukoukoutaï, 282, 282 note.

Thou-la, transcription chinoise du nom du prince mongol Doura, 241 note.

Thou-lou-fan, transcription chinoise du nom de la ville de Tourfan, 265 note.

Thoung-ké-li, transcription chinoise du mongol Tounggélik, 274, 280, 281.

Thoung-kian-kang-mou, précis de l'histoire de la Chine extrait des histoires dynastiques, s'étendant des origines de l'empire à la chute des Soung, et contenant, dans un supplément nommé *Sou-pian*, l'histoire des Yuan, par Nan Hien, 2 note, 4 note, 101, 161 note, 170 note, 175 note, 179 note, 180 note, 181 note, 182 note, 190 note, 202, 227 note, 228 note, 241 note.

Thoung-tchéou, ville de Chine, 219 note.

Thouo-ho-tchha-hé Wenn-tou-eul, transcription chinoise du nom mongol Tokhatchak Oundour, 277.

Thouo-lié-ko-na, transcription chinoise du nom mongol Tourakina, 270.

Thouo-lo-ho-lé-tchenn Pé-yen, transcription chinoise du nom mongol Torghaltchin Bayan, 274.

Thraētaona, en persan Féridoun, roi pishdadien de la Perse, 205, 216.

Thsin, ancienne principauté chinoise cédée par l'empereur Soung aux Kin, 189 note.

Thsin, dynastie chinoise fondée par Thsin-Shi-Hoang-ti, 187; prince de Thsin, titre porté par des princes mongols, 219.

Thsin-Shi-Hoang-ti, empereur chinois de la dynastie de Thsin, 190, 192, 201.

Tiao-yu, montagne dans les environs de Ho-tchéou, 132.

Tibban Asaad Abou Karib ibn Malikikarib... ibn Abraha, souverain antéhistorique du Yémen, 301.

Tibet, 97 note, 238.

Tié-li-pi-sheu, transcription chinoise de Dervish, nom d'un général de Tamerlan, 243, 243 note.

Tié-li-wenn Pou-lé-ta-hé, transcription chinoise du nom mongol Déligun Bouldagh, 297.

Timourides, proches parents des Mongols, se prétendent les collatéraux de Tchinkkiz et placent le commencement de leur empire en 728, 57, 70, 71, 73, 81, 85, 86, 110, 122, 193, 242 et ssq., 254, 268, 269; inventent une histoire mensongère de la Chine, 74, 74 note, 75—77, 77 note, 78, 78 note, 79, 79 note, 268, 269; leurs rapports de vassalité avec le Céleste Empire, 80, 242—269.

Ting-Tsoung, titre chinois de Kouyouk, voir ce nom.

Tir, divinité avestique, voir Tishtrya, 211 note.

Tiraboschi, *Storia della letteratura italiana*, 200 note.

Tishtrya, en persan Tīr, divinité avestique, 211 note.

Titres de princes turks empruntés aux Sassanides, 211 note,

212 note; — aux Chinois, 212 note; titres de princes mongols empruntés aux Chinois, 183 note, 289 note.

Titres donnés par les empereurs mongols de Chine aux princes de leur sang, 219.

Tobbas, souverains antéhistoriques du Yémen, 207 note.

Tobba el-Akran ibn Abi Malik ibn Nashir Yaʿnam, souverain préhistorique du Yémen, 207 note.

Toda-Monkké, fils de Yisoun-togha, prétendu prince du Tangghout, puis empereur chinois, 74, 74 note, 75.

Todan, en chinois Tho-touo-yen, fils d'Erdemtou Baroula, 64 note, 286 note.

Todan Baroula, en chinois Tho-touo-yen Pa-lou-la, nom d'Erdemtou Baroula, 286, 287, 287 note.

Todan Uttchuguen, en chinois Tho-touo-yen Wo-thi-tchheu-kin, chef mongol, 291, 291 note, 293.

Todé, chef mongol, 293 note, 296 note; le même nom que Toda.

Todé-Monkké, en chinois Tho-tho Moung-ko, prince de la Horde d'Or, 221 note; le même nom que Toda-Monkké.

Todoor, voir Dotoghor.

Toghaï, voir Toughaï.

Toghaï Agha, Toghaï Boukha, voir Toughaï Agha, Toughaï Boukha.

Toghatchar, gendre de Tchinkkiz, tué devant Nishapour, 185.

Toghatchar, en chinois Tha-tchha-eul, prince mongol, 170 note.

Toghatchi Tchheng-siang, général mongol au service de l'empereur de Chine, 239, 240.

Togha-Témour, «le chaudron de fer», voir Tougha-Témour.

Toghmakh (pays de), apanage du prince Tchoutchi, comprenant la Sibérie occidentale et la Russie, 3, 91, 92 note, 220, 222, 224.

Toghmakh, officier au service d'Oltchaïtou, 14, 27, 31, 31 note, 53; assimilé à Djauhéri, 31, 31 note; voir Djauhéri.

Toghontchar (= Toghatchar), nom mongol, 117.

Toghon Témour, en chinois Shun-ti, le dernier empereur de Chine de la dynastie des Yuan, 77 note, 78 note, 91, 167, 168, 168 note, 169, 169 note, 220, 259 note, 260 note.

Tokhatchak Oundour, en chinois Thouo-ho-tchha-hé Wenn-tou-eul, nom d'une montagne en Mongolie, 277.

Tokhta, fils de Monkké-Témour, souverain de la Horde

d'Or, 198 note, 221 note; cherche à se déclarer empereur chinois, 80 note; envoie des ambassadeurs à Oltchaïtou, 92 note; voir Tokhtogha.

Tokhtamish, souverain de la Horde d'Or, vassal de Témour et suzerain des principautés russes, 197, 199 note.

Tokhtogha, ou Tokhta, en transcription chinoise Tho-tho, fils de Monkké-Témour, souverain de la Horde d'Or, 198 note, 221 note.

Tokhtogha, fils de Khoushala, prétendu empereur chinois, 78 note, 79 note; surnommé Biliktou d'après le *Medjma el-tévarikh*.

Tokhtogha Taïshi, conseiller de l'empereur mongol de Chine Toghon Témour, 168.

Tomuris, reine des Massagètes, 210.

Tong-king, royaume de la péninsule indo-chinoise, 224.

To-pa, transcription chinoise du nom de la tribu turke des Toupat (Tibétains), 201, 201 note.

Torghaltchin Bayan, en chinois Thouo-lo-ho-lé-tchenn Pé-yen, prince mongol, 274.

Torolmish Agha, cousine de Témour Keurguen, 64 note.

Toromish Agha, tante de Témour Keurguen, 64 note.

Totok, en chinois Tho-tho, petit-fils d'Ougédeï, exilé par Monkké, 175 note.

Toughaï, prince mongol, mari de Kurdutchin, petite-fille d'Houlagou, 119 note, 299.

Toughaï Agha, tante de Témour Keurguen, 64 note, 298.

Toughaï Boukha, émir de Témour Keurguen et arrière-petit-fils d'Ilenguir, 64 note, 298.

Tougha-Témour, en chinois Tho-ho Thié-mou-eul, prince mongol, assiste au kouriltaï où Monkké est nommé empereur, 170 note, 300.

Tougha-Témour, en chinois Tho-tho-mou-eul, prince mongol, fils de Rin-tchenn (r)Do-rdjé, 226 note.

Tougha-Témour Tchheng-siang, ambassadeur de Témour Khaghan à Oltchaïtou, 234, 302.

Tougha-Témour, souverain de l'*oulous* de Tchaghataï, 223 note.

Tougha-Témour, fils de Témour Khaghan, prétendu empereur chinois, 78 note, 298.

Tougha-Témour, ou Togha-Témour, khaghan de Mongolie et empereur de Chine, 225 note, 237, 301.
Tougha-Témour, prince mongol, 238, 302.
Toughlouk Témour, souverain de l'*oulous* de Tchaghataï, 76.
Toughourataï, en chinois Touo-ho-la-taï, chef mongol, 288.
Touïlen (Touguilen), nom d'une montagne en Mongolie, voir le suivant, 280.
Tou-i-lien, transcription chinoise du nom mongol Touïlen, 280.
Toukhouz-Oughouz, «les neuf tribus des Oughouzes», tribus ouïghoures, 213 note.
Tou-kioue, transcription chinoise du nom des Turks, 201, 201 note.
Toukoukoutaï, en chinois Thou-kou-ou-taï, chef mongol, 282, 282 note.
Touloun, khaghan des Huns, 203, 204.
Toulouï, fils de Tchinkkiz, 3, 4, 4 note, 139, 142, 158, 159, 164—167, 170—172, 176, 192, 205, 217, 222, 223; *oulous* de Toulouï, en Mongolie, 172, 173, 222, 223; en Perse, 92, 164, 176, 192, 205; ses descendants s'emparent de la souveraineté des Mongols en dépossédant la lignée d'Ougédeï, 170, 171, 176.
Toumbaghaï, voir le suivant, 289 note.
Toumbinaï Setchen, en chinois Thouenn-pi-naï Sié-shen, en persan Touménaï-Khan, ancêtre de Tchinkkiz et de Témour Keurguen, 58, 60 note, 64 note, 284 note, 285 note, 288 note, 289, 289 note, 290, 290 note.
Touménaï-Khan, Touména-Khan, en mongol Toumbinaï Setchen, voir le précédent.
Tou Mi-tzeu Sheng-seng, astronome chinois à la cour d'Houlagou, 100.
Tounal, général mongol qui complota d'assassiner Monkké-Khaghan, 174 note.
Tounggélik, en chinois Thoung-ké-li, nom d'une rivière de Mongolie, 274, 280, 281.
Tounghouz, assassine, d'après le *Mountékheb*, le dernier empereur chinois de la dynastie des Yuan et fonde celle des Ming, 76; s'empare du trône des Yuan après la mort de Taï-zeu Oghlan, d'après Mirkhond, 77 note.
Touo-eul-pien, transcription chinoise du nom Dorben, 277.

Touo-ho-la-taï, transcription chinoise du nom mongol Tou-ghourataï, 288.

Touo-penn Mié-eul-kan, transcription chinoise du nom mongol Doboun Mergen, 274—278.

Tou Pa-tchen, ambassadeur chinois à la cour de Shah Rokh, 254.

Tour, en zend Toura, voir Toura.

Toura, fils de Thraētaona, en persan Tour, 205, 216.

Tourakina-Khatoun, en chinois Thouo-lié-ko-na, femme d'Ougédeï, 165, 170, 171, 270.

Touran, 62 note, 213, 214 note, 236.

Tourfan, en chinois Thou-lou-fan, ville du Turkestan chinois, l'ancienne Kara-khotcho et Ho-tchéou, 212 note, 237, 243 note, 265 note.

Tourmé-shirin, fausse lecture du nom de Dharma-shirin, le sanskrit Dharma-sri, voir ce nom.

Touster, ville de Perse, apanage d'une fille de Ghazan, 43.

Tou-wa Souo-ho-eul, transcription chinoise du nom mongol Douwa Sokhor, 274—276.

Tou Yen-tzeu, voir Tou Mi-tzeu, 100.

Traditions (Traités de), 58.

Transoxiane, 60, 71, 73, 76, 77 note, 78, 78 note, 122, 178, 214, 237, 243 note, 249, 251 note, 265, 267, 268.

Trois-Royaumes (les), 190,

Tséber (ou Tchapar), fils de Kaïdou, 223 note, 233.

Tsou-Yuan-Hoang-ti, titre impérial pris par le chef mongol Ao-lo-pou-ki-lié, 180 note.

Tukel, fils de Karatchar, 64 note.

Tukugudeï, voir Toukoukoudaï.

Tulek, prince mongol, 78 note, 79 note.

Turkestan, 120, 158, 159, 183, 192, 206, 209, 211 note, 240, 243 note; la Chine dans le continuateur de Rashid, 236 note.

Turks, en chinois Tou-kioue, 81, 97 note, 201, 201 note, 210, 211, 211 note, 213, 213 note, 214, 214 note, 301; Turks iranisés, 211 note; Turks combattant contre les Sassanides, 214, 214 note; emprunts des langues turkes au mongol, 297 note.

Tver, grande principauté russe, 197, 198 note.

U.

Ugélen Éké, en chinois Ho-é-liun, en persan Ulun Éké, mère de Tchinkkiz, 295 note.

Ugin (Ukin) Barkhokh, en chinois Wo-khin Pa-eul-ho-hé, en persan Ugin Bourkhan, fils de Khaboul-khaghan, livré par les Tatars à l'empereur Kin qui le fait empaler, 180 note, 290, 290 note, 291, 291 note.

Ugin Bourkhan, fils de Khaboul-khaghan, voir le précédent.

Ukétchi (ou Hukétchi), prince mongol, fils de Koubilaï, gouverneur du Yun-nan, 218, 219, 265.

Ulikétchin-tchino, chef mongol, 295 note.

Ulun Éké, en chinois Ho-é-liun, en mongol Ugélen Eké, mère de Tchinkkiz, 295 note.

Ungur, fils de Karatchar, 64 note.

Urtu-Khata, voir Ourdou-Khata.

Utchuguen Baroula, en chinois Siao Pa-lou-la, 286, 286 note.

Uzbek, Uzbek-Oughoul, en transcription chinoise Yué-tsi-lié, souverain de la Horde d'Or, 250 note; envoie des ambassadeurs à Oltchaïtou, 92 note; son histoire par Kashani, 151; donne sa sœur Kontchaka en mariage à Georges Danilowitch, 198 note; se brouille avec Oltchaïtou, 221 note.

V.

Vanaiñti, divinité avestique, 211 note.

Varègues, 193.

Vasili Dmitriévitch, grand prince de Moscou, 197.

Viatka (République de), république russe, 191.

Vishtāsp, roi kéanide de Perse, en zend Vishtāspa, en persan Goushtasp, 207 note, 209, 210, 300, 301.

Vishtāspa, roi kéanide de Perse, voir Vishtāsp.

Vitepsk, ville de Russie, 199.

Vitoft, fils de Kestout, fils de Gédimine, et de la prêtresse Birouta, prince de Lithuanie, 199, 199 note, 200.

Vocabulaires des langues étrangères rédigés par ordre de Monkké, 164.

Vocabulaire ouïghour-chinois, 133 note, 257 note.

Vocabulaire persan-chinois, 257 note, 260 note.

Volga, 80 note, 186, 194, 195, 220, 237 note.
Volhynie, province de Russie, 199.
Vorskla, affluent du Dniepr, 199 note.

W.

Wakidi, historien arabe, 143.
Wang-Khan, souverain des Kéraïtes, en persan Ong-khan, 279 note.
Wan-hien, localité en Chine, 219 note.
Wang Tcheng, voir Dang Tcheng.
Wan Sen-thong, auteur d'un précis de l'histoire chinoise, 101.
Wan-tché, transcription chinoise du nom d'Oltchaï, 235 note.
Wasith, ville de l'Irak-i Arabi, 41.
Wassaf Firouzabadi, auteur d'une histoire des Mongols, 58, 78 note, 94, 113, 118, 149, 154, 223 note.
Weï (les seconds), dynastie d'empereurs chinois, 219 note.
Weï (prince de), titre porté par un prince mongol, 219.
Wen-Tsoung, empereur de la Chine de la dynastie des Mongols, 78 note.
saint Wladimir, grand prince de Kief, 195.
Wladimir, ville de Russie, 186, 194—196, 197 note, 198 note, 199 note.
Wo-khin Pa-eul-ho-hé, transcription chinoise du nom mongol Ugin Barkhokh, 290, 290 note, 291.
Wo-khouo-thaï, transcription chinoise du nom d'Ougédeï, 270.
Wo-lé-hou-nou, transcription chinoise du nom mongol Olkhounou de la tribu des Olkhounout, 294.
Wolf et Hofmann, *Primavera y flor de romances*, 168 note.
Wo-lo-na-eul, transcription chinoise du nom mongol Olonar, 290.
Wo-lou-thaï, transcription chinoise de Ouroughoutaï ou de Ouroughtaï, 288 note.
Wo-nan, transcription chinoise du nom du fleuve Onon, 273, 279, 280, 292, 294, 295, 297.
Wou-Tsoung, titre chinois de Khaïshang, 78 note.
Wou-Tsoung, titre d'un empereur chinois de la dynastie des Ming, 267.

Y.

Yadigar Sultan, fille de Toughaï Boukha, 64 note.
Yaghmour, «la pluie», nom propre turk, 273 note.
Yaï (île de), 187.
Yakout el-Hamavi, auteur du *Modjem el-bouldan*, 23 note, 206 note, 213 note.
Ya-la-i-eul, transcription chinoise du nom de la tribu des Tchélairs, 178.
Yang-tzeu-kiang, fleuve de Chine, 167, 181, 189 note, 220.
Yao Tchou, lettré chinois, professeur de Koubilaï, 164.
Yaroslav le Grand, grand prince de Russie, 191, 193, 195.
Yaroslav, prince de Sousdalie, père d'Alexandre Newski, 197 note, 198 note, 271.
Yaroslavl, ville de Russie, 198 note.
Yātkār-i Zarīrān, histoire de Zarīr en pehlvi, 210, 211 note.
Yéké Baroula, en chinois Taï Pa-lou-la, 286, 286 note.
Yéké Nidoun, en chinois Yé-kho Ni-touen, chef mongol, 273.
Yéké Tchiraïtou, en chinois Yé-kho Tchheu-lié-tou, voir ce nom, 294, 294 note, 295.
Yéké Tchiriktou, nom mongol, 294 note.
Yéké Tchourem, en chinois Yé-kho Tchouo-lien, chef mongol, 292, 292 note.
Yé-kho Ni-touen, transcription chinoise du nom Yéké Nidoun, 273.
Yé-kho Tchheu-lié-tou, transcription chinoise du nom mongol Yéké Tchiraïtou, 294, 295.
Yé-kho Tchouo-lien, transcription chinoise du nom mongol Yéké Tchourem, 292.
Yékou, en chinois Yé-kou, prince mongol, assiste à l'intronisation de Monkké, 170 note.
Yé-kou, transcription chinoise du nom du prince Yékou, 170 note.
Yé-liu-tchou-tsaï, ministre de Tchinkkiz et d'Ougédeï, 159, 216—219.
Yémen, 207 note, 208 note, 301.
Yenké, fils de Yisoudar, prétendu empereur chinois, 78 note.
Yen-king, capitale des Kin et des Mongols, nom chinois

de la ville que les Mongols nommèrent Khan-baligh, aujourd'hui Pé-king, 4 note, 159, 164, 177, 179, 184, 231.

Yé-sou, transcription du nom du prince Yisoun-(togha), voir Yisoun-togha.

Yé-sou-kaï Pa-a-thou-eul, transcription chinoise du nom de Yisoukeï Baghatour, 178 note, 292, 294, 295, 297.

Yésoukeï Baghatour, voir Yisoukeï Baghatour.

Yé-sou Moung-ko, transcription chinoise du nom mongol Yisou-Monkké, 118.

Yé-sou Pou-houa, transcription chinoise du nom du général mongol Yisou-Boukha, 170 note.

Yé-tha, voir Yé-tha-i-li-to, 201, 201 note.

Yé-tha-i-li-to, transcription chinoise du nom de la tribu turke des Ephthalites, 201, 201 note.

Yezd, ville de Perse, 44.

Yezdedjerd, Yezdegerd, le dernier roi sassanide, 63, 299.

Ying-Tsoung, titre d'un empereur chinois de la dynastie des Ming, 266.

Yisou-Boukha, en chinois Yé-sou Pou-houa, général mongol, 170 note.

Yisoudar, prétendu empereur chinois, 78 note, 79 note.

Yisoudour, général mongol qui complota de tuer Monkké Khaghan, 174 note.

Yisoukeï (ou Yésoukeï) Baghatour, en chinois Yé-sou-kaï, père de Tchinkkiz-Khaghan, 1, 4, 4 note, 60 note, 159, 178 note, 179 note, 180 note, 272 note, 292, 292 note, 294, 295, 296 note, 297.

Yisou-Monkké, en chinois Yi-sou Moung-ko, fils de Tchaghataï, mis sur le trône de l'*oulous* de Tchaghataï par Kouyouk, 62 note, 118.

Yisounkké, en chinois I-suenn-ko, prince mongol, assiste au kouriltaï, 170 note.

Yisoun-Témour, empereur mongol de la Chine, envoie une ambassade en Perse, 235, 236.

Yisoun-togha, fils d'Ananda, prétendu prince du Tangghout, puis empereur chinois, 74, 74 note, 75.

Yisoun-togha, prince mongol qui complota contre Monkké et qui fut exilé dans le pays de Mou-tho-tchhi, 175 note.

Yisountou-Monkké, fils de Karatchar, 64 note.

Yisout, tribu mongole, 289 note.
Youen-ssé, histoire chinoise de la dynastie mongole, 2 note, 3, 3 note, 5, 91, 123, 130, 130 note, 131, 131 note, 132, 165 note, 170 note, 171, 172, 174 note, 175 note, 177, 179 note, 220 note, 221, 221 note, 223 note, 224, 224 note, 225 note, 226 note, 227 note, 231 note, 235 note, 236 note, 259 note, 283 note, 297 note, 302.
Young-lé, nom d'années de l'empereur Tching-tsoung-wen-ti de la dynastie des Ming, voir Tching-tsoung-wen-ti.
Yuan (Youen), nom chinois de la dynastie mongole, 2, 3, 5, 6, 57, 77, 79 note, 160, 167, 188, 192, 220, 220 note, 242, 249, 265, 272.
Yuan-shao-pi-sheu, traduction chinoise d'une histoire des Mongols depuis les origines jusqu'à la fin du règne de Tchinkkiz, 180 note, 202 note, 272 et ssq., 272 note, 273 note, 286 note, 287 note, 289 note, 290 note, 296 note, 304.
Yué-tchi, ou plutôt Gé-tchi, tribu turke, les Γέται, 201, 201 note.
Yué-tsi-lié, transcription chinoise d'Uzbek, nom d'un prince de la Horde d'Or, 221 note.
Yuké, prince mongol, 64.
Yük Soun, savant chinois qui apprit à Rashid ed-Din l'histoire de la Chine, 100.
Yung-phing-fou, ville de Chine, 219 note.
Yun-nan, province de la Chine, 218, 219, 265.

Z.

Zafer-namèh, histoire des Mongols, en vers, par Hamd Allah Mostaufi Kazwini, 106—108.
Zafer-namèh, histoire de Témour Keurguen par Nizam ed-Din Abd el-Wasi^c Shami, ou Shéneb-i Ghazani, 71, 81.
Zafer-namèh, histoire de Témour Keurguen par Shéref ed-Din Ali Yezdi, 4, 61 note, 64 note, 70, 71, 72 note, 81, 84, 85, 87 note, 109.
Zafer-namèh, histoire de Témour Keurguen, en vers, par Hatéfi, voir *Témour-namèh*.
Zahir ed-Din Mohammed Baber Padishah, empereur timouride de l'Hindoustan, 267.

Zahir ed-Din Savedji, 42.

Zahiri, auteur du *Seldjouk-namèh*, 58.

Zaīnīgāp, chef arabe préhistorique qui envahit l'Iran, 206, 206 note.

Zaīnīgāp, en persan Zaïnigav, grand-père de Zohak, 206 note, 207 note.

Zairivairi, prince kéanide, en pehlvi et en persan Zarīr, 210.

Zakhirèh-i Khvarizmshahi, traité de médecine, 53, 54 note.

Zartūhasht, en persan Zerdusht, 209.

Zeïn ed-Din Mastéri, 14, 17.

Zeïn ed-Din Mohammed ibn Tadj ed-Din, frère de Hamd Allah Mostaufi, coadjuteur de Rashid ed-Din, 106.

Zend-Avesta, voir *Avesta*.

Zendiks, les Manichéens, 213 note.

Zérèh (pont de), dans le Seïstan, 40.

Zia el-Moulk, fonctionnaire du divan, 48.

Zidj-i djédid-i Ilkhani, tables astronomiques par Khvadjèh Nasir ed-Din Tousi, 90 note, 100, 163.

Zidj-i Sultani-i Keurguéni, tables astronomiques par le sultan Oulough Beg, 90 note.

Zohak, petit-fils de Zaīnīgāp, roi des Arabes suivant le *Boundehesh*, conquiert la Perse, nommé Bivérasp par les Iraniens, 206 note, 207 note, 208 note.

Zotenberg, traducteur du Tabari persan, 212 note.

Zoubdet el-tévarikh, histoire du monde musulman et de la Perse jusqu'à la chute du Khalifat par Abd Allah el-Kashani, 140—144, 144 note, 145, 148—151, 153—156, 207 note.

Zoubdet el-tévarikh, histoire générale du monde écrite en persan par Hafiz Abrou, sur l'ordre de Shah Rokh, source du *Matla el-saadeïn*, 4, 57, 57 note, 58, 59, 62, 65—67, 67 note, 70, 72 note, 85—87, 113.

NOTES ADDITIONNELLES.

page 98. C'est à tort que j'ai dit que Rashid ed-Din ne parle pas de ses sources chinoises, ou du moins, cela n'est exact que pour la *Tarikh-i moubarek-i Ghazani* que j'édite, mais il en parle parfaitement dans la *Djami el-tévarikh*, dans l'histoire générale du monde qu'il entreprit sur les ordres d'Oltchaïtou pour compléter l'histoire des Mongols. C'est dans son introduction à l'histoire des dynasties chinoises (man. supp. persan 1364, fol. 189 et 190) que Bénakéti a copié le curieux passage qui est traduit dans les pages 98—100; voici les variantes données par cet exemplaire qui est une copie exécutée pour Ch. Schefer vers 1870 sur un manuscrit de Constantinople dont le texte semble assez correct, meilleur en tout cas que celui du manuscrit du British Museum. Le savant chinois qui conseilla Nasir ed-Din Tousi y est nommé قومناجى et qualifié de سينكسينك. Les deux Chinois qui furent les instructeurs de Rashid sont nommés لنتاحى et كمسون; les auteurs du précis d'histoire chinoise, فوهين خوشانك de ساكون خوشانك, فين جو فاحو خوشانك, لاى لمان حوى لاوكين.

pages 132 et ssq. et page 150. L'histoire des nations du monde qui fait partie de la *Djami el-tévarikh*, et dont la paternité littéraire est âprement réclamée par Abd Allah el-Kashani, est également revendiquée par un troisième écrivain. Un exemplaire partiel de cette histoire qui a été copié pour Schefer sur un manuscrit de Constantinople (man. suppl. persan 1364—1365) porte en effet l'épigraphe suivante dont l'interprétation ne laisse place à aucun doute:

هذا كتاب تواريخ العالم من تاليف استاد
العلّامة احمد بن محمّد بن محمّد البخارى
قدّس سرّه
برسم الخزانة السلطان العادل الفاضل
الكامل العالم صاحب المعانى السلطان
الغ ببك الكورگانى خلّد الله ملكه وسلطانه
وافاض على العالمين برّه واحسانه

D'où il suit que sur un exemplaire copié pour le sultan Oulough Beg, fils de Shah Rokh, d'une partie de la *Djami el-tévarikh*, le nom de son auteur était donné sous la forme Ahmed ibn Mohammed ibn Mohammed el-Boukhari. L'exlibris, si l'on peut s'exprimer ainsi, d'Oulough Beg est parfaitement exact et les titres qui lui sont donnés absolument corrects, la faute grossière الخزانة السلطان étant de mise à l'époque timouride. Il s'en suit que cette épigraphe présente toutes les garanties d'authenticité, qu'elle figure bien sur un volume copié pour Oulough Beg, et qu'en aucun cas on n'y saurait voir une invention d'un copiste turc, lequel d'ailleurs n'aurait eu aucun intérêt à chercher à faire passer la chronique de Rashid pour l'œuvre d'un inconnu ; ce serait plutôt le contraire qui serait vraisemblable, et les copistes n'ont pas, comme les libraires, intérêt à falsifier les titres des livres qu'on les paye pour transcrire, comme cela fut le cas pour le présent manuscrit. Il résulte de cela que le sultan Oulough Beg avait dans sa bibliothèque une partie de la *Djami el-tévarikh* attribuée à Ahmed ibn Mohammed ibn Mohammed el-Boukhari et qu'il n'a pas fait effacer ce nom pour le remplacer par celui de Rashid ed-Din. Or, Oulough Beg n'était pas le premier venu et, bien au contraire, c'était un homme très savant qui faisait sa société habituelle d'érudits, qui a luimême écrit une histoire des Mongols, et qui appartenait à une famille de lettrés qui avait fait faire une édition de la *Djami el-tévarikh*, ainsi d'ailleurs que du *Shah namèh*. Il y a là une énigme dont on ne trouvera probablement jamais la solution, et c'est ce qui m'a déterminé à ne pas faire état de cette singulière attribution que j'ai signalée il y a dix ans dans le *Catalogue des manuscrits de la collection Schefer*.

page 180. On peut se demander s'il n'y a pas une relation entre le titre que prit le premier chef mongol qui se déclara indépendant, Tsou-Yuan-Hoang-ti et le nom que reçut la dynastie fondée par Tchinkkiz quand elle devint souveraine en Chine, celui de Yuan.

page 237. Il existe à la Bibliothèque Nationale, sous le n° 146 de l'ancien fonds persan, un traité de médecine qui est dédié au prince de Perse, Sheïkh Abou Ishak Djémal ed-Din, lequel régna sur une partie de l'Iran après la dissolution de l'empire d'Houlagou. On lit, dans la longue liste des titres qui sont donnés à ce souverain, celui très étrange de ملاذ ملوك الشرق والصين «refuge des rois de l'Orient et de la Chine». Ce titre est complétement isolé dans la littérature persane et il ne peut s'expliquer que par l'existence de relations diplomatiques entre la Chine des Yuan, qui étaient alors bien près de leur chute, et Abou Ishak. Le fait que les descendants d'Houlagou avaient perdu leur trône dans l'Iran, n'empêchait pas les empereurs de Daï-dou de considérer comme leurs vassaux les princes qui leur avaient succédé dans la souveraineté de la Perse, et qui descendaient d'ailleurs d'hommes qui avaient été leurs officiers. C'est ainsi que, plus tard, les Ming regardèrent comme leurs vassaux les Timourides dont les ancêtres avaient été au service des princes mongols de l'*oulous* de Tchaghataï, et qui les avaient remplacés dans la souveraineté du pays turk. Il n'y a rien de surprenant à ce qu'un flatteur d'Abou Ishak ait transformé ces relations de vassalité en une protection accordée par le souverain persan aux empereurs d'Extrême-Orient, comme devaient le faire plus tard les historiens de l'époque timouride (voir page 77 note). D'ailleurs, on ne saura jamais si les Mongols de Daï-dou, se sentant, dans leur empire, aux prises avec les pires difficultés, n'avaient pas demandé du secours à l'*oulous* de Perse qu'ils supposaient peut-être en moins triste état qu'ils ne l'étaient eux-mêmes.

EU representative:
Easy Access System Europe
Mustamäe tee 50, 10621 Tallinn, Estonia
Gpsr.requests@easproject.com